Carlo Tag

VAGAMONDO

Il giro del mondo senza aerei

Carlo Taglia nasce a Torino l'11/03/1985. Intraprende la scelta di vivere lontano da casa appena ventenne trasferendosi a vivere e lavorare a Tarifa, nell'estremo sud della Spagna. Da lì prosegue con nuove esperienze lavorative in Australia, Pakistan e nuovamente in Spagna alternando mestieri di ogni genere. Dopo oltre 3 anni torna in Italia per lavorare nel settore fotovoltaico continuando a coltivare la sua grande passione e curiosità grazie a brevi esperienze di viaggio in Turchia, Indonesia e Senegal. Nell'Agosto del 2011 si dimette dal suo posto di lavoro per iniziare nell'Ottobre successivo il giro del mondo senza aerei. Crea il blog http://karl-girovagando.blogspot.it/ su google e https://www.facebook.com/Girovagandoilmondo su facebook. Su http://www.flickr.com/photos/carlotrip/sets/ invece potete ammirare le foto. Questo reportage di viaggio è la sua prima pubblicazione.

"Viaggiamo, inizialmente, per perderci. E viaggiamo, poi, per ritrovarci. Viaggiamo per aprirci il cuore e gli occhi, e per imparare più cose sul mondo di quante possano accoglierne i nostri giornali. E viaggiamo per portare quel poco di cui siamo capaci, nella nostra ignoranza e sapienza, in varie parti del globo, le cui ricchezze sono variamente disperse. E viaggiamo, in sostanza, per tornare ad essere giovani e sciocchi – per rallentare il tempo ed esserne catturati, per innamorarci ancora una volta".

Pico Iyer

Indice

Geografia personale 5
Nepal 11
India 35
Sri Lanka 91
Malesia 113
Thailandia 117
Laos 127
Cambogia 148
Vietnam 162
Cina 173
Corea del Sud 187
Oceano Pacifico 201
Colombia 208
Ecuador 231
Perù 241
Bolivia 265
Cile (1) 279
Argentina (1) 290
Cile (2) 296
Argentina (2) 301
Brasile 328
Oceano Atlantico 356
Europa 360
Russia 373

geografia personale

Ho un buon lavoro da tre anni con possibilità di carriera nel settore fotovoltaico, una bella casa in affitto e una bella moto. Negli ultimi anni mi sono creato diversi hobby tra cui paracadutismo, krav maga e corsa. Se incontrassi la ragazza giusta, potrei fare una famiglia. Non mi manca nulla per avere la classica e schematica vita che la nostra società ha preparato per noi. Il modello di vita che ci insegnano fin dall'infanzia. Quello che la maggior parte della nostra generazione desidera e per cui ci si dà un gran da fare per lunghi anni tra scuola e università, per poi accorgersi di non essere felici come ci si immaginava quando lo si ottiene. Naturalmente c'è qualcuno che riesce a trovare la sua dimensione dentro questo schema, ma io sinceramente più mi guardo attorno e più noto gente depressa, che dopo anni di quella vita ricorre allo psicologo, agli psicofarmaci o non sa più dove sbattere la testa per trovare un po' di serenità. Ci si trova a vivere una vita programmata da qualcun altro, che siano le multinazionali che controllano la società consumista, i genitori che a volte fanno ricadere le proprie delusioni sui figli, o i politici che con nuove tasse e leggi assurde aumentano sempre di più la precarietà, limitando la libertà dei cittadini costretti a seguire questo modello per sopravvivere in una realtà così cinica. Io ci ho provato per diversi anni ma, nonostante ne abbia solo ventisei, sento che quello schema non fa per me, perché continuo a convivere nel quotidiano con Lei, la mia irrequietezza.

È comparsa all'inizio dell'adolescenza con una forza travolgente, lasciando subito dei segni evidenti dal punto di vista estetico. Fino a quattordici anni ero un ragazzo ordinato e vestito accuratamente, con i capelli pettinati con la riga da una parte e gli occhiali da vista tondi, insomma avevo un aspetto da bravo ragazzo, che spesso mi aiutava quando ne combinavo una. Dall'estate di transizione tra le scuole medie e il liceo tornai che non ero più lo stesso. Iniziai a tingermi i capelli, a fare il primo piercing sul labbro seguito subito dal secondo sulla lingua, mi feci incidere il primo di una lunga serie di tatuaggi, rivoluzionai completamente il mio look che diventò provocatorio come la musica skapunk che andavo a pogare ai concerti. Venne fuori in modo evidente uno stato di irrequietezza e rabbia cieca nei confronti sia della società superficiale, rappresentata dalla televisione spazzatura, sia della rigida educazione religiosa in cui ero cresciuto, che mi opprimeva come un animale in gabbia.

Per tutti gli anni del liceo questa irrequietezza e questa rabbia si manifestarono in modalità autodistruttiva. Trascorrevo le settimane nei parchi con gli amici a fumare bonghe, ciloni o canne in attesa del weekend. Finché si trattava di fumare poteva anche andare bene, ma poi arrivavano il venerdì e il sabato sera. Ci si divertiva alla grande, si andava a concerti ska ma soprattutto a ballare la techno nei club o ai rave. Ero sempre fuso di qualcosa, fiumi di alcol di bassa qualità o folli mix di vari tipi di droghe pesanti. Cocaina, mdma, ketamina, acidi e altre ancora. Lo sballo era il mio modo di evadere da una realtà sociale detestata, che presentava a noi giovani modelli come veline e calciatori. Mi faceva stare bene e mi divertivo come un matto senza pensare al domani, avevo trovato il mio eden. Poi con il passare degli anni vennero fuori, sempre più prepotenti, gli effetti collaterali: sbalzi di umore, nervosismo e aggressività. Neanche un'overdose di pastiglie di ecstasy che mi causò una grave aritmia e paralizzò tutto il braccio sinistro fu un buon motivo per smettere. Mi resi conto di avere una dipendenza psicologica che rese ancora più insopportabile la realtà circostante, ma poco importava siccome non avevo idea di cosa fosse il vero valore della vita e non mi preoccupavo minimamente per un futuro in un mondo simile.

Terminata la maturità, superai un test d'entrata per la facoltà di psicologia e mi iscrissi al corso di scienze e tecniche neuropsicologiche, ma durante quell'anno la mia furia autodistruttiva non si placò e l'irrequietezza diventò sempre più ingestibile. Sentivo che non stavo andando da nessuna parte e iniziai, fortunatamente, a provare dei forti sensi di colpa perché stavo banalmente sprecando la mia vita. Era arrivato il momento di fare qualcosa, avevo bisogno di fare esperienza fuori da quella realtà grigia e materialista che non mi apparteneva, per trovare stimoli nella vita e allargare gli orizzonti della mia mente.

Nel maggio del 2005, a vent'anni appena compiuti, decisi di partire da solo per Tarifa, la punta sud della Spagna di fronte al Marocco – scelta dovuta al viaggio di fine esami maturità in cui rimasi completamente affascinato dalla natura e dalla poesia di quei paesaggi. Partii con pochi soldi nella speranza di trovare subito un lavoro, siccome stava per iniziare la stagione estiva. Non sapevo una parola di spagnolo e non avevo una grande esperienza lavorativa, così mi inventai un curriculum e provai a distribuirlo soprattutto a locali italiani. Dopo due settimane di ricerca continua senza successo, un napoletano, che stava per aprire una pizzeria al taglio, decise di darmi un'opportunità in cucina come assistente cuoco, per soli 3 euro all'ora, 7 giorni su 7 con doppio turno e per un totale di 12 ore di lavoro al giorno. Non avevo altra scelta quindi accettai entusiasta.

Inevitabilmente non mi trovai bene con il mio datore di lavoro, ma grazie a quell'occasione iniziai a conoscere altra gente. Dopo un mese trovai altri lavoretti come barista e muratore. Aiutai un insegnante di kitesurf italiano e un vecchio hippy spagnolo a costruire un bar all'interno delle mura di un garage di fronte al mare. Nell'ottobre del 2005 tornai a Torino per fare il muratore per alcuni mesi e nel gennaio del 2006 partii da Malpensa in direzione Islamabad. Stavo iniziando un'importante esperienza di vita, un'esperienza unica perché mi trasferii nel Kashmir pakistano, zona chiusa per ragioni di guerra decennale con l'India, a lavorare volontario come cooperante umanitario per una ONG italiana che era intervenuta in soccorso delle vittime del devastante terremoto che distrusse circa l'80% delle case e delle scuole nell'ottobre del 2005. Fui inserito nel settore logistico per progetti di "Educazione" e "Acqua e Sanità". Si raggiungevano villaggi di montagna per montare tende dell'UNICEF che servivano come scuole temporanee al posto di quelle crollate. In seguito mi occupai di seguire i lavori per portare acqua potabile ai campi dei profughi, kit per l'igiene o legna per scaldare l'acqua. Trascorsi quattro mesi particolari, perché mi fecero crescere in fretta, e attraverso la voglia di riprendere la vita di quelle povere persone imparai ad amare di più la mia. Erano persone semplici che vivevano di valori terreni, ma proprio in quei valori iniziai a riconoscermi. In un certo senso è come se loro avessero aiutato me.

Nell'estate del 2006 tornai a Tarifa per fare il barista nel locale costruito l'anno prima. A settembre decisi di partire per l'Australia, alla ricerca di un'avventura nella terra dei giovani sognatori con lo zaino in spalla. Vissi per otto mesi tra Albury e Sydney lavorando come operaio in una fabbrica di condizionatori ad aria calda per grandi spazi e, all'università di Sydney, come manutentore delle stanze degli studenti. In Australia scoprii cosa significa realmente la solitudine, perché non ero mai stato così lontano da casa e dagli amici, e anche questa si rivelò un'esperienza molto utile a livello personale. Avevo ventun'anni ed ero ancora un ragazzo un po' introverso quindi, dopo le giornate lavorative, mi trovavo spesso solo la sera al pub a bere birra. Ma la mia vita stava cambiando e dopo un po' di mesi in cui avevo messo da parte tanti risparmi, mai avuti prima, iniziai ad aprire le ali della libertà e a sentirmi per la prima volta invincibile come se nulla potesse più fermarmi. Viaggiare mi migliorava sotto ogni aspetto, mi sentivo in continua evoluzione e volevo vedere fin dove potevo arrivare. Avevo tanti progetti di viaggio per il futuro, credevo che non sarei più tornato a casa perché la mia irrequietezza stava svanendo completamente giorno dopo giorno grazie alla vibrante vita che mi stavo costruendo.

Proprio in quel momento arrivò un'inaspettata chiamata da casa che mi avvertì della terribile malattia di mia madre, un tumore al colon. All'inizio sembrava benigno, ma con il passare del tempo peggiorò inesorabilmente e io mi sentii terribilmente scosso da quello che accadeva a casa senza avere qualcuno con cui confidarmi. Proseguii la mia permanenza australiana, ma quando mio fratello maggiore mi chiamò per dirmi che la situazione si era aggravata decisi di prendere il primo aereo e tornare a casa. Nel 2007 cercai quindi di ricrearmi una vita a Torino, lavorando come barman in un locale notturno, ma in poco tempo, provato dalla situazione a casa, fui debole e cercai di nuovo una via di fuga riprendendo la pazza e malsana vita notturna che mi faceva dormire poco. La situazione di salute di mia madre variava tra alti e bassi, ma pareva che ci fosse ancora una luce in fondo al tunnel e che potesse guarire.

A un certo punto, grazie a una vacanza in Marocco in cui avevo girovagato da solo per un mesetto, mi resi conto, osservandomi con occhi diversi, che stavo nuovamente sbagliando e riprendendo quella dannosa vita che avevo faticosamente cercato di cambiare. Tornai a Torino e, approfittando di un momento positivo di mia madre, decisi di andare a vivere a Barcellona perché a casa, invece che dare una mano, stavo diventando un problema, siccome si erano accorti delle mie abitudini malsane. Quella fu la mia destinazione perché era a un'ora di aereo da Torino e, nel caso ce ne fosse stato bisogno, sarei potuto tornare più spesso. Al contrario di come immaginavo, in Spagna vissi il periodo più buio della mia vita, ma fu utile perché capii definitivamente dove non volevo andare e che quella vita di eccessi non funzionava.

Così, durante l'unico lampo di lucidità che ebbi in otto mesi, decisi di tornare per stare vicino a mia madre in quelli che si rivelarono gli ultimi quattro mesi della sua vita, durante i quali ricevetti la più importante lezione. In quel periodo lei mi trasmise un amore folle per la vita stessa, quello di una persona che la sta perdendo. Mi promisi che non l'avrei data vinta a quella terribile malattia e che non le avrei permesso di rovinare anche la mia vita. Ma anzi, che avrei sfruttato quell'esperienza per vivere al meglio senza paure concentrandomi solo su ciò che mi fa stare bene e mi rende felice. Decisi che avrei inseguito tutti i miei sogni cercando di realizzarli subito, senza aspettare un domani che probabilmente potrebbe non esserci.

Rimasi a Torino per tre anni perché, appena due mesi dopo quella tragedia, caddi in un innamoramento folle e iniziai la mia prima e unica vera relazione amorosa. Dopo appena un anno andai a convivere, convinto anche che avrei potuto costruire una famiglia, aiutato dal buon lavoro che avevo trovato in un'azienda che realizza impianti fotovoltaici. In quel momento ero felice, ma stavo facendo delle scelte affrettate accecato dal sentimento che si prova al primo legame sentimentale. Dolorosamente, ma anche fortunatamente, la relazione si bruciò in fretta, lasciandomi incastrato in una vita che non mi apparteneva più, perché rimasi nella casa che avevamo costruito assieme e di cui non potevo liberarmi per via del contratto. Nel frattempo la sete di viaggio mi portò a delle brevi avventure in solitaria tra Indonesia e Senegal, durante le vacanze estive o invernali. Sentivo che quel desiderio di scoprire il mondo e di conoscere nuove culture stava tornando dentro di me prepotente come un'eruzione vulcanica. D'altronde era la mia vera natura, che la durezza della vita aveva cercato di strapparmi via.

Ho dato le dimissioni dal lavoro, ho disdetto il contratto di affitto della casa e sistemato le ultime questioni per tornare a volare e sognare come facevo tempo fa in Australia. In questi anni ho trovato il modo di mantenere un piede dentro il settore delle energie rinnovabili, in cui credo molto, per seguire alcuni lavori anche all'estero. Ho trovato un nuovo lavoro da scrittore per un sito web italiano legato alle tematiche ambientali e alla green economy. Sono gli anni migliori della mia vita, sento di avere un bagaglio di esperienza più ampio di quando viaggiavo appena ventenne e che potrei fare qualcosa di grandioso con tutta l'energia positiva che ho accumulato. Non voglio continuare ad appassire lentamente nello stesso ufficio come negli ultimi anni senza avere più tempo per me stesso. Ora voglio dedicarmi a ciò che mi riesce meglio, la più grande passione che ha dato un significato profondo alla mia esistenza: il viaggio.

Sogno di fare il giro del mondo senza aerei. Sento che è il momento giusto per osare. Questa volta adotterò un diverso stile di viaggio. Partirò in solitaria con alcune idee ma senza programmi o visti, incontrando solo mezzi di fortuna lungo la strada. Mi farò guidare dagli eventi e dalle persone. Voglio mettermi alla prova ogni giorno in situazioni nuove, conoscere a fondo me stesso, arricchire la mia esperienza umana conoscendo molte culture diverse dalla mia.

Ma soprattutto ho sete di verità, un valore rarissimo per la mia generazione a causa di televisione e quotidiani che ci danno una visione distorta, a proprio piacimento, della realtà del mondo.

A mia madre

Nepal

09-10-2011 *Inizia l'avventura. Kathmandu*

Timbro il mio primo visto d'entrata. Inizia ufficialmente la mia nuova avventura via terra dopo l'atterraggio all'esotico aeroporto di Kathmandu. Confuso e disorientato, salgo su un taxi con cui mi addentro nel caos del traffico cittadino tra numerosi motorini e macchine, soprattutto giapponesi, che strombazzano all'impazzata. Raggiungo un ostello economico consigliatomi da un amico che ha vissuto da queste parti e svengo sul letto nel tentativo di recuperare qualche ora di sonno persa in aereo e con il nuovo fuso orario.

Dopo la siesta inizio a esplorare la zona centrale di Thamel, quartiere turistico in cui risiedo. È arrivato il momento di provare la cucina nepalese, ma all'ennesima offerta di hashish o marijuana cedo, salendo sul fatiscente risciò di un giovane nepalese che mi accompagna fuori da Thamel, diretti verso la periferia. Arriviamo in una stretta via sterrata, ci fermiamo davanti a una bancarella che vende ferramenta dietro la quale si trova un telo che funge da porta d'ingresso di una stanza. Mi sono ritrovato in un locale sporco e scuro, dove lavora la sorella del pusher. Attraversiamo tutta la cucina ed entriamo in una stanza più piccola, dove il pusher mi indica di accomodarmi sul tappeto e mi offre un chai (tè). Si inizia contrattare per il prezzo di una tola (10 g) di charas nepalese, fino a quando riesco a scendere al prezzo di 2 euro il grammo. Sicuramente il prezzo è alto, anche se non per gli standard europei, ma è il primo giorno e sono un po' disorientato. Dopo aver fumato, mi sento sempre più affamato, quindi saluto e ritorno sulla strada alla ricerca di un ristorante locale. Alla prima occasione mi fermo e provo il piatto più comune del Nepal, il dal bhat (riso bianco con zuppa di lenticchie e verdure) con pollo. Piatto ricco di sapori. Finito il pasto, mi dirigo verso l'ostello per inaugurare la terrazza con il primo joint e tanti pensieri.

Arriva la mia prima sera e decido di uscire sul presto per osservare la città nella sua versione notturna. Dopo poche vie inizio già a provare un accenno d'insofferenza per la situazione che mi circonda. Frastuono di clacson senza sosta, smog, macchine e motorini che mi sfiorano a ogni angolo. Vedo un gruppo di persone, mi avvicino incuriosito e assisto alla prima rissa del mio viaggio. Una ragazza nepalese, vestita alla moda, grida e tira pugni in faccia a un giovane circondato da fratelli e amici di lei, naturalmente ogni tanto anche gli amici gliene tirano uno. Capisco immediatamente che questa città non è quello che voglio vedere del Nepal e mi rallegro all'idea che me ne andrò tra due giorni, destinazione la valle attorno a Kathmandu.

Sono alla ricerca di un locale dove prendere un aperitivo. Quindi non conoscendo nessun posto entro a caso attraverso una porta. Al fondo di un lungo corridoio trovo una scala per il piano di sopra, con un salto nel buio sono al Sam's pub. L'ambiente è poco illuminato con alcune candele, il locale sembra proprio un pub di un altro mondo per la gente che lo anima, un mix etnico che non si vede spesso nei pub europei. Mi siedo al bancone nell'unico sgabello disponibile a fianco a un nepalese e a un israeliano, la barista è austriaca ed è contemporaneamente proprietaria, barista e dj. Chiacchiero con un antropologo israeliano di nome Drew che si trova a Kathmandu per studiare la globalizzazione. Quel ragazzo con l'aria da intellettuale, gli occhiali da vista e i capelli arruffati dimostra di essere un personaggio simpatico e intelligente con cui fare il primo brindisi di questa stupenda esperienza. Poi abbiamo brindato anche assieme a due signori nepalesi che continuavano a riempirci di domande e curiosità. La regola numero uno per tutti quanti era non parlare di politica ma della vita, e brindare a essa. Trascorro quattro ore in quel pub, nonostante l'idea iniziale fosse di prendere solo un aperitivo.

A un certo punto io e Drew ci rendiamo conto che è arrivato il momento di mangiare qualcosa, anche perché qui i ristoranti locali chiudono tutti verso mezzanotte. Usciamo e infatti rimaniamo sorpresi non trovando un ristorante ancora aperto nella via del Sam's pub. Ma dopo varie ricerche ne troviamo uno ancora attivo con cucina locale. Un altro giro di birra Everest e a cena terminata saluto Drew per tornare all'ostello attraversando la città ormai mezza vuota e trovandola decisamente più ospitale. Good night, Kathmandu!

11/13-10-2011 *Shanti Jatra Organic Festival*
Ritrovo all'alba al Funky Budda di Kathmandu, inizia lo Shanti Jatra Organic Festival. Prima di affrontare un lungo trekking fra le montagne himalayane ne approfitto per conoscere il panorama di musica trance di

queste parti. Dopo aver fatto avanti e indietro due volte dal punto di ritrovo al pullman, sono riuscito a salire su uno dei mezzi che portano al festival. Erano previste due ore di viaggio, ma naturalmente, tra tempo perso e strada sbagliata, le ore si sono rivelate quattro. Davanti all'imponente panorama dell'Himalaya, abbiamo attraversato stradine sterrate ricche di buche che sembrava di essere in barca dal dondolio del mezzo. Salivamo le colline della valle attorno alla capitale nepalese con pochi centimetri di margine tra le ruote del bus e l'inizio di profondi dirupi. Sensazione di vertigini e sono solo al primo spostamento su questo tipo di mezzo, iniziamo bene.

Dopo queste intense ore di viaggio finalmente arriviamo alla location del festival, una fattoria organica immersa nel verde su una collina davanti alla catena himalayana, paesaggio naturalistico mozzafiato. Sistemo la tenda davanti a questo meraviglioso panorama vicino agli altri ragazzi giunti fin qui da ogni parte del mondo. Ho conosciuto francesi, tedeschi, inglesi, svedesi, canadesi, russi, libanesi, israeliani, cinesi, turchi, iraniani, indiani e tanti nepalesi arrivati dai villaggi confinanti. Durante il festival era possibile assistere a vari spettacoli culturali e musicali di diversi generi. Inoltre sono stati invitati alcuni sadhu (santoni) indiani e sciamani locali. Un sadhu ha raccontato la sua storia, narrando che quindici anni fa a Pondicherry, in India, ebbe un'illuminazione grazie alla quale gli svanì la fame. Si nutre solo di energia solare attraverso la meditazione di fronte al sole per diverse ore della giornata, la fotosintesi è la sua essenza vitale. Ho osservato le sue sedute di meditazione e sembra che entri in trance, completamente ipnotizzato dal sole. Non ho trascorso il festival a pedinarlo per controllare, sarà vero?

La prima notte ci ha accolto con una splendente e mistica luna piena che ha dato il via a una lunga serie di danze spirituali con musica trance sulla pista principale in un largo prato. Arriva una forte escursione termica e cerco di scaldarmi davanti ai falò o ballando un po', perché il gelido vento montano notturno è al limite del sopportabile. Conosco alcuni ragazzi francesi che dopo un periodo di tre mesi in cui hanno lavorato come volontari in una fattoria organica ora si godono l'ultima parte del loro soggiorno nepalese tra feste e trekking. Mi offrono un cartone di lsd, ma per stavolta rifiuto. Ho ancora voglia di godermi il festival con calma.

Ho trascorso tre giorni particolari dal punto di vista umano, culturale e ambientale. Non ho sentito il bisogno di assumere sostanze stupefacenti perché ho conosciuto un gruppo di giovani simpatici con cui trascorrevo più tempo sul prato della musica chill-out. Mi sono dedicato più a socializzare e a chiedere consigli di viaggio a chi conosceva bene l'area himalayana. Il festival è terminato un giorno prima perché purtroppo uno degli organizzatori più anziani è morto per un infarto. Non si capisce se per via di un'overdose o per altro, in ogni caso è stato giusto terminare il festival. Stamattina appena appresa la notizia sono saltato sul primo bus per Kathmandu. Il prossimo obiettivo è sicuramente il più alto che abbia mai avuto. Quindici giorni di trekking attorno al circuito dell'Annapurna, valicando il passo Thorung La a quota 5400 metri, davanti a vette che superano gli 8000.

15-10-2011 *Trekking nella valle più profonda del mondo*

Sveglia alle 5 30 e partenza alle 7 con un altro "pullman-nave" che ci conduce fino all'inizio del circuito dell'Annapurna, uno dei trekking più spettacolari e conosciuti al mondo. Nove devastanti ore di viaggio per iniziare il trekking in una piccola località chiamata Besi Sahr. Si parte subito costeggiando il fiume Marsyangdi, che ci accompagnerà fino ai piedi del passo, in un ambiente tipico delle foreste subtropicali decisamente verde per via della stagione dei monsoni appena terminata. Si cammina nella valle più profonda al mondo perché si trova a 800 metri d'altezza confronto ai 5400 del passo. Frastuono di vari tipi di uccelli in concerto a darci il benvenuto. Arrivo a una cascata di circa 50 metri davanti alla quale i bambini giocano su un'altalena costruita in bambù. Finalmente sento solo profumo di natura dopo tutto lo smog respirato nella capitale. Il sentiero si fa strada tra risaie e piccoli villaggi di contadini.

Ci fermiamo dopo appena due ore di camminata a quota 1000 metri in un lodge di legno e lamiera, perché in questa stagione il sole tramonta presto. Rollo una canna e ne approfitto per chiedere a Kim, la mia giovane guida nepalese, se conosce qualcuno sulle montagne che coltiva marijuana. Lui ride e mi annuncia che cresce selvaggia quindi non ci sarà neanche bisogno di chiedere. Poi tra una chiacchiera e l'altra arriva la notte, ma soprattutto le zanzare. Provo il rakshi, disgustoso vino nepalese, mentre mi gusto il solito ma energico dal bath, ma stavolta senza pollo, solo riso e verdure, tra cui lenticchie. Neanche il tempo di finire che salta la luce, accendo una candela e termino di mangiare. Notte.

16/17-10-2011 *Da Ngadi a Chamje (da 950 a 1410 m)*
e da Chamje a Danaque (2210 m)

Ho affrontato la prima vera fatica di questo lungo percorso. Sette ore di sali e scendi attraversando vari ruscelli, circondato da terrazze di riso per salire sulle mulattiere lungo un canale creato dal fiume. Ci sono molte cascate per lo scioglimento dei ghiacci creatosi a settembre. Fa un gran caldo essendo ancora a basse quote e le spalle si devono abituare a camminare a lungo con il peso dei dieci chili dello zaino. Quando incontro gli sherpa che trasportano pesi assurdi, mi dimentico del fastidio che sento. Camminata in un silenzio cosmico soprattutto dentro di me per ascoltare solo il suono delle cascate e il canto degli uccelli. Si preannuncia un'esperienza unica e intensa. Stiamo andando a un ritmo piuttosto elevato perché entrambi siamo giovani e abbiamo un passo deciso, vedremo se mantenerlo anche quando raggiungeremo alte quote più complicate.

Conosco un simpatico ragazzo olandese. La sera ceno con lui e la sua guida, che si chiama Subass. Dopo alcune partite a carte Wesley va a dormire, rimango con Subass che capisce le mie intenzioni di fumare e siccome ho dell'hashish buono mi chiede se può provare, dato che non l'ha mai fumato rollato all'europea. Così, un po' isolati nel buio della foresta, ne condividiamo una, la sua prima. Bolenath.

Il giorno seguente attraversiamo vari traballanti ponti d'acciaio nepalesi e costeggiamo pareti rocciose lungo il solito fiume Marsyangdi, passando da una sponda all'altra più volte. Entriamo nello spettacolare distretto di Manang, un altopiano ai piedi delle montagne. Poi dopo diverse ore al sole inizio a sentire qualche segnale di cedimento e il bisogno di un buon pranzo per riprendere forze: riso e patate.

Di nuovo in forma riprendiamo la camminata e proseguiamo la salita cambiando completamente scenario montano, incontrando boschi di pini e abeti. Inoltre nel nuovo distretto si avverte la presenza di una comunità buddista tra monasteri, bandierine tibetane e ruote di preghiera che regalano fascino e misticismo al trekking. L'arrivo della pioggia ci ha fermati a Danaque, dove ritrovo Subass e Wesley. L'olandese mi racconta di essere venuto in Nepal per fare del volontariato in una clinica di bambini handicappati in cui ha lavorato per quattro mesi come fisioterapista.

Dopo una breve doccia ghiacciata con temperature attorno ai 10 gradi e acqua gelida, trascorro un'altra serata a giocare a carte e mangiare riso e lenticchie di cui inizio a stufarmi, ma in ogni caso è l'unico piatto tipico della cucina nepalese e non conviene provare altro – i nepalesi non amano cucinare. Il gruppo etnico che si trova in questo villaggio è denominato Gurung e ha origini mongole, si nota soprattutto nel viso della famiglia che ci ospita nel lodge a conduzione familiare. Il loro simpatico e grassoccio bimbo di appena due anni rallegra l'atmosfera con i suoi sorrisi.

18/19-10-2011 *Da Danaque a Chame (2710 m)*
e da Chame a Pisang (3200 m)

La marcia è rallentata e credo che d'ora in poi per via dell'altitudine continueremo a un ritmo più tranquillo. Siamo partiti per una ripida stradina creatasi dal passaggio di un ruscello per poi proseguire tra foreste e alcuni villaggi di contadini, incontrando le onnipresenti e caratteristiche bandierine tibetane. La salita inizia a essere sempre più pendente, così ci siamo fermati nel centro amministrativo del distretto dove improvvisamente sono accessibili cellulari e Internet, ma è meglio comunque lasciar perdere sia perché durante un trekking se ne può fare a meno e sia perché non riesco a immaginare la velocità del browser.

Dopo aver notato su una casa di legno a due piani, che sembrava abbandonata, un'insegna con scritto "Reggae and pool bar", assieme a Wesley abbiamo chiesto informazioni al piano terra. Un'anziana di poche parole ci ha consegnato le chiavi, così saliamo le scale di legno ed entriamo in una stanza fatiscente con scritte sui muri e teschi di animali. Sembrava una via di mezzo tra un punto di passaggio di viaggiatori hippy e un luogo di culto per cerimonie mistiche. Su un tavolino di legno il teschio di un bufalo, vicino al tavolo di biliardo una trentina di birre vuote e la bacheca delle dediche decisamente fricchettone. Sul davanzale, il cadavere di una marmotta. I muri erano stati dipinti di bianco da qualcuno con la mano tremante e le persiane pure, come fossero tutt'uno con le pareti. Tutta la stanza era impolverata che sembrava abbandonata. Inizia un triangolare di sfida a biliardo tra me, Wesley e Subass. Vince Subass.

Dopo un profondo sonno montano ci siamo lasciati alle spalle Chame. Abbiamo attraversato ponti, foreste e frane creatasi lungo il tragitto. A un certo punto incontriamo degli alberi di mele e dopo esserci rifocillati con i gustosi piccoli frutti riprendiamo il cammino. I paesaggi aumentano di fascino perché si iniziano a scrutare alcune vette comprese tra i 6000 e gli 8000 metri. Impressionante, un immenso sperone di roccia levigato dal vento si estende per 1500 metri sul livello del fiume Marsyangdi. Oltre i 3000 metri diminuiscono gli alberi e aumentano le vette.

Ci fermiamo a Pisang e dopo un'oretta di siesta raggiungiamo un monastero buddista su una collina da cui si estende tutta la vallata, di fronte a sua maestà Annapurna. È la prima volta nella mia vita che mi trovo in un monastero così mistico. Rimango affascinato dal silenzio di quel luogo, ma soprattutto dal suo straordinario panorama. Entro e osservo i dipinti colorati sui muri che narrano storie di Budda e degli illuminati.

Al ritorno, dopo aver assaggiato delle buonissime mele che vendeva un'anziana nel villaggio ai piedi del monastero, noto delle piante di marijuana. Mi avvicino e le annuso, l'odore è inconfondibile. Mi rendo conto che sono circondato da campi di ganja che cresce selvaggia. Kim si offre di darmi una mano e raccogliere le cime secche già pronte per essere fumate. Ci riempiamo tutte le tasche disponibili e torniamo al lodge, dove in un sacchetto raccolgo una cinquantina di grammi gratuiti! Kim non fuma, così in solitaria, nella mia stanza che profuma di legno ma destinata a profumare di erba in pochi minuti, rollo un purino gigante a oltre 3000 metri e osservo le montagne felice.

20/21-10-2011 *Da Pisang a Manang (3540 m)*
e da Manang a Yak Karka (4200 m)

Ed eccoci a Manang, punto di riferimento per tutti i trekker e capitale dell'omonimo distretto. È la base per chi decide di attraversare il Thorung La, ideale per fermarsi qualche giorno e acclimatarsi prima di affrontare altezze difficoltose. Per altri, invece, è un punto d'arrivo nel caso preferiscano evitare il passo. Oppure c'è chi ci ritorna perché avverte i sintomi del mal di montagna, una malattia molto diffusa tra chi supera i 4000 metri – io non avevo idea fosse così diffusa. Per di più, non conta l'allenamento o la salute dell'individuo, il mal di montagna può colpire chiunque.

Abbiamo raggiunto Manang in circa quattro ore e mi è rimasto un pomeriggio di riposo, anche se ormai non riesco più a stare fermo. Sono carico e ho voglia di continuare a camminare e salire. Quindi incantato da un paesaggio impressionante, ho raggiunto in solitaria il prossimo villaggio a circa 4000 metri. Non posso descrivere la forte sensazione di libertà che ho avvertito, anche perché non ho praticamente incontrato nessuno per ore, tranne che un pastore e tanti animali tra cui capre, cavalli e yak. Il silenzio delle montagne era poesia assieme al panorama, tra il ghiacciaio del Gangapurna e le maestose vette che mi circondavano. Sono entrato in uno stato d'estasi e armonia unica, tanto che non sentivo più la fatica nonostante fossi alla sesta ora di cammino giornaliera a certe quote. Mi è capitato spesso di fare trekking sulle Alpi, ma in questo caso stiamo parlando di sua maestà "la dimora delle nevi", l'Himalaya che sprigiona un'energia travolgente.

Riesco a tornare appena in tempo prima che sia buio, e noto una folla entrare in una baita di pietra. È il cinema di Manang, fatto di panche di legno ordinate in fila e di un proiettore. Mentre fuori inizia a nevicare, rimango lì dentro a guardare *Sette anni in Tibet*, tra un blackout e l'altro. Poi ritrovo la via verso il lodge e il mio letto.

Il risveglio è gelido ma soprattutto bianco. Nevica continuamente da ieri sera e la valle è tutta innevata. Secondo le guide turistiche, normalmente questo dovrebbe essere il giorno di riposo per l'acclimatamento, infatti Wesley e altri ragazzi, di nuovo incontrati durante il trekking, si fermano a Manang. Inoltre fuori è tutto innevato, tanto che una guida paranoica, che probabilmente voleva godersi il giorno di riposo, mi avverte che avrei addirittura rischiato la vita a proseguire. Io sono assetato di strada, sogno la vetta e voglio continuare. Mi consulto con Kim, che è uno scalatore forte come una roccia e ha scalato anche vette da 7000 metri, e decidiamo di andare.

Così dopo i saluti e gli auguri di rito, zaino in spalla e via sotto la neve. Tre ore di camminata, fredde ma davvero entusiasmanti perché il paesaggio bianchissimo era incantevole. Abbiamo attraversato ponti sospesi completamente innevati e siamo risaliti per un torrente che in seguito entrerà nel Marsyangdi. Gli unici incontri sono stati un danese, che va al nostro stesso ritmo, e un gruppo formato da un italiano e uno spagnolo. Poi ecco il minuscolo villaggio di Yak Karka. Tira un'aria gelida, ma che pace quassù!

22/23-10-2011 *Da Yak Karka a Thorung Phedi (4420 m)*
e da Thorung Phedi a Thorung La (5416 m).
Discesa verso Muktinath (3800 m)

Brutto risveglio dopo una notte insonne per il mal di testa e per il freddo. Ho avuto lievi difficoltà respiratorie. I primi sintomi del mal di montagna si fanno improvvisamente sentire e con loro il timore di dover tornare indietro. Non dico niente a Kim e proseguiamo la camminata verso l'ultima tappa prima del passo. Ci tengo troppo a raggiungere la vetta e non voglio ancora allarmarlo. All'arrivo a Thorung Phedi sono colto da un abbassamento di pressione, ma fortunatamente una buona razione del solito dal baht mi aiuta a riprendermi in fretta.

Purtroppo non riesco a tranquillizzarmi perché nello stesso lodge, dove mi sono sistemato, risiede anche il trekker danese, incontrato nei giorni precedenti, che si sente piuttosto male. È in paranoia totale e soffre di nausea, mal di testa e problemi respiratori. Io cerco di non pensarci perché sono convinto che la mente possa avere un grande potere su questi malesseri, ma lui non pensa ad altro e soprattutto si sfoga con me. Prende delle pillole ma credo sia troppo tardi, vanno prese qualche giorno prima della scalata. Cerco di tranquillizzarlo, ma c'è poco da fare.

Nel pomeriggio, per favorire l'acclimatamento e liberarmi dalle paranoie del danese, ho raggiunto un punto ben più elevato per poi tornare alla base – mai dormire nel punto più alto raggiunto in giornata. Sono arrivato al rifugio più alto in assoluto, il Thorung base camp, e da lì ho proseguito per una vetta che è il punto panoramico migliore di tutta la valle. A 5000 metri, davanti a una decina di vette comprese tra i 6000 e gli 8000 metri, mi sono commosso di fronte allo spettacolo montano più affascinante della mia vita. Tra giramenti di testa, brividi e stupore, ho scattato alcune foto che, ancora oggi quando le osservo, hanno il potere di scatenare la mia meraviglia come se fosse il primo giorno che le guardo.

Poi ritorno alla base perché il sole scende in fretta e facciamo una preparazione psicologica alla nuova giornata alle porte. Mi aspetta la notte più lunga. Domani otto ore di trekking previste con un dislivello di 1000 metri in salita per attraversare il Thorung La e scendere poi per altri 1600 metri. Sono eccitato, dopo otto giorni di fatiche ci siamo. La vetta è vicina!

Così dopo l'inevitabile notte insonne, per l'altitudine e l'eccitazione per il gran giorno imminente, mi alzo alle 4 del mattino per un'energetica colazione a base di uova e cereali e iniziare la salita finale dalla gelida Thorung Phedi. Ci siamo, l'ostacolo più difficile è davanti a me, ma con lui anche la vetta. Anche stavolta partiamo a un ritmo elevato, superiamo i pochi trekker che sono partiti prima di noi. La salita è devastante, ma il traguardo così vicino scatena in me un'immensa energia. In sole tre ore siamo in pratica arrivati, ma proprio a poche centinaia di metri ecco un blackout improvviso dentro di me. Forti giramenti di testa, vampate di calore e perdite di equilibrio. Mi sembra di essere sulla luna, cammino con lo stesso passo del video di Armstrong. Che fare? Tornare indietro ora non se ne parla, potrebbe essere più pericoloso, quindi non mi rimane che stringere i denti e continuare. Sto prendendo un rischio elevato, ma fa parte del gioco e pochi minuti dopo ecco il passo in lontananza: una forte esplosione di euforia mi ha completamente guarito. Otto giorni di duro cammino per compiere 4600 metri di dislivello. Un fiume di lacrime di gioia, una sensazione indescrivibile. Tempo per alcune foto e poi sette minuti tutti per me, per le persone care, soprattutto per mia madre. Sette minuti di `Starway To Heaven` dei Led Zeppelin.

Sulle ali dell'entusiasmo riprendo la camminata con una lunga discesa spacca ginocchia, coprendo un dislivello di 1600 metri fino a Muktinath, un centro religioso montano tra templi indù e buddisti nella suggestiva valle del Mustang. All'arrivo, mentre passeggio nella cittadina, ecco che vedo arrivare l'italiano che viaggiava con lo spagnolo. Lo saluto e mi pare sofferente, mi confessa di essersi fatto aiutare da un mulo nell'attraversamento del passo per via del mal di montagna. Inoltre vengo a sapere da altri trekker che il giorno prima una guida è mancata nei pressi della vetta. Chissà il danese che fine ha fatto? Danjavaad Thorung La!

Riflessione del giorno: più la tua coscienza è pulita e più la tua anima è libera.

24/27-10-2011 *Da Muktinath a Marpha (2680 m) a Kaloopani a Tatopani*

Lasciataci Muktinath alle spalle, abbiamo proseguito la discesa nella spettacolare valle del Mustang per raggiungere il nuovo fiume che ci accompagnerà al traguardo: il Kali Gandaki. Panorama impressionante nella valle arida e ventosa con un canale immenso creato dal fiume, ora decisamente contenuto. Purtroppo il trekking inizia a perdere di fascino perché a volte scorre su una strada trafficata da jeep di turisti organizzati, pullman o mezzi di trasporto che alzano un gran polverone. Soprattutto a Jomson, la cittadina amministrativa del distretto, c'è un aeroporto. Uno dei trekking più affascinanti del pianeta è in serio pericolo per via dello sfrenato sviluppo derivante dal turismo di massa. Scuole, negozi e alberghi di lusso, Jomson è l'itinerario turistico più battuto del trekking. Molti turisti, soprattutto di una certa età, iniziano il trekking da qui per raggiungere il Thorung La o solo per passeggiare nella valle del Mustang. In ogni caso si perdono la parte più interessante e autentica che rimane nella valle percorsa dal fiume Marsyangdi. Tuttavia purtroppo anche nel distretto di Manang ho notato dei cantieri aperti per la realizzazione di una strada. Insomma, se volete godere di questa meraviglia fate in fretta, perché le restano pochi anni.

Oggi il nemico principale è il forte vento contrario, ma quando ci si allontana dalla strada e si cammina nell'enorme canale si prova una sensazione selvaggia di libertà. Con il mio zaino ben fisso sulle spalle e le mie gambe fortificate da lunghe giornate di trekking mi sono sentito onnipotente, pronto a sbranare il mondo davanti a me. Poi ecco nascosto tra due immense pareti rocciose il nostro punto d'arrivo odierno, Marpha, una particolare località percorsa da stretti vicoli lastricati con un importante gompa sulla collina. La sorte è dalla mia parte perché questi sono giorni di festa Tashi Lakang o Mani Rimdu, quindi nel monastero ci sono cerimonie di preghiera e ne approfitto per entrarci e sedermi tra i monaci, osservando i loro riti.

Nei giorni seguenti il percorso diventa più verde e monotono, per tornare a un clima più tropicale. Si notano immense piante di marijuana sparse per la valle e nei pressi delle abitazioni.

28-10-2011 *Missione compiuta*

Ultima giornata di cammino. Il traffico si fa davvero insopportabile, così dopo aver respirato polvere e smog per due ore abbiamo deciso di prendere un mezzo. Salgo su uno degli sgangheratissimi pullman locali. Prendendolo in corsa non trovo nessun posto libero, e non ho neanche il tempo di cercare bene che il mezzo riparte a tutto gas, sbalzandomi addosso alla gente con lo zaino in spalla. Dietro al posto del conducente c'è una cassapanca di ferro su cui sono sedute delle signore che gli danno le spalle. Gentilmente mi liberano un mezzo posto vicino al finestrino, così poso lo zaino per terra e mi siedo di traverso, appoggiando le ginocchia sulle vicine. I miei piedi non riescono a toccare terra per il sovraffollamento. A ogni buca inevitabilmente prendo delle testate contro la cassetta metallica del pronto soccorso posizionata proprio sopra la mia testa.

Una scomodissima mezzora ed ecco che le signore scendono dal mezzo. Al loro posto sale un vecchio e grasso nepalese con quattro bottigliette di plastica da un litro riempite di benzina. Hanno un odore insopportabile e le posa proprio sotto i miei piedi. Si riparte. Seduta di fronte a me osservo un'anziana contadina che, con il viso segnato da profonde rughe e le mani consumate dal duro lavoro, dorme esausta da quando sono salito a bordo, con due bambini tra le braccia completamente capovolti a testa in giù. Uno ha la faccia piuttosto pallida e all'improvviso la sua bocca si gonfia, si gira e scarica un forte getto di vomito al suolo e sui miei piedi. La mamma non si accorge di nulla e continua a dormire – pazienza.

Nell'ora seguente, tra un rimbalzo e l'altro del mezzo, il bambino vomita altre cinque volte. Ogni volta che gli si gonfiava la bocca, siccome io e il mio zaino eravamo di fronte a lui, pregavo che si voltasse in altre direzioni, ma inevitabilmente sono stato colpito e affondato. Nel frattempo c'è un guasto al motore che continua a spegnersi. È posizionato proprio nella cassapanca su cui sono seduto, mi sposto e alzano il coperchio per riattivarlo manualmente. Tutte le volte che riparte esce una fumata nera direttamente sulla mia faccia, e così va avanti ogni dieci minuti, mentre sono impegnato a evitare le vomitate del bambino. Inizio a sentirmi male anch'io.

Eccoci arrivati al cambio pullman, donne e bambini scendono di fretta per liberare un concerto di vomiti di gruppo. Noto un signore inglese che si avvicina a me con un cameraman. Mi spiega che è un giornalista che sta girando un documentario sull'impatto ambientale del traffico sul trekking. Mi intervista e naturalmente sottolineo come un meraviglioso circuito come quello dell'Annapurna sia in pericolo per via delle strade da Muktinath che causano un forte inquinamento e fastidiose nuvole di polvere.

Salgo sul nuovo mezzo e fortunatamente trovo un posto normale, ma dopo neanche un'oretta ecco un altro guasto al motore, per cui siamo tutti costretti a scendere. Essendo sull'unica strada sterrata disponibile, stiamo bloccando il traffico e ci sono almeno cinque pullman che attendono che liberiamo la strada. Gli autisti vengono a curiosare ma non vedo nessuno alzare la voce o lamentarsi. Anzi li vedo scherzare e ridere. Rimango sorpreso da quell'atmosfera, in Italia per una scena simile starebbero già tutti imprecando o sarebbe già scoppiata una rissa.

Arriviamo nel tardo pomeriggio a Beni – ci avrei messo meno tempo a piedi, ma l'ultimo tratto è su una strada sterrata a una corsia con vari mezzi che vanno nel doppio senso. La località è solo una base di arrivo e partenza per tornare verso le città. C'è un grande piazzale di terra e fango dove sostano i pullman e i fuoristrada. Ai lati si trovano venditori ambulanti o bancarelle di frutta e verdura. Ci sistemiamo in uno degli squallidi hotel nella piazza: Mustang Hotel. Le camere sono luride con le lenzuola sporche. Le docce sono spesso occupate da famiglie di nepalesi che si lavano in sequenza, ma dopo cena ne trovo una libera e mi rendo conto che probabilmente non vengono mai pulite e che l'acqua è gelida.

Che soddisfazione, trekking portato a termine!

Duecento chilometri percorsi a piedi, l'unico mezzo dataci dalla natura e che la nostra cultura si sta dimenticando, per valicare uno dei passi più alti al mondo senza scalata. Duecento chilometri di fatica e sudore, ma soprattutto di vita, affrontando diversi ostacoli lungo il cammino.

29/30-10-2011 *Tihar Festival*

Dopo neanche un mese di viaggio sono già stato adottato da una famiglia nepalese. Kim mi ha invitato a festeggiare il Tihar Festival con la sua famiglia nel villaggio in cui vivono, sperduto su una collina della foresta. Anche chiamato Deepwali, il festival indù e buddista delle luci è molto sentito in Nepal. Durante questi cinque giorni tutte le case sono illuminate da candele o lampade a cherosene. Si celebra ogni giorno un tema diverso, ma principalmente la vita e la sua prosperità. Arrivo in tempo per l'ultimo e più importante giorno, che celebra il legame tra fratelli e sorelle, molto forte in Nepal.

La famiglia di Kim ha deciso di farmi partecipare a questa cerimonia come uno dei fratelli e io non posso che esserne onorato. Sono il primo straniero che viene invitato nel loro villaggio, situato in una valle completamente fuori dagli itinerari turistici e difficilmente accessibile. Dopo aver raggiunto la fine della strada sterrata, ho camminato alcune ore nella giungla, incontrando scimmie e farfalle per raggiungere la loro fattoria sulla collina, circondata da importanti vette della catena montuosa Ganesh Himal. La vetta più alta arriva a 7500 metri.

Inizia la cerimonia, vengo cortesemente invitato nella sala centrale della casa, una piccola stanza di terra battuta utilizzata per cucinare attraverso un braciere scavato nella terra. Mi siedo assieme ai miei nuovi due fratelli nepalesi. Le quattro sorelle ci camminano attorno lasciando cadere fiori sulla nostra testa. Si siedono di fronte e, augurandoci una lunga vita, iniziano una alla volta a decorarci la fronte con tika di diversi colori, un marchio religioso che si pone sulla fronte con le dita. Ci donano diverse collane floreali con un fiore arancione che appassisce molto lentamente. Infine riceviamo del cibo e una birra. I fratelli, per concludere la cerimonia, devono dare un piccolo dono o un'offerta in denaro simbolica alle sorelle, dopo aver segnato la loro fronte con il tika.

Terminato il rito, si festeggia tutto il giorno sorseggiando rakshi, il disgustoso vino nepalese. Poche ore dopo mi accorgo che sono tutti ubriachi e naturalmente tutti concentrati sullo straniero adottato. Si scherza, si balla e si canta fino a notte fonda. Ma quando il livello alcolico raggiunge livelli estremi, la mamma di Kim mi prende affettuosamente per la mano e mi porta in casa per difendermi da eventuali pericoli di degenerazione collettiva.

Il giorno dopo Kim mi accompagna alla fermata del bus sull'unica strada al limite del praticabile che arriva vicino al villaggio a ben due ore di cammino. Per pochi minuti perdo il mezzo, così saluto Kim e inizio ad aspettare il prossimo. Non avevo idea di che avventura mi stava accadendo. È stata la più lunga attesa (senza successo) di un bus della mia vita. Ho aspettato venti ore dormendo sulla terra nel mio sacco pelo in attesa che si facesse vivo qualcuno. Alle 6 del mattino ho deciso di iniziare a camminare lungo la strada per capire che succedeva. Sono partito con poca acqua, pochissimi soldi - perché non ho incontrato bancomat per due settimane – e soprattutto senza cibo. Appena ho iniziato a camminare, mi sono sentito già meglio, la sensazione di essere di nuovo in movimento verso qualcosa di sconosciuto mi rilassava. Dopo due ore circa ho incontrato inaspettatamente un furgone con cassone scoperto, colmo di gente locale, che mi ha caricato al volo, anche se era talmente pieno che non avevo idea di dove sistemarmi. In uno spazio del cassone di sei metri per due circa c'era una cinquantina di persone ammassate l'una sopra l'altra in posizioni improvvisate. Così sono rimasto appeso alle sbarre esterne del cassone. Mi sono reso conto di non essere stato l'unico ad avere problemi di trasporto in quei giorni. Sono venuto a sapere che il traffico si era paralizzato per un giorno a causa di un incidente mortale sul mezzo che ho mancato per pochi minuti. La benedizione delle sorelle ha funzionato!

Ho sofferto per quattro ore su quel furgone provando varie posizioni senza successo. Tuttavia mi sono reso conto che la vera avventura in posti come il Nepal è viaggiare con i mezzi pubblici o di fortuna assieme ai locali. Scordatevi la comodità, anzi i vostri muscoli e le vostre ossa soffriranno parecchio, ma c'è qualcosa di speciale nella complicità e nella solidarietà che si crea tra i viaggiatori, anche con me che spesso ero l'unico straniero.

31-10-2011 *Ecosostenibilità himalayana. Prima e dopo il passo (pubblicato su Greenews.info)*

La mia avventura di viaggio è iniziata dalla catena dell'Himalaya nepalese, punto di partenza imprescindibile per il fascino che evoca "la dimora delle nevi eterne" (questo significa il termine in sanscrito). Per iniziare un'esperienza come il giro del mondo, ero alla ricerca di un contatto forte con natura e spiritualità, per trovare le forze necessarie e il giusto approccio mentale per affrontare la sfida.

In questa regione si avverte una ricca presenza buddista. Gli abitanti sostengono che la vista dei monti himalayani – di questi pilastri del cielo che s'innalzano limpidi e poderosi dalle brume e dalle imperfezioni del mondo – evoca alla memoria il fiore di loto, simbolo della loro fede. Anche il fiore di loto affonda le sue radici nel fango, che è simile al samsara, l'eterno ciclo delle nascite e delle morti. Quando sboccia, la sua corolla, ergendosi alta sullo stelo, si apre bianca e immacolata per rappresentare la salvezza della coscienza e l'eterna serenità del nirvana.

La domanda che – per deformazione professionale – mi sono posto prima di partire è però molto più "occidentale": come affrontano i nepalesi il tema dell'ecosostenibilità, tra le montagne che hanno fatto la loro storia e su cui si basa principalmente l'economia del paese?

Pochi giorni fa ho concluso un trekking nel paesaggio naturale più spettacolare al mondo, grazie alla varietà dei suoi panorami: il circuito dell'Annapurna. Si inizia a Besi Sahir, con foreste tipiche del continente subtropicale, nella valle più profonda al mondo, a 800 metri. Si risale, tra ponti sospesi, l'imponente fiume Marsyangdi si attraversano altopiani e canali nella Valle di Manang, fino al passo del Thorung La a 5416 metri – uno dei passi più alti in assoluto senza necessità di scalata, con un rigido paesaggio alpino –, per poi riscendere da Muktinath, seguendo il fiume Kali Gandaki che percorre l'arida valle del Mustang fino a Beni (1000 metri). Duecento chilometri percorsi con i piedi, l'unico mezzo che la natura ci ha dato e di cui la nostra cultura si sta dimenticando. Quattordici giorni di fatica per vedere gli effetti dell'altitudine sul paesaggio e provarli direttamente, ad alte quote, anche sulla propria pelle.

Attraverso un pedaggio d'entrata di circa 20 euro, ho potuto accedere all'ACA (Annapurna Conservation Area). Nel 1986 il progetto ACAP (dove la "P" finale indica appunto il progetto) fu varato per la conservazione della regione attorno all'Annapurna, un'area di circa 7600 mq. Questo ente, sovvenzionato dai trekker di tutto il mondo, si occupa principalmente di salvaguardia ambientale e favorisce lo sviluppo di una mentalità "ecosostenibile" tra i gestori di hotel e i proprietari degli alloggi nell'area. L'ACAP organizza corsi mirati su temi come l'educazione ecologica, lo sviluppo agricolo sostenibile, il ricorso a energie alternative, la conservazione della cultura locale, il turismo a basso impatto ambientale, la salute e la conservazione delle risorse naturali.

Questo a livello teorico (non ho infatti potuto verificare se questi corsi esistano ancora oggi), ma a livello pratico il problema rimane perché nella prima parte del trekking viene favorito l'utilizzo del cherosene, mentre, man mano che si sale, si utilizza sempre più la legna, e in abbondanza. Il disboscamento selvaggio, in un paese dove il supporto energetico è basato almeno per il 50% sul legname, è indubbiamente una questione aperta.

Ci sono poi altre due questioni: la gestione dei rifiuti e il traffico, che si è creato in questi anni, nell'ultima valle. Gran parte dei villaggi prima del passo è isolata dai mezzi, quindi deve gestire i rifiuti "autonomamente", il che significa trovarne lungo il cammino, per strada e nei torrenti. Per questo è importante l'impegno, almeno da parte dei trekker, per gestire al meglio i propri rifiuti riducendoli il più possibile, a partire da una facile regola: evitare di comprare l'acqua in bottigliette di plastica (difficili da smaltire) e bere acqua bollita o utilizzare pastiglie per purificarla.

Nell'ultima parte della valle, poco dopo il passo del Thorung La, per via dell'accessibilità e dell'aumento del turismo si è creato un traffico di moto, fuoristrada, pullman – e aerei! Tutto ciò a discapito dell'escursionista che rischia di essere travolto da smog e nuvole di polvere sollevate dai mezzi. Su questo tema si sta muovendo anche la comunità internazionale, tanto che io stesso sono stato intervistato da un reporter inglese che si occupava di documentare l'impatto ambientale del traffico nella zona.

Prima del passo l'utilizzo di energie alternative sta prendendo timidamente piede, attraverso qualche pannello fotovoltaico installato su falda e piccoli impianti idroelettrici che sfruttano la corrente dei possenti fiumi che scorrono in questa regione. La più utilizzata è l'energia solare termica per scaldare l'acqua delle docce con pannelli solari e, in alcuni casi, anche con parabole a specchio per cucinare o scaldare oggetti. Dopo il passo, invece, si entra in un'area più sviluppata dotata di una vera e propria rete elettrica, ben collegata, e per scaldare l'acqua si utilizza il gas – a spese del turista.

Il Nepal dovrà sicuramente investire di più nelle fonti rinnovabili, soprattutto nel fotovoltaico e nell'idroelettrico, ma soprattutto dovrà limitare l'accesso motorizzato alle aree di maggior traffico - non solo per preservare un paesaggio naturale unico al mondo, ma anche per meri interessi turistici. Se una volta infatti la maggior parte degli escursionisti terminava la parte di trekking a fondo valle, oggi lo termina appena dopo il passo, riducendo drasticamente il numero dei virtuosi che si spostano, per piacere e filosofia di viaggio, a piedi. Un modesto suggerimento a breve termine sarebbe creare un percorso alternativo per chi decida di proseguire a piedi dopo il passo.

01-11-2011 *Il richiamo dell'India*

Il richiamo dell'India è prepotente, così eccomi davanti all'ambasciata indiana per richiedere il visto. Nonostante non sia ancora aperta al pubblico, c'è già una coda notevole, così mi metto in fila e inizio a conoscere alcuni personaggi interessanti tra giovani e vecchi di diverse nazionalità. Con tutta quella folla ci sono solo due sportelli disponibili, quindi ne approfitto per andare a fare colazione e tornare. In un paio di ore riesco a sbrigare la richiesta di visto turistico per soli tre mesi, siccome sono italiano, mentre molti altri paesi soprattutto europei possono richiederlo per sei. Io ho provato a richiedere comunque sei mesi, ma il funzionario se n'è accorto e mi ha fatto cambiare. Non mi resta che tornare tra una settimana e sperare che tutto vada bene.

Passeggiando di ritorno verso la guesthouse ho curiosato nel fiume di negozietti e ho deciso di iniziare a modificare il mio look per spogliarmi un po' dei soliti vestiti cittadini o di Decathlon. A forza di comprare indumenti tecnici delle stesse marche la maggior parte dei viaggiatori sembra che abbia la stessa e identica divisa. Sembrano tutti uguali, bisogna avere un po' di fantasia e prendere indumenti economici e tipici di ogni paese. Ho acquistato una coppola e una giacchetta leggera nepalese con vari colori e simboli dipinti. Tutto ciò al prezzo di 5 euro, cosa compro in Italia con questa cifra? Neanche più le mutande.

Verso sera giro per Thamel alla ricerca di qualche incontro per scambiare due chiacchiere. Provo a entrare in due nuovi pub ma sono vuoti e i televisori proiettano soltanto partite di calcio. Scolo in fretta due medie e decido di tornare sulla scelta vincente, ovvero il Sam's pub. Non mi delude mai, il bancone è spesso frequentato da gente simpatica e l'austriaca proprietaria-barista-dj è una donna davvero in gamba, con un buon gusto musicale. Mi siedo e ordino la solita Everest. A fianco noto un gruppo di australiani e un vecchio hippy americano sulla sessantina con un cappello da marinaio e barba bianca da babbo natale. L'ho incontrato stamattina all'ambasciata e sicuramente rientra proprio nei miei canoni del tipo di persona con cui fare volentieri due chiacchiere.

Trascorre una mezzoretta e un australiano suona la campana sopra al bancone. Ciò significa giro di chupito gratis a tutti quelli seduti davanti al bancone compreso me, l'unico intruso. È il compleanno di uno del gruppo, così ringrazio e finalmente attacco discorso con loro ma soprattutto con Rodney, il vecchio americano. Nel frattempo si aggiungono Vassili, un greco freak, e un escursionista tedesco, anche loro capitati soli da queste parti. Altri brindisi e poi a mezzanotte il locale chiude, tempo per i saluti e mi rendo conto di non aver ancora cenato. Esco e mi dirigo dal kebabbaro all'angolo, mi metto in coda e incontro nuovamente uno degli australiani. Mi racconta del lungo trekking che vuole affrontare per alcuni mesi dal nord ovest del Nepal verso est. In coda conosciamo anche un'israeliana e un tedesco. Nuovi incontri stranieri, nuovi incontri stimolanti ma soprattutto nuove storie di vita da ascoltare. Tutto ciò allarga la mia mente a 360 gradi e mi dona serenità, perché ho sete di conoscenza e di vita.

02-11-2011 *Swayambhu*

Sei anni fa, quando vivevo a Tarifa, lessi un libro su Kathmandu che

divorai in pochi giorni: *Flash Kathmandu il grande viaggio.*
Nella descrizione di questa città mi ricordo che si narrava di un tempio, Swayambhu. Stamane ho avuto il piacere di visitarlo. Chiamato anche il tempio delle scimmie, si erge su una collina nei pressi della città. All'entrata si trova una lunga distesa di ruote di preghiera che percorrono il muro di cinta, statue di Budda, pellegrini e qualche centinaio di scalini da percorrere per raggiungere il tempio.

Inizio la salita e dopo pochi scalini sono sorpreso da un branco di scimmie che saltano in tutta fretta tra la passeggiata e gli alberi, passando molto vicine a me. Mai ne avevo viste così tante e libere tra la gente. In cima alla camminata si trova il tempio che splende sulla vetta con un maestoso stupa d'oro con l'occhio di Budda impresso. Ci sono diverse statue di divinità tutt'attorno e tante scimmie affamate che si nutrono rubando le offerte dei pellegrini alle divinità. Sono entrato in un monastero e ho assistito alle preghiere dei monaci, mi sono seduto tra loro e li ho osservati affascinato. Ho avvertito qualcosa che mi attrae molto della loro cultura, anche se so benissimo che non potrei mai vivere come loro, sono d'accordo sulle rinunce materiali ma non su altre. Ci sono valori come l'amore e la famiglia a cui non potrei mai rinunciare. In ogni caso vorrei conoscere meglio il loro pensiero e il loro stile di vita. In questa lunga esperienza ne avrò sicuramente modo.

Ritorno verso la guesthouse per un'intervista su radio Lifegate, una famosa radio italiana che tratta tematiche ambientali. Nel cammino ho percorso strade sconosciute facendomi guidare dall'istinto e purtroppo non ho avuto una bella impressione sulla città. Ho attraversato un fiume che era una vera e propria discarica di rifiuti. L'aria era irrespirabile e il fiume aveva un colore inquietante. La gente lanciava i sacchi della pattumiera direttamente dentro come fosse normale e logico. La salute di madre natura non è di interesse per gli abitanti di Kathmandu.

03-11-2011 *Kathmandu by night*

Stasera si esce. Alle 8 ho appuntamento con Drew, il ragazzo israeliano conosciuto la prima notte in Asia. Non ho nulla da fare così esco due ore prima per passeggiare e osservare la gente. Mi avvicino al locale dell'appuntamento ma, essendo troppo presto, mi fermo a pensare sul da farsi. Intanto sono ripetutamente avvicinato da vari procacciatori di turisti che cercano di convincermi ad andare nel negozio del loro amico, ma che soprattutto mi offrono droghe e donne: «Hashish? Marijuana? Pollen? Girls?». Ognuno con una tecnica diversa, ma arrivano tutti in fretta al sodo. Più che altro sono fastidiosi e insistenti, non se ne vanno facilmente al primo: «No!».

Noto un gruppo di ragazzini tra i dieci e i quindici anni. Sniffano colla e li osservo basito. Uno se ne accorge e si avvicina a me dicendomi qualcosa di incomprensibile. Lo guardo dritto negli occhi e all'improvviso si gira e scappa assieme al gruppo. Mi stupisco di averlo spaventato con un normale sguardo, così mi volto e noto alcuni sbirri con il bastone in mano che corrono a inseguirli. Stufo dell'insistenza dei pusher entro al Namaste café per bere una birra fresca. Fortunatamente incontro un gruppo rock nepalese che suona cover degli ACDC, Led Zeppelin e Deep Purple. Rimango sorpreso perché sono particolarmente bravi. Ci voleva un po' di rock tra tutti questi canti monacali che sparano in strada.

Si è fatta l'ora dell'appuntamento, così becco Drew al Maria pub. Mi racconta del progetto di volontariato di due mesi che sta per iniziare per una fattoria in un villaggio montano. Sviluppo agricolo con la costruzione di serre ma soprattutto coltivazione organica. Un bel progetto e gli faccio i complimenti. Andiamo a bere un'altra birra al Sam, altri fiumi di chiacchiere generali, ma mezzanotte anche stavolta arriva in fretta. Il locale chiude e ci ritroviamo in una strada quasi deserta con tutte le attività commerciali e di ristorazione con le serrande abbassate. Saluto il mio compagno di bevute e mi dirigo verso la guesthouse. All'arrivo trovo il cancello di ferro, alto due metri, chiuso. Provo a bussare ma nessuno se ne accorge, allora euforico dall'alcol lo scavalco con uno sbalzo felino ed entro indisturbato nella mia stanza.

07-11-2011 *Attesa immerso nei templi*

Trascorrono giorni di attesa per il visto indiano, quindi ne approfitto per visitare i vari e affascinanti templi indù e buddisti. Ho iniziato da Patan, la più antica delle città reali nepalesi, e Bhaktapur City, una cittadina sacra indù. Entrambe dichiarate patrimonio dell'umanità dall'UNESCO sono particolarmente affascinanti per la loro architettura. Tuttavia la Durban square di Bhaktapur è stata la parte che mi ha colpito di più tra decorazioni e templi indù, tanto che ho trascorso un'ora nella piazza a osservare la gente locale e dei bambini che giocavano con il copertone di una gomma da bici, facendola ruotare con un bastoncino di legno che la teneva dritta.

Attenti che il costo dell'ingresso per la città di Bhaktapur è parecchio caro, se volete evitare il biglietto si può benissimo entrare da altre vie, basta evitare l'entrata principale.

Tuttavia Kathmandu offre anche altri interessanti itinerari religiosi. Suggestivi templi come Pashaputinath e Bouddanath. Il primo è un grande tempio indù dedicato a Shiva, dove scorre un fiume sacro per i nepalesi. In questo fiume avvengono le cremazioni dei pellegrini defunti, una piccola Varanasi nel bel mezzo di Kathmandu. Tra i templi è possibile incontrare gruppi di sadhu pronti a benedirti o leggerti il futuro. Alcuni sono qui più per business che per la spiritualità del luogo. Nei pressi si trova un grande parco affollato da scimmie. Il secondo invece è un grande tempio buddista con un enorme stupa centrale. Credo che sia uno dei più impressionati visti in Nepal. Attorno si sviluppano attività commerciali o scuole per futuri monaci.

In città invece mi sono di nuovo imbattuto in ragazzini che sniffano colla e chiedono l'elemosina. Mentre pranzavo con Wesley, anche lui a Kathmandu per alcuni giorni, ho osservato dalle finestre del ristorante una scena raccapricciante in strada con al centro un gruppetto di ragazzini di dieci anni al massimo che avevano già gli sguardi tossici.

08-11-2011 *Ultimo giorno in Nepal*

Ed ecco il giorno decisivo per il rilascio del visto indiano. Stamattina mi sono presentato per la seconda volta all'ambasciata indiana per proseguire la richiesta. Una settimana fa ho effettuato la prima richiesta per la quale ti fanno pagare circa 3 euro e poi ti invitano a ripresentarti dopo una settimana. Arrivo alle 8 per prendere il numero della coda, nonostante l'ufficio apra alle 9 30, ma trovo comunque una trentina di persone già in fila davanti a me. Molti viaggiatori che vengono in Nepal decidono di proseguire per l'India via terra. Ma nonostante le numerose richieste, il servizio dell'ambasciata è abbastanza scarso.

Incontro varie conoscenze tra cui Rodney, il fricchettone americano di sessantaquattro anni conosciuto al Sam. Dopo un'ora di attesa vedo arrivare pure Amjad, un ragazzo tedesco figlio di genitori turchi immigrati in Germania, conosciuto allo Shanti Jatra Organic Festival, che ora vive da un mese in un monastero nelle vicinanze di Kathmandu per meditare. Conosco una coppia di italiani in viaggio da un anno, con il round the world ticket, che per fortuna dopo tre ore di attesa riescono a farmi passare con loro allo sportello. Consegno la richiesta compilata con foto e altri 30 euro al funzionario dell'ambasciata che mi dice di tornare alle 17.

Mi ripresento all'ambasciata verso sera e dopo un'altra ora di attesa finalmente arriva il mio turno. Quando mostro la mia ricevuta alla funzionaria dell'ambasciata, mi respinge chiedendomi di aspettare ancora. Fortunatamente mi accorgo di non essere l'unico vedendo l'espressione preoccupata di Rodney, e dopo pochi minuti finalmente arrivano gli ultimi passaporti tra cui il mio. Riprovo, e questa volta mi appare il meraviglioso visto adesivo su un'intera pagina che annuncia il permesso di tre mesi per l'India, il sogno di una vita! Per un viaggiatore ricevere il visto d'entrata per un paese nuovo è un momento di gioia. È come fosse un tatuaggio che rimarrà impresso nella mente tutta la vita. Sono cinque anni che sogno di entrare in India grazie a vari libri letti negli anni scorsi, ma uno soprattutto ha influenzato i miei sogni, *Shantaram*.

PAGELLINO NEPAL

Ho deciso di creare un pagellino per giudicare l'esperienza di viaggio in ogni paese incontrato lungo il cammino. Riguarda solo la mia esperienza personale, quindi ognuno può avere delle impressioni diverse dalle mie. Darò un voto a quattro elementi che interessano principalmente la popolazione locale (trasporti pubblici ; cucina locale; ospitalità da parte della gente nei confronti degli stranieri; costo della vita per uno straniero). Inoltre ho deciso di aggiungere un parere sulla sicurezza per le donne in base a quello che ho visto e che mi hanno raccontato viaggiatrici che ho incontrato. Un modo per consigliare le ragazze che vogliono viaggiare il paese in solitaria. Per i rari paesi, in cui ho trascorso meno di due settimane, ho deciso di non realizzare il pagellino.

- ▶ Trasporti pubblici: **5**
- ▶ Cucina locale: **4**
- ▶ Ospitalità della gente: **9**
- ▶ Costo della vita per uno straniero: **7,5**
- ▶ Sicurezza donne: **9**
- ▶ MEDIA Nepal: **6,9**

NEPAL

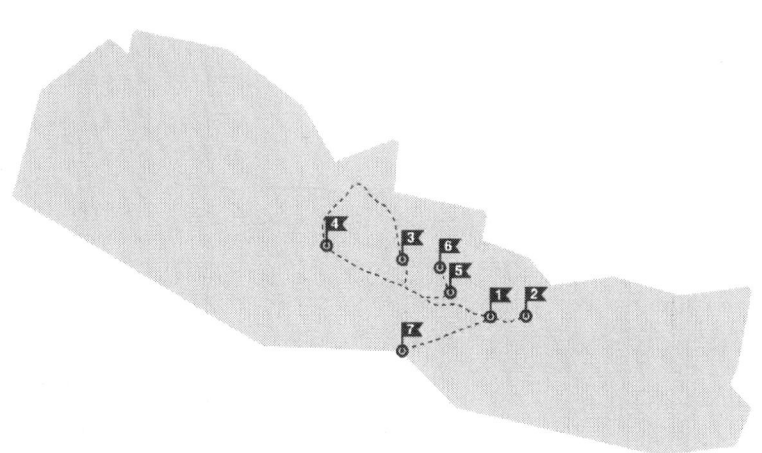

- 1 Kathmandu
- 2 Valle Kathmandu (Shanti Jatra)
- 1 Kathmandu
- 3 Besi Sahar
- 4 Beni
- 5 Dadhing Besi
- 6 Villaggio Kim
- 1 Kathmandu
- 7 Bhairahawa

India

09-11-11 *Ingresso in India*
Sveglia prima dell'alba per raggiungere la stazione dei bus di Kathmandu. Finalmente si parte per l'India. Arrivo che la stazione è ancora avvolta nel buio della notte e, dopo vari tentativi, un nepalese gentile mi indica l'area del mio pullman in un parcheggio, dove ne trovo parcheggiati almeno una cinquantina. Chiedo a qualcun altro e stavolta riesce a essere più preciso, così mi sistemo davanti al bus in attesa che si faccia vivo qualcuno. Dopo pochi minuti vedo dal finestrino qualcosa muoversi all'interno e noto un gruppo di persone che dormono all'interno, tra cui l'autista. Si sveglia ed esce dal mezzo a fumare una sigaretta. Finalmente si parte, ma non avendo l'accensione automatica uno degli assistenti dell'autista mi chiede una mano a spingere il mezzo per metterlo in moto. Inizia un lungo viaggio di undici ore fino alla frontiera indiana tra un guasto e un cambio di mezzo. Durante il guasto ne approfitto per assaggiare nuovi cibi locali dai venditori ambulanti a bordo strada che sono in agguato nei punti strategici in attesa di soste o guasti. Si riparte e dopo alcune ore si arriva a destinazione.

Ecco davanti a me la porta d'entrata per la terra indiana. Una larga e affollatissima strada a due sensi di marcia che porta verso due archi, uno d'uscita dal Nepal e l'altro d'entrata in India. Supero i controlli agli uffici immigrazione e non ho neanche il tempo di gioire nell'intenso traffico che mi ritrovo su un altro pullman diretto a Gorakphur, una cittadina di passaggio dove si trova la stazione del treno diretto a Varanasi. Altre tre ore di viaggio e arrivo sfinito di sera. Scelgo senza energie uno degli hotel davanti alla stazione per cercare una stanza decente e mi trovo in un locale umido e pieno di ragnatele, e con le lenzuola sporche. Scendo per mangiare, chiedo a due diversi ristoranti ed entrambi mi informano che l'unico piatto che servono è il dal bhat, l'unico piatto che mangiano sempre i nepalesi. È stato il peggiore che abbia mangiato da quando sono partito, era freddo e insipido, infatti è stato anche il più economico visto che l'ho pagato 40 cent. Mentre mangiavo, un signore anziano seduto al tavolo con me sbraitava contro i camerieri per il pessimo servizio e a pochi metri dal ristorante giravano dei topi di grosse dimensioni. Finito di mangiare mi incammino per le luride strade di Gorakphur e incontro un cadavere steso al suolo con attorno dei curiosi. Raggiungo la stazione del treno per prendere il biglietto per il mattino seguente e trovo un mare di gente accampata per terra fuori e dentro la stazione in attesa del treno. Il biglietto nella classe più economica costa poco più di 1 euro per sette ore di viaggio, davvero economico!

Poi torno nella stanza provando senza successo a dormire, sento insetti sulla mia schiena oltre al fischio dei treni che passano in stazione, tanto che sembra di esserci dentro. Una delle notti più brutte della mia vita e l'impatto con l'ingresso in India è stato sconvolgente, il Nepal in confronto era tutt'altra cosa. Nei prossimi giorni andrà meglio, buona notte India.

10-11-11 *Colpo di fulmine a Varanasi*

Non ho proprio chiuso occhio, e quando sento la sveglia alle 4 30 del mattino non vedo l'ora di scappare da Gorakphur. Impossibile dormire per via del concerto di clacson di pullman e macchine sulla strada sotto l'hotel, che si è protratto tutta la notte, mentre le zanzare banchettavano sul mio corpo in quelle luride lenzuola. Alle 3 è partito un generatore e si sentiva talmente forte che pensavo che mi stesse scoppiando in camera, mi sono alzato varie volte per controllare che non fosse davvero lì sotto il letto.

Così zaino in spalla e con una faccia pallida ho raggiunto la stazione e il treno. Salgo sui vagoni della classe più economica, inizio a cercare un posto e mi accorgo come al solito di essere l'unico straniero. A forza di insistere finalmente trovo un posto a sedere su una panca per tre persone, ma siamo in sei. Dopo alcuni minuti arriva un omone grosso e barbuto che reclama il suo posto. Sono troppo stanco e gli chiedo per quale motivo sarebbe suo, mi fa notare un asciugamano e un giornale di sua proprietà, ma non insiste e se ne va. Intanto il nostro vagone si affolla in maniera disumana, non ho mai visto qualcosa del genere. La maggior parte dei passeggeri è incuriosita dal quel magro italiano in mezzo a loro.

Inizia il viaggio e torno a rilassarmi osservando il paesaggio cambiare strada facendo. Abbiamo attraversato una pianura paludosa tra villaggi e campi agricoli, ho notato la raccolta ordinata di sterco di vacca seccato che da queste parti è un vero e proprio business. Viene utilizzato come combustibile, fertilizzante e anche per isolare le case da umidità e insetti. Pensate che lo utilizzano pure mischiandolo con l'hashish per venderlo ai turisti meno esperti. A mezzora dall'arrivo a Varanasi, quando ormai lo scomparto sta trasportando più del doppio della gente permessa, arriva l'ennesima signora sulla quarantina tutta truccata che chiede un'offerta – nessuno parlava in inglese e non hanno potuto spiegarmi se lo faceva solo per elemosina. Le interessano i miei tatuaggi, mi scopre le maniche e la schiena. Poi mi stringe le guance, dice qualcosa di incomprensibile, e mi bacia sulla bocca. Rimango totalmente basito, si gira e se ne va. Ho pensato che probabilmente le donne indiane sono più disinibite del solito. Ma nei giorni seguenti, quando raccontai il fatto a una mia amica che conosce bene l'India, mi ha confessato che si trattava di un eunuco, un uomo travestito da donna che ha un ruolo stregonesco in questa società e chiede offerte per non maledire la gente.

Arrivo a Varanasi e mi scaricano sui binari, riesco a uscire dalla stazione nonostante la nuova marea di gente all'interno. Salgo su un'ape il cui autista cerca di trasportarmi all'hotel del suo amico dall'altra parte della città rispetto a dove voglio andare. Insisto per farmi portare nella zona interessata, così mi lascia nelle vicinanze. Vari cacciatori di turisti, che sulla strada cercano di approcciarmi, mi avvertono che oggi è l'ultimo giorno di un importante festival indù sul Gange e che sono fortunato – evvai! Questa è la città sacra in cui tutti gli induisti almeno una volta nella vita vengono per immergersi nelle sue acque. Inoltre chi vuole uscire dal ciclo di nascita e morte sceglie di morire qui proprio per la sacralità di questo luogo. Cammino per le strade principali, è il caos ed è difficilissimo farsi spiegare dove si trova la guesthouse. Incontro Mamou, un magro ragazzo indiano che si offre di accompagnarmi. Entro in un labirinto di vicoli stretti, chiamati gali, attorno a edifici alti che non permettono il passaggio dei raggi solari. All'interno dei vicoli c'è un affollamento di santoni, pellegrini, commercianti, mendicanti, vacche, cani e sterco, ma allo stesso tempo si avverte un insieme di odori forti contrastanti. Trovo l'Uma guesthouse che è gestita da una ONG indiana. Questa organizzazione si occupa di dare un'istruzione scolastica a bambini poveri o disabili. La scuola è collegata all'hotel, dove mi sistemo in una stanza spartana a 2 euro, il 20% dell'incasso va alla scuola. Poi torno da Mamou che mi porta da un pusher che spaccia in una stanza dietro a un tempietto indù. Cerca di vendermi cocaina, oppio e dell'hashish invecchiato facendomi fumare un cilone dietro alla statua della divinità, ma non mi piace e gli chiedo un'altra qualità. Riesco a ottenere del fumo più morbido e fresco a 2 euro il grammo.

Dopo un'ora di meritato relax – nelle ultime due notti avrò dormito sei ore in tutto – non avevo idea dello spettacolo che mi stava aspettando. Assieme a due ragazze francesi e una indiana, conosciute nell'ostello, scendo tra i gali fino a un ghat (scalinata che porta al fiume). Appena inizio a intravedere il fiume rimango incantato da milioni di candele e luci ovunque, lo scenario è straordinariamente romantico. Ultimo giorno di Diwali, il festival indù delle luci che celebra in questo caso il fiume Gange. Inoltre siamo nel mese di Kartika, dedicato alla divinità Krishna. Salgo su una piccola barca a remi che mi porterà a visitare i vari ghat lungo il fiume. Milioni di devoti in festa ovunque, cantanti, balli e fuochi d'artificio. Si avverte un'energia travolgente. Augurando prosperità alla propria famiglia, i fedeli lasciano scorrere sul fiume candele su corone di foglie. Mi innamoro di Varanasi in poche ore e mi rendo conto dell'immensa fortuna che ho ad assistere a tutto questo per caso. Le forze del mondo in questo momento sospirano per me. In quell'istante non avevo idea che quella mistica città mi stava rapendo il cuore per sempre.

11-11-11 *La puja mattutina*

Nei giorni ordinari si può scoprire il vero fascino di Varanasi verso il tramonto, ma soprattutto all'alba. Si possono ascoltare i richiami alla puja, la preghiera, e anche d'inverno con temperature molto basse i fedeli si immergono nel sacro Gange. Così dopo la romantica notte, decido di svegliarmi comunque prestissimo per assistere alla puja dei pellegrini sui ghat lungo il fiume. Al sorgere del sole li vedo scendere le scalinate per immergersi nella madre Ganga e iniziare le cerimonie di preghiera. Il Gange rappresenta la più grande contraddizione di questo paese. Perché non riesco ancora a concepire come possano scaricare tutte le fogne della città nel fiume che venerano e in cui si immergono. In queste acque estremamente inquinate si possono liberare dal samsara, l'eterno ciclo di vita e morte, quindi gli induisti vengono a morire qui per essere cremati in alcuni ghat che praticano riti funebri. In questi giorni per via del festival delle luci si incontra un elevato numero di pellegrini. Alcuni si lavano, altri pregano con le mani giunte, altri ancora giocano con i figli. È un momento della giornata speciale per cui vale davvero la pena svegliarsi presto.

Nel pomeriggio passeggio con calma tra i ghat, raggiungo uno dei principali chiamato Assi e lì vicino riesco a mettermi in contatto con una fondazione indiana che ha un ambizioso progetto per ripulire il Gange. Intervisto alcuni membri della Sankat Mochan Foundation per un articolo che voglio scrivere sulla situazione del progetto. Poi di ritorno verso il mio ghat vengo approcciato da altri pusher che respingo. A un certo punto ne incontro uno particolarmente simpatico sulla quarantina con barba e capelli dipinti di rosso all'henné. Mi faccio convincere a seguirlo e arriviamo nella casa-negozio del fratello. In una stanza gestisce un'attività di commercio di tessuti, ma in altre si occupa di spaccio di hashish. Ci sediamo su un tappeto e mi offre un tè. Poi mostra tre tipi di hashish spiegandomene la provenienza. Ne prendo alcuni grammi per provare, con l'intento di tornare nel caso mi piacesse.

12-11-2011 *Salvare la madre Ganga. La dura battaglia del fiume sacro contro l'inquinamento (pubblicato su Greenews.info)*

Negli ultimi giorni ho fatto tappa nella città più antica del mondo, Varanasi. Abitata da 4000 anni, questa incantevole metropoli indiana è lambita dal sacro fiume Gange. Ogni induista, una volta nella vita, viene a immergersi in queste acque. Inoltre i devoti che vogliono uscire dall'eterno ciclo di vita e morte (il samsara) vengono a morire qui per essere cremati lungo i ghat, le scalinate che scendono verso il fiume. Per centinaia di milioni di indiani, il Gange è la base della vita spirituale e fisica. Purtroppo il fiume è estremamente inquinato. Un centinaio di città scarica i propri liquami direttamente nelle sue acque perché non esistono ancora leggi che lo vietino. A Jaunpur ci sono alcune fabbriche che scaricano sostanze chimiche. Per essere balneabile l'acqua dovrebbe contenere meno di 500 batteri fecali coliformi, ma nel tratto di Varanasi le analisi ne hanno misurati 1,5 milioni!

La Swatcha Ganga Abhiyan è una campagna per pulire il Gange su iniziativa della Sankat Mochan Foundation. Lanciata nel lontano 1982, la campagna ha come maggiore esponente il direttore della fondazione, il dottor Veer Bhadra Mishra, professore di ingegneria idraulica e leader spirituale a Varanasi. Visitando la fondazione abbiamo intervistato alcuni suoi colleghi. Secondo loro il Gange non è solo un fiume che trasporta acqua dall'Himalaya alle loro pianure. È un sacro fiume, considerato come divinità e madre da milioni di devoti. Ciononostante il fiume non è risparmiato dal devastante inquinamento, benché questo sia contro la cultura locale. Eppure una situazione di questa gravità rischia di fare vittime tra le attuali e future generazioni.

I successi della fondazione, a oggi, risiedono principalmente nell'aver sollevato il problema a livello nazionale e mondiale, mobilitando varie istituzioni – anche governative – e mettendole di fronte alle loro responsabilità. La fondazione ha anche promosso la consegna di filtri per purificare l'acqua ai villaggi più colpiti dall'inquinamento e un lavoro molto impegnativo, tuttora in corso, per pulire i sette chilometri di ghat principali della città.

Il più grande obiettivo conseguito è stato però lo sviluppo di un sistema per il trattamento dei liquami adatto a Varanasi. Tra il 1986 e il 1993 è stato infatti collaudato un sistema che, senza l'uso dell'energia elettrica, combina una raccolta di acqua (lago artificiale) con un sistema naturale per l'eliminazione dei batteri fecali e delle altre specie di batteri più dannose. Ma questa soluzione è sufficiente solo per un terzo dei liquami rilasciati dalla città.

La vera soluzione, mi raccontano, sarebbe l'AIWPS (Advanced Integrated Wastewater Pond System), un sistema brevettato dall'università della California – dopo circa cinquant'anni di ricerche e sviluppo – e già sperimentato nella regione. La tecnologia AIWPS sviluppa sequenze più complete di disinfezione contro i batteri fecali coliformi e altri tipi di batteri, come parassiti e protozoi, che sono rimossi senza l'uso di sostanze chimiche di sintesi, ma solo con il cloro. L'acqua può così essere riutilizzata per l'irrigazione e per usi industriali e ambientali. Il cuore del processo è chiamato biodigestione. Attraverso una camera completamente sigillata, con un continuo flusso di acqua, si mantiene un'assenza totale di ossigeno che genera un ambiente anaerobico. L'acqua di scarico è deviata a un biodigestivo che biodegrada il componente organico del liquame e distribuisce acqua pulita utile alla coltivazione e irrigazione dei prati. La tecnologia di per sé non è nuova e costituisce un semplice miglioramento alla teoria del "serbatoio settico".

Nel giugno del 2008 il governo indiano ha deciso di supportare direttamente la campagna della Sankat Mochan Foundation chiedendo di preparare un report dettagliato su un progetto pilota che utilizzi il sistema

AIWPS per il trattamento dei liquami intercettati nell'area di Ramana, vicino a Varanasi. La fondazione ha consegnato il documento ma ancora oggi è in attesa di ricevere il benestare del governo per iniziare la costruzione. L'intero progetto dovrebbe durare circa due anni e mezzo e, in caso di successo, porterebbe alla costruzione di un impianto addizionale per coprire le esigenze dell'intera città di Varanasi e permettere finalmente ai pellegrini di bagnarsi in una zona di culto depurata dai dannosissimi liquami.

Nel frattempo la fondazione intende rafforzare la diffusione della campagna per espanderla ad altre città sul fiume e sensibilizzare le università, le scuole e i villaggi. Senza trascurare il monitoraggio costante della qualità dell'acqua e il ricorso alle energie rinnovabili che potrebbero sfruttare l'irraggiamento solare della zona per produrre energia elettrica utile a vari scopi e impianti.

La forte spiritualità del luogo che si avverte spinge spesso alla tentazione di bagnarsi nel fiume, ma dopo le informazioni che la fondazione fornisce, devo ammettere che questo stimolo sparisce d'incanto. Per questo il progetto in attesa di valutazione è importantissimo, sia per Varanasi sia per molte altre città indiane. La speranza è dunque che il governo indiano possa raggiungere una maggiore determinazione nel sostenere questo tipo di iniziative. Per la sopravvivenza della cultura, del turismo e delle tradizioni del paese. Ma soprattutto degli esseri umani.

14-11-11 *Children day*

Dedicato a Nehru, primo ministro indiano dopo l'indipendenza, che amava i bambini, oggi 14 novembre nelle scuole si celebra il Children day. Non esiste una celebrazione particolare, ognuno decide a suo modo come festeggiare questo giorno dedicato ai bambini. C'è chi lo trascorre in gita nei parchi o chi organizza spettacoli di canto e ballo. Sono stato invitato nella scuola Little stars, che raccoglie bambini orfani o di strada. Diversi volontari internazionali collaborano con la preside indiana. Tra queste persone conosco Giulia, una ragazza torinese cugina di una mia cara amica, che vive in India da diciassette anni. Sposata con un indiano con cui ha un figlio. Lei è una persona straordinaria non solo per il suo impegno nella scuola ma anche per tutto quello che ha fatto gli anni precedenti in cui si è sempre interessata di iniziative del genere, iniziando a occuparsi di lebbrosi.

Assisto a balli di gruppo dei bambini con simpatici costumi frizzanti. Dopodiché si avvicina l'ora di pranzo e sulla terrazza gruppi di bambini preparano i loro banchetti decorati su cui vendono, a prezzi simbolici, varie pietanze che hanno preparato nei giorni precedenti. Mi faccio coinvolgere e assaggio un po' di tutto, travolto dall'energia dei piccoli, tutti rigorosamente in divisa di scuola con camicia a quadri rossa e pantaloni. Per via delle divise tra i bambini non è favorita la distinzione tra ricco e povero. Ma soprattutto è assolutamente vietato portare i cellulari alle lezioni. Utili regole educative.

Terminato il pranzo, Giulia mi invita a casa sua per mangiare qualcos'altro di più sostanzioso. Mi racconta la storia di un'indiana disperata, madre di due figlie e di un figlio, che vive solitamente per strada. Il marito è un risciòwallah, conducente di risciò, ubriacone inaffidabile e violento. Lei da sola non riesce a mandare le bambine a scuola ed è preoccupata per la più grande che ha nove anni e si avvicina a un'età che per strada è a rischio di stupro. Il fratello maggiore di quindici anni, invece, ha trovato uno sponsor e ha buoni voti a scuola. Giulia vuole contattarla perché nei giorni scorsi la madre era in serie difficoltà. Chiedo se possiamo prendere un appuntamento perché voglio conoscere la signora e le bambine.

15-11-11 *Bhang lassi*

Notte insonne, notte di pensieri e capriole nella testa.

Senza sonno decido di scendere verso il fiume sacro alle 5 del mattino per godermi l'alba dei fedeli durante la puja. Passeggio lungo i ghat facendo scorrere i pensieri con l'acqua. I devoti si bagnano consumando le loro preghiere alle infinite divinità indiane. Mi fermo per un chai in uno spartano chioschetto di legno sui gradini, dopo mi dirigo verso Manikarnika, uno dei due ghat in cui sono cremati gli induisti che vogliono uscire dall'eterno ciclo di vita e morte. Lo scenario è grigio tra fumo e cenere, si notano vari gruppetti di legname preparati per la cremazione. Il tempio attorno è scuro per il fumo. Le cerimonie funebri giungono su questo ghat tra musica e canti. I cadaveri arrivano su una barella di legno coperti da un velo bianco. Quando raggiungono il punto di cremazione, vengono sistemati dei tronchetti sopra i cadaveri e sotto si lascia lo spazio per inserire la paglia infuocata. In questa città vita e morte sono espresse quotidianamente tra cerimonie e abitudini, si avverte un'intensa spiritualità.

Durante la serata, dopo cena, mi è venuta voglia di uno degli ottimi lassi di Varanasi, così tra i vicoli brulicanti di vita ho raggiunto uno dei migliori negozi del mio quartiere, il blue lassi. Mentre osservavo il menù, mi è tornato in mente il bhang lassi, fatto con cime di bhang, un tipo di marijuana che conosco solo di fama attraverso libri sull'India. Anche se non è scritto sul menù, perché in alcune regioni è illegale ma in altre no, provo a chiedere al ragazzo indiano che sottovoce mi risponde: «Medium or strong?» e io, abituato come sempre a esagerare, rispondo senza esitare: «Strong!». Il gusto era eccezionale, tutto verde il lassi sembrava pesto.

Poi lascio il negozio e faccio due passi tra i vicoli. Dopo un'ora non succede niente, allora vado all'Internet café a chattare con un amico. All'improvviso inizio a vedere lo schermo deformarsi, rido stupidamente e mi sento sempre più stanco, come se avessi corso una maratona. Chiudo la chat e torno in strada. Lì mi rendo conto di essere fusissimo e lo scenario folle di quelle vie amplificava il tutto. Avverto delle allucinazioni e finché le gestisco abbastanza bene, me le godo. Poi, quando la stanchezza si fa esasperante, cerco con difficoltà la via per tornare all'ostello. Mi distendo sul letto qualche minuto e crollo in un sonno profondissimo.

16-11-11 *Angily e Puja*

Che mal di testa! Sono ancora stordito dal bhang lassi bevuto ieri nonostante abbia dormito dodici ore senza rendermene conto. Mi alzo e sento la testa ancora girare, ho i conati di vomito. Tra un'ora devo essere a casa di Giulia dato che abbiamo appuntamento con la mendicante contattata nei giorni scorsi, e guarda in che razza di stato sono ridotto. In bagno mi rendo conto di non avere un bell'aspetto, sono pallidissimo. Esco e raggiungo la strada per salire sul primo risciò disponibile nella bolgia del traffico – esseri fusi in India e poi perdersi tra le sue strade è uno svarione senza senso.

Molto provato arrivo a destinazione ed ecco Giulia assieme a Indira e alle sue due figlie. Ci racconta che è stata sfrattata perché non poteva più permettersi l'affitto, ma ultimamente ha trovato un lavoro per le pulizie in una scuola. Sta cercando di dare una svolta al passato da mendicante e prostituta, ma Giulia mi assicura che è una buona madre. Le sue due figlie hanno rispettivamente sei e nove anni e si chiamano Angily e Puja. Mi ricordano le mie adorate nipotine. Hanno uno sguardo tenero e innocente, ma la grande presenta dei segni sul viso di cui non si capisce chiaramente la provenienza. Probabilmente un gesto di violenza. La madre in questo momento non si può permettere di dare loro una casa e un'istruzione e il padre è un alcolizzato che non vive con loro e si disinteressa della famiglia.

Rimango toccato dalla loro storia e mi offro di collaborare con Giulia per dare un sostegno a questa famiglia. I bambini sono il tesoro dell'umanità e vanno protetti. Ho iniziato a interessarmi a questo tipo di iniziative durante il viaggio in Senegal, dove in un povero villaggio sul mare ho conosciuto una scuola elementare. Tramite un conoscente senegalese, che vive a Torino, ho avviato una collaborazione con la sua associazione. Tornato a Torino, ho organizzato una serata rockabilly con un concerto di due band live e un dj. Con il ricavato della mia percentuale del bar e una raccolta fondi all'entrata sono riuscito a pagare i lavori per costruire dei condotti portando l'acqua nella scuola e costruire dei nuovi bagni. Purtroppo mi sono reso conto di quanto è dura realizzare progetti del genere in Africa, i tempi sono stati lunghissimi e il mio contatto non sempre era facilmente raggiungibile. Però dopo vari tentativi sono riuscito a ottenere le foto che aspettavo tanto.

Cinque anni fa in Pakistan durante la mia esperienza da volontario cooperante umanitario ho avuto modo di conoscere il mondo delle organizzazioni non governative lavorando in una italiana e collaborando con altre francesi e irlandesi o con l'UNICEF. C'è chi lavora meglio e chi peggio, ma purtroppo la maggior parte dei soldi è utilizzata per pagare stipendi assurdi a personale straniero spesso incapace. Dei soldi che vengono donati solo una piccola percentuale arriva effettivamente ai bisognosi. Per questo tra Senegal e India ho provato a sviluppare dei canali diretti che mi permettano di avere più conoscenze e prove sull'utilizzo dei soldi. In ogni caso si tratta sempre di fidarsi di un'umanità avida di denaro e spesso è inevitabile che qualche sciacallo si approfitti di queste situazioni, ma io non voglio perdere la speranza in queste iniziative di sostegno umanitario. Se ci sarà occasione e potrò permettermelo sogno prima o poi di realizzare un orfanotrofio.

18-11-11 *New Delhi*

Dopo un viaggio di tredici ore in treno particolarmente piacevole – ho scoperto le cuccette che sono sorprendentemente piuttosto comode e pulite – sono arrivato alla stazione di New Delhi. Senza difficoltà raggiungo l'ostello che si trova sulla strada che inizia davanti all'uscita della stazione. Mi fermo un giorno prima di ripartire per Rishikesh. Finalmente una stanza con bagno privato, che lusso! Mi addentro nella Old Delhi, dove si trova la parte storica, precolonizzazione degli inglesi, che hanno costruito la nuova Delhi. Ammirevoli sono il Red Fort e la moschea Jama Masjid. Entrambi costruiti nel 1600 da Shah Jahan, sovrano dell'impero Moghul in India. All'interno del forte si trova una vera e propria cittadella, che era la sua residenza. Le mura si estendono per due chilometri e raggiungono altezze dai venti ai trenta metri. Un gruppo di indiani dell'Orissa chiede se può fare una foto con me – saranno i tatuaggi che da queste parti attirano molto l'attenzione della gente. E la moschea Jama Masjid è la moschea più grande di tutta l'India.

Gli autorisciòwallah sono delle vere agenzie turistiche che cercano di farti scegliere con che bus viaggiare, in che ristorante mangiare e in che hotel dormire, naturalmente tutte scelte in cui guadagnano una commissione. Tentano in tutti i modi di convincerti, mentendoti su tutto. Se chiedi di farti portare in un hotel ti dicono che è chiuso o che è pieno, inventano tariffe esagerate e te ne consigliano uno economico di loro conoscenza. Se vuoi andare in una zona colma di ristoranti, ti portano davanti a uno che conoscono loro e ti dicono che è l'unico della zona. Se devi comprare il biglietto di un pullman, ti lasciano davanti a un'agenzia che casualmente è familiare a loro e se vuoi andare in un'altra inventano orari scomodi a te. Purtroppo già non è facile viaggiare in un paese sconosciuto, per questo bisogna avere un'idea prima di arrivare per essere determinati a fare quello che si decide, perché in ogni caso loro non cercano di seguire la scelta migliore per te ma ovviamente per le loro finanze.

20-11-11 *Ashram*

Di prima mattina parto da Haridwar per raggiungere Rishikesh, località situata sulle colline ai piedi dell'Himalaya, conosciuta come la capitale dello yoga e degli ashram. Mi sistemo nella spartana Bombay guesthouse assieme a Krysz, un ragazzo polacco conosciuto sul bus con cui condivido da ieri il viaggio da Delhi. Rishikesh è un delizioso paesino immerso nel verde nel quale si mangia solo vegetariano, non si consuma alcol ed è vietato l'utilizzo dei sacchetti di plastica. Finalmente riesco a trovare un posto tranquillo bagnato dal Gange per dedicare un periodo alla spiritualità. Gli ashram sono dei luoghi di culto per i pellegrini in cui trovano sistemazioni semplici e trascorrono dei periodi tra yoga, meditazione e filosofia, seguendo gli insegnamenti di un guru. Ne incontro diversi sul fiume che offrono varie soluzioni economiche. In alcuni casi pure corsi di yoga e meditazione gratuiti se si soggiorna per qualche giorno nell'ashram. Oltre ai devoti, vengono gli stranieri alla ricerca di un'esperienza introspettiva. Domani vorrei provare a vivere alcuni giorni nel Parmarth Niketan Ashram. L'ambiente sembrava davvero accogliente e rilassato, costruito in uno spazio circondato da piante e fiori. Davanti all'entrata si estende un meraviglioso ghat decorato con un'imponente statua di Shiva. L'unica questione che non mi convince sono le regole dell'ashram. Devi vestirti in un certo modo, mangiare quello che ti danno negli orari che ti dicono, non puoi fumare all'interno e devi tornare entro le 10 la sera perché poi chiudono.

Verso sera inizio a camminare per la città con Krysz. Ho fame e decido di entrare al Paradise bar, lasciandomi guidare dall'insegna. Bella atmosfera relax, sul pavimento diverse coperte di lana su cui sedersi e attorno dei colorati tavolini di legno bassi. Mi siedo vicino a un indiano che mi saluta con un gran sorriso. Dopo pochi minuti mi accorgo che tutti stanno fumando hashish. L'indiano mi passa un cilone con un altro gran sorriso. Ringrazio calorosamente e fumo. Arrivano altri ragazzi tra cui due italiani con cui inizio una lunga e piacevole conversazione. Nel frattempo da ogni postazione arrivano canne e ciloni. Passano ore e scopro che l'indiano dal gran sorriso è una specie di baba che sta girando l'India in moto. È una persona molto saggia che trasmette un'infinita pace. In poche parole smonta la mia idea di provare un ashram, che in ogni caso mi convinceva sempre meno. Proverò lezioni di yoga ma non è il caso che mi chiuda in un ashram. Non credo di essere ancora pronto per sottostare a un sistema così disciplinato, soprattutto alla prima esperienza.

Verso le 10 decido di tornare alla guesthouse e all'arrivo trovo una festa di compleanno di un tedesco. Altri ciloni e cannoni tra musica trance e ragazze che si esibiscono con le torce infuocate. A un certo punto mi ritrovo seduto a chiacchierare con una ragazza di Zamora in Spagna. Si chiama Estel, ha lavorato otto anni per diverse compagnie di teatro. Sta viaggiando in India sola e domani vuole andare a fare un trekking a un tempio su una collina. Mi invita ad andare con lei. Accetto volentieri. Buona notte.

21-11-11 *Assalto delle scimmie*

Notte insonne per via di un mare di pensieri che naviga nella mia testa. Questo luogo mi dà tanta ispirazione e sento spesso la necessità di scrivere per rilassare la mia mente bombardata da input. Appuntamento con Estel per iniziare un trekking che porta a un tempio in cima a una collina. Sono le 7 e a quest'ora tira un vento decisamente freddo, la ragazza non si fa viva e io sinceramente me ne tornerei anche volentieri per un po' sotto le coperte. Proprio quando ormai mi sono arreso, pregustando il sacco a pelo caldo, eccola arrivare scusandosi per avere l'orologio in ritardo.

Costeggiamo per alcuni chilometri il Gange per poi intraprendere una salita che si sviluppa nel bosco. Ci addentriamo sempre più nel verde per respirare aria sana e osservare scimmie e ragni. Dopo qualche ora di cammino, quando ormai siamo nei pressi della vetta della collina, ecco una sorpresa sulla nostra strada: un branco di una ventina di scimmie con la faccia nera e il pelo bianco. Il capogruppo è gigante, se si alzasse in piedi avrebbe la statura di un bambino di dieci anni almeno, e la sua coda è lunga un metro. Estel infila la mano nella borsa con l'intenzione di prendere la macchina fotografica, ma all'improvviso il capobranco si avvicina velocemente convinto che stia prendendo del cibo. Si ferma con aria minacciosa a mezzo metro da noi e altri elementi del gruppo lo seguono. Rimaniamo pietrificati, indecisi sul da farsi, ma la prima reazione è stata indietreggiare lentamente. Aspettiamo qualche minuto ed ecco una famiglia indiana formata da genitori e due figli che prova ad attraversare il branco minaccioso. Nuovamente il capobranco prende l'iniziativa e si avvicina molto a loro. La madre di famiglia si spaventa parecchio, lancia la borsa con il cibo per il pic nic per terra e congiunge le mani pregando non so quale dio. Gli altri familiari non si muovono più, pietrificati pure loro. Io ed Estel ne abbiamo abbastanza, decidiamo di tornare indietro.

Più tardi facciamo tappa al Paradise, e troviamo posto vicino al caro baba sorridente. Al tavolo ci sono anche i cuochi e i camerieri del ristorante che sono impegnati a preparare ciloni su ciloni senza sosta. Si riparte a fumare e apprezzo con molto gusto. Piano piano arrivano altri stranieri sconosciuti che si siedono con noi e tra nuove chiacchiere si condividono altri ciloni. Adoro questa cultura indiana del cilone che si condivide in gruppo, anche con sconosciuti seduti nei pressi del tuo tavolo, è un potente mezzo di comunicazione e condivisione. Bolenath.

23-11-11 *Meditazione a Rishikesh*

Questa mattina ero sveglio all'alba che pensavo al baba e a quanto mi sarebbe piaciuto seguire i suoi insegnamenti, ma non avevo nessun suo contatto. Così mi sono alzato per andare a lezione di yoga, ma ho scoperto che avevo preso l'orario sbagliato ed era già iniziata. Allora ho pensato di andare in un bar a scrivere. Entro e ordino, ma ho banconote di grossa taglia e, essendo appena aperto, il bar non ha il resto. Quindi riesco in strada e incontro per caso Antonio, uno dei ragazzi del Paradise, che mi invita ad andare con lui e il baba a imparare la meditazione. Nulla succede per caso.

Una volta raggiunto il punto di ritrovo, in un bellissimo ostello sulla collina chiamato Piramide, saliamo ancora più su fino a un ruscello immerso nel verde, davanti al quale iniziamo l'introduzione alla pratica prima della meditazione. Oltre a degli esercizi di respirazione, il baba consiglia di fare anche un particolare esercizio per scaricare le energie negative dentro di noi. Si tratta di una sequenza di urla provenienti dallo stomaco liberando la tensione al nostro interno. Poi si può iniziare a meditare dove si vuole e per un periodo breve alle prime volte ripetendo un mantra. Così ascolto a tutte orecchie per poi provare a praticare nei giorni successivi. Sono curioso e mi sembra un bel modo per iniziare, oltretutto il baba è gentile e non lo fa per interessi economici.

Sto ricevendo un bombardamento di input postivi e continue stimolazioni dei sensi. È difficile assimilare tutte queste informazioni, mi sento una spugna zuppa e scrivere è la migliore soluzione per liberare altro spazio per assorbire ancora. A volte non dormo la notte sentendo il bisogno di scrivere per raccogliere tutta la tempesta di pensieri. Era quello che cercavo e non sono mai stato così sereno, cercherò di andare ancora più a fondo. Trascorrerò ancora alcuni giorni con il baba e dopo mi dirigerò verso la Parvati Valley per iniziare altri trekking e godermi le ultime montagne prima dell'inverno.

25-11-11 *A passeggio con il baba*

In queste mattine sveglia alle 6 30 per prepararsi alla meditazione con esercizi di pranayama (respirazione). Appuntamento alle 7 30 con Antonio, l'istruttore di rafting italiano che lavora nella zona. Camminata verso un tranquillo luogo in mezzo alla natura per un altro esercizio e la meditazione. Risalendo il Gange troviamo posto in una pacifica spiaggetta lungo il fiume. Ci tengono compagnia due cani randagi che ci hanno seguito dal centro. Dopo di che tappa al Paradise per colazione e per incontrare il baba. Si inizia con i ciloni assieme ad altri ragazzi israeliani, austriaci e francesi. Il cilone di gruppo è un vero e proprio rito secondo il quale si celebra Shiva. Esistono varie regole importanti per chi ci crede da seguire. Si passa sempre a chi sta alla tua destra, spesso anche se non ti conosce o non conosce nessuno del tuo gruppo. Non si fuma mentre si mangia. Sono rimasto sorpreso perché il ragazzo austriaco ha preparato un cilone da due sigarette con una buona quantità di charas, ma avendo appena iniziato a mangiare ha saltato il giro facendolo fumare a noi. Esiste una cultura nel fumare questo delizioso strumento. Infatti è tollerato che i sadhu lo fumino per strada proprio per avvicinarsi a Shiva.

Dopo vari ciloni prima di mezzogiorno rimango solo con il baba che mi chiede di accompagnarlo a piedi a vedere la situazione della sua moto dal meccanico in Rishikesh City. È stata una piacevolissima camminata di una decina di chilometri, una meditazione silenziosa. Non ci siamo in pratica parlati, ma la sua sola presenza mi fa riflettere molto sul mio stile di vita e sulle mie esigenze. Sto meditando di diventare vegetariano, la presenza di molti animali sulle strade mi porta a riflettere su di loro e sul mio nutrimento. Ho ereditato passivamente dalla società in cui sono cresciuto l'abitudine a essere carnivoro come qualcosa di normale. Riflettendoci bene, posso benissimo vivere senza la carne trovando le proteine in altri cibi, la mia coscienza mi sta convincendo a smettere di mangiare carne. Ogni mucca o vitello che vedo abbandonato per strada da solo che si nutre di spazzatura mi fa tenerezza e penso che non sarei in grado di fare loro del male, quindi non ha senso che io mi nutra del loro sangue. Sto meditando pure di abbandonare sempre di più il mio ego. Dopo che è terminata la mia ultima relazione, mi sono chiuso nel mio ego. Continuo a fare cose e ad affrontare sfide con me stesso per dimostrare qualcosa, ma a chi ancora non ho capito. Non devo dimostrare niente a nessuno, devo vivere la mia vita in semplicità rispettando ciò che mi circonda, dalle persone, agli animali, a madre natura.

Viaggiare da solo è la migliore autopsicoterapia. Ti ritrovi completamente nudo davanti a te stesso e analizzi con occhi diversi ogni singolo aspetto della tua vita. Dalla cultura in cui cresciamo ereditiamo passivamente abitudini senza mai chiederci realmente quanto siano indispensabili e vitali per noi. Trascorrere molto tempo in solitudine porta a porti tante domande. Conoscere culture diverse apre la mente e aiuta a trovare più risposte e punti di vista.

28-11-11 *La quotidianità di Rishikesh*

A soli ventisei anni mi ritrovo già bloccato dal mal di schiena. Non so se sia a causa della lezione di yoga o perché trascorro le serate seduto in posizioni scomode su un tappeto all'aria aperta e fresca. Ma fatto sta che mi fa male pure quando cammino, sento un forte dolore nella zona centrodestra della schiena come se mi avessero accoltellato. Riesco a fare pochissimi movimenti. Sono in attesa di riprendermi per partire per la Parvati Valley. Non posso affrontare viaggi di quindici ore sui pullman locali scomodissimi o camminate con lo zaino in spalla con una schiena ridotta così.

Devo ammettere che comunque si sta così bene a Rishikesh che l'attesa è piacevole. Continuo ad avere altri incontri sorprendenti. Per la terza volta in viaggio, mi sono trovato davanti la coppia di italiani che stanno girando il mondo, con il round the world ticket, già incontrati a Kathmandu e a Varanasi. Proseguo le mie fumate di ciloni in compagnia nella guesthouse e nei locali, arrivano da tutte le parti e naturalmente non dico mai di no, con grande piacere. A volte mi prendo dei momenti per stare solo e riflettere sulla mia vita proprio per assimilare i molti stimoli che ricevo, ma soprattutto le vibrazioni positive. Osservo le dinamiche quotidiane di Rishikesh. Soprattutto al mattino quando le scimmie affamate assaltano le bancarelle di frutta e verdura sulla strada e i poveri commercianti si difendono in tutti i modi. Sul ponte invece sono i turisti, da poco in India, il bersaglio delle scimmie, basta attraversarlo con un sacchetto di cibo aperto o delle banane ed ecco l'attacco. Le strade sono affollate da vacche e tori randagi. Si nutrono di tutto quello che trovano, di rifiuti organici, di plastica o di carta. Sono ridotti male, infatti capita spesso di sentire i versi sofferenti di questi poveri animali abbandonati a loro stessi in una città.

Alla Bombay guesthouse sembra il festival dell'hashish. In qualsiasi ora della giornata c'è qualche hippy che fuma ciloni di gruppo sulla spaziosa terrazza coloniale, naturalmente sono soprattutto italiani. Il chiosco davanti all'ostello è anche la casa di una famiglia formata da un padre solo con due figli. La madre è probabilmente mancata. Il padre e il simpatico figlio, di circa dieci anni, lavorano tutto il tempo preparando chai, chapati, pakora e altre specialità indiane. La figlia, anche lei sulla decina d'anni, va a scuola. Dalla terrazza li osservo, durante le fresche notti dormono su tappeti distesi per terra o su tavoli con una lampadina accesa.

30-11-11 *Arrivo a Kasol*
Viaggio da incubo su uno scomodo e sgangherato pullman per raggiungere finalmente di primo mattino la Parvati Valley nella deserta Kasol, dopo ben quindici ore di gelo estremo con temperature attorno allo zero. Io, Estel e una coppia di svizzeri, conosciuti sul mezzo, usciamo congelati senza forze per cercare una sistemazione, così scegliamo la prima che ci capita a un prezzo ragionevole. Dopo esserci sistemati, mentre gli altri riposano, sono troppo curioso di conoscere la nuova meta e decido di uscire a fare due passi. La cittadina è composta di un centro collocato in un punto di convergenza di due torrenti in cui batte raramente il sole. Davanti a uno spartano chai shop si trova la fermata principale dei pullman, che fanno la spola avanti e indietro per la valle fino a Manikaran, e attorno noto alcuni negozi o Internet café. Dal centro si estendono alcune vie che portano a case o guesthouse in un paesaggio decisamente montano ricco di pini e abeti.

Decido di fermarmi a fare colazione in un locale dal nome propizio "Evergreen". Ordino da mangiare e chiedo al cameriere se sa dove posso trovare dell'hashish. Mi dice di aspettare che è presto – in effetti sono da poco passate le 8 del mattino. Neanche il tempo di terminare di mangiare che entra un ragazzo freak israeliano di carnagione scura, robusto con la barba nera e lunga. Si siede vicino a me nell'unico spazio di sole e inizia a rollare. Naturalmente gli chiedo informazioni sull'hashish e mi regala un paio di grammi di una charas freschissima, e quindi potentissima, che sa di erba. Mentre fumiamo due squisiti ciloni, mi dà due dritte su dove andare a cercare la qualità che mi interessa. Mi parla di Tosh, La Paz e Malana. Riguardo a quest'ultima, dove si trovano le creme migliori, mi consiglia di nascondere il fumo da qualche parte perché recentemente ci sono stati dei controlli della polizia. Arriva un giovane e fusissimo giapponese avvolto in una coperta di lana e due occhi rossi fuoco, e si aggrega alle fumate. Ringrazio l'israeliano e torno alla guesthouse per condividere il nuovo prodotto con il resto della ciurma.

03-12-2012 *Malana*

Notte a 2700 metri, notte a Malana. Ieri abbiamo raggiunto, tra pullman e trekking, questo particolare villaggio di montagna. Si tratta di un altro luogo sacro, ma in questo caso pure le persone e le loro case lo sono. La nostra guesthouse, che da queste parti ha le sembianze di una casa aperta a chi vuole dormire e mangiare, è situata appena fuori. La gente di questo villaggio fa parte della casta dei Bramini ed è considerata pura. I turisti, considerati impuri, non possono toccarli o fotografarli. Neppure le case possono essere toccate. Grazie a questa particolarità, nonostante l'interesse degli stranieri, i loro costumi, le loro tradizioni e abitudini sono rimasti intatti dopo diverse generazioni. Questo luogo è davvero speciale, camminando per le sue vie si scopre una cultura davvero unica. Persone di una semplicità disarmante.

La maggior parte sono contadini, coltivatori di charas. Durante il trekking si notano campi di marijuana dappertutto. Il richiamo turistico avviene soprattutto per questo motivo. Qua si trovano le migliori creme fresche di hashish. Nel villaggio tutti spacciano, anche se è illegale, non avendo intorno la polizia possono lavorare liberamente. La polizia si occupa di eliminare i campi quando la comunità internazionale, preoccupata dal mercato che arriva nei loro paesi, fa pressioni. Dopo vari assaggi ho trovato una specialità esageratamente buona che fa per me, così ho iniziato una particolare trattativa con un vecchio contadino. Ha tirato fuori un bilancino a pesi e ogni cosa che mi passava l'appoggiava sulla pietra per evitare il mio contatto. A volte quando mi avvicinavo per parlargli si allontanava spaventato. Dopo due mesi in cui la gente locale cerca ogni contatto possibile con me, mi fotografa e mi invita a casa, questa situazione è davvero buffa.

Una volta ultimato il conveniente acquisto ne approfitto, visto che da questa parte della valle si ammirano dei bei panorami verso vette himalayane da 6000 metri circa. Quindi proprio qui realizzo uno dei miei tanti sogni, fumare un cilone della migliore crema mondiale davanti all'Himalaya. Bolenath.

Dopo due giorni decidiamo di ritornare verso Kasol, così scendiamo a fondo valle con un taxi, il cui autista , appena saliamo, inizia a chiederci se abbiamo hashish con noi e, se così fosse, di darlo a lui, dato che potrebbero esserci controlli di polizia all'arrivo sulla strada principale. Io non gli dico niente perché ho 70 grammi nelle mutande e di lui non mi fido. Gabriele, il giardiniere svizzero, ha pure 70 grammi nascosti nel reggiseno della sua ragazza, oltre a due grammi che vuole tenere nelle tasche per distrarre i poliziotti nel caso ci controllassero. Gabriele mostra solo i due grammi al taxista, che dice che non ci saranno problemi per quella modesta quantità. Secondo me il taxista è d'accordo con la polizia e sta sondando il terreno da amico per poi consegnarci direttamente a loro.

All'arrivo sulla strada principale naturalmente c'era un poliziotto che sembrava non aspettasse altro che noi. Scendiamo dal mezzo e ci invita a entrare nella piccola stazione di polizia a fianco. Con le due ragazze e Gabriele entro in una piccola stanza con solo una scrivania dove ci attende il comandante assieme ad altri due colleghi. Ci chiedono immediatamente se abbiamo dell'hashish con noi e di dichiararlo per evitare problemi. Io e Gabri neghiamo. All'improvviso avverto un po' d'ansia, con il peso che avevo nelle mutande, poi non essendo la prima volta che mi capita mi son detto di far finta che sia tutto un film e di cercare di essere più sciolto possibile. Perquisiscono prima il mio compagno. Controllano tutto lo zaino, oggetto per oggetto. Poi gli indumenti, passando le mani su tutte le zone per trovare qualcosa. Trovano i due grammi e cercano di spaventarlo avvertendolo che avrà dei grossi problemi perché è illegale e ha mentito. Ed ecco il mio turno, ero talmente freddo in quel momento che quando un poliziotto ha fatto cadere la uedra del mio cilone scheggiandola, mi sono alzato di scatto incazzandomi con lui. Nel mio zaino trovano di tutto. Un astuccio con cilone e safi, due pacchetti di cartine, filtri, tabacco, due cocche per mistare, ma non trovano hashish. Mi controllano gli indumenti e sempre più sciolto aiuto il poliziotto nel controllo. Passa le mani sul fondo schiena, sulle gambe ma non sul sotto palla rigido di 70 grammi di hashish. Fine del controllo. Continuano a minacciare Gabri chiedendogli dei soldi per evitare la galera, la famosa baksheesh (mazzetta) indiana. Alla fine, pagando circa 100 euro, la passa liscia. Questo è il business dei poliziotti, a loro fa comodo che ci siano turisti che trafficano queste strade con hashish per poterli ricattare e farsi corrompere. Attenti che i pochi taxisti della zona e i poliziotti collaborano.

04-12-11 *Le terme di Manikaran*

Altra tappa da non perdere è la piscina termale di Manikaran. Oggi pomeriggio, dopo la solita sequenza di ciloni, ho deciso di fare un giro in solitaria saltando sul primo mezzo per Manikaran, un caratteristico villaggio sul fiume poco dopo Kasol. Mi sono ritrovato in uno scenario favoloso. Ho trascorso due ore in una piscina termale scavata nella roccia sulla riva del fiume Parvati. A fianco di un tempio e davanti a una montagna mi sono rilassato nell'acqua bollente circondato solo da indiani incuriositi da quel pallido ragazzo barbuto. Lo sballo della charas, l'acqua termale e la realtà circostante mi hanno regalato una sensazione stupenda. Poi, esaltato dal momento magico, ho intrapreso una piacevole passeggiata nel bosco di pini lungo il fiume verso Kasol. Non ho incontrato nessuno per alcune ore, mi sono perso nel silenzio della natura fermandomi varie volte a godere di quei momenti di pace per trovare la strada dell'ostello poco dopo il tramonto.

Ancora qualche escursione ed entro due giorni mi rimetterò in viaggio di nuovo in solitaria verso sud. Mi aspetta un lungo viaggio di circa sessanta ore tra pullman e treni fino a Goa, regione del sud ovest indiano. Brevi tappe a Delhi e Mumbai per arrivare poco prima del periodo natalizio nella regione più piccola dell'India. Ormai sono due mesi di viaggio, due mesi a dir poco meravigliosi. Il grande sogno continua...

06-12-11 *La sfrenata coltivazione di charas e l'erosione del terreno.*
(Pubblicato su Greenews.info)

La Parvati Valley è situata nella regione indiana Himachal Pradesh e dalle vette himalayane che circondano la valle nasce l'omonimo fiume. In questa regione l'elevato numero di fiumi himalayani produce il 50% dell'energia consumata da tutta l'India attraverso imponenti impianti idroelettrici. Questo tipo di energia è certamente riconosciuta come energia "pulita", ma all'occhio può sembrare che gli indiani abbiano un po' esagerato con la costruzione di dighe nella zona. Le troppe vasche di cemento, che bloccano il naturale flusso dei fiumi, hanno infatti un forte impatto ambientale e i paesaggi montani perdono indubbiamente fascino.

Oltre agli interessanti itinerari escursionistici, tra passi montani e pozze termali, la valle di Parvati è però conosciuta per l'intensa coltivazione di charas (marijuana). In questa zona si ricava hashish attraverso un metodo di estrazione antico. Non si tagliano le piante, ma durante il periodo di fioritura i coltivatori sfregano le mani più volte sulle estremità fiorite della pianta per poi raschiare via, dalle mani, la resina gommosa con un coltellino, ricavando una sostanza fresca che viene abbondantemente fumata dai locali. I campi di charas si notano dappertutto e durante i trekking se ne scoprono alcuni che arrivano fino a 3000 metri. Ora che siamo a dicembre, la raccolta è terminata e si preparano i campi per l'anno nuovo. L'aria però non è limpida, perché ci sono alcuni incendi in luoghi "ottimali" per la coltivazione. L'elevata richiesta mondiale (illegale) di charas e lo sviluppo sfrenato di questo "fiorente mercato" stanno causando un'altrettanta sfrenata crescita di campi nella valle. Per comodità e per velocizzare le operazioni, quando trovano una zona ben irraggiata e adatta allo scopo, i coltivatori indiani bruciano le erbacce di campo o gli arbusti di sottobosco. Osservando la valle dall'alto è impressionante il numero di incendi che punteggia il paesaggio. I contadini utilizzano anche piccoli campi vicino alle case, ma l'intervento repressivo della comunità internazionale li ha spinti a cercare campi isolati e più sicuri, sempre più in alto, sperduti tra le montagne.

La polizia indiana non è sufficientemente interessata a frenare la crescita di questo ricco mercato e il "lavoro sporco" è stato demandato a squadre narcotici americane e francesi, intervenute negli anni scorsi. Le squadre arrivano nella valle e, individuati i campi più accessibili, sradicano le radici delle piante. Il problema dello spaccio di charas è diventato, ormai da tempo, una questione mondiale più che indiana. Vista con l'occhio dei locali, infatti, questa "risorsa" ha sviluppato, nella valle, un crescente turismo di giovani hippy israeliani. La polizia indiana guadagna con i controlli che compie a fondo valle, sull'unica strada accessibile per i luoghi più battuti dallo spaccio. Chi è colto in flagrante, con possesso di charas in dosi minori, paga la baksheesh, una mazzetta salata. Per dosi maggiori, o nel caso non si possa pagare la mazzetta, si rischia invece la galera.

Il ritmo a cui bruciano i campi è incessante perché dalla cenere resta solo carbonio, il principale composto delle piante. Attraverso una monocoltura si avrà una prima annata di alta qualità, che poi perderà in fertilità dai raccolti seguenti. Bruciando il terreno si perde cioè, sempre più, il valore vegetale e si possono fare pochi raccolti. I grandi campi isolati, del resto, non sono curati, si utilizzano per due o tre anni e, in seguito, si cercano altri campi da bruciare. Questo fenomeno causa l'erosione del terreno che, perdendo lo stato vegetale, si trasforma in sabbia. Un fenomeno tristemente noto anche in Marocco, il più sviluppato mercato dell'hashish internazionale, dove, nella valle di Ketama, si trovano ormai numerosissimi campi erosi e non più utilizzabili. I contadini della Parvati Valley rischiano di consumare irrimediabilmente la loro terra, come già sta succedendo in Marocco. Le generazioni future subiranno le conseguenze di questo fenomeno rischiando di non poter sviluppare nuove forme di agricoltura.

Inutile spiegare agli abitanti della regione che la coltivazione e lo spaccio di charas sono illegali: da diverse generazioni questo è il loro unico business e frutta talmente tanto che hanno smesso di coltivare altro. In pratica quasi tutto il loro guadagno deriva da questo mercato e difficilmente ci rinunceranno. Salvo che prevalga il modello che si è sviluppato a Darjeeling, nell'India nordorientale, dove sta prendendo piede la coltura biodinamica. La utilizzano per le piantagioni di tè (Camellia sinensis). Questo tipo di agricoltura, nata per stimolare una coltivazione in totale armonia con la natura, permette infatti di arricchire le caratteristiche vegetali del terreno per poterlo utilizzare con continuità e ottenere una qualità migliore. L'agricoltore, in questo caso, prepara direttamente i composti utilizzando elementi fertilizzanti naturali, come il letame, e foglie secche come antiparassitari. Ma soprattutto contrastando il devastante effetto di erosione dei terreni.

07-12-11 *Stremante viaggio a Delhi*

Finalmente un letto dove svenire. Sono stravolto da ventisei ore di viaggio sui bus pubblici indiani. La parte più ardua del mio viaggio fino a ora sono stati i trasporti locali.

Sono partito con Estel ieri mattina da Kasol con un bus fino a Bunthar, due ore di viaggio tra una nuvola di polvere che circondava il mezzo, con sovraffollamento e foratura di una gomma. Poi attesa per il bus da Bunthar ad Haridwar. Alla fermata era tutto scritto in sanscrito, pure nei cartelli sul fronte dei bus le destinazioni erano in sanscrito. Ho chiesto a tutti i bus che passavano se erano diretti ad Haridwar. Dopo il decimo tentativo ecco il mio pullman. Il controllore mi dice di salire in tutta fretta e non mi permette di sistemare lo zaino sul tetto. Salgo e trovo posto anche per lo zaino. Dopo alcuni villaggi la gente aumenta, così durante una sosta arriva un grasso uomo indiano che reclama spazio per un posto. Prendo spago e coltello per legare lo zaino sul tetto ed esco. Mi accorgo che siamo parcheggiati in una melma fangosa dove scarica la fogna, sento forti odori di urina e letame nel quale cammino. Salgo sul tetto e lego lo zaino. Il bus si avvia, così scendo di fretta e torno al mio posto. Il grasso a cui ho lasciato un posto si sistema di fianco a me e allarga le ginocchia il più possibile occupando un posto e mezzo – simpatico.

Dopo diverse ore si fa notte e abbiamo l'ennesima sosta, a Chandigar. Un ragazzo con un gruppo di amici sale a bordo, mi guarda, ride e mi chiede se gli cedo il suo posto mostrandomi il biglietto con il numero. Inizia una discussione, io dopo una decina di ore di viaggio non ho più le forze per discutere e alzo un po' la voce. Andiamo dal controllore e spiega il suo errore, tutto a posto. Si riparte. Viaggiamo fino ad Haridwar dopo sedici ore di viaggio, arrivando all'alba alle 5. Non ho chiuso occhio, per via delle condizioni della strada il bus si muoveva continuamente – credevo di essere in lavatrice. Oltretutto ho sviluppato una nuova capacità, durante questi viaggi mi chiudo nei miei pensieri talmente tanto che non sento più la fame, la sete e il bisogno di andare in bagno. A volte devo sforzarmi per ricordarmi di fare queste cose, rischio il crollo. Ho mangiato un pacchetto di patatine in diciotto ore.

Ad Haridwar mi divido da Estel, salutandola per l'ultima volta, e vado alla stazione del treno per trovarne uno diretto a Delhi. I treni sono tutti occupati, non c'è posto libero. Allora mi incammino alla stazione dei bus. Ne trovo uno che arriva a Delhi in sei ore circa. Partiamo e stavolta devo ammettere che ho trovato un posto comodo, dietro all'autista con lo spazio per le gambe e per lo zaino. Il bus è uno dei più grandi su cui ho viaggiato, mi sorprende soprattutto la larghezza. Alle prime luci del mattino non avevo idea di cosa mi aspettasse. Quando ormai mi stavo addormentando, completamente stravolto dal viaggio e dalla fame, ecco un nuovo imprevisto con cui non avevo mai avuto a che fare in India, la nebbia. Per circa tre ore abbiamo viaggiato su una strada a due corsie alternandoci con doppio senso di marcia o con lo stesso senso. La nebbia era davvero fitta come raramente ho visto nelle valli piemontesi. La vista non arrivava oltre i cinquanta metri, in alcuni casi anche a venti, e per di più il vetro del parabrezza era appannato e i tergicristalli non funzionavano. Già quando capita dalle nostre parti è pericoloso, ora immaginate una nebbia del genere sull'unica strada che collega la capitale, e il resto dell'India, con il nord del paese. Immaginate bus pubblici sgangherati e giganteschi bus turistici, camion, macchine, trattori che trasportano cassoni di legna talmente pieni che hanno la sagoma più grande dei bus, carri trainati da bufali o muli, moto, risciò e ciclisti. Inoltre non so se conoscete la guida spericolata di queste parti. Quando viaggiavamo con due sensi di marcia a ogni sorpasso mi si rizzavano i piedi, entravamo in una nuvola bianca senza vedere nulla nella speranza di non incontrare nessuno e se capitava chi arrivava inchiodava per permetterci in tempo di rientrare in corsia. Quando viaggiavamo con lo stesso senso di marcia, credevo di poter stare più tranquillo, invece abbiamo trovato due camion completamente fermi uno a fianco dell'altro nelle due corsie così da dover uscire fuori strada con una manovra al limite e rientrare. Abbiamo incontrato un trattore che ha rovesciato tutta la legna sulla strada quindi, visto che gli imprevisti arrivavano all'ultimo secondo per la nebbia, altra manovra al limite per uscire e rientrare.

Ero sconvolto, non vedevo l'ora di arrivare all'ostello a Delhi. Essendo nelle ore di punta, l'entrata nella caotica capitale è stata lunga e lenta. Ho impiegato circa due ore per entrare in città e raggiungere l'ostello anche a causa dell'autista dell'autorisciò, che non parlando l'inglese ha fatto finta di non capire e mi ha portato da un'altra parte. Ora ho bisogno di una doccia, di mangiare e di dormire. Questa è l'India, o la ami o la odi.

10-12-11 *Arrivo a Mumbai*

Sono innamorato di Mumbai da almeno cinque anni, quando in Australia lessi la prima volta *Shantaram*, il mio romanzo preferito. Così oggi, emozionato come un fan che conosce la sua star preferita, sono arrivato nell'esotico capoluogo del Maharashtra dopo un lungo viaggio in treno da Delhi.

Scendo dal vagone ed esco dalla stazione, avverto un gran calore nell'aria e nella città. Trovo una delle guesthouse più economiche nel turistico quartiere di Colaba. L'edificio è un grande loft quadrato con una trentina di piccolissime stanze costruite con dei sottili pannelli di legno, le cui pareti laterali sono aperte verso l'alto per prendere aria dai ventilatori installati sul soffitto. Per chi ha il sonno leggero come il mio c'è difficoltà a dormire per il rumore delle voci e dei ventilatori – dei tappi per le orecchie aiutano. La mia stanza misura 2 x 1,5 metri ma i bagni comuni sono davvero moderni e puliti. Mumbai è una delle città più densamente popolate al mondo e si capisce subito dal poco spazio che c'è per dormire. Si nota anche dai numerosi senza tetto che dormono sui marciapiedi.

Pranzo in un ottimo ristorante vegetariano a base di paneer tikka masala e naan, formaggio marinato e speziato. Dopo mi dirigo verso il Leopold café, lo storico locale di Mumbai conosciuto per l'attentato del 2008 in cui esplose una bomba e anche per *Shantaram*. Neanche il tempo di godermi lo scenario interno del locale che sono approcciato per un lavoro da una ragazza italo-francese di nome Elize. Lavora per un agente di Bollywood che organizza casting per modelli stranieri. In questo caso hanno solo bisogno di un ragazzo disponibile a travestirsi da babbo natale a una festa per bambini in un hotel. Accetto, mi dico perché no, poi da cosa nasce cosa e potrei conoscere l'agente per altri lavori giusto per ripagarmi una parte del viaggio.

Andiamo alla stazione ferroviaria di Churchgate e al momento di salire in treno notiamo la suddivisione uomo e donna per i vagoni. Salgo comunque con lei nel vagone femminile. Chiacchieriamo con due simpatiche ragazze musulmane, senza uomini nei dintorni sembrano più disinibite, così una si toglie il velo e si fa fotografare con Elize. Arriviamo alla stazione di Bandra e scendiamo. Nel caos del traffico saluto Elize che mi consegna all'assistente dell'agente, con il quale raggiungo l'hotel. Non avevo idea che fosse un lussuosissimo hotel cinque stelle, fa impressione entrare in un luogo simile in India. Conosco l'organizzatrice della festa che quando scopre che sono italiano si scusa, sottolineando che aveva richiesto un madrelingua. L'assistente avverte il suo agente che arriva a prendermi personalmente all'albergo per riaccompagnarmi alla stazione. Nel tragitto conosco Imran e mi chiede la durata della permanenza a Mumbai. Interessato a una possibilità lavorativa, gli rispondo due settimane circa. Mi chiede se voglio lavorare per lui che in questo momento è la stagione dei film e ce ne sono di diversi in fase di realizzazione. Ci accordiamo di sentirci lunedì pomeriggio e mi lascia lungo una strada vicina alla stazione di Bandra.

Lungo il tragitto percorro un sentiero tra baracche e famiglie che vivono a bordo strada. Sorpasso un ponte sopra una fogna a cielo aperto con l'acqua di colore misto tra il blu e il nero, l'odore è irrespirabile. Vedo un branco di topi giganti che si nutrono in una discarica di rifiuti. Sul bordo di questa fogna alcuni bambini seminudi giocano vicino alle loro abitazioni. Sento il rumore del treno e convinto di prendere la via giusta per la stazione mi ritrovo in uno slum. Lo scenario è da brividi, una serie di baraccopoli una a fianco all'altra talmente vicine che nonostante siano basse non permettono quasi il passaggio dei raggi solari. La stradina che passa nel mezzo delle abitazioni è una fogna colma di rifiuti e qualche cadavere di animale. Torno indietro pietrificato e trovo le scale per la stazione. Lo slum si estende dai binari ferroviari.

Al ritorno decido di scendere qualche stazione prima per tornare a piedi, anche se non ho una cartina con me. Attraverso alcuni campi di cricket e raggiungo la famosa Marine Drive, una strada di scorrimento che percorre l'insenatura meridionale davanti all'oceano Indiano. Mi godo lo spettacolare tramonto con un sole rosso fuoco tra la foschia grigia. Gli edifici alti di Malabar Hill fanno da contorno nella sfumatura. Percorro tutta la passeggiata volando sulle ali della libertà. Dal libro, al sogno e alla realtà. Al termine devo rientrare verso la città per trovare Colaba. Chiedo informazioni, passo per la base dei pescatori nella quale lasciano le barche e vendono pesce, oltre a vivere in alcune baracche sulla spiaggia. Poco prima dell'arrivo percorro una stradina buia, dove rischio di calpestare tre persone sdraiate per terra. Uno sembra morto, ridotto ormai a uno scheletro, gli altri due più in carne pare stiano dormendo. Capitano spesso scene del genere in India. Trovo la Colaba Causeway e decido che per oggi è abbastanza, svenendo nella mia microstanza. Buona notte, città degli eccessi.

12-12-11 *Dharavi*

Affascinato dalle varie culture che vivono la vera Mumbai, decido di uscire dagli itinerari turistici e mi dirigo verso i suburbs (sobborghi) della città. Attraverso un parco, che è un lungo campo d'erba tagliata fine per permettere agli indiani in giornate domenicali come oggi di venire qui a praticare cricket, lo sport nazionale, ed eccomi alla stazione ferroviaria di Churchgate. Compro un biglietto per Dharavi, quartiere consigliato da un amico a nord della città. Per arrivarci devo fare scalo a Dadar e cambiare ferrovia, spostandomi dalla occidentale alla centrale. Più mi allontano dalla zona turistica e più i treni sono affollati. A Dadar cambiare ferrovia si rivela un'impresa e mi accorgo di essere l'unico di carnagione chiara in una folta folla di migliaia di persone.

Arriva il treno diretto a Sion, la stazione nei pressi Dharavi. Alcuni passeggeri provano a scendere ma sono travolti dalla folla impazzita che cerca di entrare. Rimango qualche secondo bloccato dallo stupore della scena davanti a me, ma poi preferisco aggregarmi e inizio a spingere ripetendo in coro «Chalo Chalo», ovvero «Andiamo» in hindi. Riesco a entrare in tempo e mi ritrovo in un grosso vagone contenente centinaia di indiani ammassati l'uno sopra l'altro, nel bel mezzo io viso pallido. Alcuni musulmani notano il mio tatuaggio urdu e mi chiedono spiegazioni sul perché l'ho fatto.

Arrivo a Sion in una piccola stazione di periferia. Esco e cerco un risciò per Dharavi, ma tutti si rifiutano di caricarmi senza spiegarmi il perché. Mi dirigo a piedi chiedendo ai passanti informazioni. Dopo una passeggiata sotto il sole bollente a bordo di una strada trafficatissima con un'aria irrespirabile, entro nel quartiere. Conosco un gruppo di indiani cattolici a cui chiedo se sanno dove posso trovare un ristorante e loro mi rispondono chiedendomi se so chi è Gesù Cristo. Allora mi guardo attorno e noto una vetrina scura che sembra quella di un bar locale vietato ai minori. Entro e, tra la nebbia del fumo delle sigarette, noto ai tavoli gruppi di uomini che mangiano, ma soprattutto bevono tutti whisky. Riesco a ordinare un piatto di riso e verdure con un bicchiere d'acqua.

Terminato il pranzo, mi sono addentrato nel quartiere osservando le dinamiche della vita domenicale scorrere lentamente. Improvvisamente sono diventato l'attrazione principale della strada sia perché sono l'unico straniero sia per i tatuaggi. A volte è un po' opprimente sentirsi osservato da tutti quando ti trovi solo in queste situazioni, ma per via della mia insaziabile curiosità mi sto abituando. Scopro vie sempre più strette e mi avventuro a caso fin dove è tollerabile andare, perché mi capita di incontrare fognature a cielo aperto. Ho vagabondato per il quartiere altre tre ore attraversando vie commerciali ma anche baraccopoli e nonostante fossi l'unico bianco non mi sono mai sentito a disagio, la gente mi salutava spesso sorridente invitandomi a bere tè.

Verso sera mi sono informato su Internet riguardo a quel quartiere e ho scoperto che si trattava di uno dei più grandi slum di Mumbai. Abitato da circa un milione di persone.

14-12-11 *Visitando Mumbai*

Giornate intense a Mumbai. Giornate di conoscenza di questa contraddittoria realtà dai forti contrasti. Passeggi sulla Marine Drive osservando la ricchezza della forza economica dell'India per poi ritrovarti in qualche slum ed essere travolto da miseria e povertà estreme. Il 60% dei quattordici milioni di anime che popolano questa città vive negli slum. Queste baraccopoli sono per la maggior parte illegali, così spesso non godono di risorse primarie come l'acqua, l'elettricità e un condotto fognario. Alcuni slum negli ultimi anni hanno fatto grandi progressi riuscendo a trovare una soluzione a queste necessità, inoltre alcuni hanno sviluppato intense attività commerciali da cui ricavano un elevato numero di affari. Ma purtroppo troppi rimangono nella miseria totale vivendo in condizioni igieniche estreme.

Mi sono addentrato a Malabar Hill su suggerimento di amici. Si tratta della punta estrema occidentale dell'insenatura meridionale di Mumbai, di fronte al mare Arabico. Su questa collina si innalzano diversi edifici alti e hotel di lusso, ma addentrandomi per le stradine che li attraversano ho raggiunto il Banganga tank, un bacino d'acqua con al centro un alto palo di legno. La leggenda narra che il punto in cui si estende il palo sia il punto in cui il dio Rama scagliò la sua freccia per far sgorgare l'acqua. In questa parte si trovano grosse lavanderie a cielo aperto davanti al mare. A fianco delle lavanderie ho incontrato una piccola baraccopoli. Con lo sfondo degli edifici alti fa impressione il contrasto con queste baracche. La spiaggia è una discarica di rifiuti ed escrementi.

Nel pomeriggio mi sono imbarcato sul traghetto per Elephanta Island, un'isoletta nella baia di Mumbai, dove si trovano templi e statue di Shiva costruite nelle caverne. L'isola è più abitata da scimmie che da umani. Una grotta è particolarmente interessante, le altre tre non sono un granché. Sinceramente ho apprezzato più la gita in barca ammirando Mumbai e l'India Gate al tramonto e la quiete di questa gita rispetto alla città caotica.

Per quanto riguarda Bollywood sarà per un'altra volta, e magari pagato meglio. Mumbai è la città più cara dell'India, preferisco spostarmi da qui per non spendere troppo. Da quello che ho capito, la paga è relativamente bassa in rapporto al costo della vita di Mumbai, solo in rari casi è più alta. Il mio fisico inoltre dà segnali di cedimento, dato che mi trascino da un po' tra mal di schiena, raffreddore e tosse. Nei prossimi giorni raggiungerò Goa e mi fermerò per due settimane al mare per recuperare le forze necessarie per questo lungo viaggio. In questi due mesi sto imparando ad ascoltare di più il mio corpo e ora mi sta facendo capire che ha bisogno di rilassarsi. Inoltre già viaggiare in India è difficile per via dei treni super affollati, ora stiamo per entrare nel periodo natalizio ed è il periodo più turistico, e quindi peggiore, per spostarsi.

20-12-11 *Alla ricerca di un mercantile*

Dopo l'arrivo in Nepal mi sono dato come obiettivo il giro del mondo senza aerei con rotta est. La prima grande questione di questa avventura è: come raggiungere le terre orientali come Thailandia, Vietnam, Cambogia e Laos dall'India?

Siccome ci tenevo a trascorrere tutti i tre mesi del visto in India, per avere modo di conoscerla meglio, sto raggiungendo il sud spinto dalla stagione ideale per esplorarlo. Una prima soluzione potrebbe essere entrare in Cina via terra e poi scendere verso il Laos. La Cina è l'unico paese che posso attraversare via terra verso la zona interessata perché il Myanmar (ex Birmania) sotto regime militare non è valicabile via terra con il visto turistico, l'unico accesso è aereo. Per non allungare il viaggio più del dovuto, da nord a sud dell'India almeno settanta ore tra pullman e treni, l'ideale sarebbe trovare un mercantile che dall'India arrivi alla Malesia o a Singapore, perché la Thailandia non è sulle rotte di questo tipo di navi. Alcuni mercantili trasportano un ridotto numero di passeggeri, di solito al massimo otto per nave, offrendo loro vitto e alloggio. Avendo letto alcuni libri che raccontavano di viaggi tra Chennai e Singapore, mi ero tranquillizzato convinto che l'avrei trovato, ma le ricerche sul web hanno avuto esito negativo. Diverse compagnie di mercantili mi assicurano che non sono permessi in nessun porto indiano lo sbarco e l'imbarco di passeggeri per questi mezzi – che bella sorpresa subito all'inizio.

Preoccupato dalle settanta ore di viaggio, più una settimana di attesa per il visto cinese, studio un'altra soluzione, lo Sri Lanka. Controllo le rotte dei cargo da Colombo a Singapore, e questa volta sembra la scelta giusta. Il 20 febbraio una nave inglese da Colombo partirà verso Singapore impiegandoci cinque giorni. Il visto indiano scade l'8 febbraio, così ho tempo di godermi un mese esplorando regioni come quella di Goa, Karnataka e il Kerala con le loro verdi foreste e spiagge bianche per poi raggiungere lo Sri Lanka con un traghetto. Sono in contatto diretto con un dipendente della compagnia inglese e stiamo discutendo per il biglietto, mi auguro che vada tutto bene, altrimenti sarà ancora più avventuroso.

Intanto ho raggiunto da poco Goa con l'intenzione di rilassarmi durante il periodo natalizio e d'inizio anno per ricaricare le energie. Questa regione è molto differente dal resto dell'India, innanzitutto qui sono cattolici e al posto dei templi si trovano grandi chiese bianche coloniali. L'eredità dell'epoca coloniale portoghese è affascinante. Le spiagge sono da cartolina, con palme da cocco come sfondo, il mare è caldo ma l'acqua è verde. La vita degli abitanti locali e degli stranieri prosegue a ritmo davvero shanti (tranquillo), e sono curioso di conoscere anche la vita notturna tanto famosa che ha reso Goa un tempio della musica trance.

Buone feste di Natale e soprattutto felice anno nuovo a tutti, per quanto riguarda me non posso che augurarmi un 2012 come questi ultimi due mesi e mezzo, che sono stati grandiosi e sono davvero felice di vivere questo sogno ovunque mi porterà. Per un viaggiatore non conta l'arrivo ma il viaggio, come per me non conta finire il giro del mondo ma l'esperienza che sto accumulando giorno dopo giorno. Ci sentiamo nel 2012.

23-12-11 *Vigilia di Natale a Goa*

Da quando sono arrivato a Goa sto vivendo un'esperienza completamente differente dal resto del mio viaggio. Il ritmo degli abitanti goani, e dei turisti che la visitano, prosegue al rilento ed è davvero rilassante. Qua mi sento più in vacanza che in un'esperienza culturale, mi sto godendo un po' di vita da mare. La frutta ha un sapore buonissimo, i succhi e le insalate sono eccezionali. Si respira aria di libertà, poche regole e tanta tolleranza. Ci sono fumatori di ciloni ovunque tra spiagge e locali. I giovani sfrecciano in moto senza casco.

Goa è conosciuta in tutto il mondo per i suoi folli party di musica psytrance, sono arrivato curioso di conoscere anche quest'altra faccia della regione. Tramite Erik, una conoscenza torinese che vive a Goa e organizza questo tipo di feste nella stagione invernale, sto scoprendo il lato oscuro che ha reso questo posto un tempio della trance. Le location sono spettacolari perché si trovano in giganteschi locali all'aperto sulla spiaggia o nella giungla. Le feste son frequentate da indiani e soprattutto da italiani, francesi e russi che fumano charas a volontà, oltre a concedersi ad altri tipi di droghe tra cui mdma e lsd. Il turismo si è sviluppato ad alti livelli, infatti da quando sono qui non mi sembra più di essere in India. Nel bel mezzo di questo paese induista c'è una piccola regione cattolica frequentatissima dagli stranieri.

Per Natale Erik ha organizzato un party al Pinkorange, un bar sulla spiaggia con zona chill-out per fumare e mangiare sdraiati su comodi cuscini e una parte di prato dietro la spiaggia dove ballare da mezzogiorno alle dieci. Abbiamo avvertito un po' di amici per cercare di organizzare una festa più intima, che tanto quelle più dispersive non mancano. Buon Natale a tutti. Fumerò un cilone per voi.

28-12-11 *Paradise Beach*

Esplorando il nord della regione di Goa, verso il confine con il Maharashtra, ho scoperto una spiaggia con la sabbia bianca chiamata Paradise Beach. Sfruttando la conoscenza del territorio di Irina, la mia coinquilina russa, assieme ad altri ragazzi abbiamo trascorso la notte in una capanna davanti al mare. Tramonto mozzafiato, il più bello visto fino a ora in questa esperienza di viaggio, con il cielo arancione e la palla di fuoco all'orizzonte. Un grosso mercantile sullo sfondo vicino al sole e le aquile che volano libere. Dietro alla spiaggia, palme da cocco e capanne di stuoia. La notte senza elettricità ma a lume di candela ad ammirare le stelle. Quando incontri posti del genere, non hai bisogno di null'altro.

Inoltre grazie a un venditore ambulante ci si può deliziare con frutta indiana fresca e gustosissima (angurie, ananas e cocco). Non ho mai mangiato tanta frutta come in questi giorni, in Italia quella che vendono al supermercato non sa di nulla. Da queste parti esistono dei Fruit Juyce Center che propongono succhi di frutta tropicale e non solo. La cucina è ottima, soprattutto quella di pesce.

Vivo senza sapere l'ora o il giorno, non sento più la pressione del tempo. Mi sento libero e spensierato come mi sentivo a quattordici anni la prima volta che ho preso lo scooter. In questo paese si assapora un'aria unica, inizio a pensare alla possibilità di un futuro in India, la crisi economica del mio paese e le misure adottate mi convincono sempre più a guardarmi attorno per costruire un eventuale futuro lontano da casa. Per ora rimane solo un pensiero. Amo tanto la mia famiglia e i miei amici e questo amore mi spinge verso casa.

01-01-12 *Capodanno*

Bancomat fuori servizio senza cash, affitti dei motorini e delle camere alle stelle, traffico e invasione di turisti indiani e internazionali, questa è Goa a capodanno.

Assieme a Erik e altri coinquilini della casa abbiamo organizzato una cena a base di guacamole, gamberi alla griglia e insalata di frutta. Sorseggiando il pesante vino bianco e rosso indiano, abbiamo celebrato la notte del 31 caricandoci per la festa in spiaggia all'UV bar. Diversi blackout della corrente elettrica hanno condizionato la cena, ma grazie a candele e voglia di festeggiare abbiamo brindato alla mezzanotte a casa per uscire subito dopo in direzione Anjuna.

Il party è andato avanti fino alle 10 del mattino, sonorizzato con brani scelti da diversi dj indiani e stranieri, a base di musica psytrance. La pista da ballo sulla sabbia era decorata dalle psichedeliche decorazioni di Erik che, oltre a fare il dj, organizza e decora i party – in questi giorni grazie alla sua versatilità lavora alla grande. Il momento clou è stata l'alba, con un panorama marino delizioso. Gli indiani erano i più scatenati, ma in pista c'ero io a tenere manforte in mezzo a loro fino all'ultimo minuto, spinto dal forte entusiasmo del momento ma soprattutto da una goccia di puro lsd*.

Il ritorno verso casa a mezzogiorno è stato un'avventura intensa perché a Siolim, come in tutti i villaggi dei dintorni, si celebrava la giornata andando in chiesa. La gente locale per l'occasione era vestita accuratamente con vestiti tradizionali. I commercianti sulle bancarelle vendevano caramelle e vari tipi di frutta secca. I poliziotti erano impegnati a dirigere il traffico e a liberare gli ingorghi – senza contare le vacche e i cani che in India girano liberi per le strade creando non poche sorprese. Insomma, come capita tutti i giorni dell'anno, in questo paese non c'è mai nulla che delude. Happy new year, India!

*Sia chiaro, non sono mai stato contro nessun tipo di consumo di droghe, ma sicuramente l'atteggiamento estremo e autodistruttivo che avevo coltivato dall'adolescenza fino al decesso di mia madre era sbagliato. Dopo un lungo periodo di astinenza totale e di pulizia psicofisica, iniziai ad assumere di nuovo droghe considerate pesanti in modo del tutto differente e consapevole. Al di là degli spinelli, che non consumo quotidianamente ma quando ne capita l'occasione e non ho la mente troppo impegnata in qualcosa, mi capita tre o quattro volte all'anno di fare uso di droghe. Quando mi trovo nel mezzo della natura e in buona compagnia, mi piace assumere lsd o mescalina. Mi donano un contatto più profondo con le forze della natura, con la mia anima o con la gente che mi circonda. Mi aiutano a sviluppare la percezione e sono uno strumento per la mia ricerca interiore. Scientificamente è provato che in un'età adulta e con un buono stato psichico queste droghe non creano danni, se assunte così sporadicamente. Soprattutto non danno alcun tipo di dipendenza. Ma questo è assolutamente relativo, non vale per tutti e in qualsiasi situazione della vita. Per farvi un esempio, quando lavoravo in ufficio in Italia occupandomi di burocrazia avevo pure smesso di fumare. La città non è un luogo predisposto per il consumo di droghe e neanche per il benessere dell'essere umano.

04-01-12 *Ultimi giorni goani*

Ultimi giorni nella pacifica Goa. È mercoledì, giorno del Flea Market. Questo mercato è il mercato diurno più importante della settimana, appuntamento immancabile per chi si trova nella zona nord. Bancarelle di ogni genere, vestiti goani, collane d'argento, teli di tutti i colori, porta incenso, spezie. Ne approfitto per migliorare il mio vestiario, colpito dai gilet africani di un ragazzo simpatico mezzo francese e mezzo iraniano che spesso viaggia in Mali per rifornirsi di vestiario locale e venderlo al mercato di Goa. Si incontrano molti viaggiatori ma anche indiani alla moda. Bell'ambiente e begli acquisti!

In questi giorni di riposo ho riflettuto molto sulla mia vita e su me stesso, dopotutto quando si sta a casa si pensa a quello che ci manca, ma quando si è in viaggio si pensa solo a ciò che abbiamo. Sento la mancanza delle mie nipotine, a volte mi sento in colpa perché sono lontano da loro, mi sto perdendo anni importanti della loro vita. Penso a loro ogni giorno, tengo le loro foto in primo piano nel portafoglio e basta aprirlo per notarle. I bambini hanno un potere unico, quando si trascorre del tempo con loro ti trasmettono la loro energia, il loro sorriso ma soprattutto si rivivono quelle meravigliose sensazioni infantili perdute.

Riguardo al mio futuro, mi piacerebbe trovare una soluzione per vivere in Italia vicino alla mia famiglia tra primavera ed estate, per muovermi verso luoghi solari e caldi nel periodo autunnale e invernale. Mi rendo sempre più conto dell'influenza meteorologica sul mio umore, ma soprattutto dell'esigenza di evitare la monotonia cercando di rendere la mia vita più movimentata in modo da godermi le persone care e le meraviglie di questo pianeta con o senza una compagna di vita. Da questo viaggio sto imparando a curare il mio fisico e la mia mente, piano piano ho migliorato la mia dieta, ho diminuito drasticamente, quasi eliminandolo, il consumo di carne e coca cola, ho eliminato il consumo di superalcolici. Meglio sta il corpo e meglio va l'umore, testa e corpo sono collegati. Rifletto su ogni momento della mia vita dall'infanzia a oggi analizzandolo profondamente, cercando di razionalizzare tutto per andare oltre. Soprattutto sto eliminando definitivamente ogni tipo di rancore, perché coltivarlo fa male all'anima. Mi concentro più a coltivare la semplicità e la positività che sono le basi su cui voglio fondare il resto della mia vita. Non voglio più sprecare tempo nel pessimismo e nella negatività, ho già dato durante l'adolescenza, ma ringrazio tutto ciò che ho vissuto perché credo fortemente che per apprezzare profondamente la vera essenza della vita bisogna prima toccare il fondo. Pronto a tornare in viaggio!

06-01-12 *Viaggio verso Gokarna*

Di nuovo in viaggio, di nuovo alla scoperta di questo meraviglioso pianeta. Stamattina all'alba ho raggiunto la stazione del treno di Mapusa in direzione Gokarna accompagnato da Mario, un simpatico e semplice viaggiatore italiano sulla trentina in viaggio da circa cinque anni. Ha vissuto in Canada, Stati Uniti, Australia e Nuova Zelanda lavorando come cameriere, muratore, addetto alle pulizie e alla raccolta di frutta nelle fattorie australiane e neozelandesi. Treno in ritardo di due ore alla partenza e cambio treno in ritardo di altre tre ore e mezza, per un totale di dieci ore di spostamenti invece delle quattro previste, ma questa è l'India, è inutile fare dei programmi, bisogna solo vivere alla giornata. In tutto questo mi è tornato un entusiasmo sfrenato verso quest'esperienza dopo un po' di smarrimento a Goa, una regione a parte dell'India, molto più simile alla nostra cultura per via dell'eredità coloniale portoghese, tanto che non mi sembrava di essere nella nazione che stavo scoprendo con piacere. Felice di condividere una parte della mia esperienza con Mario incontrato per caso proprio a Goa, un altro incontro positivo sul mio cammino. Storie di vita che si intrecciano mai per caso.

Gokarna, piccola località situata sulla costa della regione del Karnataka, è uno dei luoghi più sacri dell'India del sud, dal quale si estende una serie di spiagge stupende. Molti pellegrini induisti di ogni età tra bambini e anziani vengono qui nei templi antichi a venerare le loro divinità, tra cui Shiva e Ganesh, assistendo spesso ad animati rituali religiosi. È vietato il consumo di alcol e si mangia solo cucina vegetariana nei pochi ristoranti turistici. È frequentata da stranieri che praticano yoga o meditazione, o che semplicemente si dedicano alla spiritualità.

Riprendo il mio percorso spirituale riflettendo sulla mia vita in una cultura che basa le sue fondamenta sulla cura dell'anima, sul distacco dai valori materiali e che insegna a focalizzare i pensieri sulla positività e su ciò che si ha, al contrario della nostra società basata sul materialismo, sul consumismo e sull'inesorabile desiderio. All'esame di maturità liceale ho trattato la teoria del piacere di Leopardi che sostiene che l'uomo tende a un piacere infinito che non potrà mai essere colmato, quindi è destinato a vivere con un sentimento di insoddisfazione perenne a meno che attraverso la saggezza riesca a spegnere questo desiderio, che non gli darà mai pace, concentrandosi esclusivamente su se stesso e su ciò che ha. Viaggiare è un'ottima soluzione per intraprendere questo percorso, perché quando si è a casa si pensa a quello che ci manca, ma quando si viaggia si pensa a ciò che è davvero importante per noi. La nostra società ha perso di vista i veri valori semplici della vita, ma soprattutto trascura ciò che dovrebbe essere l'obiettivo comune di tutte le società del mondo: la salute psicofisica dell'essere umano. Soltanto una volta raggiunta questa salute potremo essere d'aiuto a noi stessi e a chi ci sta vicino, trasmettendogli positività e benessere.

Viaggiare apre la mente verso nuovi orizzonti e ti fa scoprire quali sono i reali problemi della vita, ti rendi conto che spesso noi occidentali, spinti anche dalla maggior parte dei media che trattano principalmente temi negativi di cronaca nera e crisi sbattendoceli in faccia quotidianamente, sprechiamo tempo ed energia della nostra vita a preoccuparci inutilmente di situazioni negative, che fanno parte dell'esistenza e che non possiamo cambiare. La maggior parte della mia generazione è allo sbando, talmente spaventata dal proprio futuro che non vive il suo presente. Noi giovani abbiamo bisogno di certezze, non di terrorismo psicologico. Le uniche certezze in questo momento le possiamo trovare dentro di noi. Dovremmo focalizzarci di più sugli aspetti positivi della vita preoccupandoci solo di ciò che realmente possiamo cambiare nel nostro piccolo giorno dopo giorno, solo così potremo sperare in un mondo migliore.

08-01-12 *Vivendo Gokarna*

Sto trascorrendo alcuni giorni a Gokarna per osservare le lente dinamiche di questa tranquilla località sacra. Incontro spesso gruppi di pellegrini, tra cui molte scolaresche, che si dirigono nei vari templi. Ho conosciuto l'unico tatuatore indiano della zona, che lavora in una calda baracca due metri per uno. Cerca di convincermi ad aggiungere l'ennesimo ricordo sulla mia pelle, sono tentato ma in questo momento non ho nessuna intenzione di procurare del dolore al mio corpo che sto curando come mai ho fatto in precedenza. Curioso, osservo le immagini dei tatuaggi realizzati sugli stranieri passati da Gokarna. Alcuni sono davvero bizzarri, come quello di un ragazzo che si è fatto tatuare una frase all'interno delle labbra. Gli altri tatuaggi sono semplici, ma qualcuno ha esagerato affidando la propria schiena a un tatuatore non proprio esperto.

Con Mario trascorriamo molto tempo a vagabondare per Gokarna, allacciando dialoghi con diversi commercianti. Conosciamo un simpaticissimo nano indiano, che vende apparecchi elettronici, da cui compro due piccole casse per vedere qualche film sul PC portatile con cui viaggio, dopo averle provate nel suo negozio a volume massimo, ascoltando e ballando la sua musica indiana preferita.

Camminiamo spesso da una spiaggia all'altra, valicando promontori e colline scaldati da un sole particolarmente ardente, ma sempre piacevole. Sono in viaggio da novanta giorni e ho incontrato solo un paio di giornate piovose. Abbiamo scoperto Kudle beach e Om beach. Preferiamo la prima e domani ci muoveremo dalla città alla ricerca di una capanna davanti al mare per rilassarci e godere dell'atmosfera hippy sulla sua spiaggia. Lì ho conosciuto un ragazzo francese che viaggia per l'India finanziandosi con la vendita di collane e bracciali in resina molto ben fatti.

11-01-12 *Kudle Beach*

Da giorni sto vivendo scalzo e senza più conoscere l'aspetto del mio viso per via dell'assenza di specchi, in questa capanna di foglie di palma da cocco davanti al mare Arabico in totale simbiosi con la natura. Mi sveglio all'alba per praticare alcuni esercizi di yoga e meditazione. La spiaggia è compresa tra due promontori uniti da un chilometro di palme, sotto le quali si trovano diverse possibilità di soggiorno in semplici capanne dove si può soggiornare. A Kudle Beach, una delle spiagge che si estendono a sud di Gokarna, c'è un ritrovo di viaggiatori internazionali hippy. Gente di ogni età viene qui per rilassarsi e praticare yoga, ma soprattutto per socializzare attraverso il sorriso, lasciando a casa la diffidenza. Si avverte un'armoniosa energia positiva e ho ritrovato amici israeliani, turchi e americani che avevo conosciuto in giro per il Nepal e l'India.

Durante il giorno pratico il frisbee, il nuoto e la pallavolo. Vivo la giornata attraverso tre eventi principali che esprimono tutta la grandiosa bellezza del cosmo: il tramonto, il cielo scuro colmo di una miriade di stelle e l'arrivo della luna piena. I tramonti sono unici, ancora meglio di Goa, perché qui la meravigliosa palla di fuoco raggiunge intera l'orizzonte per affondare nel mare. Quando la luce solare svanisce, e la luna è ancora in letargo, la perfetta limpidezza dell'aria illumina il cielo come fosse un quadro da "mille e una notte": tutte quelle stelle non fanno sentire solo il nostro pianeta. Infine la luna piena di queste chiare notti arriva prepotente dietro la collina, e ancora prima di mostrare tutto il suo splendore e i suoi crateri illumina con la sua luce la spiaggia e il mare, oscurando lo spettacolo stellare per dominare la notte da dietro le palme, al centro del cielo, e poi lasciare lo scenario nuovamente al nostro unico dio comune: il sole. Spettacoli cosmici da brividi.

Sto raggiungendo una serenità unica mai provata prima, vivo nella totale semplicità e non mi manca nulla. Mi sto accorgendo di quanto questa esperienza mi stia cambiando nel profondo. Questo cambiamento è davvero positivo perché non ho mai avuto così cura di me stesso e cercherò di fare il possibile per rinsaldare tutto ciò dentro di me. A volte mi chiedo se sarò in grado di continuare a vivere così a casa, ma è inutile pensarci ora, il mio futuro rimane sempre più ignoto e non so dove vivrò il resto della mia vita, ora conta solo il presente e non potrei desiderare di meglio.

12-01-12 *Tramonto sonoro*

Mi sono preso un momento per stare solo perché a Kudle Beach si conosce e incontra gente ovunque e si è sempre in compagnia. Dopo l'ennesimo tuffo in mare decido di incamminarmi verso il fronte opposto della spiaggia che pare più animato. Il tramonto è in dirittura d'arrivo e mi avvicino a una folla, curioso di quello che accade. Un gruppo di musicisti internazionali si è casualmente riunito per fondere la propria musica con il suono del mare. Gli strumenti principali sono lo djembe e la chitarra, come contorno la fisarmonica a fiato, le maracas, la tabla e uno stupendo hang di un ragazzo svizzero. Una ragazza iraniana canta talmente intonata che è un piacere ascoltarla. Mi sono seduto di fianco al gruppo a rollarne una e osservare il magico tramonto. Tutta quell'energia cosmica proveniente dalla musica, dall'armonia della gente che ballava e dal mare ha scatenato in me una viva sensazione di benessere e pace.

Dopo il crepuscolo, si continua a suonare e ballare. Si accendono alcune candele per illuminare gli strumenti. Sopra le nostre teste un capolavoro stellato è pronto a stupirci per un'altra notte. Inizio a chiacchierare con una bella ragazza inglese in viaggio da due anni. Gira i mercati dell'artigianato in cui vende bigiotteria. Intraprendiamo una piacevole conversazione e mi invita a bere un tè con alcuni suoi amici in un bar nelle vicinanze. Entriamo al Rock Namaste café, il bar più economico della spiaggia, e mi ritrovo a un tavolo di una ventina di ragazzi, ma soprattutto ragazze, che non conosco. Ci si presenta e ci rendiamo conto di essere tutti stranieri di nazionalità diverse: Spagna, Francia, Ungheria, Svezia, Israele, Inghilterra, Cile, Brasile, Argentina e India. Ognuno con una storia interessante da raccontare, gente che vive la vita e la strada. Chi lavora nell'artigianato, chi negli spettacoli circensi e chi si prende un momento di viaggio lontano da casa. Ero entusiasta in mezzo a così tanti stranieri, ma soprattutto mi sono sentito molto a mio agio come se li conoscessi da tempo. Avevamo tanto in comune.

13-01-12 *Festa reggae*
Vengo a conoscenza di una festa segreta organizzata in un locale dietro alle guesthouse. Ogni tanto organizzano feste di nascosto dalla polizia, se no al proprietario del locale tocca pagare una salata baksheesh. Il volume della musica reggae è basso, ma ciò nonostante la dancefloor sulla sabbia tra i fuochi è bollente, con tante belle ragazze sorridenti. Io mi sento al settimo cielo, socializzo con tutte ma non per forza con secondi fini, è davvero un piacere conoscere gente con idee di vita come queste.

Questo posto mi ha colpito e credo proprio che ci ritornerò. C'è un'atmosfera ideale per rilassarsi e riflettere sulla vita, curando il proprio corpo e la mente praticando yoga, meditazione e diversi sport da spiaggia. Si mangia sano, frutta e verdura buonissime. Ma la ciliegina su questa armoniosa torta è la gente.

Intanto mi separo dal mio ottimo compagno di viaggio Mario che parte in direzione Thailandia, il suo giro per il mondo di cinque anni sta volgendo al termine, tra pochi mesi tornerà a casa via terra con il treno transiberiano. Davvero un incontro piacevole, complimenti a Mario. Gli auguro semplicemente il meglio della vita, se lo merita perché è una buona anima.

15-01-12 *Viaggio verso Hampi*
Cammino sulla spiaggia illuminata dalla luce della mezza luna e da alcune stelle, conscio di lasciare qualcosa di speciale. Alle 5 30 riassaporo la

strada ed eccomi in solitaria nuovamente in viaggio con il mio caro zaino.

All'alba raggiungo la stazione dei pullman di Gokarna dopo aver attraversato vari templi, incontrando i pellegrini in preparazione per la puja mattutina. Sono alla ricerca di un mezzo diretto verso Hampi, una cittadina storica all'interno della regione del Karnataka. All'arrivo nella stazione trovo tutto spento e buio, compresa la biglietteria, così decido di fare colazione a base di farina di riso speziata e chai nell'unico spartano chiosco aperto, e ne approfitto per chiedere informazioni.

Il gestore mi informa che la previsione di durata del viaggio è di otto ore, ma dopo tutte le esperienze passate in India ci si può aspettare di tutto, anche il doppio. Si parte alle 7, quindi poco prima salgo sul tetto, lego lo zaino con lo spago e fortunatamente trovo il mezzo in pratica vuoto. Poco dopo la partenza, uno splendente sole arancione illumina la strada, riflettendosi sulla miriade di vasche saline nei dintorni. Lo spettacolo è meraviglioso, questo luogo magico non poteva salutarmi in un modo migliore. Poi mi addormento al fresco del primo mattino per via dell'andatura lenta del mezzo, lungo la prima parte di strada piena di curve.

Trascorrono vagamente alcune ore e all'improvviso ricevo un brusco risveglio. Sono tutto sudato per via del calore solare, un gruppo di indiani reclama i propri posti, così mi sistemo meglio, ma ovviamente anche questa volta siamo molti di più rispetto ai posti rimasti, così ci tocca restringerci. Scorre il paesaggio secco e arriva la fame, a ogni sosta alcune ragazze cercano di scendere per comprare qualcosa, ma l'autista sbarra loro la strada continuamente. È vietato pure andare al bagno. Sembra di fretta – forse si arriva in tempo questa volta. Pura illusione perché all'ennesima sosta mi accorgo che non siamo in una stazione, ma dal meccanico! Nuovamente vietato scendere, sono bloccato sul pullman in attesa che ripari il mezzo. Finalmente dopo un'oretta si parte, ma di nuovo mi sono illuso perché cento metri dopo arriva a una stazione, si ferma senza dire nulla a nessuno e se ne va. Attendo novità, ma noto tutti i passeggeri indiani scendere per primi e poco dopo i pochi stranieri che li seguono con gli zaini. Si cambia pullman, anche se nessuno ci ha detto nulla.

Anche stavolta il fatiscente mezzo è completamente pieno e sul tetto non c'è posto per il mio zaino. Mi siedo sui gradini d'accesso con lo zaino in braccio e attorno a me solo gambe di indiani in piedi. Un tizio importuna

una ragazza facendo adirare sua nonna, vecchia ma non stupida, che lo minaccia con la sua stampella. Tre bambini piangono, ben distribuiti su tutto il mezzo, per sonorizzare meglio il bus. Ricevo un altro secco rifiuto alla richiesta di scendere cinque minuti per servizi e cibo. Si riparte!

Poco a poco il mezzo si svuota e mi approprio di un posto decente. Chiacchiero con il controllore dei biglietti che mi racconta la sua triste storia. Il padre è mancato tanti anni fa per un incidente stradale lasciando la moglie sola con sei figli, tra cui lui, Palu, il maschio primogenito. Palu, oggi ventenne, lavora da quando aveva dieci anni sui mezzi di trasporto pubblici. Ancora oggi dorme spesso al lavoro perché non ha tempo per tornare a casa, in un villaggio a nord di Gokarna. Ha imparato una base di inglese grazie a un suo amico che ha avuto la fortuna di andare a scuola. Quando incontra stranieri cerca spesso di avere dei dialoghi per conoscere il mondo attraverso i loro racconti. Al termine della sua storia mi ammutolisco e mi addormento sognando l'ottima cucina vegetariana indiana.

Altro risveglio e altro cambio bus, lo prendo in corsa perdendo nuovamente l'occasione per mangiare. Ma stavolta sono in direzione d'arrivo con la vista delle prime affascinanti rovine di Hampi, dopo ben undici ore di avventure costate solamente 3 euro. Questa località indiana è stata la capitale del glorioso impero dei Vijayanagar che dominò una parte dell'India dal XIV al XVI secolo. Oltretutto l'erosione atmosferica ha creato un effetto unico sulle formazioni rocciose di granito color ruggine attorno alle rovine e alle piantagioni di banane. Non a caso è stata dichiarata dall'UNESCO patrimonio dell'umanità. Scendo nel polveroso bazaar e sembra che in questo particolare luogo il tempo si sia fermato.

16-01-12 *Se i sogni fossero fatti di pietra sarebbero Hampi*

Ben riposato, sono pronto per una nuova favolosa giornata con il sorriso stampato sulla faccia alla scoperta di una cittadina senza tempo: Hampi. Mi addentro nel bazar alla ricerca di un bancomat per prelevare, visto che sono rimasto a secco. Sono subito attratto dalla torre di 120 piedi del tempio Virupashka e mi avvicino addentrandomi nel tempio stesso. Nel primo mattino la cittadina è già affollata di commercianti alla ricerca di business e di turisti, soprattutto indiani.

Dopo la visita cerco di fuggire dal bazar, ma quando ormai sembra fatta sento nominare il mio nome ad alta voce dietro di me, mi volto ed ecco Drew (il ragazzo israeliano conosciuto la prima notte a Kathmandu più di tre mesi fa) comparire davanti ai miei occhi allibiti – è la terza volta che lo incontro dopo la prima in Nepal e la seconda a Gokarna. Tempo per un abbraccio e si unisce a me alla ricerca del bancomat perduto che scopriamo essere a ben tre chilometri da noi. Camminiamo nelle strade polverose evitando mucche, maiali selvatici e cani randagi allo scopo di trovare il mezzo più economico per raggiungere la nostra destinazione.Riceviamo delle proposte indecenti dagli autorisciòwallah: 200 rupie (3 euro). Decidiamo di aspettare il bus e nel frattempo conosciamo Jira, una simpatica donna indiana sulla quarantina che vende chai davanti alla fermata. Ci sediamo al suo chioschetto e mi mostra i suoi piccoli tatuaggi incuriosita dai miei. Bus in arrivo! Al piacevole costo di 6 rupie (8 centesimi di euro) a testa saliamo sull'affollatissimo mezzo attraversando esotiche rovine per raggiungere il bancomat dopo un quarto d'ora grazie alle indicazioni degli indiani che incontriamo sulla nostra strada.

Raggiunto il nostro obiettivo, ci avventuriamo alla scoperta dei nove chilometri quadri in cui sono contenute le rovine di uno dei più potenti imperi indù di tutti i tempi: i Vijayanagar. Hanno dominato una buona parte dell'India dopo i Moghul tra il XIV e il XVI secolo, prima dell'arrivo dei sultanati del Deccan. Nel 1336 il principe Harihara Raya stabilì la capitale ad Hampi. Oggi sono sopravvissuti diversi templi collocati in questa grande area particolare per i giganteschi blocchi di granito color ruggine che si sono formati in milioni di anni di attività vulcanica ed erosione atmosferica e che rendono questo luogo favoloso.

Dalla parte meridionale dell'area entriamo attraverso una strada sterrata in uno scenario inizialmente arido, visitiamo il primo tempio e proseguiamo il nostro cammino incontrando solo un pastore con due capre. La parte turistica deve essere dall'altra parte perché qui non si avverte anima viva. Il panorama è composto di piccole colline fatte di questi enormi massi di granito sovrapposti e, tra una collina e l'altra, si intravedono le rovine. Quando il sole inizia a essere bollente, ci rendiamo conto di avere solamente una borraccia ma non si torna indietro, troveremo una soluzione. Troviamo un bivio e Drew mi propone di andare a sinistra, lo seguo.

La strada termina in un'oasi che si rivela essere una piantagione di banane situata sorprendentemente nel bel mezzo di questo arido paesaggio. Conosciamo i contadini, che non parlano inglese, ma con loro c'è un giovane ragazzo istruito che si rileverà il proprietario dei terreni in cui ci siamo imbattuti. Intraprendiamo una piacevole conversazione chiedendo informazioni e ci regalano quattro gustosissime banane. Li ringraziamo di cuore e cerchiamo di raggiungere una strada a est alla ricerca di qualche mezzo per il nord. Ci perdiamo nuovamente nei campi di pomodoro del gentil signore che, sorridente, ci indica la via. Drew, che a casa in Israele possiede un orto, gli consiglia di coltivare i pomodori appesi a un'asticella di legno per permettere una maggiore e rapida crescita. Il proprietario ascolta a tutte orecchie, ringraziandolo e affidandoci a un vecchio contadino che ci accompagna verso la strada.

Sotto un sole desertico tentiamo l'autostop e il nostro ottimo karma ci permette di essere caricati da una jeep sovraccarica di undici indiani in gita ad Hampi. Ci assalgono di domande nel breve tragitto che ci porta all'entrata nord dell'area storica. All'arrivo ringraziamo anche loro e ne approfittiamo per bere e mangiare del buon cocco fresco a 10 rupie (15 centesimi di euro).

Percorriamo una nuova strada sterrata attirando la curiosità dei turisti indiani, soprattutto per via dei miei tatuaggi che li impressionano scatenando le loro reazioni sorridenti, per niente riservate. Si presentano uno a uno domandando il nostro nome e la nostra provenienza, spesso ci chiedono di fare alcune foto ricordo. Ecco il tempio Vittala in tutta la sua bellezza mostrarsi di fronte a noi con l'onnipresente sfondo di blocchi di granito. Arriviamo all'entrata e scopriamo che la visita costa 10 rupie per gli indiani e 250 per gli stranieri – un furto! Da buoni avventurieri decidiamo di percorrere il perimetro delle mura del tempio, trovando una personale entrata secondaria gratuita – giusto per sentirci ancora ragazzi. Mi stacco dal mio compagno tra le rovine del tempio e percorro una strada sotterranea completamente buia, immaginando l'impero Vijayanagar con la pelle d'oca. Quando ci ritroviamo conosciamo una guida turistica indiana che lavora a Dharamsala, casa del Dalai Lama. Mentre dialoghiamo con lui, mi accorgo che siamo circondati da indiani incuriositi e invito Drew ad andare, visto che stiamo attirando troppo l'attenzione.

Usciamo dalla nostra entrata privata e raggiungiamo un fiume. Qui si trovano diverse fonti d'acqua che creano del fresco verde in una zona solo all'apparenza arida e secca. Sulle rive del fiume, con un paesaggio di granito e rovine impressionante, e di fianco a una piccola lavanderia, è collocato l'ennesimo tempio che utilizziamo come riparo dal sole. Nel frattempo conosciamo una felice famiglia indiana che mi chiede se posso fotografarli per vedere la loro immagine nella mia fotocamera mentre si abbracciano sorridenti –bella gente e belle vibrazioni.

Prima di rimetterci in cammino, gustiamo un dolcissimo succo di canna da zucchero con ginger e limone. Sono ormai cinque ore che siamo in cammino sotto il sole e godendoci gli ultimi panorami e templi scegliamo di ritornare al bazar per un ricco pranzo indiano a base di masala dosa e pakora alla cipolla spendendo 35 rupie ciascuno (50 centesimi). Questa è l'India! La più antica cultura del mondo piena di vita e io non riesco più a togliermi questo sorriso da ebete dalla faccia.

18-01-12 *Hampi, la città di granito dove le rocce sono come sirene (pubblicato su Greenews.info)*

Nel 1336 il principe Harihara Raya, fondatore della dinastia Sangama, insediò ad Hampi la capitale di uno degli imperi indù più grandi di tutti i tempi, che dominò buona parte dell'India tra il XIV e il XVI secolo: i Vijayanagar.

Mentre gli europei iniziarono a spostare le loro intenzioni coloniali verso Est e i musulmani invasero l'India settentrionale, questo impero regnò tra le regioni del Maharashtra e del Karnataka. La città era il centro di commerci internazionali legati soprattutto a pietre preziose e i suoi ricchi bazar furono saccheggiati dall'invasione dei sultanati del Deccan nel 1556. Una moltitudine di rovine dei Vijayanagar è sopravvissuta fino a oggi tra edifici e monumenti situati in un'area di nove chilometri quadrati che richiama l'interesse di archeologi, geologi e turisti indiani e internazionali. Hampi, situata nella parte settentrionale della regione indiana del Karnataka, viene anche chiamata la città delle rovine e nel 1986 è stata inserita nell'elenco dei patrimoni dell'umanità dell'UNESCO.

Ma a rendere questa città storica una favola, in cui sembra che il tempo si sia fermato, più che l'intervento umano è un fenomeno naturale: le formazioni rocciose di granito, un tipo di roccia ignea intrusiva molto antica, che fa anche parte del nucleo terrestre. La maggior parte dei graniti situati in questa zona sono riconducibili agli eoni Archeano e

Proterozoico, che risalgono a centinaia di milioni di anni fa. I minerali che compongono questa roccia sono i feldspati rossi o verdi, il quarzo bianco e il mica nero. Le loro origini geografiche possono essere riconosciute dalla composizione di queste sostanze, che variano spesso, dando a ogni granito una sua firma. Le rocce sono state formate da un'intensa attività vulcanica, con il raffreddamento del magma che si è introdotto attraverso una forte pressione sotterranea. In superficie sono state modellate dall'azione del vento e della pioggia che, come scultori naturali, hanno causato l'erosione atmosferica creando un paesaggio spettacolare, che si può trovare in poche zone del mondo come la California.

Gli artigiani dei Vijayanagar utilizzarono il granito per costruire gli edifici e le altre strutture monumentali, sezionando questi enormi massi. Il lato della scissione è sorprendentemente piatto, come una torta tagliata a fette da un coltello affilato. Tuttavia, per spaccare i blocchi di granito, i sapienti artigiani – ancora digiuni di chimica e metodi esplosivi – non usarono altro se non una tecnica antichissima, con pioli di legno secchi e acqua. Creando una catena di fori nella zona di divisione, in cui erano inseriti i pioli, l'acqua veniva introdotta gradualmente sui pioli stessi che, passando dallo stato secco a umido, aumentavano di volume dividendo la roccia in un colpo solo. Camminando tra le rovine si possono ancora oggi notare dei fori sui massi, probabilmente segno di tentativi andati male. Una volta ottenuta la dimensione interessata, i blocchi erano trasportati da una miriade di elefanti in questa immensa area che ha reso Hampi, con i suoi 500 000 abitanti, la più grande città indiana e la seconda più grande del mondo nel 1500.

Oggi le attività economiche principali sono legate al turismo e all'agricoltura. Al primo sguardo il paesaggio suggerisce una terra arida, per via della dominanza rocciosa, ma nascoste tra questi massi si trovano diverse fonti d'acqua che permettono un'intensa coltivazione di banane e canna da zucchero, oltre ai palmeti da cocco. I fiumi e laghi dell'area circostante sono balneabili, come raramente accade in India.

Le problematiche ambientali sono legate invece allo smaltimento dei rifiuti, soprattutto alle bottiglie di plastica, dannosa fonte d'inquinamento proveniente dalla cultura e dal turismo occidentale degli ultimi decenni, mentre prima venivano esclusivamente utilizzati bicchieri e caraffe di metallo. Per ora la questione ambientale sembra comunque stare entro i parametri consentiti, anche se i fumi di scarico delle numerose fabbriche nelle vicinanze contaminano l'aria e i magici tramonti di Hampi.

Nella regione del Karnataka sono state scoperte miniere che abbondano di manganese e minerali ferrosi, la cui estrazione ha contribuito allo sviluppo economico dell'area. Tuttavia lo sfruttamento di queste aree ha subito un'accelerazione eccessiva a causa dell'aumento, sui mercati internazionali, del prezzo dei minerali, che mette così in pericolo anche il sito storico e archeologico di Hampi, un sito di rara bellezza, dove le rocce, nelle ore solari, assumono sfumature che incantano il turista di passaggio, riportandolo a una dimensione spirituale senza tempo, completamente disconnessa dalla frenesia dell'India moderna.

20-01-12 *Virupapur Gaddi*

Intense giornate di continue esplorazioni e sorprese ad Hampi e dintorni. Io e Drew abbiamo affittato una bici a 40 rupie (60 centesimi) per esplorare meglio la parte storica e non solo. Lungo il fiume che lambisce la costa nord della cittadina, si trovano diversi luoghi da scoprire tra cascate, risaie, piantagioni di banane e palmeti. L'area formata dalle antichissime rocce si estende oltre l'area storica tutto intorno, creando alcune colline su cui sono situati templi o che rappresentano posti magici per osservare il tramonto dopo le brevi scalate sulle pareti di questi blocchi giganti di granito, spesso sovrapposti. Mi sono dilettato per la prima volta nell'arrampicata libera e mi piacerebbe avere altre occasioni per imparare. Molti praticanti di questa disciplina vengono qui da tutto il mondo, è il miglior sito dell'India.

Abbiamo attraversato il fiume raggiungendo Virupapur Gaddi, dove si sta creando una piccola comunità di viaggiatori soprattutto israeliani, come si può notare delle scritte in ebraico sulle insegne dei ristoranti ma anche appena sbarcati, dove si legge un manifesto sulla loro religione. Questo piccolo e pacifico villaggio ci introduce verso nuovi orizzonti rocciosi da esplorare. Ci siamo sistemati tra blocchi di granito all'Arba mistika, una hippy guesthouse con una grossa capanna indiana al termine del villaggio stesso. È davvero semplice socializzare e si avverte una piacevole sintonia tra gli stranieri di passaggio e gli indiani al lavoro. La gente che la frequenta è pacifica e davvero shanti.

Dopo circa sei chilometri di camminata al sole attraverso il semplice e piacevole villaggio di Sanapur, siamo andati a nuotare nel lago del villaggio stesso. A sorpresa abbiamo trovato questa immensa fonte d'acqua che è utilizzata per irrigare i campi agricoli situati appena sotto la piccola diga costruita sul versante sud del lago. All'arrivo un cartello avvertiva della presenza di coccodrilli e del divieto di balneazione, ma alcuni indiani di passaggio ci hanno assicurato che è tutto falso.

Verso sera sono tornato sulla strada salutando Drew, una notte di viaggio sul bus in direzione Mangalore.

21-01-12 *Mangalore*

Città cosmopolita sulla costa meridionale del Karnataka, ecco Mangalore. Le vie principali sono colme di negozi moderni e centri commerciali con fast food internazionali. Troppi i negozi di cellulari, ma mi rendo conto che in India, come in tutto il mondo, la telefonia mobile è uno dei business più in voga. Il povero Ganesh, dopo essere stato ridicolizzato dal padre che gli ha tagliato la testa per sostituirla con quella di un elefante, continua a essere umiliato prestando il suo nome ad agenzie viaggi, compagnie di taxi e ristoranti.

Mi allontano dal centro per raggiungere le vie più caotiche dove inizia un enorme bazar. Nuovamente mi rendo conto di essere l'unico ragazzo di carnagione chiara in mezzo a migliaia di indiani. Come in un film, da comparsa occasionale divento all'improvviso il protagonista della scena, rubando il ruolo alle dinamiche quotidiane (i commercianti, i ragazzi che tornano da scuola e gli autorisciò che sfrecciano tra i bus giganti). Tutta l'attenzione è diretta su di me, migliaia di spettatori mi osservano da ogni lato della strada incuriositi dai miei tatuaggi e spesso sorridono per la sorpresa del personaggio. Mi ritrovo senza copione al centro di una commedia indiana e, mentre nel traffico sono alla ricerca del pullman utile al mio spostamento, attacco discorso con qualche comparsa per scaricare un po' di attenzione su di lui – solo chi ha viaggiato in solitaria in culture tanto diverse può capire cosa intendo.

Entro in un ristorante tipico indiano dove servono piatti veloci come il thali e il masala dosa. La sala da pranzo è la classica mensa spartana indiana e i clienti sono tutti maschi. Terminato di mangiare domando per i servizi e mi indicano il piano superiore. Salgo le scale e trovo un'altra sala con solo un uomo con la faccia deformata da qualche strana malattia e senza denti impegnato a mangiare il thali. Mi indica la via per i servizi mostrandomi un altro piano, in direzione di una scala che inizia in una cupa stanza nera dai fumi di cottura. Più avanzo e più l'ambiente è ostile e sporco. Mi imbatto in incontri fortuiti di persone alle prese con l'impasto di chapati e altre attività sconosciute su cui ho preferito non indagare. Finalmente al terzo piano, in una piccola stanza piena di ragnatele giganti, trovo la mia adorata turca.

23-01-12 *Kannur*

Sono sul treno che percorre la costa occidentale indiana in direzione Kerala. Una delle più belle regioni indiane con paesaggi naturalistici molto vari e selvaggi. Solamente tre ore per raggiungere Kannur durante le quali ho fatto conoscenza di giovani e anziani, come al solito incuriositi dai miei tatuaggi.

Kannur è una tranquilla cittadina balneare con una buona presenza di una comunità musulmana e di militari. A causa del turismo esclusivamente indiano, e a differenza di tutti i siti dell'India visitati, gli autoriscò non cercano di fregare i turisti aumentando i prezzi, ma utilizzano le tariffe ordinarie. Al centro della cittadina si trova un'intensa attività commerciale, ma la vera bellezza di questo posto riguarda le spiagge bianche incontaminate situate a nord e a sud di Kannur.

Dopo una ricca spesa a base di frutta, raggiunta la principale spiaggia cittadina ho camminato chilometri verso nord scoprendo lidi isolati dove non c'era un essere umano se non qualche pescatore. Palme da cocco, sabbia chiara e mare ancora più pulito delle regioni precedenti. Un'infinità di conchiglie, soprattutto cozze verde smeraldo e altri molluschi nascosti dentro conchiglie arrotondate che sono la preda dei pescatori. Un vero e proprio paradiso dove potersi rilassare lontano da occhi indiscreti. Ma non so per quanto durerà perché purtroppo si possono già notare vari resort in costruzione lungo il cammino.

Verso il tramonto, di ritorno dalla passeggiata, incontro una miriade di indiani che affollano la spiaggia principale giocando a calcio, portando i bambini su due poveri dromedari e scattando alcune foto tra un gelato e l'altro. Naturalmente, visto che come al solito rubo la scena a tutto, sono fotografato amichevolmente dai turisti indiani alla ricerca della foto con cui creare scalpore al ritorno dagli amici.

26-01-12 *Munnar, un esempio di integrazione religiosa*

Munnar è una trasandata cittadina situata sulle colline orientali della regione del Kerala ai piedi delle montagne dei Ghati occidentali. Ancora prima di essere arrivati si può riconoscere la particolarità di questo luogo attraverso il profumo che emana la moltitudine di piantagioni di tè che dipinge il paesaggio di un verde giada. Nel Kerala si trova almeno un quarto delle 10 000 specie di piante diverse dello Stato indiano, tra cui quasi 1000 sono utilizzate per la medicina.

Lungo la strada che porta a Munnar si avverte una forte presenza cristiana e comunista, ogni piccolo villaggio ha la sua chiesa che condivide la scena con una miriade di bandierine rosse. Mentre osservo la fauna cambiare davanti ai miei occhi e respiro un'aria di montagna decisamente più fresca della costa del Kerala, l'autobus affollato continua a salire lentamente caricando a bordo chiunque lo richieda.

All'arrivo a destinazione, dopo uno stremante viaggio notturno di quattordici ore insonni fra treno e bus, sono subito colpito dall'atmosfera viva di Munnar. Un potente soundsystem, installato davanti alla chiesa, sonorizza la città tra canti cristiani e indiani. La moschea richiama alla preghiera i suoi fedeli in cinque diversi momenti della giornata. Noto sulla collina una chiesa, una moschea e un tempio indù molto vicini tra loro a sottolineare l'esemplare tolleranza religiosa di questo luogo. I cristiani fanno risalire il loro arrivo nella regione ai tempi apostolici di San Tommaso, mentre i musulmani si diffusero per via del commercio. Nelle case dei suoi abitanti si possono trovare le immagini di Gesù, di Ganesh e di una moschea incorniciate in un solo quadretto da parete e decorato per essere venerato dalla famiglia – mai avevo incontrato una convivenza religiosa simile in nessuno dei miei precedenti viaggi!

La città sembra vivere in un'altra epoca, ignorante degli esempi negativi della storia mondiale. Il comunismo regna indiscusso da decenni tra bandierine e manifesti che inneggiano a Fidel Castro e a Che Guevara. La politica è molto sentita nella regione, che per via dei sindacati e delle unioni studentesche si trova spesso in sciopero. Ma questa roccaforte rossa vanta il più basso tasso di corruzione di tutta l'India. Il CPI-M (il partito comunista d'India marxista) possiede alla stragrande la maggioranza politica di Munnar e di tutti i villaggi circostanti. In India sono due le regioni principali in cui il comunismo concorre per il governo regionale: il Bengala occidentale (la regione di Calcutta) e il Kerala. Quest'ultima è la prima regione al mondo ad aver eletto democraticamente un candidato comunista nel 1956. Si alternano al potere il CPI-M e il partito laico social-democratico del Congresso Nazionale Indiano (INC). Dopo cinque anni di governo comunista marxista, nel 2011 è tornato a governare il partito socialista spinto dagli interessi delle lobby indiane come il colosso TATA. Questa compagnia indiana, oltre ad avere il controllo del mercato legato ai mezzi di trasporto e a molte altre attività, è proprietaria di immense piantagioni di tè con una fabbrica situata a pochi chilometri da Munnar, vicino alla passeggiata percorsa dai turisti per raggiungere le cascate di Atthukad.

Le principali attività economiche della zona sono legate al turismo e al commercio di tè e spezie coltivati nella zona circostante. Il paesaggio naturale è ricco di verde e presenta una bella varietà di alberi, piante e fiori profumati. Si possono fare escursioni libere tra le piantagioni raggiungendo punti panoramici e cascate o esplorando una foresta di alberi di sandalo. Purtroppo alcuni tratti dei trekking sono lungo le strade percorse da autobus e autorisciò che inquinano l'aria scaricando odori irritanti che si mischiano al profumo delle piantagioni. Bambini sorridenti mi osservano basiti camminare a bordo strada e proprio nei loro sguardi innocenti mi rendo sempre più conto che pure io sono nato puro, ma poi contaminato dall'educazione materialista e consumista della società occidentale in cui sono cresciuto. In questo viaggio attorno al mondo, attraverso la conoscenza di culture orientali e indigene personificate da sadhu, monaci e sciamani, sono alla ricerca di quella purezza e innocenza infantile smarrita per arrestare l'involuzione della mia anima e tornare a essere ciò che sono stato alle origini.

28-01-12 *Fort Kochi*

Kochi è una grande città coloniale composta di isolotti, penisole e tratti di terraferma. Arrivato nella caotica Ernakulam, punto nevralgico per i mezzi di trasporto e le dinamiche commerciali di Kochi, sono salito su un traghetto che mi ha trasportato nel tranquillo quartiere turistico: Fort Kochi. Situata sull'estremo nord di una penisola dalla quale partono le principali backwaters (acque interne) del Kerala, questa parte della città ha subito maggiormente le influenze coloniali di portoghesi, olandesi e inglesi. Tra chiese e campi di calcio non sembra di essere più in India ma piuttosto in una parte dell'Europa. L'eredità coloniale ha reso Fort Kochi piacevole e pittoresca per via delle graziose case bianche e di gallerie d'arte.

Grazie al turismo e all'ottima posizione davanti al mare Arabico, si è sviluppata fortemente la pesca attraverso una tecnica cinese che resiste da 700 anni: le reti cinesi. Sono delle costruzioni di legno che reggono una rete ben distesa a forma di ragnatela attraverso dei pesi di pietra: muovono dall'alto verso il basso immergendo la rete nel mare per alcuni minuti, soprattutto nelle ore serali, per poi farla riemergere con i pesci catturati. I clienti curiosi possono scegliere il pesce freschissimo direttamente dai pescatori che vi consiglieranno un ristorante nelle vicinanze pronto a cucinare il vostro pasto.

L'unica spiaggia balneabile, Cherai Beach, dista 20 km circa e si trova nella penisola a nord raggiungibile con un altro traghetto e poi con un bus locale. Mi ha sorpreso la disinibizione delle donne indiane sulla spiaggia, tutte molto sorridenti e socievoli. Sono rimasto basito perché una ragazza si è fatta fotografare dal fidanzato mentre mi abbracciava in costume da bagno, mentre di solito nella maggior parte dell'India alle donne non sono permesse queste libertà. Questa è una zona ricca del paese e la forte presenza coloniale cristiana ha permesso alla cultura del Kerala di avvicinarsi maggiormente alla cultura occidentale.

30-01-12 *I canali di Alappuzah*

Una delle attrazioni principali del Kerala sono le backwaters, che con la loro fitta rete di 900 chilometri quadri tra canali, laghi e fiumi rappresentano la più antica via di trasporto della regione e collegano piccoli villaggi a grandi città. Nei villaggi, abitati soprattutto da pescatori, si avverte ancora lo stile di vita di una volta e molte abitudini sono rimaste intatte.

Salito a bordo di un traghetto ad Alappuzah, definita la Venezia dell'Est, ho raggiunto nelle vicinanze la casa di Mashud, un allegro indiano sulla cinquantina che accompagna i turisti su piccole canoe in fibra di cocco a remi. Dopo una colazione a base di appam (cocco e farina di riso) e green peas curry (piselli verdi al curry) saluto la simpatica famiglia di Mashud e mi sistemo sulla canoa per iniziare l'avventura tra i canali delle backwaters della zona.

I corsi d'acqua grandi e piccoli scorrono tra palmeti da cocco e una ricca vegetazione, oltre la quale spesso si estendono risaie. I versi di una moltitudine di uccelli sonorizzano l'ambiente e la presenza di alcuni serpenti acquatici lo rende più selvaggio. Addentrandoci per un tratto a piedi nelle vicinanze di un tempio che presentava alcune statue di serpenti, abbiamo raggiunto un albero abitato da pipistrelli giganti, e Mashud agitando un bastone li ha svegliati e questi hanno iniziato a volare attorno all'albero sopra le nostre teste.

Abbiamo visitato villaggi dove i semplici abitanti spesso ci accoglievano salutandoci con un sorriso. Nonostante alcune abitudini arcaiche, le scuole sono moderne e hanno addirittura un laboratorio computer. Il turismo ha arricchito particolarmente questa zona acquatica, dove non si avvertono situazioni estreme di povertà come nelle grandi città. Per chi volesse vivere l'atmosfera delle backwaters per più giorni, ha la possibilità di alloggiare su delle vere houseboat (case galleggianti), sulle quali organizzano delle brevi crociere a tariffe che iniziano a essere care per l'India. Tuttavia – almeno per me – la parte più interessante di queste acque interne si trova nei piccoli canali raggiungibili solo sulle canoe. Lì si scopre la vera vita dei villaggi dei pescatori che pescano anche con antiche tecniche di pesca, immergendosi senza maschera e a mani nude e sfruttando una canna da bambù piantata sul fondo dei canali alla ricerca di molluschi.

01-02-12 *Un incontro speciale*

Alappuzah è davvero accogliente e tranquilla e ho deciso di fermarmi alcuni giorni nella ospitale guesthouse Dream Nest in cui sono sistemato. Oltre alle backwaters, si estende un'ampia spiaggia di sabbia dorata, lungo il litorale, costeggiata da numerose palme da cocco. Il mare è impressionante, all'apparenza mosso e pericoloso per via delle gigantesche onde che si creano all'improvviso a riva a causa dell'alta pendenza della costa, ma non ci sono problemi di corrente e nuotare in acque così calde è davvero un piacere.

Mentre nuotavo tra le onde, mi si è avvicinato un giovane ragazzo con la barba lunga. È tedesco e si chiama Alex. Mi racconta che ha raggiunto l'India in bicicletta da Berlino con un amico. Ha attraversato paesi come l'Ungheria, la Bulgaria, la Romania, la Turchia, l'Iran e il Pakistan per arrivare a Delhi. In quattro mesi di viaggio ha dormito solo cinque notti in hotel, tutte le altre le ha trascorse in tenda o ospite da gente che conosceva per strada. I più ospitali sono stati gli iraniani e racconta di aver attraversato il loro paese spendendo circa 30 euro. Alla frontiera pakistana, per la sua sicurezza, i poliziotti l'hanno invitato a salire su un mezzo senza spese per essere trasportato alla prima grande città, Quetta. Da lì si è mosso in treno fino alla frontiera indiana. Questo ragazzo così in gamba ha vent'anni. Complimenti! Solo ascoltare storie del genere allarga gli orizzonti dei propri sogni e delle proprie possibilità.

Mentre parlavamo alcuni indiani hanno tirato un frisbee dalle nostre parti e ci siamo aggiunti a loro giocando per circa due ore fino al tramonto, facendoci contagiare dall'entusiasmo del loro gruppo estasiato dalla nostra compagnia. Il livello di gioco era bassissimo anche a causa dell'impraticabilità del piccolo frisbee e del vento, ma la gioia che regnava era simile a quella suscitata da un tramonto indiano, che non delude mai, e che ci faceva da sfondo. C'era chi ci filmava, chi saltava o urlava e io mi sentivo ringiovanito, come un bambino felice.

Ho così fatto amicizia con il ciclista tedesco che era alla ricerca di un posto dove dormire, allora l'ho invitato in camera mia per una notte siccome la guesthouse era piena. Il giorno dopo abbiamo trascorso il mattino in esplorazione in una favolosa spiaggia a 15 km a nord di Alappuzah, chiamata Marari Beach. Ci siamo salutati nel pomeriggio a bordo strada andando in direzioni opposte.

03-02-12 *Verso lo Sri Lanka*

Mancano cinque giorni alla scadenza del visto indiano e non ho ancora trovato un'imbarcazione per lo Sri Lanka. Da quando sono entrato in India, ho cercato di informarmi in tutti i modi chiedendo in ogni regione visitata a chiunque potesse darmi un suggerimento. Le compagnie dei mercantili mi hanno avvisato che è vietato imbarcarsi o sbarcare nei porti indiani. Dopo circa trent'anni senza servizio per via del conflitto civile dello Sri Lanka, a giugno dell'anno scorso un traghetto turistico ha iniziato a collegare Tuticorin (Tamil Nadu) con Colombo, capitale dello Sri Lanka. Entusiasta di aver trovato la soluzione ho cercato di informarmi di più per avviare i contatti con la Scotia Prince, ma neanche il tempo di tranquillizzarmi che scopro che il nuovo e lussuoso traghetto è stato confiscato! I motivi non sono chiari, le autorità indiane e singalesi ne forniscono di differenti. Ho continuato così a seguire il caso della Scotia Prince nella speranza che tornasse in servizio, ma purtroppo non ho riscontrato sviluppi positivi.

Ho raggiunto Trivandrum, la capitale del Kerala situata nella punta meridionale dell'India, spinto da un suggerimento, raccolto da Internet, che indicava possibilità di servizi marittimi adatti al mio caso. In India informarsi per telefono o affidandosi a qualcun altro non è sufficiente, spesso le risposte che si ricevono non sono vere o sono prive di fondamenti. Gli indiani, pur di dare una risposta, si inventano la soluzione senza averne assolutamente la certezza, quindi conviene muoversi di persona e constatare con i propri occhi la verità, anche se non è sempre possibile. A Trivandrum ricevo un'altra delusione perché il porto non è proprio come me l'aspettavo, è più abitato da pescatori che da barche private. Sono andato negli uffici del turismo del Kerala e del Tamil Nadu, ma entrambi hanno risposto negativamente alle mie domande, lasciandomi una sola difficile possibilità affidata al porto di Chennai. Mi hanno dato un numero di telefono da chiamare per averne conferma. Attraversare mezza India per arrivare nella capitale del Tamil Nadu preferisco che rimanga l'ultimissima soluzione.

La possibilità più semplice è trovare una barca privata in direzione Colombo e chiedere un passaggio, siccome sono già in possesso del visto singalese. Nel Kerala il porto più adatto alla mia esigenza è Kochi, definita la regina del mare Arabico. Un'area marittima impressionante tra isolotti e penisole con piattaforme gigantesche per mercantili, la marina militare indiana e barche a vela o yacht privati. Così, dopo neanche una giornata a Trivandrum, decido di tornare a nord verso Kochi salendo in tarda mattinata su un rovente pullman pubblico, per arrivare a destinazione dopo circa sei ore, nutrendomi di barrette di arachidi.

Raggiunta la stazione dei pullman di Ernakulam (zona nevralgica di Kochi), chiedo al primo autoriscio di essere trasportato verso il porto situato sull'isola di Willingdon collegata alla terraferma da un ponte. All'arrivo noto subito che lo scenario è quello che cercavo, le imbarcazioni di ogni genere sono numerose, non mi resta che chiedere a chiunque punti la propria rotta verso Colombo. Le autorità portuali limitano il mio accesso in alcune zone, ma nonostante ciò incontro vari proprietari di barche a cui chiedere il passaggio. All'inizio sembra che nessuno sia direzionato a sud, così aspetto e insisto per alcune ore mettendomi alla ricerca di uno yacht club. A un certo punto incontro un gruppo di tre amici indiani tra cui Ramesh (dirigente di una ditta informatica di Bengaluru), un simpatico indiano basso e in carne. Gli racconto la mia storia cercando di attirare la generosa ospitalità degli indiani. Oggi è venerdì, dopo la settimana lavorativa Ramesh è venuto a trascorrere alcuni giorni di vacanza con gli amici e sono diretti verso sud dalle parti di Colombo con il suo piccolo yacht (10 metri). Il gentil indiano accetta di aiutarmi a raggiungere la mia destinazione!

Lascio l'India con una grande gratitudine, un paese che mi ha dato davvero tanto sotto l'aspetto umano. Non dimenticherò mai l'ospitalità, la semplicità e il sorriso degli indiani. Sotto l'influenza di questa cultura ho intrapreso un percorso introspettivo profondo che ha come obiettivo finale la serenità mentale e il benessere fisico, sottolineando ancora una volta lo stretto collegamento tra mente e corpo. Arrivederci India, mai nessuna nazione mi aveva dato tanto. Danjavaad!

PAGELLINO INDIA

- ▶ Trasporti pubblici: **6**
- ▶ Cucina locale: **9**
- ▶ Ospitalità della gente: **8**
- ▶ Costo della vita per uno straniero: **9**
- ▶ Sicurezza donne: **6,5**
- ▶ MEDIA India: **7,7**

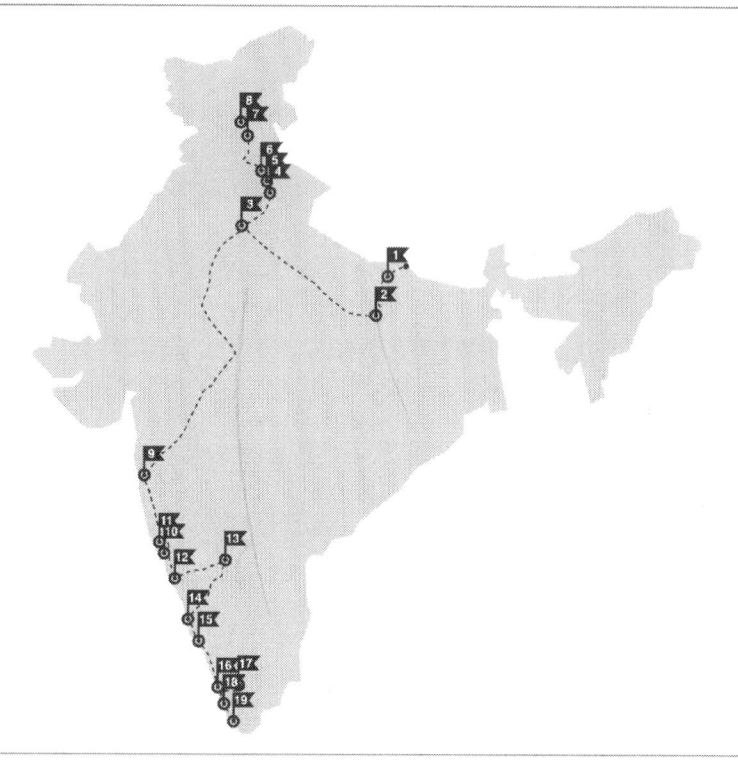

INDIA

1 Gorakphur	9 Mumbai	16 Kochi
2 Varanasi	10 Siolim	18 Alappuzha
3 Delhi	11 Tiracol (paradise)	19 Trivandrum
4 Haridwar	10 Siolim	16 Kochi
5 Rishikesh	12 Gokarna	
6 Deradhun	13 Hampi	
7 Kasol	14 Mangalore	
8 Malana	15 Kannur	
7 Kasol	16 Kochi	
3 Delhi via Haridwar	17 Munnar	

Sri Lanka

05-02-2012 *Da Colombo a Kandy*

Sono sbarcato nella notte in Sri Lanka a sud di Colombo. Poi ho preso un pullman che in un'ora circa mi ha trasportato nella capitale, dove mi sono messo alla ricerca di un ostello economico nella periferia meridionale. Ho trovato sistemazione in una stanza estremamente umida, con le minime di Colombo che si aggirano intorno ai 25 gradi. Stamattina sono salito sul primo pullman che mi trasportasse dalla zona periferica verso la stazione ferroviaria di Fort, al centro della moderna capitale. Ho subito notato grandi differenze con l'India, dalla gestione dei rifiuti alla cura e all'ordine delle strade. Osservando Colombo, lo Sri Lanka sembra un paese benestante, il lungomare che si estende fino al centro è un insieme di attività commerciali come ristoranti, grandi supermercati, negozi e banche. Ma la vera ricchezza si nota nella zona di Fort, dove dominano la scena lussuosissimi palazzi e alberghi circondati da monumenti dell'eredità coloniale.

Raggiungo la stazione, ma prima di acquistare il biglietto in direzione Kandy decido di comprare una sim singalese. Mi riempio lo stomaco con una buona colazione a base di egg roll e vegetable rooti speziati al punto giusto (involtini con uova e verdure). Intraprendo una piacevole conversazione con due monaci diretti anche loro a Kandy, la città sacra della nazione prevalentemente buddista, famosa per essere stata l'unica roccaforte dell'isola a resistere per secoli all'invasione coloniale di portoghesi e olandesi. Solo gli inglesi riuscirono a conquistarla nel XIX secolo, unificando il paese per la prima volta sotto il loro dominio. Kandy rappresenta un luogo di pellegrinaggio per molti monaci per via della reliquia sacra del dente di Budda conservata nel tempio che nel 1998 fu oggetto di un attentato terroristico da parte del LTTE (Tigri per la Liberazione del Tamil Eelam). Qui si trovano i due ordini monastici più importanti dello Sri Lanka situati nei loro rispettivi monasteri.

Salgo in treno e dieci minuti prima della partenza un sesto senso mi suggerisce di controllare il passaporto che sorprendentemente non c'è più, panico totale! Credo che una delle situazioni peggiori per un viaggiatore sia perdere il passaporto, ecco questa è la mia più grande preoccupazione ancora peggio di malattie o aggressioni. Come un fulmine scendo dal treno e corro come un centometrista verso il bar della stazione, senza sentire i dieci chili dello zaino, ma non trovo nulla. Mi ricordo di averlo utilizzato per l'acquisto della sim e come un falco raggiungo il negozio. Appena entrato noto il negoziante che mi aspetta con il caro e amato passaporto in mano, l'ho abbracciato calorosamente come se mi avesse salvato la vita. Non c'è tempo per esultare, il treno è in partenza. Così mi avventuro in un'ennesima e stremante corsa, accaldato per via dei 34 gradi di Colombo e salto pure il controllo biglietti perché il treno è già in movimento. Riesco a prenderlo aggrappandomi al volo a una maniglia, trovando posto nella classe più economica in mezzo ai singalesi. Mi rilasso subito godendomi l'assenza di turisti e una sensazione sempre più piacevole nel viaggio.

Avete presente quella sensazione di sollievo che si prova quando si trova l'hotel e si lascia lo zaino? Io ora provo la stessa cosa appena salgo su un mezzo di trasporto. Nelle ultime notti in India ho dormito su un pullman e su una barca, dopo alcuni mesi di continui movimenti inizio a sentire i mezzi come la mia nuova casa.

Arrivato a Kandy mi rendo conto che i prezzi per gli alloggi non sono come in India, così mi perdo per ore alla ricerca della soluzione più economica. Dopo vari tentativi andati male, raggiungo un ex tempio luogo di pellegrinaggio di monaci che offrono letti in stanze spartane e comuni. Il cortile è fatiscente, ma i monaci sono tranquilli e gentili così per 2 euro a notte mi sistemo provvisoriamente con loro. Per restare in tema, nel pomeriggio ho visitato un centro di meditazione che offre lezioni gratuite per le quali si richiede al massimo un'offerta libera. Domani inizio le lezioni e se le trovo interessanti mi fermo alcuni giorni a Kandy.

07-02-2012 *Incontro con Ravi*

Altra notte senza sonno, così decido di smettere di fumare. In India si trova una qualità di fumo che può essere paragonata a quella del Barolo nel campo dei vini, quindi essendo un amante del gusto dell'hashish ne ho approfittato, ma spesso sentivo di perdermi qualcosa delle esperienze che stavo vivendo. È difficile concentrarsi attentamente sulla realtà che ti circonda se fumi troppo, così ora prendo una pausa. D'ora in poi se capiterà sarà per caso e non perché lo cerco io. Stamattina ho praticato una lezione di meditazione, l'ultima di un corso specifico. Ne inizia un altro tra alcuni giorni, ma non so se sarò ancora qui. Dopo ho raggiunto il sacro tempio del dente di Budda per osservare la bellezza di diverse stanze decorate con fiori e statue di Budda, purtroppo il dente è custodito dentro uno scrigno irraggiungibile per via dell'ingente numero di fedeli e per il divieto d'accesso nella stanza in cui risiede.

Ho percorso tutta la circonferenza del lago artificiale di Kandy rimanendo impressionato dalla ricca varietà di alberi e animali. Ho ammirato per la prima volta un varano e una moltitudine di uccelli acquatici e non solo. Grazie al divieto di pesca molti pesci nuotano liberi nel lago. Al termine della passeggiata, mentre mi guardavo attorno sul da farsi, si è avvicinato un simpatico singalese attratto dai miei tatuaggi. Si chiama Ravi, ha trent'anni e fa il cuoco in un hotel della città. È sposato con una ragazza lituana da cui recentemente ha avuto un figlio. Mi consiglia uno spettacolo di una danza singalese in serata e gentilmente mi accompagna per mostrarmi il locale dell'evento.

Mi offre un chai e, avendo l'occasione di conoscere il primo vero singalese, ne approfitto per fargli domande su tutte le curiosità che ho registrato sul suo paese, tra cui i cocchi arancioni e la situazione delle carceri. La prima è una particolarità che ho notato sull'isola dopo i cocchi verdi indiani, riguardo alla seconda invece ho saputo che negli ultimi giorni nel paese ci sono state delle proteste contro la pesante situazione delle carceri. Stamattina passeggiando per Kandy sono salito su una strada che mi permetteva di osservare all'interno delle mura del carcere e ho salutato dei carcerati. Ravi mi ha spiegato che vivono in condizioni disumane in spazi estremamente ridotti e senza un servizio igienico, e fanno i loro bisogni in un secchiello.

Andiamo a pranzare in un bar locale al centro del mercato del lunedì. Ordino riso con verdure al curry, barbabietola, lenticchie e cocco. Tra la curiosità dei singalesi sfodero la mia sempre più sviluppata abilità nel mangiare con le mani lasciando il piatto completamente vuoto. Proseguiamo il giro della città finché non si avvicina l'ora dello spettacolo, chiamato Mallawaarachchi.

I ballerini singalesi, in un ambiente sonorizzato dai tamburi, si esibiscono in varie danze rituali a favore delle loro divinità e contro i demoni, indossando costumi bianchi e decorati al contrario delle ballerine che a ogni danza cambiano costumi e colori. L'attrazione principale è la Gini Sisila, la danza finale in cui si esibiscono all'aperto camminando sui carboni ardenti e danzando con torce infuocate.

Dopo lo spettacolo, Ravi mi propone di andare a bere un paio di birre in una bettola fatiscente frequentata solo da singalesi che si ubriacano di arrak, un liquore sui 33 gradi che deriva da un frutto che cresce sulle palme da cocco. I cessi sono i più underground che abbia mai visto in vita mia. Conosco un amico di Ravi con cui iniziamo una lunga e animata conversazione sulla vita e sul buddismo. Mentre io bevo la Lion, birra locale, loro si scolano bicchieri di arrak e soda. Sono entusiasta di essere il solo straniero e di poter conoscere meglio la cultura singalese grazie alla compagnia di Ravi.

Usciamo per concludere la serata e mangiare qualcosa al volo e troviamo un chioschetto in una viuzza poco illuminata e maleodorante dove gli ubriaconi vengono a mangiare roti e uova con salse speziate. Mi siedo su una panca di legno e mentre qualche vecchio alcolizzato mi biascica qualche parola incomprensibile mi accorgo che siamo a pochi metri da una fogna a cielo aperto. Meno male che sono open mind e che ormai mi adatto in pratica a tutto.

09-02-2012 *Arunadhapura*

All'alba di un nuovo giorno salgo su una bici noleggiata e, dopo una breve sosta al primo chiosco aperto per il solito chai, parto all'esplorazione delle antiche rovine della prima capitale dello Sri Lanka: Arunadhapura. Fu la prima città del paese per circa mille anni, dal 380 a.C., ma acquisì una certa rilevanza da quando il buddismo arrivò nel paese nel 200 a.C. La maggior parte delle rovine sono stupa enormi, di cui alcuni ancora oggi visitabili. Gli stupa, a forma di campana o a mucchio di riso, sono visibili a lunghe distanze talmente sono alti e tra i due principali si trova il sacro albero della Bodhi, l'albero più antico al mondo, prelevato in India e trasportato per volere della principessa Sangamitta che ha diffuso il buddismo nel paese. I fedeli numerosi venerano la pianta sacra già dal primo mattino. Visitando musei archeologici si scopre la sorprendente utensileria di vetro, metallo o calce di centinaia di anni fa tra monete, collane, anelli, chiodi, coltelli, oltre a statue antiche del 500 d.C. raffiguranti principalmente Budda.

Le rovine si estendono su un'ampia superficie verde e selvaggia. Mentre, sudato per l'umidità, pedalo spensierato tra scimmie e bufali sento un rumore strano, mi volto e noto un serpente nero con la testa larga lungo almeno due metri che avanza disinteressandosi di me. Può darsi che sia un cobra, ma non saprei riconoscerlo e mai avevo visto un serpente così grande e libero!

Nel pomeriggio torno in città e come al solito sono al centro dell'attenzione. Dopo Nepal e India, pure in questo paese la gente mi osserva basita per via della mia carnagione chiara ma soprattutto per i miei tatuaggi. Quando cammino per le strade sento gli occhi puntati addosso di continuo. Mentre sosto a un Internet café per due interviste con radio Contrabanda (una radio libera di Barcellona) e radio Lifegate, un signore a dorso nudo con una scopa in mano inveisce contro una donna cercando di colpirla senza successo, fermato dalla gente in soccorso alla signora. Il folle si allontana, rompe la punta della scopa contro un palo per farne un bastone e torna alla carica, ma stavolta contro un altro tizio e in un'altra via. Ho evitato di seguirlo, ho terminato le interviste e sono salito nuovamente in sella pedalando per le vie della cittadina e perdendomi nei miei pensieri.

Da quando sono arrivato in Sri Lanka sto affrontando un'esperienza di viaggio nuova rispetto a prima. L'India è super economica, quindi facilmente accessibile, e soprattutto non sei mai solo tra turisti di vario genere e la generosa ospitalità degli indiani. In Sri Lanka, invece, è differente perché questo Stato è più caro e oltretutto attira principalmente un turismo di nicchia e tour organizzati. Cercando di spendere il meno possibile, dormo, mangio e mi muovo evitando soluzioni turistiche e tutto ciò non mi permette di conoscere gli stranieri e i singalesi, che sono brave persone, ma non sono ospitali come gli indiani o sono troppo interessati a vederti come un portafoglio da spennare.

Qui sto affrontando un tipo di viaggio più solitario e introspettivo che all'inizio, nei primi giorni di pioggia, mi ha lasciato un po' spaesato ma ora mi sta piacendo sempre di più perché mi porta verso riflessioni interiori davvero profonde. Sto analizzando i cambiamenti del mio carattere dopo questi quattro mesi e noto dei miglioramenti nella capacità di adattamento, nella pazienza e nella consapevolezza che sto acquisendo giorno dopo giorno. Per la prima riesco ad accettare situazioni che tempo fa non avrei mai tollerato e sento che sto abbattendo una serie di barriere create da stupide paranoie derivanti dalla nostra educazione sociale. Riguardo alla pazienza, sto lavorando duramente su me stesso per prevenire le reazioni nervose che spesso in passato hanno condizionato la mia vita ed è da parecchio tempo che non ne provo. Credo che il mio cambio di dieta abbia inciso per via della carne bombardata da conservanti e ormoni che in Italia consumavo inconsciamente in elevate quantità. Infine riguardo alla consapevolezza un esempio lampante è di pochi giorni fa, quando sono entrato dopo tantissimo tempo in un supermercato. All'inizio ero confuso, ho camminato per alcuni minuti nei corridoi senza sapere cosa facevo lì. Dopo poco mi sono accorto che qualcosa era cambiato dentro di me. Per la prima volta sono entrato in un supermercato non per comprare ciò che mi piace di più ma per comprare ciò che fa meglio al mio organismo, controllando gli ingredienti di ciò che compravo. Dopo aver temporaneamente eliminato dalla mia dieta il sale, la carne, il caffè, la coca cola e i super alcolici, ho intrapreso una battaglia personale contro lo zucchero, soprattutto quello bianco, uno dei veleni peggiori che la nostra società commercia. Oltre a varie ricerche che hanno confermato la mia sensazione, ne ho notato gli effetti su di me, che consumavo in dosi eccessive un prodotto italiano a base di cioccolata e zucchero, di cui non ero mai sazio. Potevo andare avanti senza limiti, il mio corpo aveva delle disfunzioni ma non segnalava il limite. Ho notato che quotidianamente dopo i pasti arrivava la tentazione di questo dolce, era diventata una vera e propria droga, così ho deciso di eliminarla definitivamente dalla mia dieta. Dopo alcuni giorni mi sono accorto che il gelato alla vaniglia aveva sostituito la cioccolata, ma soprattutto nuovamente ne mangiavo confezioni da 500 grammi senza sentirmi sazio! Entrambi sono principalmente composti di zucchero e ricercando su Internet ho trovato tra i sintomi dell'eccessivo utilizzo dello zucchero proprio quella sensazione di non sazietà che colpiva me, oltre a tanti aspetti negativi come assuefazione e danni al fegato. Infatti stanno aumentando i prodotti dolciari a discapito di quelli salati perché creano una maggiore dipendenza. Consapevole della necessità di zuccheri del nostro corpo, ho deciso di ridurli al minimo eliminando anche il gelato alla vaniglia, oltre ad altri dolci con un'elevata presenza di zucchero.

Dedico le mie attenzioni al benessere fisico e mentale, sembra scontato ma non lo è per niente, io per primo non lo facevo e troppa gente che conosco, nella società in cui sono cresciuto, non lo fa. Per trovare la serenità ho imparato che non bisogna prefissarsi imprese da superuomini, ma al contrario bisogna partire dalle cose semplici della nostra quotidianità imparando ad ascoltare la nostra coscienza e analizzando la dieta, le abitudini e i comportamenti, cercando di arrivare all'origine di tutto ciò che di negativo è in noi per eliminarlo poco alla volta. La soluzione sta dentro di noi. Infatti ripeto che l'impresa del giro del mondo senza aerei non è più il vero scopo del mio viaggio, ciò che conta è il percorso introspettivo che sto vivendo.

11-02-2012 *Dambulla e Sigirya*
Alle 6 45 sento bussare alla mia porta, mi alzo in fretta, tanto sono sveglio da un po', apro e trovo Vladimir, un buffo omone polacco di cinquantaquattro anni che vuole condividere con me la camminata fino alla cima dell'immensa roccia di Sigirya, intimorito dall'avere problemi fisici. Ci incamminiamo verso la stazione dei pullman iniziando uno dei nostri lunghi dialoghi sul buddismo. Poco prima facciamo sosta a un chiosco locale per un chai e noto che lui ordina tre dolci super zuccherati per caricare le energie prima della scalata. Gli racconto la mia decisione di eliminare il più possibile gli zuccheri per la loro nocività e mi chiede alcuni consigli per evitare problemi intestinali in viaggio. Ha una dieta fuori controllo e osservandolo da questo lato sembra ancora un ragazzo – dovevate vederlo quando si è fatto un taglio sul braccio e gli ho detto che la saliva disinfetta, si leccava il braccio come un gelato!

Saliamo sul pullman e dopo circa quarantacinque minuti raggiungiamo la formazione rocciosa di una placca di magma indurito antichissimo, forse abitato fin dalla preistoria, situata a Sigirya. Lo spettacolo è impressionante e tra rovine storiche situate nella giungla attorno alla roccia iniziamo il percorso che porta alla cima, purtroppo tra una massa quasi fastidiosa di tour organizzati che rende l'esperienza meno esotica di quello che realmente è. Dopo vari gradini, incontriamo su una parete rocciosa scavata nella pietra degli affreschi di dipinti rupestri rappresentanti fanciulle formose, secondo alcuni delle ninfe celestiali.

Al principio dell'ultima e ripida scalinata ci s'imbatte nella rocca del leone, ovvero nei resti delle zampe di un leone che una volta era una statua intera raffigurante un leone seduto. Ultimo sforzo ed ecco la cima dove risiedono alcune rovine che i locali dicono appartenere al palazzo reale di 1500 anni fa del re Kassapa, anche se non esistono prove concrete che lo dimostrano, anzi sembra più probabile che siano i resti di un monastero con le rovine di uno stupa e di alcune vasche utilizzate come cisterne. Il panorama è splendido e si estende per tutta la valle attorno, dove si può notare una grande statua bianca di Budda. Vladimir, mentre discutiamo di religione, mi narra un racconto di suo nonno che viveva in un villaggio polacco lavorando come postino. Convivevano pacificamente tedeschi e polacchi, tra cui alcuni ebrei, ma allo scoppio della Seconda guerra mondiale una notte tutti gli ebrei scomparvero nel nulla, probabilmente in fuga verso est. I tedeschi sterminarono circa 140 polacchi, ma solo i più istruiti tra insegnanti e intellettuali.

Scendiamo per andare a visitare il deludente museo, che di interessante presenta solo un orecchino d'oro di centinaia di anni fa, e prendiamo il primo pullman sulla strada del ritorno per Dambulla, mentre fotografo l'ennesimo varano nella giungla. Arrivati a Dambulla ci dirigiamo verso il Royal Rock Temple, ovvero un complesso di templi rupestri scavati in un'ampia parete di roccia con all'interno una moltitudine di statue di Budda dorate, tra cui alcune raffigurate distese. Sono cinque grotte in tutto, ma la seconda è davvero da brividi: appena entrato, sono rimasto incantato a osservare le varie statue che riempivano il tempio del grande re, lungo cinquanta metri per venti, ma soprattutto la grande statua di Budda disteso.

La sera esco per cenare in uno dei pochi bar locali aperti, ne trovo uno che fa al caso mio vicino a dove dormo. Entro tra il solito stupore della gente per i miei tatuaggi e ordino il piatto casereccio che consiste in un roti (specie di crêpe) con verdure, fatto in piccoli pezzi dal coltellaccio del cuoco. Mentre mangio con tutti gli occhi del locale addosso ecco entrare un singalese travestito da Bob Marley. Si chiama Lachmann ed è molto simpatico, rastafari con cappello giamaicano e maglietta con stampato il viso di Bob. Lo accompagno a fumarsi una sigaretta fuori e mi chiede se ho voglia di andare a casa sua a fumare un cannone, ma gli racconto del periodo di stop post India. Mi racconta che nel suo paese fumano soprattutto maria e poco dopo mi invita a vedere l'impianto stereo del suo mitico autorisciò giamaicano. Ha installato un lettore CD e mp3 e dietro ai posti per i passeggeri ha inserito due mega casse (subwoofer) per sentire la musica del suo mito a palla mentre lavora, gli faccio i complimenti scatenando il suo entusiasmo.

13-02-2012 *Pellegrinaggio sulla montagna sacra*

L'Adam's Peak (Sri Pada) è la seconda vetta più alta di tutto lo Sri Lanka, ma soprattutto è la montagna sacra per i buddisti, e non solo, meta di pellegrinaggi da oltre mille anni. Proprio per questo sulla cima domina la scena un piccolo tempio. Richiama l'interesse della comunità internazionale non solo per la sua spiritualità ma anche per i panorami straordinari e le vedute che si creano dall'alba e si estendono soprattutto a Est verso le Hill Country e a ovest verso Colombo e il mare. La consapevolezza e l'entusiasmo per il fatto che devo svegliarmi alle 2 00 del mattino per iniziare il percorso di 7 km in 5200 scalini, per raggiungere questa vetta, non mi permettono di dormire.

Il ritrovo è con una ragazza francese conosciuta ieri sull'autobus e all'inizio del tragitto si aggiungono altre due francesi e una signora scozzese. La notte è fresca, così partiamo attrezzati con vestiti pesanti, soprattutto per attendere l'alba una volta terminati gli scalini. Seguiamo il percorso illuminato per la moltitudine di fedeli che accorrono in questi mesi di pellegrinaggio (dicembre-maggio) attraversando profumate piantagioni di tè e vari chioschi che vendono cibo o bevande. La strada è affollata da singalesi e ai tanti sorrisi e saluti che ricevo rispondo pronunciando «Ayubowan» (augurio di lunga vita) tra lo stupore compiaciuto dei simpatici locali – non ho notato nessuno straniero salutare la gente nella loro lingua, eppure basta così poco per rendere felici queste persone.

In questo periodo il mio entusiasmo è a livelli da record e ho raggiunto un'apertura mentale e un'armoniosa integrazione con i popoli che mi ospitano. Ogni giorno mi regalano sorrisi autentici e nuove piacevoli conoscenze. Capisco sempre di più quanto è importante il nostro modo di porci nei confronti della gente in generale. Provate un giorno a uscire di casa e sorridere a tutti salutandoli, anche se non li conoscete, e il giorno dopo uscire con la faccia seria senza salutare nessuno, noterete il potere della vostra mente.

Nonostante più si salga e più aumenti l'aria fresca, la fatica della salita porta un'alta sudorazione e la pendenza aumenta inesorabilmente per arrivare nei pressi del picco a raggiungere ripide pendenze. In ogni caso nulla di così complicato, alla portata di quasi tutte le età, basta avere un po' di pazienza. Io sono salito tranquillo e non ho avvertito le ventiquattro ore senza sonno, spinto da un'energia particolare. In cima ho poi capito il perché di questa travolgente forza. Così alle 5 30 ecco il tempio all'improvviso davanti ai miei occhi, osservo il cielo che inizia a schiarirsi e cerco la posizione migliore per godermi l'alba nonostante la notevole massa di pellegrini. Quell'energia che sentivo già nella notte nel letto insonne aumenta più si avvicina il sorgere del sole, e a un certo punto mi rendo conto di essere in totale estasi e mi arrampico su un tetto a fianco al tempio raggiungendo il punto più alto sopra la folla. A distanza di un metro da me c'è uno strapiombo di almeno mille metri verso la valle.

Il panorama è da brividi e in quel momento sono diventato consapevole di aver pure io percorso un vero e proprio pellegrinaggio per salutare dalla posizione migliore il mio unico e immenso dio, il sole. Questa incantevole palla di fuoco mi ha ridato la fede, la sua energia è talmente intensa che è impossibile non avvertirla. Il sole ha creato la vita sulla terra e sicuramente in altri pianeti attorno, se si spegnesse moriremmo tutti in poco tempo. L'uomo, gli animali e la natura sono manifestazioni della potenza dell'energia solare. Questa è una religione cosmica che nasce dal profondo della coscienza umana libera e spontanea, non si tratta di un'imposizione sociale. Non bisogna sminuire il sole collegandolo a qualche altro essere immaginario, il sole è di fronte ai nostri occhi ed è lui che regola tutte le energie della galassia. Ho deciso che cercherò di vivere la mia vita a contatto con questo dio, evitando il più possibile gli inverni grigi e cupi perché sento quanto la sua vicinanza mi trasmetta maggiore benessere. Provo un'infinita gratitudine per il meraviglioso pianeta che ha creato, la mia missione è amarlo e rispettarlo perché è parte di me, della stessa energia solare.

14-02-2012 *Viaggio verso Haputale*

In compagnia di Veronique, e in una grigia giornata di pioggia, mi rimetto in viaggio raggiungendo la stazione ferroviaria di Hatton con un bus pubblico nella stradina che collega Delhouse al resto del paese. Prendendo il treno, partito da un'altra stazione, non troviamo posto come spesso accade sui treni singalesi in situazioni del genere. Camminiamo tra i vagoni alla ricerca di una sistemazione almeno temporanea per i bagagli ed entriamo nel vagone della ristorazione con un semplice bar visibile attraverso le vetrate trasparenti, in cui risiedono il gestore e alcuni poliziotti ferroviari in divisa.

Per via dello spazio decidiamo di sostare in quel vagone sedendoci sui due tavolini fissati al pavimento con due paletti d'acciaio. Dopo pochi minuti arriva un grasso e sorridente poliziotto che dopo le solite domande rituali sulla mia provenienza e sui miei tatuaggi mi chiede se fumo o bevo alcol, per invitarmi nello stanzino del chiosco a consumarne assieme a lui e ai suoi colleghi. Lo ringrazio dicendogli che non fumo e non bevo – soprattutto in un'occasione del genere con un poliziotto molesto.

Conosco il gestore del bar che mi racconta il suo passato lavoro nelle imbarcazioni mercantili. È stato negli Emirati Arabi, in Egitto e in Malesia. Mi confessa che ha preferito questo nuovo lavoro, anche se guadagna meno, perché gli permette di conoscere stranieri e di lavorare meno duramente. Diventiamo amici, ci scambiamo le mail e mi invita ad andare a dormire a casa sua la prossima volta che torno in Sri Lanka. Intanto osservo nello stanzino bottiglie di arrak che sono aperte e svuotate nei bicchieri dei poliziotti ferroviari tra una sigaretta e l'altra, mentre fuori le condizioni atmosferiche peggiorano drasticamente più ci avviciniamo ad Haputale, tra nebbia e diluvi.

15-02-2012 *Lipton Tea*

Nuova sveglia all'alba e appuntamento per colazione con Veronique e Valentine, un'altra ragazza francese. Le condizioni atmosferiche sono precarie tra nuvoloni grigi e pioggia, ma convinco le ragazze a provare a raggiungere Dambatenne per visitare la storica fabbrica fondata nel 1890 dallo scozzese Thomas Lipton e passeggiare per sette chilometri tra le sue piantagioni, per raggiungere poi il luogo più alto in cui Lipton osservava la sua proprietà con un panorama stupendo.

Bagnati dalla pioggia, prendiamo il primo bus disponibile lungo la strada che collega Haputale con la nostra destinazione. Dopo una ventina di minuti su una stradina con alcune buche, scendiamo davanti alla fabbrica e decidiamo di iniziare la camminata nonostante il maltempo, consapevoli che le migliori ore per osservare il panorama sono le prime del mattino. Solitamente dopo le 10 circa si forma una condensa di nebbia che copre tutta la valle e che si estende fino al mare.

Veronique chiede in prestito un ombrello a una gentile educatrice di un asilo. Lentamente, osservando i bei villaggi immersi nelle piantagioni, iniziamo la salita. Affissi contro i muri di alcune case, ci sono dei cartelli con istruzioni ecologiche per il rispetto della natura che invitano la gente locale a non utilizzare prodotti chimici sulle piante, dato che si rischia di inquinare l'acqua che scorre nei villaggi inferiori. Incontro contenitori di cemento per plastica e vetro, rimanendo piacevolmente sorpreso dopo il negativo ricordo dell'India. Ammiro i singalesi per il rispetto che hanno per la natura, soprattutto in queste piantagioni. A Munnar in Kerala (regione indiana) ero rimasto profondamente deluso per la presenza di tanti rifiuti di carta e plastica scaricati direttamente vicino alle verdi piantagioni, con un fiume che scorreva lì vicino molto inquinato. Inoltre questa stradina che porta al punto panoramico è poco trafficata, quindi si respira il profumo del tè e non lo smog dei pullman, che hanno il divieto di circolare.

Incontriamo una bambina di sette anni che cammina tutta sola in direzione della scuola dopo aver perso il bus. Ha un sorriso disarmante e le regalo un piccolo sole fatto di legno come portafortuna. Io e Veronique ci dividiamo il suo pesante zaino e il sacchetto di plastica con dentro il suo pranzo, accompagnandola alla scuola che dista alcuni chilometri. Intanto smette di piovere ed esce qualche spiraglio di sole.

Siamo quasi arrivati a destinazione e la vista è già superba, tutto ciò che ci circonda è magnifico. Arriviamo alla terrazza di legno costruita per osservare a 360 gradi la valle attorno e pure il mare. Incontro Ravi, il simpatico custode della terrazza che mi presta il suo binocolo e rimango estasiato da ciò che vedo. Assaggiamo un buonissimo tè preparato personalmente dall'esperto custode e dei roti (rotoli di farina con all'interno verdure speziate) fatti da sua moglie. Mi mostra la sua vasta collezione di monete straniere, se vi capita di venire da queste parti portate valuta straniera da lasciare a Ravi.

Al ritorno ricomincia a piovere, ma siamo tutti e tre così entusiasti della giornata che torniamo a piedi allegramente raggiungendo la fabbrica e ripercorrendo i sette chilometri di distanza. Conosciamo alcune delle tante braccianti Tamil che si occupano di raccogliere le foglie nelle piantagioni. Cerchiamo di dialogare con loro nonostante non conoscano l'inglese, ma sono così simpatiche e carine che diventa facile. Portiamo indietro l'ombrello all'asilo e assistiamo a una tenera scena: nell'ora di riposo i bambini dormono avvolti dentro un lenzuolo appeso a una corda legata a una trave di legno e vengono cullati dalla maestra.

Visita guidata all'interessantissima e vecchia fabbrica: osserviamo le varie fasi della preparazione del tè nero. Prima avvengono la raccolta e il peso delle foglie. Poi queste sono messe in enormi vasche, dove si lasciano seccare per sedici ore circa. Al giorno qui vengono incanalati 1500 chili di foglie, che attraverso un condotto raggiungono una macchina che le fa ruotare premendole lievemente per pestarle allo scopo di eliminare la parte liquida. Proseguono il percorso su un rullo verso un'altra macchina che le taglia, scaldandole. Poi tocca a una vasca che, muovendole, le raffredda, e così via, ripetendo il taglio e il raffreddamento per varie volte e iniziando a raccogliere la polvere scura filtrata dalle macchine. La polvere è spostata in un'altra sala, dove finisce in un forno da 120 gradi per circa un'ora in cui viene tostata. Nuovamente viene filtrata cercando di rimuovere gli scarti rimasti per poi essere suddivisa in base alla granulosità, creando le diverse tipologie di tè nero per l'esportazione e per l'uso locale. Con 4,5 chili di foglie di Camellia sinensis si ottiene un chilo di tè nero. Ogni donna addetta alla raccolta raggiunge i diciotto chili al giorno di foglie per quattro chili di tè nero. La fabbrica, con 1500 chili al giorno di foglie trattate, ottiene 333 chili di tè.

Al ritorno attendiamo che il pullman si riempia per tornare in direzione Haputale, mentre penso alla piacevole sorpresa dell'armonia tra gli operai all'interno della fabbrica. Quando l'autista parte sento un rumore strano fuori dal mezzo e il bus inchioda, scendo di corsa e noto il corpo senza vita di un cucciolo di cane finito accidentalmente sotto la ruota.

17-02-2012 *Le cascate*
Tappa alle cascate più alte dello Sri Lanka: Bambarakanda Falls (240 metri). Il bus, dopo aver impiegato quasi un'ora per percorrere 11 km, ci lascia sul collegamento con una stradina che porta alla cascata. All'andata io e Veronique, su suggerimento del gestore della guesthouse, ci affidiamo a un tuk tuk, per via della difficoltà a trovare la strada giusta niente affatto segnalata. Ci lascia davanti all'unica indicazione trovata in cinque chilometri di strada, quando ormai manca mezzo chilometro da percorrere nella foresta. La cascata è già visibile in tutta la sua lunghezza e più ci si avvicina e meno si nota la parte più alta.

Arriviamo al fondo cascata, dove troviamo una graziosa e fredda pozza d'acqua tra alcuni blocchi di roccia che segnano l'inizio di un torrente. Neanche il tempo di osservare bene la bellezza della cascata che sono già in costume pronto a un emozionante tuffo. Decido di avvicinarmi al getto dove l'acqua cade prepotente e in quel momento il mio cuore inizia a battere all'impazzata. A un metro dal punto più potente mi blocco qualche secondo per cercare di riprendere fiato, perché per l'emozione e il freddo mi manca il respiro. Mi faccio coraggio e mi immergo sotto il getto che cade violento sulla mia pelle creando una lieve sensazione di dolore, ma soprattutto un'immensa energia che esplode in tutto il mio corpo. Inizio a urlare come un bambino in preda all'euforia. È stato un contatto forte con la natura e quello che ho avvertito potrei spiegarvelo in diversi modi senza mai cogliere nella totale vitalità l'esperienza vissuta.

Dopo un'ora di relax attorno alla pozza, ci incamminiamo verso la strada principale percorrendo una piacevolissima e silenziosa stradina poco trafficata, tra un fitto verde e particolari animali selvatici. Incontriamo piccoli villaggi di contadini che sorridono al nostro passaggio. Fortunatamente troviamo un occasionale ristorante che apre solo per preparare il pranzo a noi a base di noodles con verdure. La gentile proprietaria del locale sembra entusiasta di avere degli stranieri nella sua casa. Ho apprezzato molto la cascata e l'ambiente circostante perché poco frequentato, abbiamo incontrato solo due turisti in tre ore. Dopo il pranzo, tra una sosta e l'altra sotto gli alberi al riparo dalla pioggia, siamo arrivati sulla strada principale per prendere un nuovo bus in direzione della cascata di Diyaluma.

19-02-2012 *Mirissa*

Dopo aver viaggiato nei bus pubblici indiani con una media di venti ore a viaggio, è un vero piacere viaggiare con questo tipo di mezzo in Sri Lanka. Oggi ho affrontato il viaggio più lungo, ovvero di sette ore, cambiando tre bus, ed è stato davvero piacevole perché ormai sono abituato al peggio. I bus singalesi non sono particolarmente diversi da quelli indiani, spesso capita di viaggiare in piedi perché non si trova posto, ma almeno i singalesi ti riservano sempre uno spazio per il bagaglio sul motore accanto all'autista. Le strade sono solitamente ben asfaltate e l'isola è talmente piccola confronto all'India che non ci si accorge neanche di essere partiti che si è quasi arrivati. Inoltre più trascorro tempo su questi mezzi e più mi sento a mio agio, trovandoci un particolare e divertente gusto nell'osservare le nuove culture attraverso il loro modo di muoversi.

Sono diretto vero la costa sud per raggiungere le famose spiagge singalesi colpite duramente dallo tsunami del 2004. Prima tappa Mirissa, un villaggio di pescatori a pochi chilometri dalla cittadina di Matara. La spiaggia è una graziosa insenatura di sabbia dorata circondata da palme da cocco. L'acqua è turchese, decisamente più pulita e trasparente di quella indiana, ed è un piacere immergersi. Non si notano segni particolare lasciati dallo tsunami, anzi diversi ristoranti e hotel per turisti popolano la spiaggia e, mentre osservo la sua bellezza, sono colto da un senso di smarrimento come già avevo avvertito a Goa in India. In situazioni come queste dove i turisti sono concentrati tutti assieme in unico spazio mi sento a disagio. All'improvviso mi mancano i sedili marci dei bus pubblici o la folla di singalesi che nel calore delle alte temperature ti viene addosso nei mezzi super affollati. Per me questo viaggio è un incontro culturale con i popoli locali, non mi sento in vacanza né sogno la spiaggia bianca dove praticare il dolce far niente. Sono alla ricerca di quelle esperienze spesso scomode, ma dall'alto contenuto culturale, in contatto con la popolazione locale per imparare il massimo sulle loro abitudini quotidiane.

Conosco una simpatica e cordiale signora singalese che gestisce l'unico ristorante dell'entroterra che si chiama Dewmini. Mi racconta dello sfrenato innalzamento dei prezzi della luce e della carenza di sostegno governativo nei confronti delle piccole attività, il che spiega il conseguente aumento dei prezzi delle sistemazioni alberghiere. Avrò modo il giorno seguente di assaporare l'ottima cucina locale della signora che prepara kottu, roti e verdure al curry talmente speciali che andrebbe indicata sulle guide.

Verso sera ceno sulla spiaggia con Veronique e Giselle, una signora francese che si è dimessa da poco dal suo incarico di poliziotta per viaggiare un anno e mezzo attorno al mondo. Si sente musica reggae sulle note di Bob Marley, mentre osservo un tavolo di signore russe tra la quarantina e la cinquantina completamente ubriache, che danno spettacolo ballando e bevendo, mentre l'unico uomo russo con loro è impegnato a vomitare dietro l'angolo.

Dopo aver avvistato scimmie e pipistrelli nel tardo pomeriggio, dopo cena sulla via del ritorno incontro una tartaruga gigante arenata sulla spiaggia che sta deponendo diverse uova. La tartaruga comunicava una tenerezza disarmante, ma purtroppo i turisti attorno erano impegnati ad agitarla con i flash delle loro fotocamere digitali.

Detesto questo tipo di turismo e ho deciso di godermi ancora un giorno il mare per poi tornare piano piano verso Colombo e iniziare la ricerca di una barca verso est.

21-02-2012 *Sri Lanka, la culla della biodiversità alle prese con la pressione demografica (pubblicato su Greenews.info)*

Se visitate lo Sri Lanka dopo essere stati in India, rimarrete allibiti per il forte contrasto in tema d'ambiente. Il modello indiano è talmente negativo che l'isola cingalese vi apparirà, almeno inizialmente, come un paradiso ecologico. Senza ombra di dubbio questo piccolo frammento di terra a forma di lacrima, di fronte alla penisola indiana, rappresenta un esempio ma soprattutto la speranza per i limitrofi paesi asiatici. Scoprendola giorno dopo giorno vi mostrerà tuttavia alcuni aspetti che potrebbero essere decisamente migliorati.

Per via della cultura religiosa buddista, una buona parte dei cingalesi sembra più sensibile nei confronti di madre natura. Esiste la raccolta dei rifiuti, per le strade delle principali città si trovano dei cestini e attraverso i manifesti si invita la popolazione a prendersi cura della pulizia della propria terra. Le spiagge turistiche sono ben curate, anche se in quelle frequentate dai pescatori si possono incontrare vari tipi di rifiuti.

Nelle principali piantagioni di tè della multinazionale Lipton la cura dei terreni sembra quasi impeccabile. Balzano subito all'occhio i contenitori di cemento con affissi i cartelli "plastica" e "carta", ma osservando all'interno si nota che i tamil, che popolano queste piantagioni, o non hanno ancora ben chiara la differenza tra i due tipi di materiali o non si curano particolarmente di differenziare. Queste piantagioni fanno parte, assieme ad altre nel territorio, dell'Agarapatana Plantations Limited, che si è posta diversi obiettivi per rispettare e preservare il più possibile le risorse terrestri. L'educazione ecologica qui, del resto, inizia già a scuola, come si può osservare dai vari dipinti sui muri dell'edificio regionale.

Rispetto agli altri paesi asiatici, lo Sri Lanka sembra quindi brillare per il suo impegno nella conservazione ambientale. Ma lo Stato potrebbe comunque fare di più per contrastare le diverse piaghe che ancora affliggono il paese, tra cui la deforestazione, l'erosione del suolo, la degradazione costiera, l'inquinamento delle acque dolci, lo smaltimento dei rifiuti urbani e industriali e l'inquinamento atmosferico.

Attualmente la copertura totale di bosco naturale raggiunge il 25% del territorio cingalese, la metà della copertura del periodo dell'Indipendenza

(1948), ma nel 1800 la superficie boschiva era addirittura dell'80%. La causa principale della rapida deforestazione è legata al periodo postcoloniale, quando la popolazione è triplicata nel giro di sessant'anni. Questa è una delle questioni più urgenti, perché ha avuto conseguenze sull'erosione del suolo, sulla degradazione della fauna e della flora e, infine, sulla stessa salute umana.

Esistono dei regolamenti e delle leggi per preservare le risorse della terra cingalese dall'erosione portata dalla deforestazione. Purtroppo però l'applicazione di queste norme sembra piuttosto limitata, per via dell'assenza di controllo e della scarsa sensibilizzazione della comunità, soprattutto nelle zone collinari, dove il terreno fertile sta subendo una forte erosione.

La superficie lungo le coste balneari, negli ultimi decenni, per via del forte sviluppo di edifici e ristoranti incoraggiato dai flussi turistici, sta subendo una grave minaccia di cementificazione ed è sempre più ridotta. La maggior parte della fascia costiera ha dovuto, peraltro, affrontare l'emergenza dello tsunami del 2004 che ha modificato drasticamente la sua morfologia e ridotto le spiagge. Ora si utilizzano sacchi di sabbia per contrastare l'innalzamento del mare. Il forte interessamento della comunità internazionale ha permesso tuttavia un buon recupero della situazione, anche se la tragedia non è servita per placare la bramosia di costruire vicino al mare.

Lo Sri Lanka presenta un buon servizio idrico, ma recentemente è aumentato l'inquinamento delle sorgenti di acqua potabile, che le rende in parte inutilizzabili. Questa forma di inquinamento deriva principalmente dall'attività delle industrie che si sono insediate nelle zone dei bacini di acqua dolce. Aziende tessili, chimiche, minerarie, della gomma, del tè, del legno e del cocco creano grandi quantità di contaminanti ambientali e non sono tenute sufficientemente sotto controllo dalle autorità locali.

Con l'aumento costante della popolazione è infine inevitabile l'aumento dei rifiuti urbani e industriali. Nelle città la situazione è particolarmente urgente e necessita di un più adeguato sistema di riciclaggio, almeno per quel 20% di rifiuti che provengono da carta, plastica, vetro, metalli e altri materiali inorganici. Manca anche una corretta raccolta dei rifiuti solidi organici, che rappresentano il restante 80% dei rifiuti urbani. Questa situazione è causa dell'aumento del rischio di malattie, come la febbre dengue che si contrae dalle zanzare.

Le carenze ambientali del paese, in definitiva, non risiedono dunque nella mancanza di leggi e regolamenti sul tema, ma nell'inadeguatezza di una struttura che possa realmente controllarne il rispetto e l'applicazione e sensibilizzare maggiormente gli abitanti. Anche nel caso dell'inquinamento atmosferico il problema è analogo. Nelle aree urbane i livelli di monossido di carbonio, derivante dai veicoli, superano di gran lunga quelli di tolleranza per un essere umano, mettendo in serio pericolo la salute degli individui più a rischio, come bambini o donne in gravidanza.

A margine di questo lungo elenco di criticità irrisolte, bisogna tuttavia riconoscere allo Sri Lanka di essere uno degli stati asiatici che, fino a ora, ha sviluppato maggiore interesse verso le problematiche ambientali. Questa magra consolazione non è indubbiamente sufficiente per far fronte alle diverse minacce che ne affliggono l'ecosistema, ma è auspicabile che possa servire da stimolo per preservare questa meravigliosa isola, che raccoglie una delle più alte densità di biodiversità al mondo.

23-02-2012 *Alla ricerca di un'imbarcazione verso Est*

Sono alla ricerca del primo pullman diretto a Colombo all'alba. Attendo a bordo strada con lo zaino in spalla nel tranquillo villaggio di Hikkaduwa, mentre i bambini in divisa bianca vanno a scuola e il sole si sveglia lentamente. Dopo un quarto d'ora vedo in lontananza il mezzo avvicinarsi strombazzando a tutta furia. Salgo e non trovo posto, scarico lo zaino sul motore a fianco all'autista e mi preparo ad affrontare in piedi tra la folla di singalesi un viaggio di un'ora e mezza.

Arrivo a Colombo e dopo una breve ricerca trovo facilmente sistemazione in pieno centro in un vecchio, degradato e sporco palazzo coloniale, ma che almeno mi permette di stare vicino alla zona portuale economicamente. Dopo le esperienze nelle grandi città indiane tutto ciò mi appare comunque un lusso.

Ho trascorso solo quattro giorni sulla costa meridionale dello Sri Lanka nonostante il fascino delle spiagge con sabbia dorata, acqua turchese e la barriera corallina. Malgrado la dolce e selvatica compagnia animale di scimmie, pipistrelli, varani, coccodrilli e tartarughe giganti, non riesco a stare fermo senza avere la certezza di trovare un mezzo marittimo diretto verso le terre dell'est (Thailandia, Malesia o Singapore). In occasioni come queste preferisco agire subito per risolvere la situazione. Inizierò la ricerca, anche se ho ancora una decina di giorni validi per il visto.

A dicembre dell'anno scorso mi ero messo in contatto con una compagnia di mercantili inglese che mi aveva offerto un biglietto con destinazione Singapore. Sembrava fatta, avevo raccolto e inviato loro i diversi documenti richiesti (assicurazione sanitaria, certificato medico, biglietto d'uscita da Singapore via treno). A fine gennaio arriva la prima brutta sorpresa: viaggio cancellato!

Dopo pochi giorni la stessa compagnia mi offre un'altra soluzione per fine febbraio verso la Malesia. Per me era ancora meglio ed entusiasta ho accettato, ricompilando tutti i moduli. Arrivo in Sri Lanka e ricevo la notizia che hanno ritardato il viaggio di quattro giorni fino ai primi di marzo. Contatto un'altra compagnia di mercantili tedesca, ma mi comunicano che è troppo tardi per prenotare spostamenti per il mese di febbraio. Accetto di partire in ritardo, ma ho un brutto presentimento che si realizzerà verso metà febbraio con l'ennesima negativa mail che mi conferma che la nave cargo ha deciso di saltare la fermata di Colombo, rimborso immediato e biglietto cancellato!

Abbandono definitivamente la possibilità di muovermi su questo tipo di imbarcazioni, decidendo che una volta raggiunta Colombo avrei iniziato la ricerca di un qualsiasi mezzo marittimo interessato a trasportarmi verso Est, cercando lavori di ogni genere. Se India e Sri Lanka sono estremamente vicini, le terre orientali son ben più distanti dall'isola singalese, e tutto ciò rende la ricerca molto più complicata, anche se la capitale singalese ha un porto molto trafficato, punto di passaggio e sosta nel mare Arabico.

Questo pomeriggio inizierò a bazzicare nell'area portuale raccontando la mia situazione a tutti quelli che incontrerò, frequenterò i bar dei marinai, cercherò di attirare il più possibile l'attenzione nella speranza che qualche buona anima mi possa aiutare a continuare la realizzazione di questa grande impresa attorno al mondo senza aerei.

25-02-2012 *Ultima speranza*

Altra delusione, il porto di Colombo non fa al caso mio. Poche settimane fa ero sbarcato in un piccolo porto a sud di Colombo così non avevo avuto modo di osservare direttamente il porto del centro della capitale. Dopo aver assorbito la delusione per l'annullamento del biglietto del mercantile, una volta raggiunto il porto ho scoperto che si tratta solo di un grande porto commerciale. Ho provato a entrare per curiosare ma all'ultimo controllo sono stato fermato da diversi poliziotti diffidenti nei miei confronti. Armati di fucili e mitra non capivano bene le mie intenzioni, così mi hanno chiesto documenti e invitato ad andarmene con le buone. Il porto di Colombo presenta un severo controllo di sicurezza per via del rischio di attentati terroristici dovuti alla guerra civile da poco apparentemente terminata.

Ho chiesto alla gente per strada e nelle agenzie dove potessi trovare il porto per le barche private, ma tutti mi hanno risposto negativamente suggerendomi di tornare a sud di Colombo. Così, dopo un solo giorno nella sporca e caotica capitale singalese, sono tornato in viaggio. Sono andato presso uno yacht club a una ventina di chilometri di distanza nei pressi di un lago, ma lì ho trovato poche e piccole barche che non avevano intenzione di muoversi nei giorni successivi. Chiedendo a gente del settore, però, ho ottenuto l'importante informazione secondo cui l'unico porto movimentato per gli yacht turistici è situato a Galle, dov'ero stato una settimana prima.

Ho raggiunto nuovamente questa ex colonia olandese e ho avuto la preziosissima conferma che ci sono diverse barche che fanno al caso mio. Sto chiedendo a tutti gli stranieri che incontro, mi sono informato per una lista per richieste di lavoro su yacht, ma non ne hanno una. Dopo varie ricerche andate a vuoto, ho conosciuto un signore francese sulla quarantina, che è venuto a fare le vacanze invernali con la famiglia, e che a giorni dovrebbe raggiungere Singapore. Gli ho spiegato la mia situazione chiedendogli un passaggio in cambio di un lavoro di qualsiasi genere. Mi ha detto di non avere particolari esigenze, ma mi farà sapere tra oggi e domani. Sono in trepida attesa, intanto continuo a insistere su tutte le barche che trovo.

PAGELLINO SRI LANKA

- ▶ Trasporti pubblici: **6,5**
- ▶ Cucina locale: **5**
- ▶ Ospitalità della gente: **7**
- ▶ Costo della vita per uno straniero: **7**
- ▶ Sicurezza donne: **8,5**
- ▶ MEDIA Sri Lanka: **6,8**

SRI LANKA

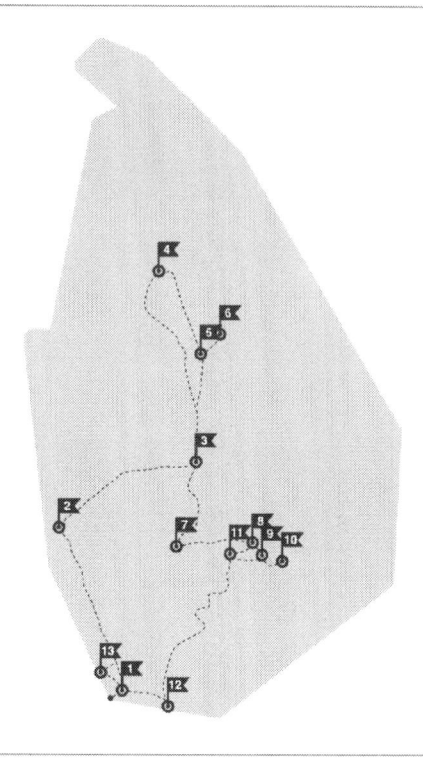

1	Galle	**8**	Haputale
2	Colombo	**10**	Wellafaya
3	Kandy	**8**	Haputale
4	Arunadhapura	**11**	Bambarakanda
5	Dambulla	**8**	Haputale
6	Sigiriya	**12**	Mirissa
5	Dambulla	**1**	Galle
7	Delhouse	**13**	Hikkaduwa
8	Haputale	**2**	Colombo
9	Dambetenne	**1**	Galle

Malesia

01-03-2012 *Sbarco a Port Dickson*

Terraaa!

Ecco la Malesia davanti ai miei occhi, finalmente sono riuscito a raggiungere l'Est tanto desiderato. Non è stata semplice in Sri Lanka, ma in ogni caso è andata alla grande. Ho impiegato solo tre giorni per trovare la barca adatta al mio scopo. Alla fine Laurent, il signore francese che avevo incontrato al porto, ha deciso di darmi un passaggio in cambio di un lavoro come mozzo. Non avevo un ruolo specifico, assistevo il cuoco in cucina, pulivo la barca o controllavo il figlio minore di tre anni mentre giocava. Il viaggio non mi è costato nulla, lavorando sono riuscito a risparmiare un po' di soldi. Sinceramente non poteva andarmi meglio.

La barca era un grande yacht a motore lungo almeno 20 metri se non di più, lussuoso e veloce. Abbiamo impiegato solo quattro giorni per il viaggio, tutto diretto senza soste. Loro erano diretti a Singapore, ma Laurent è stato talmente gentile da fare sosta con la famiglia a Port Dickson in Malesia, una cittadina molto turistica circondata da resort e spiagge con sabbia dorata, poco più a sud di Kuala Lumpur. Da lì sono salito su un pullman che mi ha trasportato alla stazione centrale della moderna e umida capitale malese.

Ho trovato una sistemazione economica nel caotico quartiere di Chinatown. Mi sono fermato a mangiare in una delle infinite bancarelle fumanti traboccanti di vita. Una simpatica signora malese sulla cinquantina mi ha dato il benvenuto dandomi due dritte su come mangiare con le bacchette la zuppa di noodles.

In questi giorni di mare ho avuto tanti pensieri, ma soprattutto uno è rimasto particolarmente impresso nella mia mente e non se ne vuole andare via: la *consapevolezza* è la chiave della nostra realizzazione.

Il giorno che sarai *consapevole* di cosa ti nutri e cambierai la tua dieta senza condizionamenti sociali, che scoprirai da dove provengono tutte le tue abitudini e le modificherai radicalmente dando loro un tuo senso, che sarai conscio della tua postura e della tua camminata in modo da poterle rilassare autonomamente, che smetterai di provare la paura consapevole che è una malattia creata dalla società per reprimere la tua libertà, che accetterai che il passato non torna più e che il futuro sarà sempre e solo una tua immaginazione, che inizierai a vivere il tuo presente più intensamente possibile senza più rancori o rimorsi, allora sì che quello sarà il giorno in cui ti sveglierai e non sarai più un burattino, ma il padrone della tua vita, scoprendo realmente fin dove puoi arrivare.

02-03-2012 *La calda doccia malese*

Decido di iniziare la giornata con una colazione diversa dal solito, voglio provare qualche nuovo frutto tropicale. Scendo per strada tra le vie di Chinatown e non è difficile, dopo pochi metri, incontrare una bancarella che vende frutta già tagliata pronta per essere mangiata. Scelgo il jackfruit (verde a forma di fagiolo gigante che cresce sugli alberi e si trova anche nel sud dell'India e in Sri Lanka) e il dragonfruit (rosso con la forma e la grandezza di una mela). Il primo lo trovo disgustoso perché particolarmente acido ma riesco a terminarlo, il secondo invece è dolce.

Ho un'intera giornata per vagabondare per Kuala Lumpur, siccome stasera alle 23 parte il primo dei due treni che in trentasei ore mi porteranno nella bollente ed esotica capitale della Thailandia: Bangkok. Lascio lo zaino alla reception dell'hotel e mi incammino per le strade moderne dell'afosa capitale malese. La temperatura è alta, ma è l'umidità (90%) a rendere il calore al limite del sopportabile. Chinatown è un quartiere traboccante di vita e colori, si estende soprattutto su due vie pedonali colme di bancarelle, che vendono vestiti, orologi, coltelli e zaini. Inoltre si contano vari chioschi fumanti che vendono bevande e cibo a qualsiasi ora. Il tutto condito da un'ampia presenza internazionale di malesi, cinesi e turisti. Nel poco tempo che ho trascorso a Kuala Lumpur questo è il quartiere che mi ha affascinato di più.

Nel pomeriggio, mentre passeggio su un ponte del centro, fortuitamente assisto a uno spettacolare contest di graffiti. Sulle rive del piccolo fiume, che attraversa la città, una moltitudine di giovani artisti dipinge le mura che prendono vita grazie ai colori vivi delle loro bombolette. I writers erano numerosi e il contest sembrava iniziato da qualche giorno. Poco sopra la riva est del fiume, un gruppo di skater si esibisce su una rampa alta due metri. Conosco un ragazzo malese che mi spiega che in questa settimana c'è un festival organizzato da un programma televisivo con concerti, esibizioni di breakdance e varie attività sportive.

Raggiunto il centro nevralgico cittadino, sono rimasto basito dagli edifici futuristici e dai grattacieli che dominano la scena, tra cui le maestose Petronas Towers. Ci sono alcuni tratti in cui si ha difficoltà a vedere il cielo, le strade sono ben asfaltate e divise in diverse corsie, ma soprattutto si trovano attività e centri commerciali. Dopo essere stato in India e in Sri Lanka, fa impressione arrivare in una città così moderna e sviluppata, e questo è un altro lato positivo del tipo di viaggio che ho intrapreso perché ti permette di focalizzare con una lente di ingrandimento le differenze tra i paesi visitati. In questo modo continuo a conoscere meglio le culture anche dopo aver lasciato i vari paesi.

Siamo nella stagione delle piogge e infatti inizia il primo temporale, così mi precipito in un enorme centro commerciale di otto piani. Dopo alcuni di negozi di moda, arrivo al piano dedicato ai ristoranti e scopro una vera e propria comunità legata alla ristorazione. L'una accanto all'altra, una serie di cucine internazionali in cui non manca nessun paese all'appello, e il nome di quel piano dice tutto: "Food Republic". È davvero complicato scegliere tra così tante possibilità e sembrano tutti servire degli ottimi piatti. Alla fine decido per un piatto thailandese a base di verdure e noodles per mantenermi in linea con la mia nuova dieta. Mentre cerco la via d'uscita, noto in una panetteria una focaccia uguale identica alle nostre ma con dello zucchero sopra e l'etichetta "Japanese pan"!

Il pomeriggio e la sera sono stati caratterizzati dalla pioggia insistente e ho vagabondato per la città bagnato fradicio. Ho notato che i malesi vanno in moto con la giacca indossata al contrario senza chiuderla, credo che non la chiudano per via del calore e della pioggia, o anche dell'aria che gonfierebbe la giacca. Quando ho deciso di incamminarmi verso la stazione del treno, ho trovato le strade allagate a causa di tombini che sparavano flussi d'acqua per le strade. Ho attraversato lo stesso ponte sotto il quale i writers si esibivano la mattina e sono rimasto letteralmente a bocca aperta a osservare il fiume in piena che aveva sommerso del tutto le rive e buona parte delle mura. Era uno spettacolo assistere alla potenza di quel fiume che solo poche ore prima era nient'altro che un misero fiumiciattolo. Mi sono fermato su quel ponte sotto la pioggia fitta, ignaro del fatto che mi stavo facendo la doccia, attirato dal flusso travolgente dell'acqua.

MALESIA

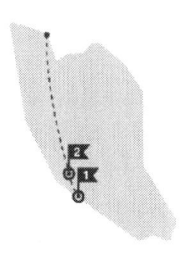

1. Port Dickson
2. Kuala Lumpur

Thailandia

04-03-2012 *Arrivo a Bangkok*

Eccomi finalmente nella caldissima Bangkok. La temperatura in questo periodo dell'anno raggiunge i 37 gradi, marzo e aprile sono i mesi più caldi. Il viaggio da Kuala Lumpur, tra due treni e una sosta, è durato quaranta ore. Il treno era comodo e pulito, ma davvero lento, infatti credo che la prossima volta sceglierò il pullman. Ho avuto qualche difficoltà ad alimentarmi perché sul treno vendevano il cibo in baht (la moneta thailandese), e io non ne avevo, e inoltre c'era soltanto pollo, e ormai io non tocco più carne. Le poche scorte di biscotti che mi ero portato non sono bastate e il ritardo di tre ore ha complicato la situazione. Tuttavia grazie alla gentilezza di una coppia malese sono riuscito a cavarmela. Mi hanno offerto del riso in bianco e del latte con cacao. In ogni caso ormai sono abituato a digiunare durante i lunghi viaggi. Il momento più importante del viaggio è stato l'attraversamento della frontiera malese e thailandese. Purtroppo all'ufficio d'immigrazione mi hanno concesso solo quindici giorni di permesso per l'entrata via terra.

Arrivato a destinazione, seguo il consiglio di una ragazza che vive nella città da alcuni mesi. Mi ha consigliato un quartiere non turistico ed economico per conoscere la vera Bangkok. Nonostante fossi esausto, ho deciso di provare ad andare all'avventura alla ricerca di una sistemazione nel quartiere di Ari. Il tuk tuk mi lascia sotto la fermata dello skytrain e inizio l'esplorazione. Mi ritrovo su una grande strada principale che collega la città da nord a sud, non vedo l'ombra di un hotel, così mi addentro nelle vie perpendicolari. Sicuramente come prima impressione il quartiere sembra culturalmente interessante perché vedo solo thailandesi attorno a me. In un'ora di ricerche non ho trovato neanche un hotel. Così sempre più esausto per il viaggio, l'afa e il peso dello zaino sono salito sul primo tuk tuk e gli ho chiesto di portarmi a Banglamphu, la zona turistica ed economica di Bangkok.

Mi lascia davanti alla famosa Khao San road e mi incammino nella travolgente onda di turisti e attività commerciali. Cerco subito una stradina laterale per uscire da quella bolgia e sulla destra ne incontro una, mi fermo alla prima guesthouse. Molto spartana e grezza come piacciono a me, davvero economica. Dalla finestra la vista su tetti in amianto, pali e cavi elettrici e alcuni piccioni. Ma finalmente una camera, anche se particolarmente calda, e una doccia. Bangkok si mostra caotica e inquinata come la ricordavo. Vittima illustre del processo di modernizzazione che le sta facendo perdere il suo fascino tradizionale. La Thailandia, d'altronde, è stato il primo paese filoamericano del Sud-est asiatico che ha aperto le porte allo sviluppo di stampo occidentale. Questa problematica non è solo thailandese, ma più continentale. L'Asia assomiglia sempre più all'occidente, le differenze culturali si stanno sempre più assottigliando. Tanti sono ormai i paesi contaminati dai paladini dello sviluppo sfrenato a tutti i costi, convinti che sia l'unico modello funzionante con conseguente emigrazione della popolazione dalle campagne alle città per abbandonare mestieri tradizionali non più così redditizi. Arrivano gonfi di illusioni ma senza particolari capacità e finiscono nel settore più facile: lavorare nel turismo come taxisti, con motorini, risciò e taxi che inondano le strade delle città, o diventare assetati procacciatori di turisti. Quest'ultimo è un mestiere che spazia dalla sistemazione alberghiera alla guida turistica, allo spaccio e al favoreggiamento della prostituzione. Per non parlare delle ragazzine ancora minorenni che dalle campagne sono costrette dalle famiglie a lavorare nei bordelli. Ecco l'evoluzione!

06-03-2012 *Mario*

Mi sveglio in una pozzanghera di sudore, fa davvero troppo caldo in questi giorni a Bangkok e alle 7 del mattino il sole picchia sulla mia finestra svegliandomi inevitabilmente. Appuntamento con Mario – vi ricordate quel simpatico italiano in viaggio da cinque anni con cui ho condiviso una parte di viaggio in India? L'ho incontrato casualmente ieri! Andiamo a visitare la zona Ko Ratanakosin, l'isolotto artificiale da cui ha avuto origine la capitale, che racchiude il maestoso palazzo reale e vari altri templi importanti tra cui il favoloso Wat Phra Kaew, il tempio del Budda di smeraldo.

Appena entro nel complesso, che comprende anche il palazzo reale, non posso che rimanere meravigliato davanti a tanta bellezza. Consacrato nel 1782, comprende edifici monarchici e capolavori architettonici dello stile della vecchia Bangkok. È l'attrazione turistica principale della città, infatti conviene andarci al mattino presto sia per la temperatura elevata sia per la folla di turisti che rallenta molto la visita. In ogni caso non si può venire a Bangkok senza passare da queste parti. Il tempio del Budda di smeraldo, l'architettura e gli affreschi sulle pareti dei muri circostanti sono favolosi. Nelle vicinanze si trova Wat Pho, un altro tempio molto interessante sotto l'aspetto architettonico per la moltitudine di statue di Budda, tra cui la più lunga raffigurata distesa di circa 50 metri.

Dopo pranzo, assieme a Mario visito un tempio nelle vicinanze della trafficatissima Kaosan road, lì incontriamo un altro italiano che ci suggerisce di andare a Chinatown, così, siccome è l'ultimo pomeriggio di Mario a Bangkok, decidiamo di andarci. Raggiungiamo una delle tante fermate dei traghetti che collegano varie zone della città attraverso il fiume e saliamo su un battello. Arriviamo alla fermata di Chinatown e iniziamo una lunga ma soddisfacente camminata tra le infinite viuzze labirintiche che comprendono attività commerciali di ogni tipo: vestiti, teli, ferramenta, apparecchi elettronici, cibo. Come al solito sembra il festival del kitsch e dei colori, insomma questo quartiere non delude mai. È sempre una sorpresa visitarlo e credo anche che questa sia la più vasta Chinatown mai vista. Saluto Mario per l'ennesima volta augurandogli il meglio e torno a riposare nella guesthouse.

Trascorro la serata in compagnia di una ragazza torinese che vive qui da otto mesi lavorando in una compagnia farmaceutica, gustando un piacevole bicchiere di vino in pratica dopo cinque mesi di astinenza. Torno nella strada principale vicino alla mia sistemazione, Kaosan road, una piccola copia esotica della Camden Town londinese. Decido di bere una Chang, birra locale, e osservare la movida notturna. Noto un gruppo di ragazzi che fanno a turno per entrare nel bagno comune a pagamento del mio ostello passandosi una bustina con polvere bianca, una droga che potrebbe essere metanfetamina, la droga più diffusa a Bangkok. Nella strada ci sono vari gruppi di inglesi o americani ubriachi accompagnati da ragazze thailandesi, che molto probabilmente arrivano dallo squallido quartiere a luci rosse di Sukhumvit. Credo che per oggi abbia visto abbastanza e domani vorrei raggiungere il nord più verde e tranquillo, ho trascorso troppo tempo nelle città nell'ultima settimana.

08-03-2012 *Chiang Mai*

Un ragazzo thailandese mi sveglia, siamo arrivati. Sono le 6 del mattino e ho appena raggiunto Chiang Mai dopo un viaggio notturno sul pullman da Bangkok. Raccolgo il mio zaino, scaricato per strada, e trovo un passaggio da un pickup pieno di gente, quindi mi sistemo sul tetto. Era dal Nepal che non viaggiavo sui tetti dei mezzi ed è stato un divertente tuffo nei ricordi nepalesi. L'aria di prima mattina è fresca, infatti Chiang Mai è situata in una valle attorno a montagne. Purtroppo il panorama è limitato dal fumo che copre la vista dei monti. Non è la stagione migliore per visitare la zona perché, oltre a esserci le temperature più elevate dell'anno, in questo periodo gli agricoltori bruciano i campi per prepararli prima della stagione delle piogge alla nuova raccolta.

Scendo vicino alla città vecchia e la raggiungo a piedi per la ricerca di una guesthouse economica. Trovo dove dormire, ma non essendo la camera ancora pronta lascio lo zaino e inizio la visita dopo una piacevole colazione a base di frutta fresca e yogurt. La città è ricca di templi ed è attraversata da un canale circondato da locali turistici. Dopo il delirio di Bangkok, ho l'impressione di aver trovato un luogo decisamente più tranquillo, anche se si tratta di una delle più grandi città thailandesi. Le attività principali sono legate al turismo come trekking, gite su elefanti, muay thay e sport estremi.

Mi aggiro tra i templi rimanendo nuovamente impressionato dalla bellezza dell'architettura antica thailandese –in questo caso Lanna e ammirando splendenti statue di Budda. Visito uno dei templi più interessanti, il Wat Phra Singh, dove viene custodito un Budda di bronzo (Phra Singh) che, oltre a essere la statua più venerata in città, spesso viene legato all'immagine di Chiang Mai. È situato in un complesso di templi attorno a un bianco stupa e dei giardini con alberi con affisse delle scritte a sfondo filosofico sulla vita. Continuo la visita ad altri templi nella parte vecchia, ma dopo qualche ora sento il bisogno di riposare, stremato dalle giornate di Bangkok e dal viaggio notturno.

In serata, completamente stordito dal sonno, vago per le viuzze della città. Credo che il mio corpo mi stia avvertendo della necessità di dormire dopo aver viaggiato per quasi 5000 chilometri in due settimane tra barca, treno e pullman. Incontro un piccolo concerto per la festa della donna, ma soprattutto la luna si presenta davanti ai miei occhi come mai l'ho potuta ammirare, piena e rossa per via del fumo dei campi. Sembrava il sole durante un tramonto spento ed era incantevole osservarla sul canale illuminato dalle luci dei locali notturni.

10-03-2012 *Il piacevole ritmo lento di Pai*

Ricevo una bella sorpresa e vengo piacevolmente svegliato da una chiamata di un caro amico che non sentivo da cinque mesi. Dopodiché al primo mattino raggiungo il ponte che attraversa il fiume dell'omonimo villaggio di Pai mentre osservo gli abitanti aprire lentamente le loro attività. Appuntamento con Ellen, una viaggiatrice svedese conosciuta in una guesthouse di Kandy (Sri Lanka) e incontrata per caso ieri poche ore dopo il mio arrivo. Programma della giornata: affittare due bici per esplorare villaggi montani e una cascata nella giungla distante una decina di chilometri, a ovest di Pai.

La strada è in buono stato ma è in leggera salita per i primi cinque chilometri, per poi diventare decisamente più difficoltosa negli ultimi cinque. In ogni caso nulla di proibitivo, ma in caso di non perfetta salute meglio lasciar perdere. Purtroppo la visibilità è notevolmente ridotta in questo periodo perché, essendo la stagione secca, anche qui gli agricoltori bruciano i campi per prepararli prima dell'imminente arrivo dei monsoni. Le montagne non sono visibili e una leggera nebbia ci accompagna per tutta la giornata, rendendo pallido il sole.

La prima fermata è in un piccolo villaggio che si sviluppa attorno a un tempio, Wat Nam Hoo, dentro al quale sono custodite diverse statue di Budda, tra cui una particolarmente sacra perché pare che in passato abbia trasudato acqua benedetta dalla testa. Il tutto in un'area verde con un delizioso laghetto di fiori di loto e un piccolo mercato locale. La tappa successiva è un villaggio cinese: due colonne rosse con delle scritte in cinese ne delimitano l'entrata. Qui è nettamente riscontrabile la differenza con gli altri villaggi per via dell'architettura e dello sviluppo adatto al turismo, che sta prendendo piede incoraggiando la costruzione di edifici nuovi nello stile kitsch cinese. Osservo davanti a un portone un bastone di legno tagliato perfettamente con alcune piume nere affisse e delle gocce di sangue lasciate cadere sopra. Sembrava l'oggetto di un rito, ho provato a chiedere al proprietario di casa ma era impegnato al telefono e non mi ha degnato di attenzione.

Riprendiamo la pedalata affrontando una salita più impegnativa con delle bici che spesso danno problemi di catena. Il panorama è decisamente secco ma fortunatamente questa è una stagione meno turistica. Ho incontrato davvero pochi stranieri tra cui due motociclisti inglesi, uno di loro è un tatuatore con tutto il corpo tatuato che vive sei mesi a Londra e sei mesi a Chiang Mai. Osservo la tranquilla dinamica quotidiana dei semplici abitanti dei villaggi che mi trasmettono una forte sensazione di pace e relax, proprio ciò di cui avevo bisogno dopo le intense giornate nella rovente e caotica Bangkok.

Raggiungo le cascate che si addentrano nella secca giungla e attendo l'arrivo di Ellen che per via di un problema alla schiena ha terminato il percorso a piedi. Un ruscello d'acqua piacevolmente gelida percorre questo tratto di foresta tra grossi blocchi di pietra che creano delle piccole cascate e delle pozze in cui potersi bagnare – niente a che vedere con le grandi cascate singalesi. Alcuni bambini thailandesi trascorrono la mattinata a tuffarsi dalle rocce nonostante l'acqua sia particolarmente bassa in questa stagione. Ascolto per alcune ore il suono del ruscello che scorre e il canto degli uccelli, rendendomi conto di quanto oramai sia fondamentale per la mia vita il contatto con la natura.

Al ritorno incontriamo delle donne locali che ci chiamano da lontano facendo il gesto del fumare. Avvicinandoci ci accorgiamo che vendono oppio, non interessati proseguiamo alla ricerca di un ristorante dove poter pranzare e ne troviamo uno situato sulla cima di una collina da cui si estende una valle purtroppo non visibile per la nebbia. La gentile e sorridente ragazza che gestisce il locale ci prepara un delizioso piatto vegetariano di riso e verdure. Ringraziamo e scendiamo lentamente per tornare nel villaggio di Pai.

Domani compio ventisette anni e credo che trascorrerò il mio compleanno con madre natura in esplorazione di altre cascate. Festeggerò in modo del tutto particolare raggiungendo un ritiro di meditazione in un monastero sulla verde collina di Chiang Mai, seguendo i rigidi ritmi giornalieri dei monaci e isolandomi dal mondo. Sono molto interessato alla pratica della meditazione e, oltre a proseguire il mio viaggio introspettivo, vorrei provare a raggiungere quel particolare stato in cui riesci a non pensare. Chi l'avrebbe mai detto che sarei arrivato a esperienze simili, chi mi conosce sa la vita che facevo pochi anni fa. Ma questo è il bello dell'esistenza, mai dire mai! Bisogna avere una mente aperta a 360 gradi per provare esperienze di ogni tipo cercando di trarre il meglio da tutte e formare il proprio spirito. Limitare la propria vita a un solo stile di vita, senza mai provare qualcosa di nuovo, è come leggere una sola pagina di un grandioso libro chiamato "Vita".

16-03-2012 *Ritiro meditativo*

Ho terminato una settimana di ritiro in meditazione vipassana in un centro buddista situato nella foresta selvaggia attorno a un incantevole monastero sulla cima di una collina di Chiang Mai. A scopo meditativo ho rispettato alcune regole come l'assenza di contatto con il mondo esterno, il silenzio per tutta la durata del corso con gli altri meditatori, digiuni di venti ore dal pranzo alle 11 fino alla colazione alle 7, sveglia alle 5, unico indumento una tunica bianca e non leggere, né scrivere né ascoltare musica. Condividevo una stanza spartana con una tarantola che mi ha tenuto compagnia per tutte le notti – altra regola: non uccidere nessun essere vivente. Dopo la sveglia ci si ritrovava nella sala di meditazione per ascoltare il maestro raccontare il Dharma (la via del Budda). In un angolo di bosco particolare osservavo l'alba e la natura godendo del suo silenzio tra una sessione di meditazione e l'altra. Durante la giornata si praticavano esercizi di meditazione o di camminata meditativa. La sera alle 6 era l'ora della preghiera con alcuni monaci in un piccolo tempio nel bosco.

I primi due giorni sono stati i più complicati per i digiuni, ma poi sono entrato in uno stato di concentrazione e pace interiore che non avvertivo più la fame. Nel quarto giorno ho partecipato a una cerimonia particolare per la mezza luna assieme ai monaci nel meraviglioso monastero dorato Wat Phra Thart Doi Suthep durante il tramonto. Mi sono commosso provando i brividi per la forte energia che avvertivo tra i fedeli e un senso profondo di gratitudine per ciò che stavo vivendo. Ogni giorno che passava, apprezzavo sempre più il silenzio che regnava attorno a noi, ma ciò non mi stupiva. Essendo io una persona molto solitaria conosco bene il silenzio e i suoi poteri speciali. Purtroppo da noi la gente sembra terrorizzata dal rimanere sola e in silenzio, e ciò evidenzia uno stato di malessere interiore. Avrei volentieri proseguito il corso ma mi sta scadendo il visto thailandese, così sono partito sul primo bus da Chiang Mai diretto a Chiang Kong, al confine con il Laos. Un'esperienza molto utile che aiuta a sviluppare una prospettiva opposta a quella della nostra società rispetto alle cose materiali e alle nostre reali esigenze.

Riguardo alla meditazione ho trascorso tante ore senza riuscirci e provando dolore alle ginocchia. Cercavo di controllare la mia mente concentrandomi a non pensare, ma sembrava un animale inferocito in gabbia. A volte avvertivo mal di testa e spesso mi demoralizzavo pensando di non esserne in grado. Ma più andavo avanti nel corso, rispettando il silenzio e il digiuno, e più sentivo crescere in me una forza morale in quello che facevo. La mente si acquietava e il mio corpo si abituava a stare seduto nella posizione del loto. Negli ultimi giorni ho iniziato a percepire una piacevole sensazione e mi sono sentito come se stessi osservando l'interno del mio corpo. Mi piacerebbe portare avanti questo impegno e cercherò di farlo nei prossimi giorni.

Questo è uno dei pensieri sviluppati in questi giorni: basata sul materialismo e sul consumismo, la nostra società cerca di favorire in noi, fin dall'infanzia, lo sviluppo di un meccanismo chiamato "desiderio", rendendoci delle macchine perfettamente elaborate allo scopo. La nostra mente è governata da impulsi irrazionali prodotti da questo meccanismo, che si manifesta nella maggior parte degli aspetti della nostra vita quotidiana come quello lavorativo, sessuale, materiale e legato ai vizi. Per "aspetto lavorativo" intendo l'ambizione alla carriera che non ci darà mai pace con il raggiungimento di una posizione precisa perché, dopo poco tempo, ambiremo a quella successiva e così via. Per "aspetto sessuale" l'attrazione verso l'altro sesso che non sarà mai frenata da nessuna persona. Per "aspetto materiale" il desiderio di un oggetto che dopo un periodo farà spazio al desiderio per un altro. Sui vizi c'è poco da dire perché non trovano mai una soddisfazione definitiva, e molte persone credono che siano dei piaceri, senza rendersi conto che ne sono dipendenti e schiavi. All'apparenza sembrano tutte situazioni diverse, ma provengono tutte dalla stessa fonte, ovvero un desiderio infinito che non potrà mai realmente essere colmato causandoci sofferenza e irrequietezza. Solo imparando a gestire questa sensazione all'apparenza irrefrenabile, staccandoci da tutti questi desideri per un periodo e rendendoci conto che nulla di tutto ciò è realmente indispensabile per la nostra vita, potremo placare la nostra irrequietezza. Con questo non intendo dire che dobbiamo vivere da monaci rinunciando ai piaceri della vita, ma che dobbiamo riprendere il controllo della nostra mente ed essere consapevoli di tutto ciò facciamo, senza essere più guidati impulsi irrazionali.

Uscito dal tempio, ho raggiunto la stazione dei bus di Chiang Mai dove ho aspettato per quattro ore un mezzo diretto a Chiang Rai. Altre tre ore di viaggio e sono arrivato a destinazione, trovando una sistemazione economica nella zona a luci rosse della città. Si notano varie coppie di vecchi e brutti stranieri bavosi con giovani e belle ragazze thailandesi che camminano mano nella mano lungo la strada principale del quartiere. Mentre mangio a un ristorante locale, e osservo le coppiette che passeggiano, davanti ai miei occhi vedo la scena di un'auto che investe un motorino con madre e figlia a bordo. Un brutto incidente, la madre giace a terra con la figlia in braccio che sanguina dal mento. Per fortuna nulla di troppo grave, qualche punto e smetterà di sanguinare. Per oggi ne ho abbastanza, in un solo giorno sono passato dal monastero al quartiere a luci rosse – che folle che è il mondo in cui vivo!

PAGELLINO THAILANDIA

- Trasporti pubblici: **7,5**
- Cucina locale: **7**
- Ospitalità della gente: **7**
- Costo della vita per uno straniero: **7,5**
- Sicurezza donne: **8**
- MEDIA Thailandia: **7,4**

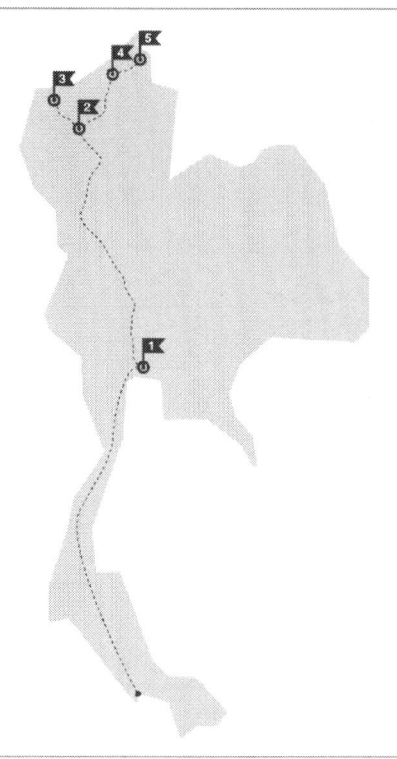

THAILANDIA

- 1. Bangkok
- 2. Chiang Mai
- 3. Pai
- 2. Chiang Mai
- 4. Chiang Rai
- 5. Chiang Khong

Laos

17-03-2012 *Ingresso in Laos*

Inutile provare a dormire di più, il mio corpo ormai si è abituato a questi orari. Nelle ultime due settimane non mi sono mai svegliato più tardi delle 6 30 in linea con il ritmo mattutino che sto mantenendo da quando sono partito. Attendo che apra il ristorante della guesthouse e mi presento all'alba per primo pronto per la colazione. Carico lo zaino sulle spalle e mi dirigo verso la stazione di Chiang Rai alla ricerca di un pullman diretto a Chiang Khong, località di confine con il Laos. Oggi scade il mio visto thailandese.

Dopo due ore di viaggio, su un comodo ma molto lento pullman pubblico, raggiungo la mia destinazione e dalla fermata mi faccio accompagnare da un motoriscò al porto. Laos e Thailandia sono divisi dal fiume Mekong: dopo aver fatto stampare il timbro d'uscita, l'ho attraversato su una stretta e lunga barca di legno a motore seduto a fianco di un contadino che strozzava per il collo il suo gallo, il quale mi osservava con aria minacciosa. Un ingresso di frontiera d'altri tempi, fortunatamente non hanno ancora costruito un ponte. Sesta frontiera e sesta nuova avventura, sono in Laos!

All'ufficio d'immigrazione se la prendono molto comoda e per fare un lavoretto semplice che potrebbe fare una persona sola qui si dedicano in quattro, e devono rigorosamente essere i responsabili a occuparsene, solo che ognuno si fa un po' i cazzi suoi. In un'oretta riesco a ottenere il visto pagando 35 dollari americani. Trovo il biglietto per un pullman diretto a Luang Namtha, cittadina del nord sulla strada per il mio primo obiettivo: Phongsaly. Prima di partire ho il tempo di mangiare, ma devo prelevare i kip (moneta laotiana). Trovo un bancomat che non mi permette di operare in alcun modo, inizio a camminare per il villaggio nella speranza di trovarne un altro e fortunatamente lo trovo, stavolta riuscendo nel mio tentativo.

Nel primo pomeriggio inizio il viaggio verso Luang Namtha curiosando fuori dal finestrino una cultura nuova a me completamente sconosciuta. Sono senza una guida e non so quasi nulla per ora di questo popolo. Lo scoprirò piano piano. Ho voglia di avventura esotica dopo un paese esageratamente turistico e modernizzato come la Thailandia. Purtroppo nei pochi giorni a disposizione non ho avuto incontri particolari con la vera cultura tradizionale. Il Laos si mostra subito quello che fa al caso mio, nel tratto che ho percorso ho visto villaggi di case con pareti di legno e tetti di paglia o di lamiera ondulata costruite a fungo, rialzate da terra. Rare le case in muratura, ma soprattutto rare le pubblicità lungo la strada – non ho visto nessuna pubblicità di multinazionali. Scopro che è un paese con governo comunista ed è aperto al turismo solo dal 1992. La popolazione sembra vivere indietro nel tempo e soprattutto sembra incontaminata. Purtroppo anche qui gli agricoltori approfittano della stagione secca per bruciare e preparare i campi prima dell'arrivo dei monsoni, tra due mesi.

Arrivo al crepuscolo a Luang Namtha, trovo una guesthouse accogliente e cerco una sim laotiana per il cellulare – a giorni nasce la figlia di un carissimo amico e non voglio perdermi le sue sensazioni. Ci sono problemi di rete e i commessi del negozio non parlano inglese. Impieghiamo almeno mezz'ora per capirci e nella difficoltà mi esce un sorriso felice per aver ritrovato una popolazione ancora molto legata alle proprie origini, che mi ricorda la popolazione nepalese. Mangio un piatto di noodles laotiani con uova e verdure e, mentre osservo un gruppo di irlandesi ubriachi che festeggiano Saint Patrick, vengo avvicinato da una signora locale che mi chiede subito se voglio marijuana o oppio, la ringrazio ma non mi interessa. Su suggerimento di un trekker torinese fidato, sono diretto a Phongsaly, nelle montagne del nord, una delle zone meno turistiche con paesaggi mozzafiato, dove vivono le minoranze etniche.

19-03-2012 *Fermata a Oudomxay*

Devo raggiungere la stazione dei pullman di Luang Namtha, chiedo un passaggio a un pickup. Di primo mattino fa fresco da queste parti e non avevo idea che la stazione fosse così distante. Durante il percorso ho patito il gelo dello sbalzo termico in maglietta e pantaloncini corti. Arrivato alla stazione, salgo di fretta sul pullman in partenza per Oudomxay, cittadina di transito per raggiungere la provincia più settentrionale del Laos. È un'avventura viaggiare su questi mezzi, mi ricorda il Nepal per la semplicità della gente che sembra salire per la prima volta su un bus, tanto che non a caso i sacchetti di plastica per il vomito sono diffusissimi. Mi va bene perché ci sono pochi passeggeri e trovo subito posto, il viaggio di circa quattro ore sarà tranquillo.

Arrivato a destinazione, mi dirigo alla prima guesthouse cinese che trovo davanti alla stazione, così domattina sono pronto per partire presto (il bus per Phongsaly parte all'alba). Si annuncia un viaggio lungo e avventuroso su una strada sterrata, quindi mi conviene arrivare un po' prima della partenza per trovare un posto a sedere.

Intanto ne approfitto per visitare Oudomxay che sembra una città fantasma per il fumo che la circonda a causa dei campi che bruciano, non a caso piove cenere. Ho visitato un tempio con una pagoda e una nuova statua di Budda, ma per il resto non ha tanto da offrire, quindi ne ho approfittato per interessarmi alla vita locale. Ho bevuto una birra in un bar fatiscente frequentato da gente del posto per osservare le loro espressioni e abitudini. Ci sono pochi turisti da queste parti e ciò rende il viaggio più interessante, anche se ammetto che ultimamente, sarà per la stanchezza dei continui viaggi degli ultimi giorni, mi manca il contatto umano con qualcuno per fare due chiacchiere.

20-03-2012 *All'avventura nel remoto nord del Laos*

Abituato ancora all'orario del ritiro in meditazione, mi sveglio molto prima dell'alba. Vado in bagno e apro il rubinetto, improvvisamente si rompe tra le mie mani, poi parte un getto impazzito d'acqua che mi fa letteralmente la doccia e non trovo modo per fermarlo se non reinserendo la manopola e cercando di girarla per chiuderla – che bel risveglio! Bagnato fradicio mi rimetto sotto le coperte cercando di riprendere sonno nella mia stanza umida, con delle zanzare che mi osservano assetate.

Dopo alcune ore di attesa mi dirigo alla stazione dei pullman di Oudomxay. Mi metto in coda in attesa che apra la biglietteria per prendere un biglietto per Phongsaly. Ho deciso di raggiungere questa cittadina montana nella provincia settentrionale del Laos confinante con Cina e Vietnam, in una delle zone più remote del paese, essendo collegata solo da una lunga strada sterrata. È poco battuta dal turismo, ma a parere del mio suggeritore offre i trekking più interessanti del Laos.

Il pullman pubblico è uno spettacolo, completamente sgangherato e malandato con sedili marci. Sono tutti impegnati a caricare merce sul tetto che trasporta di tutto: ruote, tubature, tegole, ventilatori, zaini, sacchi di riso e mais, sacchi di verdura e tante altre cose ancora. Caricano merce anche all'interno del pullman e mi trovo tra i piedi enormi barattoli di vernice da 15 litri e altri sacchi di mais. Anche la gente è uno spettacolo, mi ricorda il popolo nepalese, di una semplicità e innocenza disarmanti. I bambini sono buffissimi con i loro cappellini decorati con pupazzi di animali, tra cui maialini e conigli. Mi accorgo pieno di gioia di essere l'unico straniero con una sessantina di laotiani di cui nessuno parla inglese, è proprio quello di cui avevo bisogno: avventura!

Dopo aver caricato l'impossibile, partiamo per i 230 chilometri che ci attendono, ma dopo neanche un'ora abbiamo la prima sosta forzata dovuta alla foratura di una gomma. Mi siedo a bordo strada con le donne laotiane impegnate a tenere a bada i bambini. Noto un tipo di pianta che al solo leggero tatto richiude le foglie su di sé, la mostro a una signora che sorride e tutta divertita inizia a tirare pugni alla pianta. Dopo pochi minuti di distrazione, mi volto e vedo la stessa signora che con un bastone tira colpi alla pianta!

Si riparte e dopo poco ci rifermiamo all'ultimo bivio prima dell'inizio della lunga strada sterrata che ci porterà a Phongsaly, carichiamo altra merce e altra gente tra cui una ragazza straniera che conosco solo dopo essere arrivati a destinazione. Alle bancarelle vendono animali cotti in vari modi e mi sembra di aver visto dei pipistrelli. Ripartiamo belli pieni e inizia una parte di viaggio assai più dura perché la temperatura si alza e siccome le ruote anteriori sollevano nuvoloni di sabbia siamo costretti a tenere i finestrini chiusi, rimanendo in pratica senza aria. Quella poca che ci rimane è inevitabilmente polverosa al limite del respirabile, ma ci si adatta. Tra le nuvole di polvere riesco a osservare il paesaggio che varia dai campi agricoli bruciati ai campi di coltivazione di zucche o piantagioni di banane. I pochi villaggi che incontriamo nella loro semplicità sembrano vivere indietro nel tempo, sicuramente questa parte di Laos è rimasta incontaminata nelle proprie tradizioni.

Il mio vicino di posto sembra non aver mai visto uno straniero, mi guarda i tatuaggi stupito, controlla il lettore mp3 come se non ne avesse mai visto nessuno, è stupito dei peli che ho sulle gambe i laotiani non ne hanno. Sputava continuamente e dopo aver mangiato un pezzo di pollo sparava ossicini in aria. A ogni pausa, che era l'unico momento in cui potevo aprire il finestrino, fumava. Si è addormentato varie volte sulla mia spalla e a un certo punto tutto sudato si è levato la maglietta ed era un "piacere" trovarselo addosso addormentato con quelle temperature.

Beh, il viaggio è durato dodici ore, contando due ore di soste ne rimangono dieci per 230 chilometri, quindi abbiamo viaggiato a una media di 23 chilometri orari. Sono arrivato all'entrata della cittadina di Phongsaly e ho conosciuto la ragazza straniera salita sul pullman all'ultimo grande bivio, proveniente dal Galles. Ci mettiamo alla ricerca di una guesthouse, impresa che si rivelerà ardua. La maggior parte della città è completamente al buio e le poche persone che incontriamo o sono ubriache o non parlano inglese. Camminiamo a zonzo per un'ora finché troviamo due poliziotti e riusciamo a farci capire solo scrivendo a penna su un foglio.

Troviamo una guesthouse ma è piena, proviamo a un'altra vicina e ci sistemiamo in una stanza sporca con alcuni scarafaggi e le finestre rotte, ma è l'unica soluzione e la accettiamo. Chiediamo se hanno da mangiare e ci avvertono che entro dieci minuti salta la luce. Infatti pochi minuti dopo, quando arriva il riso con verdure, rimaniamo nuovamente al buio finché non accendono una piccola luce. Mangiamo e decidiamo di fare una camminata, ma ci accorgiamo che tutta la città è senza luce e sono appena trascorse le 9 di sera. Non ci rimane che andare in camera a dormire con gli scarafaggi in attesa di un nuovo giorno per cercare un trekking diretto nei villaggi dove vivono le minoranze etniche del Laos, tra cui i Hmong, un gruppo etnico dell'opposizione al governo che con militanti ribelli partecipò alla guerra civile di diversi anni fa.

21-03-2012 *SOS amianto in Asia (pubblicato su Greenews.info)*
È di questi giorni la notizia che la procura di Torino sta di nuovo indagando sul caso della cava d'amianto più grande d'Europa, chiusa negli anni Novanta a Balangero, in Piemonte, dove sembra ci siano altre quaranta vittime di mesotelioma, di cui venticinque già morte. Anche in questo caso si cercano eventuali responsabilità dei due proprietari dell'Eternit, già condannati in primo grado, poco più di un mese fa, a sedici anni di reclusione.

In Europa le conseguenze da esposizione prolungata all'asbesto e all'insieme di minerali del gruppo dei silicati sono ormai tristemente note. Nel mondo ogni anno sono stimati 107 000 decessi dovuti a tumori causati da amianto. Eppure negli ultimi mesi del mio viaggio in Asia mi sono reso conto che nella maggior parte dei paesi orientali la popolazione locale spesso non ha neanche una minima idea dei danni causati da questo materiale killer.

A oggi in Sri Lanka l'amianto continua a essere il materiale più utilizzato per la costruzione dei tetti.

Negli ultimi anni si è passati dalle 12 000 tonnellate utilizzate nel 2000 alle 50 000 utilizzate nel 2010. Questo mercato della morte è in espansione continua, favorito dalla mancanza di consapevolezza pubblica e professionale: i medici locali non hanno gli strumenti (e forse nemmeno le conoscenze) per correlare i decessi all'amianto.

Ho scoperto che esistono principalmente due grandi famiglie di questo elemento: il serpentino (amianto bianco) e gli anfiboli (amianto grigio o blu). Nell'isola cingalese, come in molti altri paesi, l'amianto blu è già stato bandito nel 1997, ma il suo fratello letale continua a rivestire impunemente le superfici delle tettoie, a discapito della popolazione e degli operatori nel settore dell'edilizia.

Anche la Thailandia importa amianto da oltre quarant'anni e, non a caso, due anni fa ha avuto il primo caso di mesotelioma. Nel 2009 ha importato circa 100 000 tonnellate, pari al 5% del consumo mondiale. Il 90% dell'amianto importato è utilizzato per tegole e tubi di cemento, il resto viene utilizzato per la produzione di freni e frizioni, piastrelle per pavimenti in vinile, guarnizioni e materiali termoisolanti. Il fenomeno è talmente sviluppato che chiunque visiti il paese può facilmente notare la moltitudine di tettoie grigie sulle case, gli hotel e le stazioni dei bus. Ma almeno qui il problema sembra aver attirato l'attenzione dell'ufficio nazionale della Commissione sulla Salute, che l'anno scorso ha presentato al governo una risoluzione sul divieto d'importazione di ogni tipo di amianto. Si attendono ancora gli sviluppi di questa richiesta, ma è stato un primo passo coraggioso: nonostante la minaccia degli operatori dei mercati legati all'amianto di aumentare drasticamente i prezzi in caso di proibizione, l'opinione pubblica è orientata in questa direzione.

In Laos invece non esiste alcuna legge contro l'utilizzo di qualsiasi tipologia di amianto. La situazione sembra meno grave della Thailandia, a livello di diffusione, ma nel primo villaggio che si incontra entrando dalla frontiera nord si possono notare, in tutta evidenza, tettoie in asbesto. Questo piccolo paese di sette milioni di abitanti importa circa 5000 tonnellate annue di amianto bianco, soprattutto da Russia e Kazakistan. Un'organizzazione umanitaria australiana, Apheda, si è interessata al caso del Laos scoprendo che ci sono principalmente cinque grandi fabbriche

che utilizzano questo materiale conservandolo in sacchi mezzi aperti o rotti che ne favoriscono la fuoriuscita nell'aria, aumentando così drasticamente il rischio per i contadini, che si arruolano per i lavori più umili nei periodi in cui non possono lavorare nei campi, durante le stagioni secche e quelle piovose.

Lo scorso dicembre la LFTU, organizzazione dei sindacati e lavoratori del Laos, ha organizzato una conferenza nazionale spiegando la situazione mondiale sull'utilizzo dell'amianto e presentando, ai ministri del governo e agli operatori del settore, soluzioni e alternative suggerite da esperti australiani e vietnamiti.

Nei prossimi mesi il mio tour mi porterà anche in Cambogia, Vietnam, Cina e Sud Corea, che risultano avere gli stessi problemi dei vicini asiatici. Solo nel 2005 nel continente si registrava il consumo del 90% di amianto prodotto nel mondo, una quantità tale da confermare all'Asia il triste primato mondiale della zona con la maggiore esposizione della popolazione a questo minerale letale. Alcuni paesi stanno cercando di reagire o almeno di limitare i danni, ma la maggior parte, a oggi, non ha ancora intrapreso alcuna iniziativa per arrestare questo mercato. Nei prossimi decenni le conseguenze di questa disinformazione saranno devastanti. Il primo passo, per cercare di migliorare questa drammatica situazione, è dunque diffondere la consapevolezza dei rischi a livello mondiale, tramite l'informazione dei media, sia per sensibilizzare i turisti, come ambasciatori della causa, sia per attivare l'intervento delle organizzazioni umanitarie che operano in questi paesi.

22-03-2012 *Akha Puxo*

Affascinato dalla realtà della provincia settentrionale del Laos, ancora incontaminata dal turismo e popolata da diverse tribù etniche che vivono indietro nel tempo, mi sono recato all'ufficio del turismo provinciale di Phongsaly alla ricerca di un trekking. Qui, oltre a un'agenzia di trekking, trovo le uniche persone che parlano inglese nella città. Conosco Kamla, una giovane guida locale che mi suggerisce un'escursione a un villaggio della tribù Akha Puxo che fa al caso mio. Solitamente preferisco avventurarmi in solitaria, ma in questo caso, conscio di essere in una zona poco abituata al turismo, preferisco avere qualcuno che conosca la gente del villaggio, perché non credo che permettano agli sconosciuti di entrarci liberamente.

Così stamattina siamo saliti sul primo pullman diretto nelle vicinanze della nostra destinazione per scendere dopo circa un'oretta di viaggio. Abbiamo attraversato campi bruciati dagli agricoltori, piantagioni di tè e tratti di foresta selvaggia mentre Kamla mi raccontava la sua interessante storia. Come accade a molti laotiani, ha fatto un'esperienza da monaco di circa dieci anni a Vientiane, la capitale. In seguito ha deciso di venire a lavorare come guida a Phongsaly, dove ha iniziato a fumare e a bere lao lao (liquore locale di riso).

Proseguiamo la nostra camminata finché incontriamo un gruppo di maiali neri selvatici e arriviamo all'ingresso del villaggio. Noto subito la povertà in cui vive questa tribù, il terreno è arido e le abitazioni sono semplici costruzioni di legno con tetto di paglia o lamiera. Alcuni animali pascolano liberi tra cui maiali, bufale, vacche, vitelli e galline. Fortunatamente hanno due pozzi d'acqua forniti dal governo. L'unica costruzione in buone condizioni in cemento è la scuola elementare realizzata solo due anni fa.

Ho trascorso la giornata a giocare con un gruppo di bambini simpaticissimi. Purtroppo la maggior parte di loro non ha neanche un paio di scarpe e vive in condizioni igieniche al limite del sopportabile. I servizi igienici veri e propri non esistono, quindi sono un po' ovunque. Ho incontrato una bambina che riempiva diverse bottiglie d'acqua in una pozzanghera di fango nonostante i due pozzi del villaggio di cui non sembrava a conoscenza. Le donne del villaggio si occupano della maggior parte dei lavori più duri e vestono secondo la tradizione con abiti scuri e un cappello decorato. Gli uomini bevono parecchio lao lao e fumano sigarette con bonghe di bambù. Durante il pranzo l'insegnante della scuola elementare e Kamla si sono ubriacati terminando una bottiglia del disgustoso liquore, hanno provato a tirare in mezzo anche me, ma dopo una birra e uno shot di lao lao ho preferito fare da spettatore. Regalo ai bambini delle merendine, che mi ero portato dietro, e nel tardo pomeriggio mi avvio sulla strada del ritorno con Kamla un po' ciucco.

Una volta a Phongsaly decido di andare a bere una birra all'unico ristorante aperto di sera e siccome già manca l'elettricità ordino da mangiare subito perché se inizia a fare buio, e non torna la luce, non servono più da mangiare. In ogni caso dalle 9 di sera in poi si vive con le candele nel buio totale. Mi gusto un bel piatto di zuppa di tofu e riso mentre i bambini, figli dei proprietari cinesi che oramai mi conoscono, mi tengono compagnia e giocano con me. Ultimamente passo più tempo con i bambini che con gli adulti. Semplicemente perché è più facile avere un contatto con loro. Siccome non nutrono pregiudizi, non hanno bandiera o ceto sociale, accettano chiunque senza avere quelle stupide barriere che ci creiamo noi adulti. Al contrario di noi sanno essere innocenti e autentici. I bambini sono l'essenza più preziosa dell'umanità, in una giornata grigia o in un momento di solitudine solo loro hanno il potere di rendere la tua giornata un arcobaleno o di scaldare il tuo cuore con un gesto. Il loro sorriso è la più grande ricchezza dell'essere umano.

24-03-2012 *In barca verso Muang Khua*

Ieri, su suggerimento dell'impiegato dell'ufficio del turismo provinciale, alle 7 30 ero ad aspettare un pickup che mi avrebbe dovuto portare a prendere il pullman per Hatsa, un piccolo villaggio sul fiume Nam Ou da cui partono le imbarcazioni dirette verso sud. L'unico pickup che ho trovato era diretto all'altra stazione dei pullman dove partono quelli verso altre direzioni. Nessuno parlava inglese e non riuscivamo a capirci in alcun modo. A dieci minuti alle 8 mi sono rassegnato e ho deciso di andare di tutta fretta verso la seconda stazione da cui partono più pullman, che dista circa quattro chilometri. Ho iniziato a camminare di tutta fretta conscio che era una questione di minuti per la partenza dei mezzi. Ho incontrato solo motorini sulla strada e non ho trovato modo di fare autostop, così con lo zaino in spalle ho raggiunto la stazione dopo mezzora di fatica, sudato fradicio. All'arrivo non ho trovato nessuno alla biglietteria, e ho notato un gruppo di laotiani seduti davanti a un chiosco della stazione che bevevano già lao-lao di primo mattino. Mi hanno invitato a bere con loro, li ho ringraziati rifiutando gentilmente e chiedendo informazioni sui pullman. Un'altra volta nessuno parlava inglese ma ho intuito che non partiva più nessun pullman, mi hanno mostrato gli orari scritti con i nostri numeri e mi son reso conto che alle 8 20 tutti i mezzi della giornata erano partiti. Mi sono arreso e tutto sconsolato mi sono seduto a bordo strada facendo l'autostop. Un pickup di cinesi mi ha caricato, anche in questo caso non li capivo ma erano per forza diretti in città, così gentilmente mi hanno trasportato. Quando sono tornato alla guesthouse la padrona cinese mi osservava con una faccia divertita ma non stupida.

Stamattina ho riprovato la stessa cosa, ma svegliandomi alle 6 e andando alla fermata dei pickup pochi minuti dopo. Non c'era nessun mezzo, ma dopo mezz'ora ecco quello che alle 6 30 mi trasporta alla stazione dove attendo il mezzo per Hatsa che parte alle 8. Fa più fresco del solito oggi senza il sole, mi riparo sotto il tetto di un garage con a fianco un vecchio del posto che fuma bonghe di tabacco. Arriva il mezzo e parto. Dopo un'ora e mezza raggiungo il molo da cui partono alcune barche strette e lunghe a motore dirette verso Muang Khua, la prima cittadina a sud che dovrebbe distare cinque ore. Il Laos è caratterizzato da una fitta rete di fiumi sui quali avvengono i trasporti merci o vere e proprie crociere di passeggeri.

Conosco una simpatica coppia di turisti inglesi mentre il capitano continua a far salire gente e bagagli sulla barca. Siamo sicuramente oltre il numero consentito di passeggeri e nei posti da due sediamo scomodissimi in tre, su delle rigide panche di legno. Imbarchiamo acqua attraverso un foro nel legno e la maggior parte della barca è sotto la superficie dell'acqua. Partiamo all'avventura e all'inizio mi sento entusiasta della nuova esperienza di trasporto e ammiro i semplici villaggi che vivono nella giungla attorno al fiume.

Il viaggio è stato stremante, è durato due ore in più quindi siamo rimasti sette ore senza cibo. Siamo scesi cinque volte per camminare ed evitare dei tratti con acque basse o rapide pericolose. Abbiamo avuto un guasto all'elica e rischiato altri problemi raschiando varie volte il fondo della barca sulle rapide. Eravamo sicuramente in troppi sia per il peso sia per la scomodità. Ho saputo che vogliono vietare questo tipo di imbarcazioni ai turisti per la loro pericolosità. In ogni caso dopo questa esperienza tornerò felicemente al bus.

Arrivato a Muang Khua stravolto, trovo una stanza che condivido con Mat, un preciso ragazzo tedesco che lavora per una guida turistica e sta raccogliendo informazioni per aggiornarla. Affamatissimi troviamo un ristorante in cui ordiniamo vari piatti di verdure fritte e noodles. Beviamo una Beerlao, birra locale che tutte le volte che la bevo mi fa star male infatti questa è l'ultima.

26-03-2012 *Luang Prabang*

Luang Prabang, capitale del Laos fino all'arrivo del comunismo (1975), è il luogo ideale per cercare un po' di quiete dopo le tante avventure dell'ultima settimana. Una graziosa città sacra situata su una penisola formata dal maestoso fiume Mekong e il modesto Nam Khan, dichiarata patrimonio UNESCO. Una realtà completamente diversa dall'estremo nord del paese, decisamente più turistica e traboccante di attività commerciali.

Ho passeggiato tra le sue tranquille vie visitando vari templi buddisti che si differenziano da quelli thailandesi principalmente per il pavimento di marmo, ma soprattutto alcuni templi, invece di presentare la solita statua di Budda al fondo della passeggiata, sono caratterizzati da un corpo centrale con varie decorazioni raffiguranti draghi o dipinti di storie umane. I due templi più caratteristici di Luang Prabang sono il Phu si, da visitare al tramonto con un bel panorama su una collina, e il Wat Xieng Thong, situato nei pressi del Mekong in una pace davvero rilassante. Il più bello esteticamente è il tempio situato nei pressi del museo reale.

Dopo settimane di noodles e riso con verdure, oggi mi sono concesso il piacere di una buona pizza in un ristorante danese, mi manca talmente il cibo italiano che apprezzo la pizza danese. In un viaggio così lungo ci può essere ogni tanto l'eccezione di mangiare anche un piatto del proprio paese. Giusto per differenziare un po', anche se è meglio che non diventi la norma. Sia perché è importante gustare i sapori locali e sia perché spesso sono i ristoranti turistici quelli che causano certi mal di stomaco. Proprio perché si richiede di cucinare piatti stranieri a chi a volte non ha la minima esperienza.

Verso sera mi addentro nel labirinto del mercato più interessante di tutti i paesi asiatici che ho visitato: il mercato hmong notturno. Sui vari tappeti distesi sulla strada, i laotiani vendono vestiti locali, lampade decorate, tessuti, tè, argento e utensileria di ogni tipo fatta a mano. Sono tentato di preparare l'ennesimo pacco da spedire a casa, ma rinuncio limitandomi a comprare dei pantaloni larghi e comodi decorati con simboli tribali, un marsupio e delle bacchette di legno per mangiare alla modica cifra di 5 euro in totale. Consiglio vivamente a chiunque entri in Laos di non perdersi questo incantevole mercato. Ora è arrivato il momento di concedermi un altro superbo piacere della vita: un buon bicchiere di vino rosso.

28-03-2012 *Vang Vieng*

Dopo le cinque ore minime stabilite per raggiungere Vang Vieng da Luang Prabang in pullman ci fermiamo per il solito guasto che ci terrà fermi per circa due ore prima di riprendere la nostra rotta. Osservando la riparazione del guasto mi rendo conto, dal modo in cui lo stanno riparando, del perché a ogni viaggio ne accade uno. L'autista sembra sicuro di quello che fa, anche se quando ha terminato sono avanzati dei chiodi. Così, dopo la lunga attesa, torniamo a bordo di un pullman rovente che ha raggiunto temperature insopportabili. Essendo in una parte di Laos notevolmente differente dal nord, quindi più turistica, i pullman sono più moderni ma l'aria condizionata non funziona e i finestrini non si possono aprire. Alcune ore di afa e finalmente entriamo nella cittadina di Vang Vieng. Attendo la fermata e appena il mezzo arresta la sua corsa raggiungo la porta d'uscita del retro e incontro un altro ragazzo pronto a scendere. Neanche il tempo di raggiungere la porta che si richiude e si riparte. Convinto che si rifermerà, inizio un dialogo con Franco, un giovane e barbuto toscano in viaggio in Asia da circa due mesi. Il mezzo continua la sua corsa e mi accorgo che stiamo uscendo dalla cittadina, così corro dall'autista, finalmente riesco ad arrestare la sua corsa e a scendere con Franco. Distanti dal centro e facendo l'autostop, veniamo caricati da un pickup che trasporta birre, saliamo sul cassone e via.

Vang Vieng è conosciuta soprattutto per le sue varie attività sportive tra cui canoa, rafting, trekking, esplorazioni di caverne e il celebre tubing, che consiste nel scendere lungo il fiume con il copertone di una ruota con varie soste ai bar. Negli ultimi anni è morta una ventina circa di turisti troppo gonfi dall'alcol. La città è caratterizzata da due sponde, create dal fiume Nam Song, molto differenti tra loro. A est la cittadina squallida e colma di giovani turisti ignoranti che vengono in Laos per fare quello che fanno a casa. Non hanno un minimo rispetto per la cultura locale, le donne vanno in giro in bikini e gli uomini a dorso nudo per la città. Si ubriacano e si sballano assumendo atteggiamenti irrazionali. Sia chiaro non sono contro l'assunzione di alcol o il consumo di droghe, ma sono contro quei ragazzi stupidi e colonizzatori che vengono in certi paesi per fare quello che vogliono senza rispettare la gente del posto. Trascorrono la settimana qui e poi escono dal paese credendo di aver conosciuto il Laos.

L'altra parte del fiume è tranquilla e immersa nel verde con semplici bungalow e panorami da favola verso le spioventi montagne situate nelle vicinanze. Con

Franco mi sono sistemato in uno di questi bungalow e trascorro più tempo da questo lato conoscendo altri viaggiatori. Il gestore della guesthouse dopo cinque minuti che ero arrivato mi ha chiesto se volevo marijuana e ho pensato che per due giorni uno strappo alla decisione di non fumare ci sta. Mi avverte di fumare solo nella guesthouse perché nelle strade la polizia in borghese viene a fare il business e se trova turisti intenti a fumare chiede una mazzetta di circa 500 euro.

Verso sera ho provato a fare due passi dall'altra parte del fiume, ma sinceramente non apprezzo quel tipo di ambiente quindi dopo cena mi sono riavviato verso la pace del bungalow. Poco prima di attraversare il traballante ponticello di legno, che unisce le due sponde, ecco apparire davanti ai miei occhi il ragazzo americano che avevo conosciuto quattro mesi fa a Rishikesh e rincontrato a Gokarna! Ci abbracciamo euforici, che sorpresa!

30-03-2012 *La movida notturna di Vientiane*

Dopo Kathmandu, New Delhi, Colombo, Kuala Lumpur e Bangkok, stamattina sono arrivato nella sesta capitale asiatica: Vientiane. Prima moderna città del Laos dal 1975, con l'avvento del comunismo nel paese, è situata sulla sponda occidentale del maestoso fiume Mekong, tratto di confine con la Thailandia. Si avverte da subito l'influenza francese, ultimi colonizzatori che ne fecero la capitale del protettorato. Questa è la capitale asiatica più piccola e tranquilla del mio viaggio, piacevole e semplice da visitare in bicicletta. Da non perdere il Patuxai, un grandioso monumento simile all'arco di trionfo parigino costruito per i caduti della guerra per l'indipendenza dalla Francia, e il Pha That Luang, uno stupa d'oro e il più importante monumento del Laos. Vientiane è una città in forte sviluppo, lo si può osservare dalla ricchezza dei bellissimi templi recenti, tra i quali ho notato una nuovissima statua di Budda raffigurato disteso lunga circa 30 metri, e dalla passeggiata asfaltata in costruzione sulla sponda del Mekong, dove i giovani laotiani soprattutto al tramonto giocano a calcio o praticano lo skateboard.

Curioso di conoscere la movida notturna dei laotiani, convinco Franco, lo scultore toscano con cui condivido il viaggio da due giorni, e Giulia, una studentessa marchigiana conosciuta sul mezzo da Vang Vieng, ad andare nel locale più trendy della città dove si scatenano i ragazzi del posto. Mi consigliano il Future Club, così dopo cena ci incamminiamo seguendo le indicazioni della gente. Dopo una breve camminata troviamo la zona dei locali ed ecco il Future che appare davanti a nostri occhi. Entriamo nella prima sala, quella trash con squallida musica tecno tamarra con diversi laotiani e stranieri che ballano attorno a dei tavolini alti su cui posano le bottiglie di whisky o di birra. Scopriamo un'altra sala con concerti live di una cover band, anche qui ballano attorno a dei tavolini su cui bevono e mangiano. Gli uomini sono eleganti e molto curati con la camicia o la polo e pettinati a spazzola o con la frangia stile emo. Le donne pure sono molto eleganti, ma soprattutto quelle della prima sala sono completamente disinibite e a caccia di stranieri.

Dopo un'oretta di concerto, in cui abbiamo conosciuto un malese che lavora per un'azienda italiana che semina pomodori in Vietnam e li vende in Italia, io e Franco decidiamo di fare un giro nell'altra sala perdendo definitivamente Giulia. Appena entrati ci ritroviamo a un tavolino con due laotiane che ci offrono bicchieri di birra con ghiaccio. Ballano scatenate e decise provocandoci, ma dopo alcuni balli le salutiamo e andiamo al bancone a bere una birra. Osservo alcuni brutti stranieri ubriachi e bavosi con attorno gruppi di ragazze laotiane, situazione piuttosto squallida. Intanto Franco conosce una ragazza carina che almeno parla inglese e sembra simpatica. Cerca di affidarmi l'amica bassa e brutta ma mi allontano di fretta.

Il locale chiude presto verso l'una, così ci spostiamo in un altro a fianco che si chiama Home Club. Il tasso alcolico della gente si alza e così si notano scene sempre più spinte, soprattutto di donne laotiane scatenate con ragazzi stranieri. Poco dopo essere entrato, cerco di raggiungere il bagno e attraversando la pista da ballo mi sento toccare il fondoschiena due volte, ma nella confusione non riesco a capire chi sia stato. Perdo anche Franco e osservo curioso la situazione dentro il locale. Quando penso di averne avuto abbastanza decido di tornare verso l'ostello con un tuk tuk. Nel corso del tragitto noto una laotiana sullo scooter che mi segue sorridendo. Quando scendo dal mezzo l'autista cerca di vendermi marijuana o oppio e al mio rifiuto non demorde e insiste. La ragazza cerca di convincermi a salire sullo scooter con lei. Arrivo davanti all'ostello e mentre busso alla porta, perché trovo tutto chiuso, arrivano altre due ragazze su uno scooter a caccia di uomini. Dopo quindici minuti che busso ecco che finalmente qualcuno che mi apre – sono salvo!

Purtroppo la rapida "evoluzione" di Vientiane ha portato corruzione e prostituzione. Sono rimasto sorpreso da questa serata e di conoscere un'altra faccia della popolazione locale, ma non sono venuto in questi paesi per incentivare il turismo sessuale, che con l'arrivo della comunità internazionale si è molto diffuso.

01-04-2012 *L'ospitalità laotiana*

Con il bus in ritardo di qualche ora, io e Franco arriviamo a Thakhek che il sole è già tramontato. Le stazioni dei pullman laotiane spesso sono distanti dal centro qualche chilometro, così ci facciamo trasportare da un tuk tuk nella città. Ci lascia vicino alla riva sul Mekong, qui si trova la maggior parte dei ristoranti e delle guesthouse. Mentre camminiamo con i nostri zaini in spalla osservandoci attorno e attenti per trovare una sistemazione oltre che curiosi della nuova meta, sentiamo della musica proveniente dal salotto spartano di una casa dove risiede anche una piccola attività commerciale legata alla ristorazione. La maggior parte di queste attività avviene nei salotti delle case, spesso nei ristoranti o nei negozi ci si ritrova nel salotto di una famiglia con bambini e televisioni. Ma oggi non si lavora, è domenica e tutta un'intera famiglia, con alcuni amici, festeggia allegramente ballando e cantando con il microfono. Ci notano sulla strada che li osserviamo stupiti e colgono l'occasione per invitarci a partecipare alla loro festa dentro casa. Accettiamo senza pensarci un secondo, posiamo gli zaini per terra e ci aggreghiamo a loro ballando e provando a cantare in laotiano, mentre i padroni di casa continuano ad augurarci il benvenuto nel loro paese e a offrirci birra – un meraviglioso momento di gioia. Se qualcuno mi domandasse cosa hai apprezzato di più nel tuo viaggio, risponderei questi momenti senza pensarci due volte. Ero un vulcano di gioia, commosso dalla loro generosità.

I laotiani sono persone sorridenti, gentili e festaiole, sono semplicemente splendidi. Inoltre qui non ci sono le difficoltà legate al rapporto con le donne che ho riscontrato in paesi come il Nepal, l'India e lo Sri Lanka. Le donne sono libere di comportarsi come gli uomini, solo in alcuni villaggi di minoranze etniche vengono ancora sottomesse. Ma davvero complimenti a questa pacifica e tranquilla popolazione.

Dopo un'oretta di danze e chiacchiere, nonostante le difficoltà per la lingua, ci ricordiamo che dobbiamo ancora trovare una sistemazione per dormire, così salutiamo tutti ringraziandoli di cuore e torniamo sulla strada alla nostra ricerca. Troviamo in poco tempo l'ultima camera disponibile di una semplice ma ospitale guesthouse e usciamo subito per cenare a base di tofu laab, specialità laotiana con condimento di aglio, cipolla, lime e peperoncino.

Terminata la cena, facciamo due passi per osservare la città e dopo pochi minuti osserviamo un karaoke locale frequentato solo da gente del posto. Curiosi decidiamo di entrare, la sala è simile a una pista da ballo con dei tavolini attorno, su cui siedono i clienti che bevono litri e litri di birra e che si esibiscono al karaoke seguendo i testi delle canzoni su due mega schermi. Neanche il tempo di raggiungere il bancone per ordinare due birre che veniamo invitati in diversi tavolini. Ne scegliamo uno, dove ci sono due ragazzi con tre fanciulle. Saranno alla decima bottiglia di birra che bevono con cubetti di ghiaccio. Iniziano i brindisi che andranno avanti senza sosta ogni due minuti. Io e Franco non abbiamo neanche il tempo di finire il bicchiere che continuano a riempircelo. Balliamo, cantiamo finché non cambiamo tavolino e ci sediamo con tre signori laotiani tra cui un pugile di muay thay. Questi ultimi non parlano inglese, ma proviamo comunque a capirci, ci invitano a bere bicchieri di birra alla goccia e accettiamo. Al terzo brindisi li ringraziamo, ma forse è arrivato il momento di dire basta e uscire da quel locale, altrimenti finiamo per strisciare per terra. Usciamo e camminiamo per le strade seguendo la riva del Mekong che ci mostra dall'altra parte la ben illuminata Thailandia.

Domani ci attende un'esplorazione tra varie grotte di calcare che si sono formate anticamente nelle montagne situate a pochi chilometri fuori da Thakhek. La più affascinante della zona si chiama Tham Xieng Liap, una grotta con un'entrata alta trecento metri e profonda duecento, che permette di attraversare la base di una montagna uscendo dalla parte opposta. Con una graziosa pozza di acqua fresca per fare il bagno tra piccoli pesci.

03-04-2012 *Pakse*

Ennesimo giorno di viaggio verso sud in direzione Cambogia. Tappa a Pakse, una delle ultime cittadine prima della frontiera. Sono deciso a fermarmi due giorni qui e poi a raggiungere il confine. Arrivo nel primo pomeriggio assieme a Franco. Il sole sembra più forte del solito, finalmente dopo tanto tempo ha piovuto e ciò rende l'aria limpida. Nonostante l'elevatissima temperatura, che si avvicina ai 40 gradi, provo una piacevole sensazione di estasi perché erano mesi che non vedevo l'azzurro del cielo per via dei continui campi agricoli bruciati. A Pakse c'è una luce stupenda e i colori della natura tornano vivi come li ricordavo.

Dopo aver posato gli zaini, abbiamo pranzato in un economico ristorante indiano. Sento la mancanza di quel tipo di cucina, la vegetariana più buona che abbia mai provato. Così con un pizzico di nostalgia ho ordinato malai kofta (polpette di formaggio fresco, patate e spezie) e palak paneer (formaggio fresco in salsa di spinaci speziata), rigorosamente accompagnati dal fedele naan al formaggio. Bevo anche un banana lassi (yogurt zuccherato e salato). Terminato di pranzare alle 4 30 del pomeriggio, iniziamo una passeggiata per visitare la città. Attraversiamo il ponte costruito dai francesi e ammiriamo l'affluente fiume Se Don che si getta nell'immenso Mekong. Continuo a rimanere incantato dai colori e dalla luce. Nelle vicinanze della riva c'è il tempio Wat Luang, un complesso di templi ben decorati con una profumata aiuola di fiori.

Incontriamo un mercato, dove vendono principalmente frutta e verdura. Il ritmo della cittadina è molto tranquillo e rilassato, come in pratica in tutti i luoghi del Laos. È un piacere osservare con che pace e allegria la gente trascorre la quotidianità, ma soprattutto l'infinita gentilezza nei confronti di noi stranieri. Il Laos è stata una meravigliosa sorpresa. Bevo e mangio con fatica un intero cocco gigante non ne ho mai visti di così grandi. Notiamo un gruppo di ragazzi laotiani che giocano a pallavolo sul campo di cemento di una scuola. Entriamo interessati a giocare e vedendoci avvicinare ci invitano subito in campo.

Un'oretta di partite tra l'entusiasmo dei ragazzi che ridevano continuamente a ogni nostro buffo movimento, siccome spesso colpivamo il pallone con la testa o con i piedi da buoni italiani calciatori. Intanto osservavo la luna limpida che non notavo da tempo e che sta tornando piena. Mi piacerebbe trascorrere la notte di luna piena in un luogo particolare. Al ritorno verso la guesthouse, per celebrare il mio amore verso il Laos, ho comprato una bandiera del paese da appendere allo zaino.

Oggi ho deciso di ritardare il programma di andare in Cambogia perché ho scoperto che nelle vicinanze c'è il Bolaven Plateau (altopiano), un insieme di verdi foreste selvagge con fiumi e bellissime cascate dove risiedono gruppi etnici Khmer. I francesi hanno creato delle piantagioni di caffè su un terreno assai fertile ad altezze di circa 1000 metri. Domani mattina andremo alla stazione dei pullman all'alba, direzione Tad Lo.

05-04-2012 *La vera ricchezza umana*

Esplorando il sud del Laos ho trovato un eden fra tranquillissimi villaggi di contadini e cascate spettacolari. Con la piacevole compagnia di Franco, ottimo compagno di viaggio, abbiamo trovato sistemazione da mama Paps, una simpatica mamma laotiana che ospita stranieri nel piano alto di casa propria con dei materassi distesi al suolo. La più economica soluzione per dormire (1 euro), senza doccia (ci si lava nel fiume), ma anche la migliore. Paps, che mi ha preso particolarmente in simpatia dopo che ho soccorso uno dei suoi bambini medicandolo a un piede ferito, offre anche un servizio di ristorazione e la maggior parte dei viaggiatori viene a mangiare e rilassarsi in questa accogliente homestay, lasciando completamente vuoti gli altri ristoranti.

Ho trascorso due giorni meravigliosi camminando tra campi agricoli, foresta e sulle rive di un fiume che in tre punti diversi forma delle cascate paradisiache. Peccato che non sia riuscito ad ammirare la più grande (Tad Soung) perché era chiusa. Nella zona c'è un importante impianto idroelettrico e l'ostruzione della cascata credo sia collegata a questo motivo. In ogni caso raggiungendo la parte inferiore della cascata ho potuto trascorrere un piacevolissimo pomeriggio, osservando e giocando con una trentina di bambini dei villaggi circostanti che utilizzano delle rocce come scivolo, e nuotare in una grande pozza creata dalla cascata.

Luogo impressionante e bambini fantastici, tutti a giocare allegramente per quattro ore senza sentirne uno solo che si lamenta. Vedo questi bambini e il modo in cui trascorrono i propri pomeriggi e penso a noi, paese "evoluto", dove la maggior parte dei bimbi passa le ore pomeridiane davanti al televisore o ai videogiochi. Non sarebbe più corretto definire la nostra "involuzione"?

Passeggiando tra i semplici villaggi si può osservare la vita quotidiana trascorrere molto pacificamente. Gli animali pascolano liberamente, i bambini seminudi giocano con vivacità e gli adulti seguono le loro mansioni. Si tratta di un popolo povero dal punto di vista finanziario, ma per me sono ricchissimi. Hanno un terreno fertile da cui ricavano frutti, verdure e riso. Hanno maiali, vacche e galline. Un fiume fresco e pulito, ma soprattutto un paesaggio paradisiaco. Li vedo sereni come raramente mi capita con la gente della nostra società. Qui tutte le problematiche assurde che affrontiamo noi non esistono, ma allora abbiamo sbagliato qualcosa?

Vivere alcuni giorni in un paradiso del genere vi porterà inevitabilmente a porvi delle domande perché questo è realmente il paradiso, qui si racchiude tutta la necessità dell'esistenza umana, tutto il resto è superfluo.

08-04-2012 *Malaria*
Sono appena stato dimesso dall'ospedale provinciale di Pakse. Ho contratto una lieve forma di malaria. Terribile la prima notte in cui ho avvertito i sintomi: tremavo per i brividi e avevo una febbre fortissima attorno ai 40 gradi che mi ha fatto perdere i sensi quando ho provato a raggiungere il bagno. Nel tragitto non mettevo più a fuoco le immagini che diventavano sempre più bianche e dopo una gran botta di calore sono crollato al suolo. Mi hanno ritrovato alcuni cinesi che soggiornavano nell'albergo, che era composto di un ristorante cinese con al piano di sopra alcune stanze per ospiti. Purtroppo nessuno parlava inglese. Mi rendevo conto di essere afflitto da una malattia particolare perché mai mi era capitata una reazione così, ero piuttosto debilitato per decidere e agire. A un certo punto mi sono reso conto che l'unica soluzione era uscire dall'hotel e trovare un tuk tuk che mi trasportasse all'ospedale, così con difficoltà ho raggiunto la torrida e polverosa strada – in questo periodo dell'anno le massime arrivano vicino ai 40 gradi.

Inizialmente l'ospedale è stato una sorpresa, un'ottima struttura moderna, ma poi qualche gaffe degli infermieri mi ha portato a dubitare della loro efficienza. Per fortuna mi hanno soccorso subito, misurandomi la febbre, la pressione e prelevando del sangue per le analisi. La febbre era attorno ai 40 gradi, quindi l'unica infermiera che sapeva due parole in inglese mi ha fatto capire che era meglio rimanessi in ospedale e io in quello stato, con forti dolori muscolari e ossei, non potevo fare altro che accettare. Mi hanno sistemato in una classica stanza da ospedale con una televisione che non funzionava. Dopo avermi attaccato una flebo, mi hanno dato altri farmaci da prendere oralmente, ma in ogni caso tutta la prima giornata l'ho trascorsa dormendo e risvegliandomi per via degli infermieri che venivano a controllarmi o ad attaccarmi a una seconda flebo, senza riuscirci. In quel momento ero dolorante e rendermi conto di quell'inefficienza mi ha preoccupato. Il medico non sapeva dirmi che cosa avessi.

Stamattina la febbre era sotto controllo e ho iniziato a sentirmi meglio.

Sono riuscito a mangiare e mentalmente avevo ripreso una buona coscienza. Trascorrere la giornata attaccato alla flebo osservando il muro bianco mi stava deprimendo, personalmente vorrei trascorrere meno tempo possibile della mia vita negli ospedali. Nel pomeriggio ho avvertito il medico che volevo uscire, mi ha diagnosticato una leggera forma di malaria rassicurandomi sul fatto che se avessi continuato a prendere le medicine in due settimane al massimo sarei tornato in forma. Fa impressione sentire la parola "malaria" e inoltre il medico non parlava un buon inglese, quindi non ci siamo capiti perfettamente, ma credo di aver capito ciò che mi interessava.

Sono tornato nella guesthouse, qui ho i miei libri e Internet per sentire qualche amico, che fa sempre piacere. Posso fare due passi per distrarmi un po', anche se questa cittadina ha ben poco da offrire e le temperature eccessive in uno stato come il mio non sono adatte. Aspetto qualche giorno cercando di comprendere ogni segnale del mio corpo. In questi mesi di viaggio ho sviluppato una maggiore sensibilità nei suoi confronti, curandolo e amandolo come non ho mai fatto in vita mia. In situazioni di viaggio come la mia, la salute è tutto, ma la mente sa meglio di chiunque altro cosa è meglio per il corpo perché loro sono uniti come madre e figlio. In ogni caso devo essere più consapevole di quello che mi è accaduto e mi informerò quando troverò del personale medico più efficiente.

PAGELLINO LAOS

- ▶ Trasporti pubblici: 6
- ▶ Cucina locale: 6,5
- ▶ Ospitalità della gente: 9
- ▶ Costo della vita per uno straniero: 7
- ▶ Sicurezza donne: 9
- ▶ MEDIA Laos: 7,5

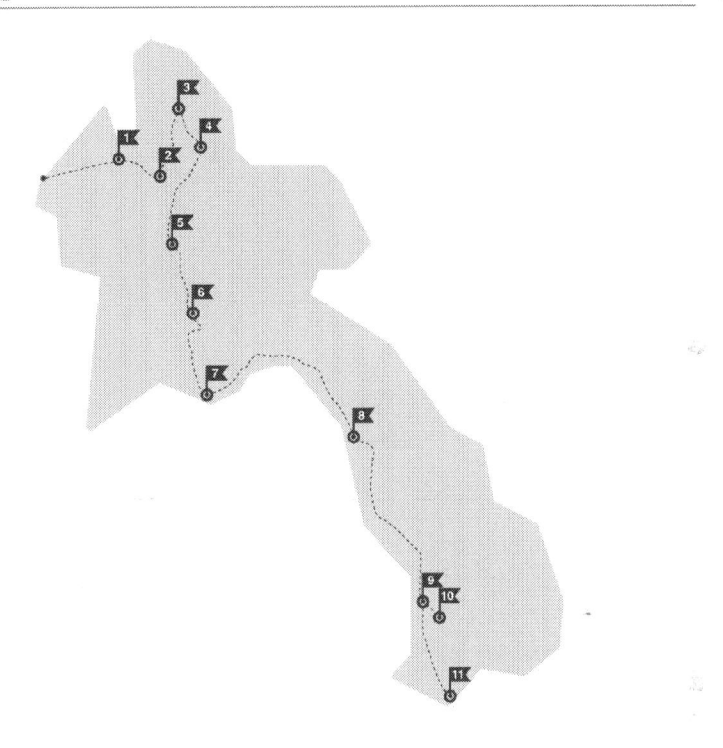

LAOS

- 1 Luang Namtha
- 2 Oudomxay
- 3 Phongsali
- 4 Muang Khua
- 2 Oudomxay
- 5 Luang Prabang
- 6 Vang Vieng
- 7 Vientiane
- 8 Thakhèk
- 9 Pakse
- 10 Tad Lo
- 9 Pakse
- 11 Veun Kham

Cambogia

10-04-2012 *La frontiera cambogiana*

Si torna sulla strada, per me è l'unica cura. Dopo alcuni giorni di ricovero in ospedale e di convalescenza in albergo, sento il bisogno di sentire le ruote del pullman rimbalzare nelle buche delle strade statali polverose del Sud-est asiatico. Ho bisogno di tornare a osservare la natura trasformarsi lentamente come un dipinto paesaggistico che non smette mai di trovare forme e colori nuovi. Nonostante la malaria, provo a rimettermi in viaggio perché ho bisogno di dare energie positive alla mia mente e non esiste soluzione migliore che tornare sulla strada. Molti mi giudicheranno folle in questa decisione e forse hanno ragione, ma senza questa follia vitale non sarei qui a cercare di realizzare il giro del mondo senza aerei. In ogni caso il medico mi ha rassicurato, io mi sento meglio e so ascoltare i segnali del mio fisico.

Felice di lasciare quella disgustosa guesthouse cinese, mi sono diretto verso la stazione dei pullman e sono saltato sul primo mezzo diretto al confine tra Laos e Cambogia. Dopo un'ora il mezzo si è spento perché è terminata la benzina e l'autista non se n'è accorto questa mi mancava. Siamo stati trainati da un altro pullman fino a un benzinaio nelle vicinanze. Il tempo di fare il pieno e si riparte. Improvvisamente vola uno zaino giù dal tetto per fortuna non è il mio. Poco più di due ore di viaggio ed eccomi finalmente davanti all'ufficio d'immigrazione del Laos per timbrare l'uscita.

Lascio il Laos. Il secondo paese, dopo l'India, che mi ha conquistato una parte di cuore. Questa è la popolazione più pacifica che abbia mai incontrato, di una gentilezza e allegria rare. La popolazione si è ripresa molto bene dalla guerra civile degli ultimi anni. Considerato che rimane un paese ancora profondamente povero, nonostante l'aumento del turismo, mi sono ulteriormente reso conto di quanto sia errato il nostro modello sociale. Perché questo popolo, o almeno la sua maggior parte, riesce a vivere una vita dignitosa e serena pur vivendo con il minimo indispensabile al contrario di molti italiani stressati o depressi? Queste persone sono ricche di vitalità, la stessa che la nostra società materialista e consumista ci sta assorbendo. La loro è la vera ricchezza a cui dovremmo tutti ambire e credo che la società italiana sia poverissima. Si deve arrestare la nostra involuzione e tornare ai valori semplici di un tempo. Parlo dell'Italia come potrei parlare di molti altri paesi "evoluti" come il nostro.

Settimo timbro sul passaporto e settimo sorriso. Entro in Cambogia, conosciuto come uno dei paesi più poveri e corrotti al mondo, e me ne accorgo subito perché tra il timbro d'uscita laotiano, la quarantena e il timbro d'entrata cambogiano accadono dei fatti strani che normalmente in altre frontiere non succedono. In tutto si intascano 5 dollari da ogni turista. La presa per i fondelli più grande è la quarantena. Mentre si cammina sulla strada per raggiungere l'ufficio d'immigrazione cambogiano si incontra un signore seduto davanti a un tavolino che ti misura la febbre e ti chiede un dollaro. Entrambi i timbri costano 2 dollari, ed è prima volta che pago i timbri in Asia alla settima nazione. Ho provato naturalmente a protestare per vedere come se la giocavano, il funzionario della quarantena era ridicolo ma gli altri erano poliziotti e quindi non ho esagerato.

Nel pomeriggio ho raggiungo Kratie, una cittadina caotica traboccante di mercati e bagnata dall'onnipresente Mekong, sul quale osservo un tramonto mozzafiato. Passeggio osservando l'eredità architettonica dell'era coloniale francese dirigendomi verso un bancomat. Se in Laos la maggior parte funziona solo con carte di credito, qui riesco subito a prelevare, ma ricevo contanti in dollari. Scopro che si utilizza una doppia valuta, il riel (moneta locale) e il dollaro americano.

Mi sento bene ma decido di viaggiare con calma in questi giorni per prevenire delle ricadute. L'umore è tornato alle stelle, sono molto affascinato dall'arte e dalla cultura khmer, soprattutto riguardo ad Angkor Wat, e conoscere la storia del terribile regime dei Khmer Rouge, guidati da Pol Pot, mi ha commosso. Pensate che nel 1975, quando ci fu la rivoluzione di questo spietato partito comunista che conquistò la capitale, portarono tutta la popolazione, compresi i malati e i vecchi, nelle campagne a lavorare come schiavi per 12/15 ore al giorno. Chi si rifiutava veniva giustiziato e molte famiglie malnutrite, lavorando in condizioni disumane nei campi, morirono di malaria e dissenteria. In tre anni e otto mesi di potere dei Khmer Rouge morirono circa 2 500 000 persone. I cambogiani vennero salvati dai vietnamiti nel 1979, ma la guerriglia si protrasse per tanti anni ancora lasciando dei segni indelebili in questa povera popolazione.

Sono diretto verso la capitale cambogiana, Phnom Penh. Il 13, 14 e 15 aprile è previsto l'evento dell'anno! L'equivalente dei nostri capodanno e Natale festeggiati assieme. Si inizia con una cerimonia religiosa nelle case illuminate la prima sera per poi continuare i giorni successivi con i festeggiamenti che bloccano l'intero paese. Per le strade la popolazione si scatena ballando e praticando giochi tradizionali, ma soprattutto lanciando grosse quantità di acqua e borotalco. Si dice che i bersagli preferiti siano i turisti – perfetto. Io naturalmente sarò nel bel mezzo della festa per documentare il più possibile. Emozionato.

12-04-2012 *Arrivo nella capitale*

Osservo una bambina scalza e sporca che cammina per strada con un sacco di cemento mezzo vuoto. Raccoglie la plastica di scarto che trova per terra e rovista nei sacchi della spazzatura. In Cambogia è si è sviluppato questo fenomeno soprattutto tra i più poveri, che per guadagnare alcuni spiccioli dal riciclaggio mandano i bambini o le donne a caccia di questo materiale. Sono alla fermata dei pullman di Kratie, in attesa del mezzo diretto nella capitale cambogiana, in ritardo di quasi un'ora. Ancora alcuni minuti di attesa mentre osservo il risveglio della cittadina ed ecco sopraggiungere il pullman della Sorya, economica compagnia di trasporti locali.

Il mezzo è in un buono stato, prendo posto e accanto a me ci sono una donna e un bambino che ormai ha dieci anni e quindi non riesco a occupare un posto solo, così dividiamo in tre i due posti e riusciamo a trovare una soluzione. Il viaggio prosegue piuttosto velocemente, l'autista evita senza difficoltà il numero ingente di motorini che trafficano queste strade. Al momento in cui raggiungiamo la strada sterrata, le donne e i bambini iniziano a vomitare. Si sente il forte e fastidioso rumore del clacson ripetuto continuamente come avviso dell'arrivo del mezzo. Mi ero abituato alla tranquillità del Laos, dove le strade sono poco trafficate e i mezzi procedono senza strombazzare. Ma la Cambogia in questo aspetto è più simile allo stile indiano caotico e rumoroso.

Arrivato a Pnhom Penh, capitale cambogiana, scendo dal pullman in stazione. Vengo travolto dal caldo torrido e dalla folla di gente tra autisti di tuk tuk, persone in attesa e procacciatori di turisti. Afferro in fretta il mio zaino polveroso e cerco di uscire dalla bolgia. Ritrovo la strada principale e mi dirigo alla ricerca di una guesthouse economica. Sono costretto a camminare in una corsia della strada perché sul marciapiede sono parcheggiate troppe macchine per permettermi il passaggio. Sudato fradicio, trovo una sistemazione e riposo un'ora.

Verso sera decido di raggiungere il centro città sulla riva del fiume Tonlè Sap. Nei pressi del fiume si trovano il maestoso palazzo reale e altri templi, oltre al mercato e ai locali per turisti. Purtroppo è facile incontrare molti bambini che invece di andare a scuola trascorrono la loro infanzia a mendicare, vendere libri o braccialetti, oppure a raccogliere plastica o lattine. Inoltre è molto diffusa la prostituzione, si notano coppie di uomini stranieri oltre la cinquantina accompagnati da bellissime ventenni cambogiane, alcune potrebbero essere anche minorenni. Diversi i night club a sfondo erotico in un paese che ha fatto parlare molto di sé negli ultimi anni per i casi di pedofilia. Fino ad alcuni anni fa le statistiche sottolineavano che un bambino su quaranta veniva fatto prostituire a partire da un'età minima di cinque anni per circa 10 dollari. La Cambogia è stato il paradiso dei pedofili soprattutto occidentali, ma fortunatamente negli ultimi anni il paese ha deciso di reagire contro questo vergognoso fenomeno e la polizia ha iniziato a intervenire. Nonostante ciò la prostituzione minorile è ancora diffusa.

14-04-2012 *La mafia filippina Blackjack*
Dopo una lunga giornata di visita per la capitale verso sera passeggio sulle rive del fiume osservando la gente. Mi siedo su una panchina e attacco con uno dei miei soliti monologhi sulla vita. Dopo pochi minuti un signore filippino, dall'aspetto ordinato e sulla cinquantina, mi si avvicina attratto dai miei tatuaggi – in tutti i paesi mi capita, quindi non mi sembra nulla di nuovo e inizio una conversazione con Elbert. Mi chiede da dove provengo, e quando gli dico la mia nazionalità mi racconta di sua figlia che tra un mese andrà a vivere a Milano. Mi chiede com'è per un filippino vivere in Italia, se c'è discriminazione razziale. Io lo rassicuro dicendogli che conosco tanti filippini che vivono nel mio paese. A un certo punto arriva la nipote del signore, una ragazza filippina sulla trentina che si presenta e mi chiede se sono fidanzato. Si dimostra interessata a me. Continuo la conversazione con il signore che mi chiede del mio viaggio. Nello stesso momento il cielo tuona e sta per iniziare a piovere, così Elbert mi chiede

gentilmente se domani posso andare a pranzo ospite a casa sua per rassicurare sua figlia. Mi dà appuntamento al Sorya Mall, un centro commerciale vicino alla stazione dei pullman Sorya. In Asia non è la prima volta che qualche sconosciuto mi invita a casa sua e fino a ora ho sempre fatto dei meravigliosi incontri accettando gli inviti. In questo caso accetto sul momento, conscio di avere una serata per pensarci o indagare.

Si è fatta l'ora di cena e decido di andare in un ristorante nelle vicinanze frequentato da ragazzi stranieri alternativi, il locale si chiama Happy herbs pizza. Ordino una pizza margherita e una birra Angkor. Seduto nel tavolo di fronte al mio, noto un ragazzo asiatico con la faccia simpatica, anche lui al tavolo da solo. Ci salutiamo e un paio di volte brindiamo assieme alzando i calici dai tavoli opposti. Dopo il secondo brindisi si siede al mio tavolo e ci conosciamo. Lionel ha le sembianze di un ragazzo ma è un signore filippino di quarant'anni che lavora per una ONG del suo paese che si occupa principalmente della conservazione delle foreste cambogiane. Mi racconta il perché del nome della pizzeria, spiegandomi che su ordinazione aggiungono ganja nella pizza! Devi solo decidere quanto happy vuoi che sia. Gli parlo del mio incontro con i suoi connazionali e quando termino di raccontare il fatto mi mostra una faccia allarmata. Mi mette all'allerta riguardo alla mafia filippina chiamata "Blackjack Philipino Mafia" che opera principalmente a Saigon in Vietnam, ma da un anno circa ha allargato la sua rete di truffe anche a Phnom Penh e Siem Reap in Cambogia. Mi spiega il modus operandi che è molto simile a quello che hanno messo in moto con me. Lo ringrazio e mi dirigo verso l'ostello.

Una volta connesso a Internet inizio una ricerca leggendo le storie dei malcapitati nelle trappole della mafia filippina. Quando leggo che il punto di appuntamento è lo stesso che ho ricevuto io ho la conferma definitiva. Leggo tutti i racconti e mi vengono i brividi al pensiero di ciò che mi sarebbe potuto accadere se non avessi incontrato l'altro filippino che mi ha avvertito. Un uomo sulla cinquantina e una donna sulla trentina, una parente che deve andare casualmente a vivere nel tuo stesso paese, così ti invitano a pranzo per conoscere questa parente che sarà dotata di mappe o altro. Dopo il pranzo arriva l'ora del tè corretto con qualche droga, che non ti permetterà più di ragionare. Poi rubano tutto il possibile, ti accompagnano al bancomat per prelevare il massimale o addirittura nella tua stanza d'albergo per derubarti del resto. Il giorno dopo ti svegli e non sei in grado di ricordare ciò che ti è accaduto. Mi raccomando per chi viaggia in Cambogia o Vietnam: occhio a questa gente. Grazie karma!

16-04-2012 *Angkor Wat*

Oggi è un giorno speciale. Un giorno di quelli che ti alzi alle 4, sali sulla bicicletta e pedali una decina di chilometri nelle strade buie in attesa dell'alba. Oggi si visita l'ottava meraviglia del mondo, la più grande struttura religiosa storica mai esistita, Angkor Wat e dintorni. Dopo Hampi, ecco un'altra meraviglia senza tempo. Eredità dell'impero khmer, costruita tra il XII e il XIII secolo, fu scoperta nella metà del XIX secolo perché nascosta dalla giungla. È il simbolo cambogiano raffigurato sulla bandiera nazionale.

Il cielo è violaceo, il sole sta per sorgere e inizia a dipingere di colori stupendi lo sfondo scuro. Molti altri turisti hanno raggiunto il tempio di Angkor Wat per ammirarlo con la luce dell'alba. Attraverso il ponte che collega la strada all'immenso tempio su base rettangolare circondato da un lago. Superata l'entrata, ci si ritrova in un lungo viale che attraversa un giardino e porta direttamente al tempio stesso. Formato da una torre centrale (monte Meru) che domina sulle altre torri minori (continenti), rappresenta una copia minuta dell'universo spaziale. Le mura dei corridoi laterali sono scolpite e raffigurano scene di guerra.

Dopo alcune ore a gironzolare per il tempio, torno sulla bici per dirigermi verso Angkor Thom, la cittadella circondata dalle mura su cui si trovano quattro ingressi posti sui punti cardinali. Poi è la volta di Bayon, uno stupendo tempio buddista con sorridenti facce raffiguranti dei scolpite sulla pietra, che sembrano prendere vita. Inoltre si possono trovare dei notevoli bassorilievi che raffigurano scene di vita mondana. Ma tra tutte queste meraviglie la più affascinante e impressionante è senz'altro Ta Prohm, uno spettacolo unico. Un capolavoro della forza della natura che prevale in bellezza sulle rovine del tempio immerso nella giungla. Diversi alberi secolari crescono sovrastando le rovine e inglobandole nella loro struttura. Semplicemente sublime. Ho trascorso alcune ore a rivedere ogni angolo di questo tempio. Nel rovente pomeriggio ho intrapreso la via del ritorno sulle ali dell'entusiasmo e in una doccia di sudore.

La sera conosco Dennis, un ragazzo olandese frequentatore delle folli serate tecno olandesi, sembra una persona piuttosto irrequieta con il volto sudato, uno sguardo da psicopatico e un modo di gesticolare agitato. Lavora per la compagnia petrolifera Shell come tecnico supervisore dei progetti in giro per il mondo – insomma controlla le terribili devastazioni ambientali dei suoi datori di lavoro. Mi racconta che da ragazzino spacciava cocaina per le strade di

Amsterdam e del problema GHB nel suo paese. La si consuma in dosi esagerate finché il corpo a volte dà segni di cedimento. Non si può mischiare con l'alcol perché può essere letale. La stessa droga con cui la mafia filippina pensava di derubarmi inserendola nel tè, la famosa droga dello stupro.

18-04-2012 *Sihanoukville Otres Beach*
Ed ecco finalmente dopo due mesi nuovamente il mare davanti ai miei occhi. Sabbia bianca, acqua verdina e di nuovo un ottimo posto dove trovare un po' di pace. Sihanoukville è una località turistica dove si trovano resort e guesthouse a non finire, soprattutto sulle spiagge. Io ho trovato posto in una stanza dormitorio in un bungalow da condividere con altri ragazzi nella spiaggia meridionale meno frequentata. La guesthouse si chiama Mushroom, l'ho scelta per il nome. Frequentata da stranieri provenienti da diversi continenti, sia come turisti sia per lavorare, presenta un ambiente ideale, dove rilassarsi tra amache e palme. Inoltre nei locali di questa spiaggia si può liberamente fumare marijuana senza problemi, come mi è capitato di fare solo a Goa. Ho ancora un po' d'erba buona acquistata su un tuk tuk della capitale, così ne approfitto per fare delle belle fumate in riva al mare.

L'acqua è un brodo ma non pulitissima, capita di trovare bottigliette di plastica o altri rifiuti, ma a parte ciò rimane una gradevole spiaggia dove poter praticare snorkeling, dato che nelle vicinanze si trova una barriera corallina. Per trovare l'acqua più pulita e trasparente ci sono varie isolette da esplorare in barca in cui trovare veri a propri paradisi terrestri, con spiagge bianche deserticche.

I turisti che giungono su questa spiaggia sono alla ricerca di tranquillità perché su questa riva non ci sono feste notturne come nelle altre spiagge più turistiche della città. Ci sono numerose le coppie, purtroppo soprattutto di uomini di una certa età e ragazze cambogiane magrissime. Molte di loro si prostituiscono per pagarsi la droga, infatti non hanno un aspetto sano. La Cambogia ha preso il modello negativo della vicina Thailandia, primo paese filoamericano del Sud-est asiatico che si è aperto alla modernizzazione e agli stranieri. Come conseguenza, la Thailandia è il paese con la maggiore diffusione di prostituzione.

20-04-2012 *La mia prima amicizia cinese*

Dopo un rigenerante riposo si torna verso la capitale per richiedere il visto vietnamita. Ieri sera ho conosciuto una ragazza cinese simpatica e carina che oggi mi ha raggiunto nello stesso hotel di Phnom Penh perché domani inizia il viaggio di ritorno a casa per Shanghai. È la prima volta che ho un contatto di amicizia con una persona cinese ed è molto curioso conoscere Lu Yung Ci. Quando avevo diciassette anni ed ero decisamente ingenuo e superficiale, mi sono tatuato sul braccio destro tre simboli cinesi e due giapponesi. I simboli cinesi dovevano essere delle rappresentazioni delle nostre lettere d, m e s. Non avevo idea che non fosse possibile per via della crittografia cinese, ma il tatuatore me le ha vendute in quei termini. Stavano a significare i valori della vita che avevo: droga, musica e sesso. Con questo ho detto tutto. In ogni caso ho scoperto che hanno un altro significato che potrebbe salvarmi il senso del tatuaggio. La d si è rivelata una parte della loro crittografia non ricongiungibile a una lettera. La m si riferisce a un simbolo legato alla positività e al bene. La s, invece, al simbolo di pienezza o totalità. I simboli giapponesi bene o male rispecchiano la mia richiesta del demone e lo spirito buono. Non avete idea di quanto ho riso quando mi ha tradotto il tatuaggio dopo dieci anni di ignoranza. Per il resto è una ragazza curiosissima che ha sete di mondo, ma deve confrontarsi con dei genitori rigidi che la vogliono in Cina a studiare e lavorare. Ho cercato di stimolare la sua voglia di viaggiare e spero riesca ad affrontare la sua famiglia.

Verso sera abbiamo organizzato una cena con una ragazza torinese, che non conoscevo fino a oggi, che vive in Cambogia lavorando come insegnante di inglese, e la sua coinquilina, una ragazza americana che lavora per le Nazioni Unite. Inoltre casualmente ho sentito di nuovo Franco, il ragazzo toscano con cui ho viaggiato in Laos, che si è aggregato a noi. Cena in un ristorante khmer sulla vivace strada 278 a base di riso e curry verde con verdure e brindisi con birra Angkor. Dopo di che abbiamo raggiunto il centro alla ricerca di un pub locale in cui suonava Rock'n blues, un gruppo khmer sorprendentemente niente male. Giusto l'occasione per fare due danze e rendermi conto che mi manca parecchio ballare. Amo il ballo con ogni genere di musica, penso che sia sinonimo di vita e di allegria. Dovremmo ballare tutti più spesso e spero di avere più occasioni di farlo, almeno in Sudamerica.

22-04-2012 *Khmer Rouge*

Per conoscere e comprendere meglio la cultura cambogiana è inevitabile affrontare i terribili fantasmi del passato di questa gente ancora oggi traumatizzata. A Phnom Penh è possibile visitare due luoghi particolari dove scoprire la sconvolgente storia dei Khmer Rouge. Il primo è la ex scuola Tuol Sleng, il secondo il campo di sterminio Choeung Ek. La ex scuola fu utilizzata come luogo di prigionia, interrogatori, torture e omicidi. Venne chiamata ufficio 21, o meglio S-21, e circondata da filo spinato sulle mura o reti da pescatori attorno agli edifici per non permettere ai detenuti di suicidarsi saltando dai piani più alti. Era composta da quattro edifici divisi in sezioni A-B-C-D in base alla colpevolezza del prigioniero. L'edificio A era per i prigionieri che complottavano contro la rivoluzione di Pol Pot (primo ministro dei Khmer Rouge). Era suddiviso in varie e ampie stanze con finestre di vetro per minimizzare le urla dei prigionieri durante le torture. Gli altri edifici erano disposti in maniera differente con delle grandi stanze comuni, dove molti prigionieri venivano ammassati in condizioni disumane e altre stanze individuali da 0,8 x 2 m. Al momento della liberazione della città, da parte del Fronte Unito per la Salvezza Nazionale Cambogiana, sono stati ritrovati quattordici cadaveri in un fetido stato di decomposizione. Diverse furono le torture fatte utilizzando attrezzi agricoli o strutture della scuola. All'esterno delle travi di legno erano utilizzate per appendere i corpi dei prigionieri con le mani legate: venivano fatti ruotare continuamente fino a far loro perdere i sensi ed erano poi risvegliati bruscamente infilando loro la testa in un vaso d'acqua per essere interrogati. Il direttore del S-21 fu Kang Keck Lev, soprannominato Duch, e durante il suo comando sono stati registrati poco più di 10.000 detenuti.

Dopo la prigionia, i superstiti venivano bendati e legati per essere trasportati verso un luogo ignoto, descritto loro come una nuova prigione, che poi si rivelò uno dei tanti campi di sterminio denominato Choeung Ek, a pochi chilometri dalla capitale. Passeggiando tra le fosse comuni e le ossa dei cadaveri, la guida audio racconta accuratamente la sconvolgente storia di queste assurde carneficine per le quali non si utilizzavano i proiettili, troppo costosi, ma solo pale e badili per sterminare i prigionieri. Il numero di cadaveri è impressionante e non risparmia nessuno, né bambini, ammazzati davanti alle madri fracassando loro il cranio contro gli alberi, né anziani. In tutto durante i tre anni e otto mesi della rivoluzione in atto morirono quasi tre milioni di persone su otto milioni di abitanti, immaginate più di un terzo della popolazione di un paese ammazzata dalla sua stessa gente.

Ma perché tutto questo? Pol Pot aveva un'idea folle basata su uno stato di stampo maoista. Secondo lui le città erano corrotte e marce perché contaminate dal capitalismo e dalla religione, quindi fece distruggere banche e pagode ammazzando la maggior parte dei monaci. Bisognava tornare alla purezza dei campi agricoli, così il 17 aprile 1975, quando i Khmer Rouge conquistarono la capitale, fiumi di gente in massa vennero trasportati a lavorare come schiavi nelle campagne in condizioni disumane con sole due ciotole di riso al giorno per dodici ore di lavoro. Chi si rifiutava veniva giustiziato, ma in ogni caso in molti morirono di dissenteria o fame vivendo nella miseria estrema. Vennero ammazzati soprattutto i personaggi potenzialmente pericolosi per la rivoluzione comunista quindi avvocati, insegnanti e intellettuali. Era sufficiente avere gli occhiali per rischiare la vita.

I cambogiani vennero liberati dai vietnamiti nel 1979 e i Khmer Rouge si rifugiarono in Thailandia al confine per continuare attacchi per lunghi anni. È sconcertante sapere che la comunità internazionale, tra cui gli Stati Uniti, la Germania e la Francia, ha continuato a riconoscere i Khmer Rouge come partito leader della Cambogia e che l'ONU ha continuato a finanziare quell'assassino di Pol Pot, riconoscendo un posto nel suo consiglio al suo crudele partito. Con gli Accordi di Parigi firmati nel 1991, la stessa comunità internazionale si prese l'impegno di portare la democrazia in Cambogia e le prime elezioni attraverso un processo di pace, ma soprattutto si impegnò per un compromesso firmato da tutti i partiti in cui si decise di dimenticare il passato permettendo ai boia di farla franca e di deporre le armi. Naturalmente consentendo ai Khmer Rouge di essere rappresentati da uno dei vice di Pol Pot, nonostante lo stesso partito si rifiutasse di deporre le armi. Ma ai funzionari delle Nazioni Unite interessava solo ottenere le elezioni sviluppando il processo di modernizzazione della città a favore di un paese che a oggi risulta tra i più corrotti e poveri al mondo. La ricchezza andò nelle mani di pochi e con l'arrivo degli stranieri si svilupparono soprattutto la prostituzione minorile e l'aids. Nella storia, questo copione della comunità internazionale lo abbiamo visto ripetersi varie volte in altri Stati asiatici (tra cui la Thailandia) e africani. Chi sarà il prossimo?

Una giornata di quelle che ti lasciano senza fiato, un'ennesima storia di genocidio dopo le tante che hanno segnato il nostro mondo. Nonostante ciò ancora oggi in Africa accadono fatti del genere. Abbiamo troppo bisogno di umanità in un mondo così avido di potere.

30-04-2012 *Cambogia, le ferite ambientali della guerra civile (pubblicato su Greenews.info)*

Entrando in Cambogia dal confine nord con il Laos si può facilmente notare l'eccessiva deforestazione a favore dei campi agricoli. Durante la guerra civile – che durò dal 1970 al 1994 – i guerriglieri finanziavano la lotta attraverso la vendita del legname ottenuto con una deforestazione illegale. Gli spietati Khmer Rouge, in quegli anni, commerciavano legname cambogiano al confine con le compagnie thailandesi, che si facevano aiutare dai propri militari.

Nel 1990 il fenomeno raggiunse un livello tale che il Fondo Monetario Internazionale decise di cancellare un prestito di 120 milioni di dollari e la Banca Mondiale di sospendere gli aiuti finanziari al governo finché la corruzione nel settore non fosse stata risolta. Solo così il governo si mosse per cercare di placare questa inarrestabile devastazione ambientale. Si registrarono quindi i primi effetti positivi, ma l'azione non fu abbastanza incisiva e dal 2000 al 2005 il 30% della foresta cambogiana fu distrutta. A oggi solo metà del territorio cambogiano rimane coperto da foreste e sebbene il governo sembri aver consolidato un maggiore controllo del fenomeno, la superficie forestale è destinata ancora a diminuire, anche a causa dagli scavi delle miniere da cui si ricavano oro, bauxite e ferro.

A generare problemi ambientali di difficile risoluzione è poi la rapida crescita della popolazione urbana. L'aumento dei liquami non trattati, i rifiuti industriali e gli sprechi di ogni genere stanno inquinando la superficie e i pozzi d'acqua in diverse città e villaggi cambogiani. Il sistema fognario non è adeguato o spesso non è funzionante, a discapito dell'igiene, e porta, come conseguenza, un elevato rischio di malattie, tra cui diarrea e colera, diffuse tra la popolazione urbana. La pressione demografica sulla capitale e le sistemazioni improvvisate, dovute al sovraffollamento, stanno causando spreco d'acqua, danni alle infrastrutture e al sistema naturale di drenaggio, che fino a oggi è servito come protezione contro la possibilità di allagamenti. Le diverse "maniche" di protezione dagli allagamenti sono state occupate dagli immigrati in città, restringendo i flussi d'acqua e aumentando significativamente le problematiche igieniche.

La raccolta rifiuti, in gran parte della Cambogia, è piuttosto scarsa e troppo spesso si trovano piccole discariche a cielo aperto sparse per la città, in mezzo alle abitazioni. La povertà porta molti cambogiani, soprattutto bambini, a rovistare tra i rifiuti alla ricerca di materiale da riciclare per ricevere un piccolo compenso economico. I cassonetti rimangono però aperti e i rifiuti fuoriescono per le strade causando odori e inquinamento al limite del sopportabile.

Il disinteresse sui temi ambientali della popolazione locale sta danneggiando anche le risorse costiere, marine e di acqua dolce, già degradate dalla sedimentazione di fiumi e coste, dalla conversione delle foreste di mangrovie e da una mal gestita acquicoltura di gamberi. Stanno inoltre aumentando rapidamente le pressioni sulle risorse acquatiche e paludose per la pesca sfrenata, l'utilizzo di pesticidi chimici molto dannosi e il prosciugamento delle paludi a favore dell'agricoltura.

Riguardo alla drammatica situazione asiatica sull'utilizzo dell'amianto killer, già denunciata nel nostro precedente articolo, la Cambogia purtroppo non si differenzia dai suoi vicini. Nonostante siano meno visibili le tettoie in asbesto, il mercato legato al suo utilizzo, per realizzare un tipo di cemento di "maggiore qualità", è in continua espansione e proviene soprattutto dalla Thailandia. Si stima, negli ultimi anni, una media annua d'importazione di amianto di circa 40 000 tonnellate. Anche in questo paese non esistono ancora, del resto, le conoscenze e gli strumenti medici per correlare i danni alla salute a questo intollerabile mercato. La mancanza di consapevolezza da parte dei lavoratori e degli operatori del settore non permette loro di proteggersi adeguatamente.

La Cambogia, dopo la terribile guerra civile che ha lasciato ferite profonde, ancora aperte, ha dovuto fare i conti con una povertà diffusa, che ha portato corruzione e un eccessivo sfruttamento delle risorse naturali. Il degrado della biodiversità e delle risorse forestali avrà conseguenze pesanti sulle future generazioni, se si pensa che circa 3/4 della popolazione vive ancora di agricoltura e dipende dalla propria terra per coprire le necessità quotidiane, e dall'agricoltura deriva quasi il 40% del PIL nazionale.

L'urgenza di un modello sostenibile di sfruttamento dei terreni, per salvaguardare le foreste nazionali e le risorse acquatiche, imporrebbe la creazione di aree protette e una maggiore azione governativa. Eppure ci si ritrova, anche qui in Cambogia, di fronte all'ennesimo caso in cui l'importanza di intervenire e informare la popolazione locale sulle conseguenze letali di questi fenomeni viene sacrificata all'altare degli interessi economici di una ristretta minoranza.

PAGELLINO CAMBOGIA

- Trasporti pubblici: **8**
- Cucina locale: **6**
- Ospitalità della gente: **7,5**
- Costo della vita per uno straniero: **7**
- Sicurezza donne: **8**
- MEDIA Cambogia: **7,3**

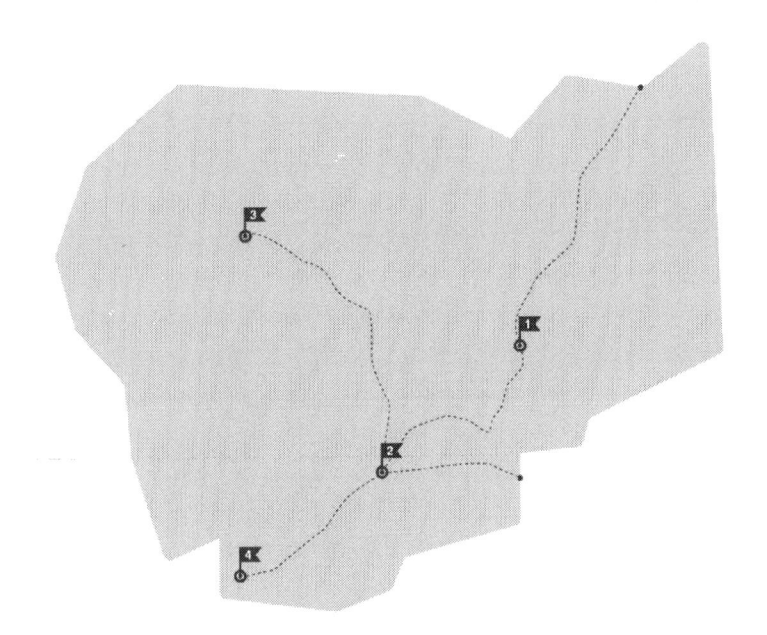

CAMBOGIA

1. Kratié
2. Phnom Penh
3. Siem Reap
4. Phnom Penh
5. Sihanoukville
6. Phnom Penh

Vietnam

24-04-2012 *Ottavo timbro: Vietnam!*

Mi sveglio all'improvviso per dei bruschi movimenti del pullman, stiamo salendo sul ponte di un traghetto che ci permetterà di attraversare il Mekong in direzione Vietnam. Osservo fuori dal finestrino, con gli occhi assonnati, una signora dal volto coperto perché sopra la testa porta un largo vassoio di scarafaggi cucinati e pronti per essere mangiati. Ci impieghiamo pochi minuti e siamo già sull'altra sponda per riprendere la corsa. Mi riaddormento.

Un cambogiano mi tocca la spalla, riapro gli occhi e mi accorgo che sta cercando di dirmi che siamo al confine e che devo scendere. Ricevo il timbro d'uscita velocemente e mi dirigo dentro un grande edificio con i bagagli per il timbro d'entrata – tra tutte le dogane del Sud-est asiatico quella vietnamita è sicuramente la meglio organizzata e l'unica che controlla i bagagli. Per entrare in Vietnam ci si deve procurare il visto direttamente all'ambasciata nella capitale cambogiana, Phnom Penh, quindi giusto il tempo per ricevere l'ottavo timbro sul passaporto ed eccomi in una nuova e gloriosa nazione. Sì, perché mi ritrovo nel paese che può vantarsi di aver sconfitto l'avidità di potere politico-militare americana e che inoltre ha liberato la Cambogia dalla terribile oppressione dei Khmer Rouge – onore al Vietnam!

Nei prossimi giorni dovrò muovermi più velocemente di quanto fatto fino a ora per via della sfida più importante e complessa del giro del mondo senza aerei: l'attraversamento dell'oceano Pacifico. Sono in contatto con una compagnia di mercantili per un viaggio dalla Corea del Sud alla Colombia. In teoria dovevo partire a luglio, ma in pratica mi hanno detto che per ora la mia unica opportunità è il 2 giugno. Dopo la delusione della prima esperienza negativa in Sri Lanka, terminata con l'annullamento del biglietto dopo tre variazioni di date obbligandomi ad andare nei porti a fare il barcastop, ho deciso di riprovarci, questa volta con un'altra compagnia. Ho quaranta giorni di tempo per attraversare Vietnam e Cina in pullman e raggiungere la Corea del Sud in traghetto. In tutto altri 6000 km di strada, di mare, ma soprattutto di vita.

Saluto la Cambogia, l'ennesima sorpresa asiatica. Un paese che mi ha regalato emozioni estremamente contrastanti, dallo stupore per le meraviglie di Angkor Wat, soprattutto Ta Prohm, alla toccante giornata in cui ho conosciuto a fondo la terribile storia dei Khmer Rouge. Un paese che sta vivendo un rapido sviluppo, ma nonostante ciò ha ancora troppa povertà per le strade e troppa corruzione negli uffici. In ogni caso sono felice di aver potuto notare un popolo che sta cercando di reagire alle profonde ferite del passato, un "in bocca al lupo" speciale ai cambogiani!

Duecento giorni di viaggio in Asia e questo è il mio pensiero: amo il Sud-est asiatico. Amo la quiete, l'ospitalità, la semplicità e il sorriso della maggior parte della sua gente. Amo il modo in cui questo popolo affronta la vita senza sprecare tempo a piangersi addosso o a lamentarsi. Amo la libertà che si respira ancora nelle sue strade. Amo gli stimoli e le idee che mi regala ogni giorno. Paesi che, invece di reprimerla, stimolano la creatività della propria gente, permettendole spesso di agire liberamente senza dover richiedere inutili e noiosissimi permessi a una burocrazia statale inefficiente. L'obiettivo comune rimane il benessere e la serenità dell'essere umano, seguendo il motto "nessun problema", e non l'esigenza di lavorare duramente tutta la vita in una società superficiale e complessa per perdere la salute psicofisica. Credo di aver finalmente trovato il mio angolo di mondo in cui costruire un'esistenza felice.

25-04-2012 *Ho Chi Minh City*

Sto camminando per le strade di Ho Chi Minh (Saigon) e sono completamente concentrato a evitare i motorini tutte le volte che attraverso la strada. Se un giorno il mondo sarà conquistato dai motorini, beh questa sarà sicuramente la capitale. Non ho mai visto un numero così elevato di mezzi a due ruote che sfrecciano a ogni angolo delle strade. Ci sono rari semafori per i pedoni, quindi si è costretti a tuffarsi pericolosamente nel traffico. Come se non bastasse, questa città detiene anche il record di procacciatori di turisti che sono a migliaia nel distretto 1, quartiere con le guesthouse più economiche e i ristoranti turistici. Non posso alzare gli occhi pochi secondi senza incrociare lo sguardo di qualcuno che vuole vendermi sigarette, libri, occhiali, massaggi, marijuana, ragazze o il motorino. Neanche quando si è seduti ai ristoranti si ha un attimo di quiete, devo ammetterlo ci vuole una grande pazienza, ma in ogni caso mi viene naturale. Sono ospite nel loro paese quindi come minimo devo portar loro rispetto, perché stanno solo cercando di guadagnarsi da vivere.

Sto andando a visitare il palazzo dell'Indipendenza, quello che durante la guerra era il palazzo presidenziale del Vietnam del Sud, filoamericano, finché il 30 aprile 1975 vi entrarono le truppe dell'esercito del Fronte di Liberazione Nazionale filocomunista con i propri carri armati per liberare e unificare il paese. All'interno del palazzo si trovano alcune foto che rappresentano vari momenti cruciali della guerra. I vietnamiti sono orgogliosi della loro vittoria e hanno tutti i motivi per esserlo. Ma la prima impressione che ho in questa città è che anche questo paese si sta vendendo al materialismo e alla modernizzazione, seguendo il modello thailandese. In qualche modo si sono fatti colonizzare dal capitalismo. Grattacieli, banche e un'infinità di attività commerciali ovunque. Sembrano tutti estremamente assetati di denaro. Ho Chi Minh è dominata dagli affari e dal caos, i prezzi di guesthouse e trasporti si alzano decisamente rispetto ai vicini Laos e Cambogia. Il Vietnam è il paese più caro del Sud-est asiatico.

27-04-2012 *Arrivo a Hoi An*

Sono veramente stremato, sono ormai ventitré ore di viaggio di pullman, con un cambio al volo, e finalmente il traguardo è all'orizzonte: Hoi An. A parte le tante ore, non mi sono mai sentito una merce da trasporto come in questo percorso da Ho Chi Minh City alla nuova meta. La prima parte è andata abbastanza bene, ho conosciuto Taini, un giovane israeliano in giro per l'Asia da otto mesi, dopo tre anni di servizio militare. Ma le ultime undici ore con il cambio del pullman sono diventate un inferno. Per la seconda volta in sette mesi ho provato un bus con la cuccetta in previsione del viaggio notturno. Purtroppo, essendo arrivato per ultimo, per il ritardo del primo mezzo, ho dovuto accontentarmi dei posti peggiori situati al fondo e in basso proprio a fianco al motore, che oltre a un rumore insopportabile emanava molto calore. L'aria condizionata non funzionava, eravamo in cinque persone ammassate in uno spazio che sarà stato largo cinque metri e alto uno, dato che sopra la nostra testa c'era un soppalco con altri sedili. Sudati marci e in una situazione al limite dell'umano, abbiamo affrontato il viaggio cercando di mantenere la calma, nonostante le varie lamentele inascoltate da parte di tutti rivolte a un assistente dell'autista a cui proprio non fregava nulla, anzi continuava a caricare gente da sdraiare per terra pur non avendo spazio. Infatti tra i miei piedi c'era la testa di un vietnamita, anche se fuori del nostro quadrato irrespirabile c'era già un'aria diversa. Così di primo mattino è comparsa la cittadina di Hoi An davanti ai nostri occhi come un miraggio. In breve tempo io e Taini abbiamo trovato una sistemazione economica con una camera fresca, dove poter riposare qualche ora e riprenderci dal viaggio infernale.

Verso sera usciamo per conoscere questa cittadina vietnamita patrimonio UNESCO. Si tratta di un porto commerciale internazionale da diversi secoli, dove giapponesi, cinesi ed europei sono passati lasciando una buona influenza sull'architettura e sull'arte locali. Camminiamo per le sue graziose vie osservando un misto di architetture cinesi e giapponesi, i muri gialli delle case ornati con diversi fiori creano un'atmosfera romantica. Incontriamo delle case cinesi antiche molto caratteristiche. Al calare del sole la sera prende vita con balli e canti tradizionali per le strade, ma soprattutto con la moltitudine di lampade decorate e colorate che illuminano il ponte e le vie lungo il fiume. Conosciamo due ragazze tedesche, studentesse di psicologia in vacanza insieme. La vita procede a un ritmo molto più rilassato di Ho Chi Minh, e affascinato da questo luogo decido di fermarmi alcuni giorni.

30-04-2012 *Giorno dell'indipendenza*
30 aprile 1975: le truppe del Fronte di Liberazione Nazionale e dell'esercito del Vietnam del Nord conquistano e liberano Saigon, allora capitale del Vietnam del Sud, sconfiggendo i nemici governati da anni da leader corrotti e autoritari, sostenuti dagli americani in una delle guerre più immotivate e sanguinose degli ultimi decenni. Onore e rispetto per questo paese. Buona festa dell'indipendenza, Vietnam!

Essendo giorni di festa e vacanza per i vietnamiti, gli ostelli sono quasi tutti al completo. Due giorni fa io e Taini siamo stati gentilmente sbattuti fuori dalla nostra stanza perché affittata a un prezzo più alto. Così ci siamo messi subito alla ricerca di un'altra sistemazione nel caldo torrido di mezzogiorno, ma senza avere successo per diversi tentativi. Dopo un'oretta, sfiniti dal caldo, fortunatamente troviamo una nuova soluzione per soggiornare altri giorni a Hoi An, in attesa di riprendere i nostri viaggi in versi opposti. Essendo questa cittadina traboccante di sartorie in ogni via, tanto che molti stranieri giungono qui per farsi abiti su misura a prezzi stracciati, ne approfitto per far cucire le bandiere dei paesi che ho visitato sullo zainetto e per far riparare alcune cuciture dello zaino, che senza farlo apposta è stato realizzato in questo paese – il colmo.

Sto conoscendo meglio Taini, un bravo ragazzo molto socievole – fa piacere incontrare gente come lui in viaggio. Spesso capita di parlare del suo paese perché sono curioso di conoscerlo meglio. Anche lui, come tanti ragazzi israeliani incontrati fino a ora, ha terminato il servizio militare di tre anni per viaggiare un anno. Mi racconta che non è possibile disertare questo dovere perché se no ti sbattono nel carcere militare. Gli spiego che mai combatterei per la patria perché alla patria non importa nulla di me e sono decisamente contro la guerra. Lui pure sostiene di essere contro la guerra, ma spiega che in molti vogliono distruggere Israele e se non combattono non ci sarà futuro per la sua gente. Ho sempre avuto una posizione filopalestinese, ma so benissimo che la mia idea deriva da informazioni della cui verità non potrò mai essere certo, e mi piacerebbe visitare Israele dopo questa esperienza per conoscere meglio la realtà di quel paese. Ho incontrato molti israeliani durante il viaggio, con alcuni mi sono trovato benissimo, altri li ho trovati prepotenti e irrispettosi.

Durante la cena, mentre assaggio il pessimo vino vietnamita di Dalat, incontro per caso Dennis, il ragazzo olandese che avevo conosciuto una sera a Siem Reap (in Cambogia). Con il suo modo di parlare tutto agitato e con lo sguardo da pazzo, mi racconta di aver avuto pure lui un incontro con la mafia filippina a Phnom Penh. Avevano usato lo stesso modus operandi utilizzato con me, mi ha confessato di avergli raccontato troppe cose personali, di essere stato stupido e di essere rimasto d'accordo per un pranzo il giorno dopo con questo gentile signore filippino preoccupato per la figlia che andava a vivere in Olanda. Verso sera, tornato all'ostello, si è ricordato del mio racconto così ha parlato con il gestore del suo hotel che l'ha messo in guardia. Si è spaventato perché il filippino gli scriveva messaggi e sapeva in quale hotel soggiornava. Quindi è scappato via dalla città, direzione costa marittima. Attenzione per chi viaggia nella capitale cambogiana.

02-05-2012 *My Son*

Tra il IV e XIII secolo nel Vietnam centrale fiorì il regno del Champa, formato dal popolo Cham. È una delle più antiche etnie del Vietnam, oggi circoscritta soprattutto nel sud del paese, sul delta del Mekong. In eredità lasciarono un ricco complesso monumentale di templi e torri induiste nella valle di My Son (bella montagna), patrimonio UNESCO dal 1999. Era il principale luogo di culto dei sovrani, dove avveniva la loro cremazione dopo la morte. Purtroppo durante la guerra del Vietnam gli americani bombardarono questi templi, perché basi dell'esercito comunista vietnamita (vietcong), riducendo drasticamente le rovine rimaste. Precedente e contemporaneo ad Angkor, il regno del Champa presentava un'architettura simile ai vicini, costruendo templi e decorazioni di pietra per il dio Shiva, tra cui grandi lingam (falli). Verso il XV secolo il regno subì un declino sotto la pressione espansionistica del Dai Viet, Vietnam del Nord. I resti di My Son scomparirono sommersi nella giungla e furono ritrovati solo dai francesi durante il XIX secolo.

Sorprendentemente ho notato un cartellone che sottolineava l'aiuto nella conservazione di vari monumenti da parte del politecnico di Milano, grazie al finanziamento del ministro degli affari esteri italiano.

04-05-2012 *Hanoi e il visto cinese*

Qualcosa mi ha sfiorato la faccia. Apro gli occhi e vedo il piede del ragazzo vietnamita disteso davanti a me, la mia schiena è a pezzi e le ginocchia sono dolenti per l'impossibilità di distenderle da parecchie ore. No, non sono in una cella di tortura di un carcere, ma mi trovo sdraiato sul suolo del corridoio del pullman sul quale viaggio da ormai diciotto ore in direzione Hanoi, la capitale del Vietnam. Il mio sedile è piuttosto rigido e la leva per distenderlo non funziona, così ho preferito a soluzione più semplice: sdraiarmi al suolo come i compagni di viaggio vietnamiti. Stiamo entrando in città, giusto il tempo per togliere i bene amati tappi dalle orecchie che sento il concerto di clacson, mi sollevo e osservo dal finestrino il fiume di motorini che contraddistinguono le città di questo caotico paese.

Raccolgo il mio zaino sull'asfalto e inizio ad affrontare i soliti procacciatori di turisti e taxisti. Conscio che quelli che aspettano i pullman in arrivo sono solitamente qui per truffare lo straniero appena arrivato facendogli pagare la corsa a prezzi assurdi, li evito pacificamente e inizio a camminare per le vie rumorose di Hanoi. Chiedo a dei passanti e mi confermano che mi trovo già in centro e che l'ostello che sto cercando non è distante, così lo raggiungo a piedi. Suggeritomi da una ragazza conosciuta a una fermata del pullman, mi sono sistemato in un dormitorio da dodici persone con letti a castello, per un ragionevole prezzo di 5 dollari – il Vietnam si è rivelato più caro dei suoi vicini asiatici, soprattutto nei prezzi dei trasporti e delle camere, così per una persona singola il dormitorio è l'unica possibilità, a meno che si voglia spendere 10 dollari.

Senza colazione e senza neanche un minuto di riposo, decido di precipitarmi all'ambasciata cinese per avviare le pratiche di richiesta del visto che durano quattro giorni lavorativi. Prima ho bisogno di una fotocopia del passaporto e del visto vietnamita, così mi metto alla ricerca di una fotocopiatrice chiedendo a chi capita lungo la mia strada. Si è rivelata un'impresa realizzare queste fotocopie perché i pochi hotel che avevano la fotocopiatrice mi dicevano che non era funzionante e continuavano a rimbalzarmi da un posto all'altro nelle torride vie della capitale, colme di motorini che guidano all'impazzata e che non placano mai la loro corsa neanche davanti a un pedone. Così arrivo alle 9 del mattino all'ambasciata cinese grazie al passaggio di un mototaxi – non vi dico con che manovre.

Fortunatamente non trovo la folla che mi aspetto di trovare all' ambasciate ed è tutto organizzato bene, con la supervisione di un gentile poliziotto cinese che parla perfettamente l'inglese. Ci sono due moduli da compilare con molte domande personali, poi si allegano foto e fotocopie. Ho compilato tutto, anche se mi rendo conto che ai funzionari dell'ambasciata possano venire dei dubbi perché sono ancora abituato a scrivere di essere un impiegato, anche se non lo sono più, e alla domanda su dove sono stato negli ultimi dodici mesi rispondo sinceramente, iniziando la lunga lista di otto paesi in sette mesi, visitati per motivi turistici. Se non mi chiamano nel pomeriggio, vuol dire che è fatta e devo tornare tra cinque giorni e andare alla loro banca per pagare i 30 dollari dovuti.

In attesa di non avere brutte sorprese dai cinesi, ne approfitto per visitare Hanoi, che appare più caratteristica e accattivante della sua sorella Ho Chi Minh City, che ha seguito il passo della maggior parte delle grandi città asiatiche modernizzandosi e perdendo il fascino del passato. Faccio due passi tra le vie per osservare le dinamiche quotidiane della gente locale nonostante i 38 gradi odierni. La parte più interessante sono i chioschi che cucinano riso e noodles a bordo strada, mi siedo a uno che mi ispira e conosco dei signori anziani che mi mostrano il loro strumento per fumare tabacco, una bonga di bambù con un foro per aspirare del diametro di ben 5 cm, proprio come quelle che ho visto nei villaggi del nord del Laos, che non a caso sono poco distanti da qui.

06-05-2012 Una brutta sorpresa

Stamattina all'alba l'autista del pullman, in viaggio da una decina di ore, decide di svegliarci per colazione. Come mi capita spesso nel Sud-est asiatico, ho difficoltà a trovare qualcosa da mangiare durante le soste dei viaggi in pullman perché gli "autogrill" asiatici prediligono la carne e io da diversi mesi ho smesso di mangiarla. Carne di manzo, maiale, pollo, anatra, pipistrello, topo, rana, scarafaggi ma raramente cibi vegetariani. Noto che in questa larga e fatiscente stanza di cemento, con alcune panche e tavolini di legno, le signore locali offrono cibi a base di pollo. Cerco qualcos'altro, possibilmente non i soliti biscotti, ormai il mio nutrimento fisso d'emergenza. Una vietnamita mi invita al suo tavolo e mi fa vedere una pentola con l'acqua bollente e delle uova semi rotte – un uovo bollito, ho subito pensato, e quindi accetto il cibo. Rimuove gli ultimi resti di guscio e rovescia il contenuto in una ciotola. Osservo l'uovo e rimango allibito, ha delle colorazioni diverse dal solito e pare di un'altra consistenza. Abituato ormai a non farmi impressionare da quel che ho nel piatto, inizio a masticare la parte gialla, perplesso. I miei dubbi hanno conferma, la consistenza non è la solita. Provo con un'altra parte di una colorazione bianco marroncina simile al pollo e sento tra i denti degli ossicini minuscoli come unghie. Decido di non proseguire la mia colazione e raggiungo una ragazza neozelandese che viaggia in Vietnam da più tempo di me. Le racconto il fatto ed ecco sulla sua faccia un'espressione disgustata, ma allo stesso tempo divertita, soprattutto quando le dico che sono vegetariano. Mi spiega una tradizione vietnamita secondo la quale mangiano il pulcino appena nato bollito! Tornato sul pullman ho impiegato un po' a riprendere sonno.

Arrivato a Sapa, chiedo a un ragazzo inglese conosciuto sul pullman se vuole condividere con me la stanza per dividerne il costo. Paul, laureato in psicologia, si trova nel Sud-est asiatico perché ha lavorato alcuni mesi per un'organizzazione dei diritti umani a Phnom Penh, la capitale cambogiana.

07-05-2012 *Esplorando Sapa*

Giornata intensa. In un surreale paesaggio montano vietnamita, simile alle Highlands scozzesi, ricco di verde tra nuvoloni scuri e pioggia, per circa otto ore ho esplorato, insieme a una coppia (una ragazza inglese e un ragazzo neozelandese), i villaggi delle minoranze etniche che vivono nell'estremo nord del paese. Siamo partiti al mattino presto in sella agli scooter da Sapa, una deliziosa e tranquilla cittadina montana abitata da varie tribù etniche come gli Hmong (conosciuti precedentemente in Laos) e gli Zdao. Attorno a essa sorgono vari villaggi, in scenari paesaggistici pittoreschi su una superficie in continua pendenza tra terrazze di risaie che rendono il panorama spettacolare. Le popolazioni locali hanno fatto del turismo una delle loro attività principali, oltre all'agricoltura e all'allevamento. Sapa è un mercato dell'artigianato, le signore hmong vendono indumenti e bigiotteria tradizionale seguendo l'onda degli altri connazionali, ma almeno loro sono simpatiche e sorridenti nel farlo. Per chi fosse interessato, offrono possibilità di soggiorno nelle homestay dei villaggi ma, trattandosi ormai di un'attrattiva turistica sviluppata, hanno raggiunto dei prezzi assurdi. Il modo più economico per conoscere queste realtà è affittare un motorino, vista la continua pendenza delle strade, e raggiungere le vicinanze dei villaggi per poi proseguire a piedi. Al ritorno ho incontrato una signora hmong a bordo strada, così l'ho caricata sul motorino per darle un passaggio verso Sapa. Con i miei amici ho concluso questa stimolante giornata brindando con una fresca birra, e abbiamo conosciuto dei gentili signori australiani che ci hanno regalato una bottiglia di vino di prugna. Gusto liquoroso simile al porto e di una gradazione piuttosto elevata, così tanto che dopo tre bicchieri ero sbronzo.

Mentre tornavo in solitaria alla guesthouse, ho incontrato una ventina di vietnamiti che giocavano a calcio. Erano parecchi anni che non giocavo una partita, da bambino ero appassionatissimo e ho giocato per sei anni in una squadra. In quel momento sono tornato bimbo, sono entrato in campo e mi sono aggregato a una squadra in un terreno pieno di buche. Partitone di un'ora senza neanche un goal talmente si sparava la palla a caso, ma se non fosse stato per il vino forse un goal l'avrei anche fatto. Emozionante ritrovarsi in una partita di calcio dopo tutto questo tempo, soprattutto in una situazione simile con neanche un compagno di squadra che parlava l'inglese.

Ma le mie avventure giornaliere non sono finite qui, perché mentre camminavo nella piazza principale di Sapa, a un certo punto ho notato un uomo con un serpente in mano. L'ha legato per la testa al ramo di un albero, con le mani ha tirato la punta della coda per distendere il corpo del rettile. Utilizzando un coltello da macellaio ha tagliato una piccola parte della coda che ha iniziato a sanguinare, così l'uomo ha raccolto il sangue in un bicchiere con all'interno del vino di riso (a volte anche vodka). Ben visibile è spuntato l'emipene rosa dell'animale. Poi ha premuto la parte della coda tagliata come un limone mantenendo il corpo disteso. Dopo aver ottenuto abbastanza sangue per la bevanda tradizionale vietnamita è arrivato il momento di scuoiare l'animale per estrarre tutto l'apparato interno. Il vietnamita era interessato soltanto al cuore da mangiare crudo, la parte più succulenta del serpente. Ecco una tradizione vietnamita.

PAGELLINO VIETNAM
- ▶ Trasporti pubblici: **6,5**
- ▶ Cucina locale: **8**
- ▶ Ospitalità della gente: **6**
- ▶ Costo della vita per uno straniero: **6**
- ▶ Sicurezza donne: **7,5**
- ▶ MEDIA Vietnam: **6,8**

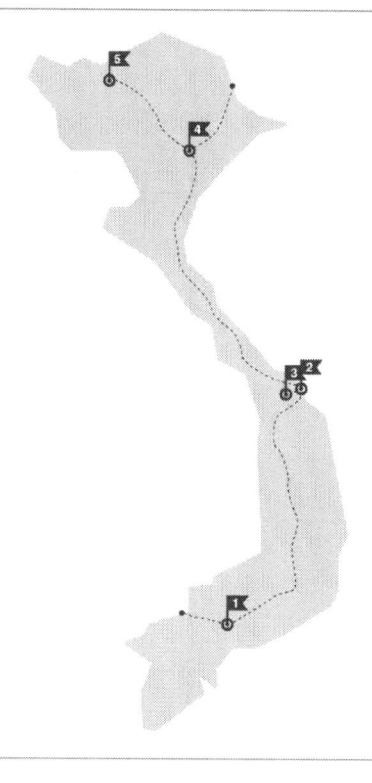

VIETNAM

1. Ho Chi Minh
2. Hoi An
3. My Son
4. Hoi An
5. Hanoi
6. Sapa
7. Hanoi

Cina

10-05-2012 *Ingresso in Cina*

Salgo sul pullman, sono l'unico straniero tra cinesi e vietnamiti, fatico a trovare un posto ma fortunatamente noto un ragazzo cinese sorridente che mi invita a sedermi accanto a lui. Sono diretto alla frontiera cinese e da lì proseguirò per la prima città che incontrerò. Durante il viaggio cerco di conoscere il mio vicino che parla poco inglese, ma da quello che ho capito è un viaggiatore avventuroso che per via delle sue poche possibilità economiche di solito viaggia in autostop e dorme in tenda. Anche lui sostiene che è dura viaggiare in Vietnam perché i vietnamiti sono troppo assetati di soldi e difficilmente ti danno un passaggio gratuitamente. Mi dice che in Cina, invece, è facile viaggiare, infatti alla frontiera si fermerà a bordo strada con il pollice alzato. Mi mostra le foto del bellissimo paesaggio montano dello Xijang (Tibet) che ha percorso in bicicletta. Intanto il pullman parte e l'assistente dell'autista ci consegna una lattina di fagioli conservati in uno sciroppo.

Tre ore di viaggio e mi fanno scendere dal pullman a prendere i bagagli per raggiungere l'ufficio di immigrazione vietnamita e timbrare l'uscita. Dopo di che, con dei pulmini, mi trasportano all'ufficio cinese situato in un grande edificio appariscente. Nessuno parla inglese, ma inseguo i miei compagni di pullman per non perdermi. Il resto è una prassi che già conosco. La funzionaria cinese fa controllare la mia foto a un collega perché non mi riconosce per via della barba selvaggia e dei capelli arruffati. Arriva il momento del soave suono del timbro ed è fatta! Nono paese, nona avventura. Sono emozionato.

Come prima impressione ritrovarsi su un'autostrada dopo diversi mesi di statali in brutte condizioni o sterrate sembra piacevole per la schiena, ma quanto perde di vitalità il panorama! Nelle statali si attraversano cittadine o piccoli comuni, dove si può osservare lo scorrere della vita quotidiana. Nelle autostrade, invece, solo aiuole e guard rail. In ogni caso la Cina si mostra subito come un paese notevolmente sviluppato rispetto al resto del Sud-est asiatico. Dopo alcune ore, eccomi a Nanning, la capitale della regione del Guangxi. Nulla di interessante, una grande e cupa città di passaggio dal Vietnam, ma almeno quando scendo dal mezzo nessuno è interessato a chiedermi dove vado, come mi chiamo e se voglio comprare qualcosa. Sono arrivato al punto che sono felice di lasciare il Vietnam, paese stupendo ma i vietnamiti che lavorano nel turismo sono esageratamente pressanti, come in un nessun altro paese asiatico. Chiaro che ovunque c'è gente che vuole fare business, ma in Vietnam ci si ritrova spesso in situazioni scomode o fastidiose. Se siete alla ricerca di una vacanza rilassante, evitate questo paese.

Ormai si è fatta sera e sono affamatissimo, esco per le strade di Nanning all'avventura. Impossibile trovare un ristorante con menù o indicazioni in inglese, allora entro in un locale che ha delle figure illuminate vicino alla porta. Il personale naturalmente non parla inglese, così ordino indicando l'immagine di un piatto che sembra a base di spinaci. Qui in Cina si complica ancora di più la già complessa situazione riguardo al fatto che sono vegetariano. Mi è andata bene, mi arrivano spinaci e riso per circa due euro assieme a una birra. Finito di mangiare, passeggio osservando le vie della città.

Arrivo davanti alla stazione del treno e decido di fare già il biglietto per domani diretto a Guilin. Trovo uno sportello informazioni e il ragazzo incaricato appena mi vede arrivare esclama «Oh shit» talmente forte che lo sento in lontananza. Riusciamo a capirci, così mi dirigo alla biglietteria. Tutto il tabellone è in cinese, per me indecifrabile. Sono l'unico straniero in mezzo a migliaia di cinesi e sono entusiasta per questa cosa. Mi sento un bambino alla prima volta in una stazione del treno, osservo tutto e tutto mi appare nuovo. Diverse persone mi guardano divertite e io lo sono ancora più di loro perché mi rendo conto che trasmetto allegria. Come tutte le volte, cambiano la lingua, la scrittura, i vestiti, i lineamenti del viso o il colore della pelle ma c'è una cosa che non cambia mai: l'umanità delle persone. Siamo tutti esseri umani, se imparassimo ad andare oltre alle superficialità sopra citate ci renderemmo conto che siamo tutti uguali.

12-05-2012 *Yangshuo*

Diluvia. Sto correndo bagnato fradicio verso la stazione dei treni di Guilin. Da lì dovrei trovare un mezzo diretto a Yangshuo per visitare questa cittadina immersa in una valle carsica molto affascinante. Ormai non mi faccio intimidire dal tempo e in qualsiasi condizione atmosferica parto comunque. Trovo facilmente un pullman, essendo la mia destinazione la più battuta della zona. Prendo posto, dopo alcuni minuti entra una signora cinese con una bambina, che avrà avuto quattro anni, e siedono accanto a me. La bambina mi osserva alcuni secondi, poi scoppia in un pianto disperato, spaventata dal mio aspetto, e così obbliga la madre a cambiare posto. Si parte e cado nel mio abituale sonno da pullman in movimento.

Mi risveglio che siamo già arrivati a Yangshuo, salto giù dal mezzo e noto un giornalaio con alcune bici. Faccio segno alla proprietaria se posso prenderne una e mi indica il prezzo con la calcolatrice. Salto in sella e inizio l'esplorazione della cittadina cercando di uscirne per raggiungere un fiume che attraversa la valle. Lungo la strada incontro mandrie di turisti cinesi in bici. Tutti mi guardano stupiti, mi fotografano e salutano. Il paesaggio è formato da una moltitudine di picchi di montagne carsiche in continua crescita per un particolare effetto dovuto all'anidride carbonica. Un bel panorama, ma nulla di nuovo dopo aver visitato il Sud-est asiatico. Arrivo sul ponte principale del fiume per scattare due foto e in poco tempo divento l'attrazione turistica del momento. Una decina di cinesi mi chiedono se possono scattare una foto assieme a me. Mi capitava spesso anche negli altri paesi, ma in Cina provoco più scalpore e interesse soprattutto per i tatuaggi. Se un giorno mi troverò in Asia senza soldi, cercherò una zona turistica e mi metterò a dorso nudo per farmi scattare foto a pagamento.

Continuo a pedalare evitando i tragitti e gli itinerari turistici. Trovo un po' di quiete nel percorso lungo il fiume, ma anche qui incontro qualche procacciatore di turisti che mi propone: «Hello, bamboo?», ovvero il giro sul fiume su una zattera di bambù. Cercano di convincermi mostrandomi pistole d'acqua – poi per sparare a chi? Evito, preferisco la bici. Il fiume ha le sembianze di un China Park, il numero di zattere ha raggiunto livelli preoccupanti e come al solito i cinesi hanno rovinato un bel paesaggio naturalistico.

Dopo diverse ore e chilometri attraverso la valle, trovo una scorciatoia tra i villaggi per tornare a Yangshuo. Riporto la bici alla signora e inizio a camminare lungo la strada verso Guilin, che dista una settantina di chilometri. Alzo il pollice e aspetto alcuni minuti. Una toyota bianca si ferma, apro la portiera e noto due signori cinesi sorridenti che non parlano inglese ma capiscono chiaramente la mia direzione, e mi invitano gentilmente a salire. Proviamo inutilmente a conversare, mi rilasso cinque minuti guardando fuori dal finestrino il paesaggio. Mi riaddormento.

13-05-2012 *Attesa e viaggio in treno*

Sete di avventura. Arrivo alla stazione del treno di Guilin senza ancora aver deciso dove andare. Guardo la mappa un'ultima volta e prendo una decisione: Changsha. Città situata sulla strada per Shanghai, ideale per una sosta. Chiedo un biglietto e scopro che il primo treno libero, ma senza un posto a sedere, è tra cinque ore. Accetto poco entusiasta, esco dalla biglietteria, mi siedo sugli scalini appoggiando lo zaino a terra e inizio a pensare: «Che cosa fare per cinque ore?». Come prima idea penso a una bella foto per immortalare quel momento di pseudodisperazione. Chiedo ad alcuni passanti di scattarla e sembra che abbiano visto un fantasma. Non mi degnano di una risposta o di un segnale, si girano e continuano la loro camminata – non mi era mai successo. Non mi rimane che fotografarmi da solo con l'autoscatto e mi alzo alla ricerca di un supermercato per fare colazione. Riprende a piovere, compro un po' di banane e decido di andare a scrivere sotto un albero.

Mentre scrivo, passa un anziano mendicante, gli lascio due spiccioli e se ne va. Dopo pochi minuti mi giro e la signora del chiosco dietro di me mi fa un segno di complimenti per il gesto, le sorrido. Scrivo, scrivo e scrivo entrando in una realtà tutta mia, fatta di pensieri e ricordi che mi distacca da tutto ciò che mi circonda – potrebbe passare un treno che non me ne accorgerei. Ma quando la pioggia inizia a raggiungere un livello intollerabile prendo il mio sacchetto pieno di banane e corro ai ripari.

Finalmente le cinque ore sono terminate e salgo sul mezzo affollatissimo, dopo una corsa da caccia al posto assieme a centinaia di cinesi. Fortunatamente trovo un posto libero, inserisco lo zaino sotto al sedile e mi siedo soddisfatto. Neanche il tempo di godere che arriva il proprietario del posto. Mi siedo per terra nel corridoio. La gente mi osserva perplessa, in effetti sono l'unico che si è seduto per terra, gli altri rimangono in piedi. Pochi minuti e sento qualcuno che mi tocca la spalla, mi giro e noto una coppia cinese sulla cinquantina che mi indica di sedermi in un posto occupato da una ragazza addormentata che ne occupa due. La svegliano e mi siedo –ho apprezzato tantissimo quel gesto della coppia in un momento di chiusura e gelo da parte delle altre persone, questi sono i tipici gesti che ti scaldano il cuore.

Ore e ore di viaggio osservando la gente locale – come al solito non vedo un occidentale. La coppia vede che mangio solo banane, così mi offrono qualcosa che ha l'aspetto di un ovetto di cioccolato. Accetto volentieri e ricambio con un bel sorriso. Apro l'ovetto e scopro che è un uovo sodo ricoperto di soia. Finalmente mi si avvicina uno studente cinese che parla inglese, iniziamo una lunga chiacchierata. Mi fa da traduttore con i vicini curiosi, ma attiriamo l'attenzione di tutto il vagone. Quando racconta la mia storia di viaggio, la gente rimane stupita e mi riempie di complimenti. Pure gli anziani più chiusi si mostrano interessati. Mi chiedono se cerco moglie cinese, come fanno molti stranieri, che cosa penso dell'educazione del mio paese rispetto alla loro, molto rigida e severa. Ne approfitto per dei consigli su come chiedere del cibo vegetariano. Iniziano le risate al suono del mio cinese scarsissimo. È stato un forte contatto culturale, ciò che cerco di più nel mio viaggio. Al di là di monumenti o musei, sono molto più interessato ai contatti umani con la gente del posto, e viaggiare assieme a loro si rivela sempre la scelta migliore.

14-05-2012 *Changsha*

Ci risiamo. Di nuovo diluvia e sto correndo sotto la pioggia per le strade di una città cinese. Sto visitando Changsha, un'altra deprimente metropoli capoluogo della regione dello Hunnan. La solita e grigia architettura dei palazzi cinesi domina la scena cittadina. Come prima tappa sono diretto alla stazione del treno per prenotare un biglietto per domani verso Shanghai. Dopo la brutta esperienza di ieri, le cinque ore di attesa prima di trovare un treno libero, stavolta prenoto un giorno prima. Sto camminando in base ai ricordi del tragitto effettuato dal pullman ieri sera, anche se credo di essermi perso. Provo a salire su alcuni pullman chiedendo se sono diretti alla stazione del treno, ma nessuno mi capisce o parla inglese. Tento la soluzione d'emergenza affidandomi a un taxista, ma appena entro nel veicolo e dico «Train station» mi risponde in un incomprensibile cinese. Mi invita a uscire indicando una camionetta della polizia posta davanti a noi. Bussiamo alla portiera e aprono. Noto un gruppo di sbirri cinesi che si fuma qualche sigaretta e fa due chiacchiere, ma nessuno ancora parla inglese. Mentre li osservo dialogare nella loro lingua, mi viene in mente il famoso film di Richard Gere in cui viene arrestato in Cina e ha serie difficoltà a difendersi per i problemi linguistici. Mi passano un cellulare e risponde una cinese che parla inglese, finalmente qualcuno che mi capisce. Spiega la mia destinazione al taxista e si parte. Avevo camminato tanto e non eravamo molto distanti, così al solo prezzo di 1 euro eccomi alla stazione.

Situazione estremamente caotica, migliaia di cinesi che corrono o parlano ad alta voce. Mi guardo attorno e noto l'ufficio informazioni vuoto. Vado da un controllore dei biglietti all'entrata e gli domando: «Where ticket?». Non capisce, ma dopo che ripeto diverse volte la parola mi manda dall'altra parte della piazza. Cerco di farmi spazio sotto i portici affollati, inevitabilmente mi arrivano diversi trolley sulle ginocchia. Attraverso tutta l'immensa piazza ma niente, non trovo la biglietteria e torno all'entrata. Chiedo a un altro controllore che capisce e mi indica la direzione opposta. Questa volta è andata bene. In una spaziosa sala ci sono una ventina di biglietterie nominate in cinese, ne scelgo una a caso. Terminata la coda, provo a parlare con la bigliettaia ma niente, anche lei non parla inglese. Un giovane ragazzo cinese mi si affianca e mi aiuta. Compro un biglietto diretto a Shanghai senza avere idea di che classe o che tipo di treno sia, ma solitamente finisco sempre nella più economica con il posto rigido o senza posto. È fatta!

È ora di visitare la città, cammino per le sue vie sotto la continua pioggia e il vento fresco che dopo così tanto tempo ha un sapore piacevole. A parte centri commerciali, fast food e giganteschi palazzi cupi non trovo nulla di particolare, e dopo qualche ora mi avvio sulla probabile strada verso l'ostello della gioventù in cui risiedo. Devo andare in bagno così mi guardo attorno e fortunatamente trovo il cesso pubblico internazionale più comune: McDonald. Entro e osservo la gente che si nutre di questo pessimo cibo – sono arrivato al punto che mi sembrano tutti folli o incoscienti da non rendersi conto del male che fa il cibo scadente di questi fast food. Torno in strada e mi incammino in una lunga e alberata via, al termine della quale noto un parco e un ingresso con delle guardie militari davanti. Provo a entrare e mi sbarrano la strada con il fucile puntato a terra. Non insisto e torno indietro, raggiungendo l'ostello in poco tempo.

Da quando sono entrato in Cina ho a che fare con la censura di diversi siti tra cui facebook, youtube, dropbox e il mio blog. Ho provato varie soluzioni e dopo qualche giorno vi posso consigliare come evitarla. Si può scaricare un programma che converte il vpn rilasciando un altro indirizzo, nel mio caso americano, per accedere a Internet. Il primo periodo di prova è gratuito, ma dopo diventa a pagamento, in ogni caso funziona molto bene. Inoltre si può evitare di utilizzare programmi o pagare accedendo al sito ho1.info che vi permette, inserendo l'url interessato nella barra di ricerca, di raggiungere qualsiasi sito, anche se avrete difficoltà nell'utilizzare questi siti con configurazioni differenti e non tutti i campi sono accessibili. In bocca al lupo.

16-05-2012 *Shanghai*

Porca miseria, ci risiamo! Stamattina camminavo in People Park a Shanghai e un ragazzo cinese mi chiede se posso scattargli una foto assieme a sua cugina, con la sua bella fotocamera Nikon. Foto scattata e sua cugina inizia ad attaccare discorso con me. Ne nasce una piacevole conversazione, entrambi hanno l'aspetto da bravi ragazzi. Lui è un architetto in vacanza a Shanghai e lei, che lavora qui come segretaria, si è presa dei giorni di ferie per accompagnare il cugino in visita nella città. Dopo dieci minuti di conversazione, mi dicono che stanno andando a bere un tè in un posto tradizionale e mi chiedono se mi va di andare con loro – qui suona il primo campanello d'allarme. L'invito per il tè mi ricorda la trappola della mafia filippina in Cambogia, ma voglio capire meglio se è una mia paranoia, quindi accetto e mi avvio con loro.

Il luogo è distante pochi minuti, così ci incamminiamo e proseguiamo il dialogo, sembrano curiosi come del resto lo sono altri cinesi che ho conosciuto fino a ora. Sono in allarme, quindi analizzo il più possibile la situazione per vedere se trovo indizi che confermino i miei dubbi. Noto che entrambi sono estremamente eccitati dalla mia presenza, continuano a parlare a raffica senza darmi neanche un secondo di tregua per ragionare o pensare. Mi bombardano di domande uno per volta come una squadra, quasi da essere irritanti. Parliamo di cibo e quando dico di essere vegetariano, lei anche mi confida di esserlo – secondo campanello d'allarme. È la prima cinese vegetariana che conosco, guarda caso sono entrambi impegnati a farmi i complimenti su tutto quello che dico e a essere compiacenti rispetto alle mie abitudini.

Inizio a non sopportare più le loro domande e mentre ormai siamo quasi arrivati a destinazione dico loro che mi sono scordato che devo assolutamente andare al museo che si trova nel parco, perché mi hanno detto che dopo avrei trovato troppa coda. Lei, essendo di Shanghai, mi dice che non è vero, che ora c'è più coda e dopo sarà meglio, inoltre anche suo cugino ci vuole andare. Insistono fastidiosamente al punto che mi giro e me ne vado verso il museo. Ho trascorso due ore a visitare il museo di Shanghai, osservando favolose caraffe da vino di bronzo delle dinastie più antiche della Cina di circa 3500 anni fa, ma il mio pensiero è rimasto fisso su quello che mi è accaduto nella mattinata. Continuavo a chiedermi se sono diventato un paranoico o se ho evitato l'ennesima trappola. Tutto questo mi dispiace, perché ciò che adoro di più del mio viaggio è conoscere la gente locale. È un viaggio soprattutto nell'umanità dei popoli che incontro e cerco spesso contatti con le persone del posto, ma dopo il fatto accaduto in Cambogia sono più attento.

Vado a mangiare nella catena di ristorazione Food Republic, la stessa che ho incontrato a Kuala Lumpur. Termino di mangiare la mia solita zuppa di noodles e verdure, noto una faccia conosciuta. Un ragazzo giovane ha una grande assomiglianza con un mio vecchio amico torinese che frequentavo in montagna durante l'infanzia. Vado da lui e gli chiedo una conferma. Ebbene sì, è lui! Quasi dall'altra parte del mondo, ecco uno di quegli incontri inaspettati – casualmente due giorni fa ho sognato di essere in montagna e quel sogno mi era rimasto impresso nelle giornate seguenti. Lui è venuto a studiare cinese per alcuni mesi a Shanghai. Gli racconto della coppia cinese dell'invito a bere il tè. Mi conferma che è a conoscenza di una truffa in cui, invece di drogarti e derubarti come stava per succedermi in Cambogia, ti portano in un locale in cui sono d'accordo con il proprietario per bere tè e altro, per poi farti arrivare un super conto salato da circa un centinaio di dollari. Tutto ciò stranamente mi conforta, perché vuol dire che non sono stato paranoico e che avevo ragione. Quando torno all'ostello, controllo su Internet e vengo a sapere di molte persone truffate proprio in questo modo o con modalità simili, in ogni caso nulla di pericoloso come la mafia filippina.

18-05-2012 *Partenza da Shanghai*

Saluto Shanghai, un'impressionante metropoli futuristica. Con i suoi grattacieli scintillanti, gli enormi centri commerciali affollatissimi, gli interessanti musei e i parchi perfettamente curati questa città è il simbolo del capitalismo cinese. È stupefacente scoprire realtà come Shanghai dopo sette mesi di viaggio nell'Asia prevalentemente povera. Qui si mostra la potenza economica cinese, soprattutto sul Bund. Definito la Wall Street cinese, è il lungo fiume dove dominano la scena banche, edifici diplomatici e commerciali, oltre alle navi che scorrono lentamente davanti alla ricca Pudong, la sponda opposta dove sorgono grattacieli con forme particolari. Vi consiglio una passeggiata soprattutto di notte, quando le luci illuminano il lungo fiume. A parte le difficoltà con la lingua, che vanno migliorando ma permangono, sembra di essere in occidente anche per via dei prezzi europei. Per quel che mi riguarda, Shanghai è una realtà preoccupante ma sicuramente non saranno in pochi ad apprezzarla. I paladini dello sviluppo ne saranno innamorati.

Il biglietto del treno mi è costato più del solito, e sono conscio che sto affrontando un'altra lunga distanza verso Quingdao di circa 1000 km. Arrivato alla stazione del treno con l'efficientissima e ben collegata metropolitana, alla vista del convoglio ho capito il perché del costo salato. Si tratta di un treno ad alta velocità che sfreccia nelle cupe valli cinesi con sedili comodissimi, infatti non ho avuto neanche il tempo di rendermi conto del treno su cui viaggiavo che già dormivo. Dopo mesi di viaggi su rottami a pezzi, che viaggiano a medie di 30 km/h, anche questa novità è davvero impressionante per l'Asia. Purtroppo il paesaggio fuori del finestrino è inquietante. Ho notato almeno quattro centrali nucleari nel poco tempo in cui ero sveglio. Questo paese sta dimostrando di non preoccuparsi affatto dei rischi per la salute dei propri cittadini, ma anche sul tema della tutela dell'ambiente c'è parecchio da fare.

Sono diretto a Quingdao, la famosa città della birra cinese più esportata al mondo, non per ubriacarmi, bensì perché dal suo porto partono regolarmente i traghetti più economici diretti in Corea del Sud. Nei prossimi giorni mi informerò direttamente negli uffici della compagnia, perché l'assistente che risponde al telefono non parla inglese e quindi non mi permette di ricevere informazioni di alcun tipo.

20-05-2012 *Domenica pomeriggio a Quingdao*

In una classica domenica pomeriggio passeggio in solitaria nella zona antica e più povera di Quingdao (ex colonia tedesca) per osservare la vita domenicale della gente del posto. A un certo punto sento della musica tradizionale, a un volume particolarmente alto, proveniente da un piccolo bar locale. Le vetrine sono trasparenti, così ne approfitto per osservare all'interno. Noto diversi cinesi, sulla cinquantina, che celebrano il giorno di festa bevendo e mangiando assieme, ma soprattutto cantando e suonando piano e fisarmonica. Uno di loro mi nota e mi invita all'interno, accetto subito. Sembrano entusiasti di avere un nuovo ospite, mi riempiono il bicchiere di birra e iniziano i brindisi alla goccia secondo la loro tradizione. Mi sa che da un po' hanno iniziato perché li vedo abbastanza gonfi d'alcol. Mi prendono in simpatia nonostante non parlino inglese, sono sorpreso perché un gruppo di cinesi, tutti di una certa età, mi sta accogliendo assieme a loro in un momento riservato di festa – solitamente gli anziani sono molto chiusi verso gli stranieri. Si canta, si batte le mani a ritmo, è festa per tutti!

Uno per volta cantano canzoni popolari cinesi, di cui riconosco solo la versione cinese di "Bella ciao". A un certo punto tocca a me, vogliono che canti anch'io, ma sinceramente non conosco a memoria una canzone italiana. Penso alla mia infanzia e dal nulla mi torna in mente un brano di Lucio Battisti che cantavo a squarciagola: "Dieci ragazze per me". Prendo il microfono, mi alzo in piedi e, per la prima volta in pubblico nella mia vita, inizio a cantare stonatissimo, ma poco importa, ora conta solo il momento di festa e loro sono felici di vedermi cantare. Ogni cinque minuti mi offrono un chupito di birra, così che dopo due ore sono ubriaco e dovrei andare al bagno. Chiedo ma non mi capiscono, osservo gli altri, bevono di tutto ma non vanno mai da nessuna parte. Inizio a sentire la vescica pressare e mi rendo conto di essere ciucco alle 4 del pomeriggio, conscio che stasera ho un appuntamento con una simpatica ragazza cinese per cena. Così all'improvviso saluto tutti con le mani giunte ripetendo «Shi-shi», ovvero "grazie" in cinese e con gli occhi lucidi dalla felicità. Sono emozionato e grato a questa gente perché questi sono i momenti più gioiosi che provo in viaggio e sono diventati la mia passione.

Torno all'ostello della gioventù, in cui risiedo, e dopo una corsa sfrenata al bagno mi riprendo dalla sbronza. Verso sera esco alla ricerca di un mezzo che mi trasporti verso il ristorante dell'appuntamento con Sheng, una giovane cinese che insegna inglese e studia tedesco, conosciuta ieri nel bar dell'ostello. Dopo tanto tempo che non mi capitava, trascorro una piacevolissima serata tra cena e passeggiata lungo il mare. Ci raccontiamo le nostre vite e ci rendiamo conto che anche se siamo cresciuti in culture così lontane abbiamo molto in comune. Quingdao si sta rivelando una sorpresa, non per la bellezza della città, bensì per gli incontri speciali che sto facendo. Sono venuto qui casualmente per via del traghetto diretto in Corea del Sud e ancora una volta la mia filosofia di viaggio senza aerei mi ha regalato momenti particolari. Da domani riproverò a martellare il centralino della compagnia di traghetti nella speranza che si liberi un posto a breve per attraversare il mar Giallo e sbarcare in Corea del Sud, in attesa del 5 giugno per il lungo viaggio di ventidue giorni attraverso l'oceano Pacifico per raggiungere la terra sudamericana in un esotico porto colombiano.

04-06-2012 *Cina e amianto, le prospettive di un tragico futuro (pubblicato su Greenews.info)*

Osservo fuori del finestrino del treno una lunga serie di tettoie in amianto tra i cupi edifici cinesi con le finestre sbarrate. Il panorama appare deprimente, soprattutto perché spesso compaiono centrali nucleari fumanti, ma qui molto probabilmente la vera tragedia deve ancora arrivare.

La Cina è il maggiore consumatore mondiale e il secondo produttore mondiale di asbesto, dietro solo alla Russia. L'utilizzo del materiale killer ebbe, anche qui, un forte sviluppo dagli anni Settanta e, dato il ritardo tra l'esposizione alle sue fibre aerodisperse e la contrazione del mesotelioma, gli esperti prevedono che l'appetito della Cina verso l'amianto avrà le conseguenze più drammatiche verso la metà di questo secolo. Entro l'anno 2035 sono previsti più di 15 000 decessi legati al mesotelioma (una neoplasia che si origina dal mesotelio), al cancro ai polmoni e ad altre malattie correlate all'utilizzo dell'amianto. Ecco il prezzo che pagherà questa grande nazione non solo per l'eccessivo consumo, ma anche per non aver fatto abbastanza per informare i propri abitanti sui rischi per la salute provenienti da un materiale che in molte altre zone del mondo è stato bandito già da molti anni. Le responsabilità del governo in questo paese sono peraltro più gravi che altrove, se si pensa che in Cina avviene sistematicamente la censura di numerosi siti Internet, la quale ostacola una corretta e ampia informazione, esponendo i cinesi al rischio di isolamento – almeno entro certi ambiti – dal resto del mondo.

Solo nel 2007 in Cina si sono consumate 626 000 tonnellate di fibra cruda, più del doppio del secondo consumatore mondiale, ovvero dell'India, che ha raggiunto il consumo di 280 000 tonnellate. Stiamo parlando delle due "economie emergenti" con la popolazione più numerosa al mondo: non si ha idea delle drammatiche conseguenze che colpiranno l'Asia nei prossimi decenni. La più grande lobby cinese dell'industria minimizza le conseguenze dell'utilizzo del crisotilo, ovvero dell'amianto bianco, definendo le informazioni che circolano «esagerate» e sottolineando che un utilizzo responsabile del materiale è sicuro per la salute dei lavoratori. Eppure il direttore dei "sindacati" cinesi preannuncia l'arrivo di una catastrofe, confermando che il governo ha iniziato a creare leggi per tutelare i lavoratori dai rischi di salute in questo settore, ma che non ha il personale per controllare le condizioni di lavoro nelle miniere e nelle fabbriche.

Secondo le organizzazioni del lavoro internazionali, i cinesi hanno il più alto tasso di mortalità sul lavoro, solamente per le condizioni estreme in cui lavorano. È facile prevedere quanto questa cifra, già tragica, sia destinata ad aumentare quando esploderanno in massa i casi di malattie provenienti dal contatto con l'amianto, che creeranno, secondo gli esperti, una larga "epidemia professionale".

Nel 2008 nella sola provincia dello Zhejiang gli ispettori, addetti alla supervisione di un centinaio di officine, diedero valutazioni insoddisfacenti della maggior parte delle loro ispezioni. Nello stesso anno un giornalista locale visitò una delle officine denunciando un ambiente molto polveroso e l'utilizzo di maschere inutili, che garantivano solo una minima protezione dalla respirazione delle fibre aerodisperse. Su otto lavoratori che avevano fatto lastre al torace, ben cinque presentavano anomalie ai polmoni.

L'unica iniziativa concreta che la Cina ha intrapreso per frenare questa potenziale tragedia di massa è stata il bando delle altre tipologie di amianto ancor più pericolose di quello bianco, ovvero quello marrone e quello blu. A Pechino, la capitale, non può essere inoltre utilizzato nessun tipo di asbesto nelle costruzioni, ma in tutto il resto della Cina è in ampio sviluppo l'utilizzo del crisotilo nelle nuove costruzioni. Per molti lavoratori è comunque troppo tardi. In un rapporto di due anni fa, alcuni ricercatori dell'università di Hong Kong riportarono che il numero di casi di mesotelioma nell'isola cinese stava ancora aumentando e che avrebbe raggiunto i livelli massimi a partire dal 2014. Questo non fa presagire nulla di buono, considerando che l'uso di asbesto a Hong Kong raggiunse il suo picco nei primi anni Sessanta e che il mesotelioma può impiegare quaranta o più anni per svilupparsi.

Saluto così l'Asia, dopo otto splendidi mesi di viaggio, con un velo di tristezza per ciò che sarà il futuro di questo continente, che ho potuto apprezzare, in altri contesti, per i suoi valori umani. Purtroppo non si può più evitare la catastrofe in arrivo, ma si può fare molto per le giovani generazioni sensibilizzando e informando l'opinione pubblica e bandendo definitivamente ogni tipo di utilizzo produttivo dell'amianto.

PAGELLINO CINA

- Trasporti pubblici: **8**
- Cucina locale: **7**
- Ospitalità della gente: **6,5**
- Costo della vita per uno straniero: **6**
- Sicurezza donne: **7,5**
- MEDIA Cina: **7**

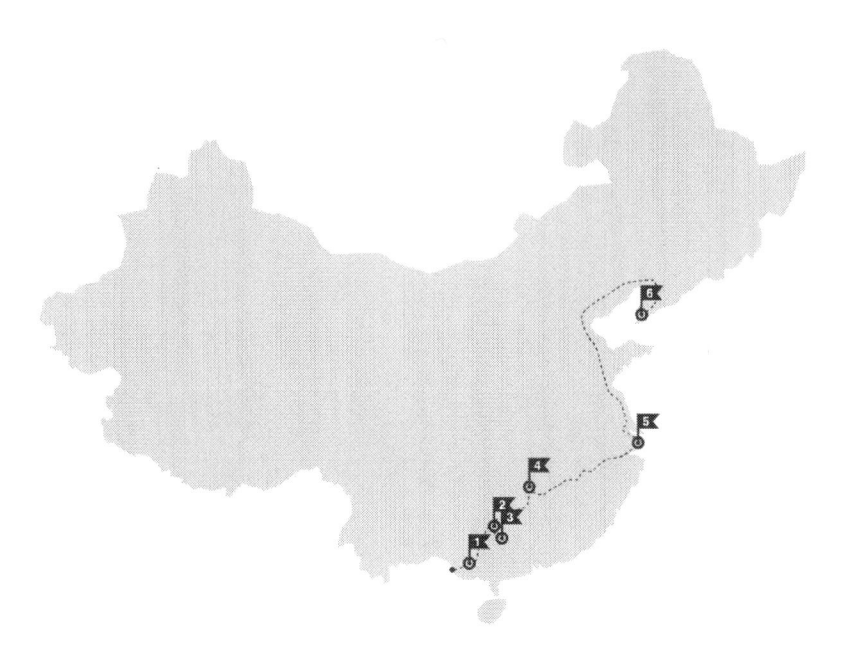

CINA

1. Nanning
2. Guilin
3. Yangshou
4. Guilin
5. Changsha
6. Shangai
7. Qingdao

Corea del Sud

22-05-2012 *Ingresso in Corea del Sud*

Ce l'ho fatta! Inaspettatamente ieri mattina ho trovato un biglietto per il traghetto diretto in giornata a Incheon, porto della Corea del Sud. Il viaggio è durato circa sedici ore ed è passato piuttosto in fretta perché sulla nave ho conosciuto un uomo australiano di quarantaquattro anni e un magro ragazzo danese mio coetaneo. Eravamo gli unici non asiatici, nel mezzo di un fiume di turisti cinesi e coreani, e inoltre tutti con delle storie davvero particolari. Brad, il robusto australiano, ha viaggiato mezzo mondo e dopo tre anni trascorsi in Corea a insegnare inglese nelle università si è trasferito gli ultimi due anni in un villaggio cinese per imparare tai chi. Ora torna in Corea indeciso sul da farsi. Fredrik, da quello che mi racconta, viaggia da tanti anni tra Asia, Africa e Sudamerica, ma noto subito in lui un comportamento da squilibrato dalla parlantina e da diversi tic. Straparla continuamente ed è fastidioso, credo che abbia esagerato con droghe e alcol nella sua vita talmente tanto che si è bruciato alla sua giovane età. Lui è stato solo qualche ora con noi perché a un certo punto Brad si è irritato per il suo comportamento e l'ha minacciato, lui si è spaventato ed è sparito. L'australiano mi sta simpatico e inoltre conosce bene il coreano –un vantaggio non trascurabile per me, perché sto entrando nell'ennesimo paese asiatico senza una guida o un'idea per cominciare. Così mi aggrego a lui allo sbarco in Corea, direzione Seul.

Ho utilizzato una guida turistica in India e Sri Lanka, ho pensato che fossero utili a darmi informazioni generali per il fatto che scrivo, ma troppo spesso mi sono ritrovato su itinerari turistici che poco avevano a che vedere con l'autenticità del posto. Fortunatamente il mio tipo di viaggio via terra fatto principalmente su mezzi di trasporto comuni spesso mi permette di trovarmi a condividere lunghi viaggi con famiglie locali. Mi piace essere guidato da loro per scoprire anche quei posti dove i turisti non arrivano. Sono mesi che non utilizzo più guide e ho ricevuto delle piacevoli sorprese, se ho bisogno di qualche informazione di carattere storico o culturale la trovo su Internet, stessa cosa per un eventuale ostello. Se trovo una guida da qualche parte una veloce lettura la do volentieri.

Tuttavia meglio non averla dietro perché se no ci si ritrova in un percorso organizzato che non permette di conoscere la vera realtà culturale di un paese. Prediligo contattare qualcuno del posto prima di arrivare e farmi dare due dritte, poi, una volta sul posto, mi faccio consigliare dalla gente locale. Così credo sarà il resto del mio viaggio, ormai avendo amici stranieri sparsi nel mondo posso contare sulle loro utili informazioni. Nulla mi preclude di vistare luoghi o città battute dal turismo, ma quello deve essere il contorno e non l'obiettivo.

Alla frontiera il funzionario della dogana coreana mi trattiene in un ufficio perché la banda elettronica del mio passaporto si è smagnetizzata e non riesce a leggerla con il suo apparecchio. Nulla di grave, non può vietarmi di passare la frontiera, ma sicuramente può farmi qualche domanda in più e trattenermi un po'. Cerco di collaborare, gli mostro il biglietto del mercantile diretto in Colombia e dopo una mezz'ora mi lascia andare. Ritrovo Brad e raggiungiamo la metro che collega Incheon a Seul. Impressionante la rete della metropolitana che collega due città enormi a poca distanza. Seul è reputata la seconda metropoli più grande al mondo dopo Tokyo. Sulla metro conosco un pakistano seduto accanto a me e quando gli racconto della mia esperienza pakistana gli si illuminano gli occhi. Riconosco quel sorriso e quella gentilezza pakistana che mi porto ancora oggi dentro il cuore grazie agli stupendi ricordi che ho della gente conosciuta in quel paese. Scambiamo due parole in urdu, fotografa il mio tatuaggio nella sua lingua e mi dà il suo numero di telefono dicendomi di chiamarlo assolutamente per qualsiasi cosa abbia bisogno.

Arrivo a Seul, cammino per le sue strade tra i grattacieli e i palazzi. Si mostra subito come una città super moderna ed evoluta. D'altronde la Corea del Sud (appoggiata dagli americani) è stata purtroppo quasi completamente rasa al suolo dalla Corea del Nord comunista (appoggiata dai cinesi e i russi) durante la terribile guerra di Corea degli anni Cinquanta. È stata ricostruita negli ultimi sessant'anni durante i quali ha avuto un'evoluzione straordinaria, arrivando a diventare una delle prime tre potenze economiche asiatiche dopo Giappone e Cina. Passata da un PIL di 100 dollari nel 1963 a uno di 20 000 nel 2007, è leader nel settore dell'elettronica vantando marchi come Samsung Electronics e LG Electronics. Per strada e nella metro si osservano le nuove generazioni alle prese con gli smartphone e il wi-fi. Capita addirittura che siano talmente incollati ai loro apparecchi da essere investiti per strada. Tutta questa evoluzione mi preoccupa riguardo al futuro dell'umanità, inevitabilmente è il modello che seguiamo in occidente. Pensate che non sono riuscito a trovare una sim per il mio cellulare di qualche anno fa comprato per 20 euro al supermercato. Ormai tutto funziona esclusivamente su smartphone, ma io rimango fedele al mio vecchio cellulare perché penso che la mia vita abbia avuto un'evoluzione già con l'utilizzo del computer e che non abbia bisogno di andare oltre. Sono troppi gli apparecchi elettronici che limitano sempre più l'uso e il potere della mente, rendendoci dipendenti dalla tecnologia.

Dopo ore di ricerche con esito negativo, troviamo sistemazione in una camerata di un ostello. Mi rendo conto a sorpresa che questo è il paese più caro in cui abbia viaggiato sino a ora. I prezzi più economici si aggirano intorno ai 10 euro. Ma non ho tempo per preoccuparmi, non ci vedo più dalla fame così raggiungiamo il primo ristorantino locale, dove in una piccola stanza con quattro tavoli due signore coreane servono piatti tipici. Provo kibimbab, precisando in coreano "senza carne". Rimango entusiasta, è un piatto buonissimo, si tratta di riso con varie verdure (germogli di soia, carote, fagioli e altre verdure tipiche) e un uovo sodo dentro un contenitore d'argilla riscaldato. Proprio quello che ci voleva!

24-05-2012 *Seul e ambasciata italiana*

Oggi è una giornata di quelle in cui è meglio rimettere le scarpe dopo diversi mesi con i sandali. I piedi iniziano ad avere delle piaghe per tutti questi chilometri senza aerei e mi aspetta una lunga giornata di cammino. Una di quelle giornate speciali di scoperta nell'ennesima metropoli asiatica, Seul. Osservo tutto ciò che mi circonda cercando di apprendere il più possibile, ma soprattutto di assorbire tutto come una spugna, e senza rendermene conto percorro decine di chilometri in un'intera giornata guidato da una curiosità insaziabile e da un entusiasmo vitale – amo queste giornate.

Di primo mattino cerco rifugio dal ritmo veloce della città e dai suoi grattacieli al palazzo reale, che si trova in una cittadella, circondata da mura, varie volte ricostruita perché distrutta dai giapponesi nella guerra a inizio secolo scorso. La parte più interessante, oltre all'architettura coreana, è il cambio della guardia. Avviene ogni ora ed è uno spettacolo osservare le guardie vestite con i tradizionali indumenti colorati e armate di sciabole. Il tutto ha inizio con il suono di un grande tamburo nei pressi dell'entrata, prosegue con l'ingresso delle guardie che suonano strumenti tradizionali. Mi perdo nel labirinto dei palazzi storici e, come capita in tutti i paesi asiatici, gli studenti coreani mi chiedono di fare una foto di gruppo attratti dallo straniero. Mi domandano la mia altezza e quando dico «1,86» sento esclamare «Wow» da un ragazzino che mi arriva poco sopra l'ombelico. Ritrovo l'uscita e torno in strada tra i palazzi moderni.

Cammino, cammino e cammino diretto a sud della città mentre osservo in ogni angolo della strada qualcuno impegnato con lo smartphone. Mi dirigo verso l'ambasciata italiana per chiarire la situazione sul mio passaporto smagnetizzato. Ho una mappa della città con l'indicazione sbagliata sulla posizione dell'ambasciata, così con difficoltà e dopo varie ore finalmente trovo la bandiera italiana che sventola davanti a un palazzo. Entro e salgo al terzo piano. Noto che l'orario di accesso al pubblico è limitato al mattino, e siccome è pomeriggio provo comunque a suonare. Mi risponde una voce coreana, parlo in italiano e mi aprono subito. Al mio ingresso incontro un carabiniere a cui racconto la mia situazione e mi dà un numero d'attesa. Pochi minuti e mi riceve un funzionario consolare italiano che mi spiega che con il passaporto attuale non possono vietarmi di attraversare la frontiera, ma se voglio si può fare richiesta di un nuovo passaporto. Siccome rischio di essere al limite con le pagine disponibili per terminare il mio viaggio e non vorrei rinunciare a troppi paesi compilo il modulo e ci provo. Non si sa bene quanto ci potranno impiegare dalla questura di Torino per avere il nulla osta, il funzionario sostiene che potrebbe essere questione di pochi giorni, e io tento, conscio che tra circa due settimane ho il biglietto per un mercantile diretto in Sudamerica. Sono rimasto ben impressionato e sorpreso dal signore che mi ha ricevuto, è stato gentilissimo.

In neanche ventiquattr'ore ricevo una mail dall'ambasciata che mi informa scrivendomi: «Alla luce dei lavori di manutenzione sul sistema informatico delle certificazioni relative ai passaporti di questi giorni e al totale stop dei giorni che andranno dal 1 al 4 giugno p.v., ma soprattutto alla sua ravvicinata partenza del giorno 4 giugno p.v., dopo quanto esposto temo dobbiamo soprassedere alla richiesta di un nuovo libretto».

26-05-2012 *Sabato sera*

Brad è carico, stasera vuole fare festa. Ha comprato due birre, dei crackers e del formaggio per un aperitivo nella cucina dell'ostello. Si brinda alla serata e quando finiamo le birre Brad mi invita ad andare sulla terrazza che ha una sorpresa. Arriviamo in cima e mi mostra della ganja – proprio oggi ho pensato che era un mese che non fumavo. Tira fuori una pipetta di legno e si inizia a fumare. Mi stona parecchio anche perché abbiamo fumato due grammi in cinque minuti. Tutti fusi scendiamo le scale e usciamo di fretta dall'ostello iniziando a ridere per strada. Camminiamo decisi verso Itaewon, un quartiere a sud di Seul, abbiamo un appuntamento con la ex di Brad. Nel tragitto si sosta nei supermercati lungo la strada per comprare fiumi di birra.

Dopo un'oretta di lunga camminata incontriamo Cuia, una fricchettona coreana che stava con Brad quando viveva in Corea. Raggiungiamo una via piena di locali, dove si scalda la movida del sabato sera della capitale coreana. Solita sosta al supermercato che ha anche dei tavolini, così ne occupiamo subito uno per restarci almeno tre ore bevendo fiumi di birra. Una signora anziana gira con un sacco della spazzatura e raccoglie le lattine per guadagnarci qualcosa consegnandole per il riciclaggio. Gironzola attorno a noi perché ha capito che nel nostro tavolo si beve parecchio. Offriamo una birra anche a lei, che racconta in coreano a Cuia di avere tre figli e che quindi ha bisogno di questo lavoro per arrotondare.

Arriva un amico coreano di Cuia con una faccia fusissima e le mani tremanti, si chiama Kim ed è un farmacista. Brad gli chiede se ha qualche medicina da sballo e Kim gli mostra due pillole blu, sono psicofarmaci. Brad ne manda giù una immediatamente, io invece rifiuto, non ho nessuna intenzione di prendere quella schifezza. Continuiamo a chiacchierare ma soprattutto a bere, iniziamo a essere un po' ubriachi. Io domando se si può andare a ballare da qualche parte siccome sono in carenza da ballo. Decidiamo di fare due passi nel quartiere per vedere se c'è una discoteca con della buona musica. Ci fermiamo davanti ad alcuni locali. Entro e osservo tra le luci dei neon la situazione, ma esco immediatamente perché sparano la solita irritante musica elettronica commerciale. Mi arrendo per l'ennesima volta, in Asia trovare buona musica da ballo è un'impresa.

Ci fermiamo ancora davanti a un supermercato, altro giro di birre e chiacchiere. Brad è decisamente alterato e inizia a dare segni di aggressività. Sta venendo fuori il suo spirito davvero provocante. Fumiamo un'altra volta la sua pipa e a un certo punto inizia a praticare tai chi. Sembra che voglia fare il superuomo davanti alla sua ex. Tira due colpi all'amico della ragazza che si trova sdraiato a terra. Mi provoca, vuole fare la sfida tai chi contro krav maga, la tecnica di combattimento israeliana che ho praticato l'anno scorso. Io non ne ho nessuna voglia, sto attraversando un periodo in cui sto facendo il possibile per essere sempre calmo e non sollecitare quel mio lato nervoso. Dopo, durante una piccola discussione, mi afferra per il collo con le sue mani grandi e robuste. Io reagisco, mi libero e rimaniamo avvinghiati l'uno all'altro. L'alcol non aiuta e cerco di placare Brad per non rischiare di andare troppo oltre e finire in una rissa. Ma lui non si placa, deve mostrarsi forte davanti alla donna. Partono alcuni colpi proibiti e a me non frega niente di continuare, così mi lascio cadere a terra e chiedo la resa. Fortunatamente anche lui si rende conto di aver esagerato. Il problema è che io ora sento quella rabbia che non provavo da tanto e che non volevo più sentire. Sento le mani calde e ho una gran voglia di attaccarlo. Tutto ciò non mi piace, così dopo cinque minuti mi giro e me ne vado senza dire nulla a nessuno. Mi perdo ciucco nelle vie di Seul, camminando per ore cercando di sbollire quella stupida rabbia.

28-05-2012 *Il compleanno di Budda*

L'equivalente del nostro Natale. Oggi in Corea del Sud si festeggia il compleanno di Budda, ovvero del principe Siddharta Gautama secondo il ramo Mahayana del buddismo. È festa nazionale e nei giorni scorsi le strade di Seul si sono vestite di luci colorate per la concomitanza del festival delle lanterne. Si respira un'atmosfera magica soprattutto nelle vicinanze degli affollati templi che aprono le proprie porte agli stranieri. Nei giorni scorsi c'è stata una parata con carri che trasportavano lanterne raffiguranti motivi religiosi. La sera è il momento più propizio per raggiungere i luoghi di culto o passeggiare nelle vie illuminate di Seul.

I due templi principali della capitale sono Bongeunsa e Jogyesa. Il primo è il più vasto e più addobbato di lanterne, infatti l'ho visitato ieri sera. Il secondo l'ho raggiunto stamattina ed è l'unico tempio centrale, costruito tra i grattacieli. Costituisce un luogo di stacco dalla realtà degli uffici circostanti. Facendomi strada nel mare di folla che lo popolava, stamane sono entrato nel cortile decorato e ho osservato i fedeli celebrare questo giorno. Tutti in coda per benedire una statuetta di Budda rovesciandogli acqua santa sulla testa. C'è la coda per suonare la campana o per entrare nel tempio stesso. Le famiglie accompagnano bambini e anziani, sembrano tutti molto devoti e fieri della loro festa. Si avverte una vibrazione particolare tra la gente, ecco cosa mancava in Cina. Essendo i cinesi prevalentemente atei, manca spiritualità nel loro paese.

Dopo alcune ore a passeggio nei dintorni del tempio, noto un gazebo con delle immagini dell'isola vulcanica coreana Jeju. Ci sono degli attivisti che si potrebbero paragonare ai nostri No Tav. Protestano contro la costruzione di un'immensa base navale americana nella loro isola. I lavori di costruzione sono già iniziati, ma le loro proteste o attività di blocco li stanno rallentando. Gli abitanti di quest'isola sono molto legati alla loro terra perché è luogo di rocce vulcaniche, di una bellezza rara, che si sono formate durante il processo di raffreddamento. Inoltre su quest'isola sono state ritrovate delle statue vulcaniche uniche con forme umane simili a quelle dell'isola di Pasqua. Sono state lasciate in eredità dalle culture indigene che popolavano l'isola e non si può risalire con certezza al periodo a cui appartengono, tuttavia conferiscono un particolare valore simbolico al luogo. "Save Gurumbi" è il loro motto, che sarebbe la località in cui si sta costruendo la base. In bocca al lupo a Gurumbi.

30-05-2012 *Gyeongju*

Mi ritrovo a Gyeongju, cittadina coreana circondata da parchi nazionali. La città è un orrore dell'architettura coreana, non tanto diversa da quella cinese, probabilmente sono entrambe figlie degli anni Sessanta. Tuttavia l'area circostante tra rovine storiche e foreste è un piacevole luogo dove trascorrere alcuni giorni di esplorazione. Finalmente un po' di stacco dalla città! Vi si trova una ricca eredità storica perché la città era la capitale del glorioso regno di Silla che dominò sulla maggior parte del territorio delle due Coree nel 700 d.C.

I ragazzi che lavorano all'ostello provano in tutti i modi a intimidirmi avvertendomi che oggi le previsioni danno pioggia, in effetti le nuvole scure non promettono nulla di buono. Decido di uscire lo stesso armato di mantellina, fino a ora la mia tenacia è quasi sempre stata premiata e in ogni caso due gocce non fanno male a nessuno. Compro una scorta di biscotti, non si sa mai nel caso mi avventurassi nella foresta. Salgo sul pullman diretto al tempio di Bulguksa, il più grande e interessante della zona. Sulla strada passiamo nelle vicinanze di un vasto lago rovinato dalle costruzioni di resort e luna park, i coreani anche in questo assomigliano ai cinesi.

Scendo alla fermata davanti all'ingresso del tempio e iniziano a cadere due gocce, nulla di preoccupante. Bulguksa è un tempio costruito durante il regno Silla nel 751, e successivamente restaurato. Si trovano varie pagode a forma rettangolare nello stile coreano, con tetto spiovente e spigoloso e tegole scure. L'orditura del tetto è decorata nello stile tradizionale con il colore verde dominante. Su alcune pagode sono dipinte delle svastiche (che da queste parti simboleggiano il samsara) e all'interno si trovano statue di Budda di fronte a cuscini sui quali pregano i fedeli. Uscendo mi perdo in una strada vietata e mi ritrovo nella parte in cui vivono i monaci in tunica grigia, che quando mi notano mi indicano la strada del ritorno ridendo. Hanno sviluppato un metodo efficace e veloce per connettersi con dio, sulle mura di un tempio noto una scatola wi-fi.

Prossima destinazione Seokguram Grotto, una celebre statua di Budda patrimonio UNESCO collocata in una grotta in cima alla montagna che domina sopra al tempio. Dalla mappa non sembra tanto distante, così decido di avventurarmi a piedi nonostante mi ritrovi a camminare al bordo di una strada poco trafficata perché non esiste un sentiero. Trovo pace in una fitta e colorata vegetazione e, mentre passeggio tra stagni di ninfee e risaie a terrazze, incontro scoiattoli, un castoro e un serpente. Dopo un'ora di camminata non sono ancora arrivato, ma sono convinto di essere sulla strada giusta.

Eccomi in cima alla montagna, il panorama è annebbiato dalle nuvole ma almeno sono davanti alla biglietteria per la grotta. Attraverso una piccola scorciatoia nel bosco e arrivo a destinazione. Entro e osservo la bellissima statua di Budda nella solita posizione seduta con il palmo aperto. Purtroppo è chiusa in una stanza protetta da una vetrata e a una distanza di dieci metri dal pubblico. La scultura è stata scolpita nel calcare e anch'essa è un'eredità del regno Silla. Ne ho viste parecchie di statue del genere, ma questa ha un particolare fascino. Sui muri attorno sono scolpiti vari personaggi, tra cui due guardie robuste.

Per tornare verso la città bisogna prendere due pullman abbastanza cari, così mi sistemo fuori dal parcheggio a bordo strada con il pollice alzato. I primi esitano, ma in ogni caso dopo un quarto d'ora sono con il sedere appoggiato sui comodi sedili di un'auto coreana, che credo mi stia portando in centro, anche se non ne sono sicuro siccome non parlano inglese.

31-05-2012 *Monte sacro Namsam*

Che giornata meravigliosa! Nell'ultimo mese in giro per metropoli cinesi e coreane, esageratamente abbondanti di cemento, sentivo che c'era qualcosa che mi mancava. Un ingrediente che non mi permetteva di godere appieno della mia fantastica esperienza. Oggi finalmente ho scoperto di cosa si trattava: un contatto forte con madre natura. Durante la mattinata, armato di bussola e tanta voglia di camminare, assieme a Barbara, una ragazza californiana, sono arrivato ai piedi di una montagna sacra nel centro di una vallata pochi metri sopra il livello del mare. Al punto informazioni la signora coreana ci ragguaglia sui possibili percorsi e sulle distanze, consigliandoci di raggiungere il primo picco e tornare indietro perché se proseguiamo l'escursione si fa complessa e rischiamo di non terminarla prima del crepuscolo.

La prima parte del tragitto, fino al picco con un dislivello di 500 metri, si è rivelata molto battuta da turisti coreani in tenuta da trekking professionale, i punti di maggiore interesse sono un tempio buddista e una statua di Budda, seduto su un fiore di loto, scolpita su una roccia di granito. La vetta è stata raggiunta in poco più di un'ora, invece delle due ore previste dalla signora, ma Barbara non se la sente di proseguire e torna indietro. Io, assetato di avventura, continuo l'escursione in solitaria cercando di capire le indicazioni di cui la maggior parte è in coreano.

Dopo un breve tratto per un largo sentiero incontro una scultura di granito tra i resti di un tempio antico e su una roccia di fronte noto la raffigurazione di un Budda seduto. Attorno a me tanta natura selvaggia ma soprattutto un sublime silenzio – da quando ho superato la vetta non ho più incontrato nessuno. A un certo punto il sentiero svanisce tra varie formazioni rocciose, trovo delle corde fissate da qualcuno e le sfrutto per calarmi giù. Cammino nel bosco godendo appieno della beata solitudine nel mezzo della natura. Credo di essermi perso perché non ho idea di dove sto andando e questo, invece di preoccuparmi, mi dà una superba sensazione di libertà. Osservo la montagna e mi viene l'idea di attraversarla fino all'altro estremo a sud est. Devo tornare a fondo per trovare un ruscello che attraversi i due picchi. Dopo vari voli con il sedere a terra sulle rocce scivolose trovo finalmente una via nei pressi di un corso d'acqua in pratica asciutto. Ritrovo un sentiero che segue la direzione sud est confermata dalla bussola.

Dopo qualche ora di esplorazione senza incontrare anima viva ecco all'improvviso un lago nascosto dagli alberi. È spuntato il sole da un po' e inizia a far caldo, così decido di rinfrescarmi con un bagno. Consapevole di essere solo, mi spoglio completamente e mi tuffo nell'acqua. Riprendo la passeggiata e sento il verso di un animale conosciuto. Mi sembra quello di un maiale, osservo in direzione del suono e noto la sagoma di un brutto cinghiale. Fortunatamente non è interessato ad attaccarmi, così mi dileguo per il bosco velocemente. Trovo delle indicazioni, e proseguo verso un tempio poco distante. Arrivato al tempio, incontro dei monaci e alcuni escursionisti coreani, ma soprattutto noto una parete con un grande Budda di tre metri, affiancato da due bodhisattva, che sembra risalire all'VIII secolo d. C. Davanti una roccia alta quasi due metri con raffigurazioni di Budda seduto in posizioni diverse. Mi siedo, bevo un tè offerto dai monaci e osservo il nuovo lato della vallata.

Dopo poco più di cinque ore arrivo a destinazione, ho attraversato l'intera montagna e con un sorriso splendente cammino tra le vaste risaie. Mi ricordo di avere l'mp3, ascolto "Rise" di Eddie Vedder e continuo a sognare. Sulle ali della libertà cammino a bordo strada con una forza che mi potrebbe portare dall'altro capo del mondo senza fermarmi. Alzo il pollice in attesa di un passaggio. I primi non si fermano oppure capita di non capirsi per la direzione, problemi di lingua. Ma dopo una mezz'oretta finalmente trovo un signore coreano che capisce qualche parola di inglese e mi dice di avermi notato nell'ultimo tempio.

02-06-2012 *Pusan*

Ultima tappa prima di lasciare l'Asia, ci siamo. Ho avuto conferma dall'agente portuale coreano che il mercantile sta arrivando in porto e che la partenza è prevista fra tre giorni. Sono a dir poco elettrizzato da questa bellissima notizia, questo è il passo più importante per il mio viaggio senza aerei. Così stamane ho raggiunto Pusan, una delle città più grandi della Corea e il porto principale. Ho trovato sistemazione in un ottimo ostello aperto dieci giorni fa, quindi a prezzi più bassi e con le camere nuovissime e pulitissime. Sono alloggiato in una vasta area commerciale nei pressi del porto. Un impressionante centro commerciale di una decina di piani domina la scena, ma non mancano mercati sotterranei che si estendono per 600 metri, oltre a negozi e bancarelle nelle vie pedonali. Si potrebbe trovare di tutto e proprio a due passi c'è il celebre mercato del pesce, il più articolato e vario che abbia mai visto con un'infinità di vasche colme di poveri pesci ammassati vivi uno sopra l'altro che sbattono la coda alla ricerca di un salto nella libertà perduta. Pusan conferma l'eccessivo sviluppo del suo paese a favore di una società materialista e consumista, qui si trova ricchezza ma la gente è così superficiale che non è riuscita trasmettermi nulla in due settimane. Come nota positiva, c'è da dire che sembrano persone oneste quindi viaggiare nel loro paese è sicuro, però l'eccessivo sviluppo ha impoverito di umanità questo popolo, mi ricordano gli svizzeri.

Situato su un monte a nord della città, si trova un complesso di circa venti templi buddisti. Uscendo alla fermata della metro osservo i coreani tutti rigorosamente preparati con abbigliamento da trekking, di una precisione da far spavento. Cappellini, magliette termiche, giacche a vento, guanti, bastoncini nonostante fuori ci siano 30 gradi, infatti io sono l'unico in canotta e sandali. Per arrivare ai templi si deve percorrere una salita di tre chilometri. Mentre mi incammino noto la massa di turisti coreani dirigersi verso il pullman – alla faccia dell'abbigliamento da trekking. Sono l'unico che decide di andarci a piedi.

I templi sono colmi di fedeli venuti per le cerimonie in corso, i monaci suonano uno strumento tradizionale e i fedeli pregano. Essendo gli ultimi momenti d'Asia, decido di sedermi tra loro e meditare – quale miglior modo per concludere questa spirituale esperienza asiatica? Molti accorrono anche per fare un pic nic lungo il ruscello che scorre dal monte o per fare una passeggiata nei dintorni. Sembra un labirinto e sorprendentemente trovo sempre dei nuovi templi nascosti tra gli alberi. Incontro anche un complesso di statue di Budda seduto su fiori di loto o raffigurazioni di guardiani o bodhisattva. Come la maggior parte delle raffigurazioni di Budda in Corea, queste statue sono recenti e nonostante si cerchi di impressionare la gente con le dimensioni si avverte che manca quell'ingrediente speciale che solo il tempo può donare.

04-06-2012 *Grazie Asia!*

Dopo otto intensi mesi e 26 800 km senza aerei saluto l'Asia, un

continente che mi ha trasmesso tantissimo sul piano umano. Ne esco da uomo migliore, con abitudini nuove e idee più chiare sulla mia esistenza. Sono tanti i momenti speciali che porterò dentro il mio cuore per il resto della vita:
- il lungo trekking attorno all'Himalaya
- il pellegrinaggio notturno sull'Adam's Peak, la montagna sacra singalese
- l'attraversamento del mare Arabico e del mar Giallo
- la conoscenza di città esotiche come Kathmandu, Delhi, Mumbai, Varanasi, Bangkok, Hanoi
- paesaggi naturalistici favolosi e selvaggi
- l'ospitalità e il sorriso degli indiani e dei laotiani
- i templi meravigliosi come quelli nepalesi, indiani, singalesi, thailandesi e coreani. Soprattutto Angkor Wat in Cambogia e Hampi in India
- i numerosi incontri umani indimenticabili in tutti i paesi attraversati

Non dimenticherò mai anche diversi momenti difficili che mi hanno comunque rafforzato, come la contrazione della malaria in Laos e la trappola della mafia filippina in Cambogia. Ho raggiunto uno stato d'animo favoloso. Sento il mio corpo vibrare tra brividi di stupore, gioia e gratitudine. Sono sospeso su un sottilissimo confine tra realtà e sogno tanto che spesso li confondo, quando osservo un mappamondo dimentico di essere umano. Oggi mi imbarco su un mercantile che in circa ventidue giorni attraverserà l'intero oceano Pacifico e sbarcherà in un porto esotico colombiano. Il sogno sudamericano è alle porte!

Danjavaad Nepal

Danjavaad India

Istuti Sri Lanka

Terima kasih Malesia

Ko khun ka Thailandia

Kof chai Laos

Au kon Cambogia

Gamm ern Vietnam

Shi shie Cina

Kam sa ham ni da Corea del Sud

PAGELLINO COREA DEL SUD

- ▶ Trasporti pubblici: **9**
- ▶ Cucina locale: **7,5**
- ▶ Ospitalità della gente: **5,5**
- ▶ Costo della vita per uno straniero: **5,5**
- ▶ Sicurezza donne: **8,5**
- ▶ MEDIA Corea del Sud: **7,2**

COREA DEL SUD

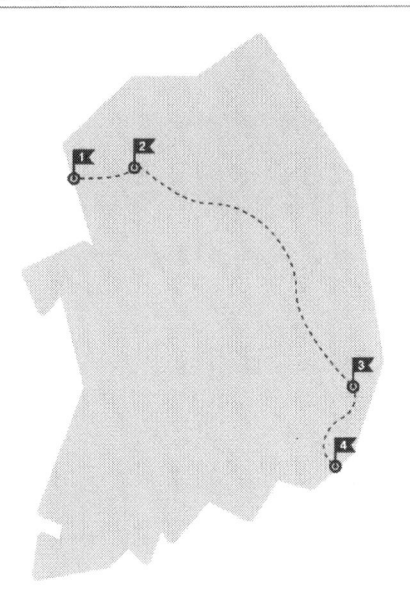

1. Incheon
2. Seoul
3. Gyeongju
4. Busan

Oceano Pacifico

09-06-2012 *Latitudine 46°55.870 N - longitudine 178°49.900 E*
Sesto giorno di traversata dell'oceano Pacifico, essendo partito il 4 giugno. A forza di cambiare fusi orari quasi tutti i giorni sono arrivato nel punto in cui si passa da +12 a -11. Così d'incanto ti ritrovi a vivere due volte lo stesso giorno, sarebbe l'ideale farlo durante il compleanno, peccato che qui nel mezzo dell'oceano lo si festeggerebbe in pratica due volte da soli. Non conta neanche che sia sabato perché nell'oceano tutti i giorni sono uguali, qui contano la forza del vento e la forza del mare. Si vive osservando le forze della natura, che un giorno possono esserti amiche con il vento a favore e il mare piatto, ma il giorno dopo nemiche con un forte vento che spinge grosse onde a lato della nave facendola danzare lentamente da una sponda all'altra per ore o per giorni. Questa dipendenza dalle forze della natura è poetica.

Mi trovo su un quasi nuovo (2006) mercantile francese lungo 350 metri e largo 50. Trasporta al massimo 8500 container che si caricano uno sopra l'altro come fossero dei lego. Viaggiamo a una velocità compresa tra i 16 e i 22 nodi, dipende dalle condizioni atmosferiche. L'equipaggio è formato da dieci francesi e diciotto rumeni capitanati da un francese, sono l'unico passeggero. Trascorro le mie giornate tra letture, revisione degli scritti e film. Un giovane cadetto marinaio, quando lo incontro, mi dà nozioni generali di navigazione o mi accompagna a visitare la nave.

Dopo una prima giornata di sole e quiete, siamo entrati in una bassa pressione che sta condizionando la nostra traversata, con vento di 50 nodi circa e mare irrequieto, di un blu scuro che lega bene con la nebbia attorno a noi, con onde dai quattro ai sei metri. In passerella non si riesce a stare con questo vento, ho provato a uscire ma mai mi sono sentito così insignificante e impotente davanti a raffiche che mi spostavano come una foglia secca. I quadri danzano sulle pareti, le bottiglie d'acqua cadono spesso e la camminata, oltre che alla dormita, è più difficoltosa. In ogni caso nulla di grave. Siamo in attesa di un miglioramento, già ci è andata bene perché appena avevamo superato il Giappone abbiamo evitato di poco un tifone proveniente dalle Filippine. La temperatura molto bassa dell'acqua (5 gradi) ci avrebbe comunque salvato perché i tifoni hanno bisogno di temperature più elevate, per quello si scatenano soprattutto nelle zone calde.

La nostra prossima fermata sarà in Messico. Essendo il mondo a forma di sfera la rotta più breve non prevede di tirare dritto verso il Messico, ma di salire verso nord est per avvicinarci al mare di Bering e poi scendere lungo la costa americana. Ora la nostra posizione è latitudine 46°55.870 N, longitudine 178°49.900 E.

13-06-2012 *Latitudine 45°15.030 N - longitudine 143°26.030 O*
Apro gli occhi ancora mezzo sognante e felice per il ricordo del meraviglioso sogno fatto, in cui erano protagonisti mio padre e una ragazza che amo. Dalla finestra noto sorpreso i riflessi di deboli raggi solari. Mi alzo per osservare il mare. Dopo dieci giorni di viaggio e nove di pioggia e nebbia ecco il dio sole che cerca di farsi prepotentemente spazio con tutto il suo splendore tra le bianche nuvole. L'orizzonte torna a essere visibile, è un'incantevole sottile sfumatura tra il blu scuro del mare e il turchese del cielo. Non voglio perdermi questo momento e di fretta raggiungo il ponte per osservare lo spettacolo dal punto migliore della nave. Il vento accarezza i miei capelli arruffati e selvaggi. Assisto alla vittoria del sole, un'onda di calore mi accarezza la pelle e una lunga distesa di mare dorato illumina la traversata dopo troppi giorni di oscurità e freddo. Ma è proprio grazie all'oscurità che si apprezza così tanto la luce, che mondo privo di emozioni sarebbe senza dolore o sofferenza? Tutte le stupende sensazioni che fanno vibrare l'anima esistono solo per via della nostra consapevolezza che nulla è eterno.

E mentre sento il mio corpo assorbire energia vitale mi rendo conto dell'importanza di due ingredienti fondamentali per la felicità: tempo e libertà. Non ho mai avuto così tanto tempo da dedicare a me stesso, alle mie passioni o alle mie riflessioni. Ormai in questi mesi ho analizzato ogni singolo momento della mia vita così a fondo che ora è tutto chiarissimo nella mia mente. Ci voleva dopo anni di giornate trascorse nello stesso ufficio, a volte senza neanche poter godere di qualche minuto di luce solare, sempre indaffarato tra pulizie di casa, spesa e faccende varie in cui sentivo il tempo scivolare via velocemente da non averne mai abbastanza per pensare a me stesso come avrei voluto. Per di più durante alcuni degli anni migliori della vita in cui si ha un'energia particolare che se sfruttata al massimo può realizzare grandi imprese, ma se sprecata diventerà un rimpianto quando sarà troppo tardi per tornare indietro. Se si ha la possibilità, credo che sia fondamentale per la vita di un essere umano, in quel periodo di vita, provare a inseguire le proprie aspirazioni più grandi dando la propria anima per riuscire a realizzarle. In modo tale che se poi si ha un esito positivo, si può trascorrere quarant'anni anni di lavoro facendo ciò che ami o in caso negativo ci si può mettere l'anima in pace per averci provato e cercare così un'altra strada. Perché in ogni caso non si scappa mai dalla propria coscienza e se sentiamo dentro di noi una voce che ci spinge verso qualcosa o un sogno finché non proveremo a realizzarlo il tarlo ci tormenterà, soprattutto quando arriveremo a 40 o 50 anni. Questo credo di aver compreso dalle persone di quella fascia di età e questo spiega le molte crisi matrimoniali che derivano soprattutto da delusioni personali. Ogni essere umano, invece di perdere tempo nelle relazioni di coppia, tra i 20 e i 30 anni dovrebbe concentrarsi a utilizzare tutta la sua strabiliante energia seguendo le proprie passioni o cercando risposte a tutte le domande che ha in modo da formare e realizzare se stesso. In seguito a questo periodo di profonda maturazione personale sarà sicuramente più in grado di amare una persona e di prendersi delle responsabilità come una famiglia.

18-06-2012 *Latitudine 20°32.695 N - longitudine 109°32.949 O*

Le giornate trascorrono velocemente, tra scrivere e leggere mi tengo impegnato per diverse ore. Soprattutto la scrittura di questo libro, non ho mai affrontato un impegno con tale passione e determinazione. Non so neanche se mai riuscirò a pubblicarlo, ma in ogni caso sono soddisfatto perché so che sto mettendo l'anima in quello che sto facendo e secondo me conta più del risultato. Tutto questo amore per il viaggio e per lo scrivere mi sta dando una forte vitalità, so di avere trovato la mia strada e di conseguenza crolla ogni paura o esitazione. Quando si trova la propria passione, pur di inseguirla, si accetta di rischiare la propria vita. Passano gli anni ma la mia filosofia di vita resta quella che mi tatuai in urdu (pakistano) sul braccio destro sei anni fa: «Bisogna osare per realizzare i propri sogni. La morte mi spaventa ma non l'aspetterò sulle mie ginocchia, preferisco ardere che appassire».

Quando mi prendo una pausa dalla scrittura, studio il lavoro dei marinai.

Trascorro una o due ore giornaliere nella cabina di comando a osservarli annoiati davanti ai radar e ai computer. La tecnologia ha preso il posto dell'uomo, ormai ci sono i radar che fanno tutto quasi perfettamente – quasi, perché sappiamo tutti, ad esempio, dell'incidente del Giglio. Si usa sempre meno la testa, e sempre di più gli strumenti elettronici. Sembra che i marinai osservino il mare solo più per amore. Fortunatamente c'è ancora un gigantesco motore che tiene impegnato un buon gruppo di ingegneri e meccanici ai lavori manuali. Visitando la stanza motore sono rimasto impressionato dalle sue dimensioni. Occupa uno spazio di quattro piani di altezza e una ventina di metri di lunghezza. Più che altro mi chiedo com'è possibile che con tutti questi ingegneri nessuno abbia trovato il modo per liberare le navi dal consumo della benzina nemmeno per l'elettricità a bordo alimentata da un generatore. Un mezzo che vive tra le forze della natura come l'acqua, il vento e il sole dovrebbe essersi sbarazzato della dipendenza dal petrolio. Inseriamo qualche piccola elica a vento, utilizziamo il fotovoltaico con il nastro silicio amorfo sulle fiancate laterali, con tutta la luce diffusa che riflette il mare, e infine sfruttiamo la forza idroelettrica creando dei canali d'entrata, per l'acqua marina, a prua e d'uscita laterali. Pensateci giovani menti, questo potrebbe rivelarsi un enorme passo avanti per il futuro e per madre natura.

E poi d'incanto continua lo spettacolo dei panorami marini al tramonto con un branco di delfini saltellanti. Il palcoscenico è a 360 gradi, assume sfumature diverse in base alle forze naturali ma soprattutto alla luce che cambia del sole. Il dio sole domina dall'alto protagonista, le nuvole danzano veloci, agitate dal vento, sotto di lui, creando forme dorate sul mare che riflette lo stato d'animo del cielo. Quando il cielo è triste e grigio il mare si tinge di un blu scuro inquieto, ma quando il cielo splende con il suo smagliante azzurro turchese ecco il mare sfumarsi di un blu vivo e pacifico. E che spettacolo immenso quando a est e a ovest si creano sfumature contrastanti. Infine c'è l'orizzonte a fare da contorno, da confine oltre il quale ci sono i sogni dei viaggiatori di ogni epoca. Quanta poesia!

21-06-2012 *Lazaro Cardenas*

Piove a dirotto, il cielo è di un grigio scuro che non dà possibilità di illusioni a causa di un ciclone che tormenta la costa pacifica del Messico da una settimana. In ogni caso il triste paesaggio di vecchie fabbriche, ciminiere fumanti e gru da scarico per container mi risulterebbe cupo anche con uno splendido sole. La nave affronta lentamente le manovre d'ingresso per la seconda e ultima tappa messicana: Lazaro Cardenas. Gli agenti portuali salgono a bordo per darci il benvenuto e per compilare la trafila di documenti burocratici da prassi. Chiedo a un giovane messicano con il pizzetto, vestito da cowboy e con la pettorina arancione di sicurezza, come si può raggiungere la cittadina. Mi spiega che, al contrario del precedente porto, non ci sono mezzi e l'unico modo è camminare per circa sei chilometri attraversando un lungo ponte che collega il porto alla città. Si offre di darmi un passaggio e accetto volentieri. Scendo dalla nave e osservo l'ennesimo porto governato da enormi gru blu che con i loro bracci metallici spostano avanti e indietro container. Attento a non essere investito da uno degli spaventosi mostri meccanici che circolano sopra la mia testa, salgo sul pickup dell'agente.

Prima di uscire dal porto scendo due volte per dei controlli della polizia e, tra un controllo e l'altro, entusiasta di poter parlare spagnolo, mi faccio dare due dritte dall'agente su cosa si può fare a Lazaro Cardenas. D'altronde non ho idea di che cosa aspettarmi.

Agente portuale: «Mi spiace, amico, ma rimarrai deluso, non è una città turistica ma industriale. Ed è particolarmente cara».

Io: «Perché è cara?».

Agente portuale: «Le ragazze sono carissime!».

Io: «Le ragazze?» (allibito).

Agente portuale: «Sì amico, possono arrivare a costarti anche 100 dollari all'ora. Per me è davvero tanto, non so per te. Io di solito le trovo per molto meno nelle altre città. Ma se vuoi ci sono tre supermercati e qualche bar. Stai attento che questa città è abitata da narcotrafficanti e come vedrai non ci sono stranieri come te. Qualche volta capita di vedere dei marinai a caccia di ragazze, ma questa città è così brutta che gli stranieri non ci vengono. Eccoci nel centro. Lì trovi la banca, dove cambiare i dollari. Buona fortuna, amico».

Basito dalla conversazione, saluto e ringrazio per il passaggio. Attraverso la strada poco trafficata ed entro nella banca per cambiare 10 dollari. Mentre attendo il cambio, allo sportello di fianco al mio arriva una guardia di un blindato con un fucile a pompa e una cintura di cartucce rosse contenenti pallottole giganti che stenderebbero pure un orso. Osservo incuriosito l'arma infastidendo il poliziotto che mi lancia un brutto sguardo. Raccolgo i pesos ed esco per fare due passi. In effetti vedo solo messicani impegnati nelle loro attività commerciali a bordo strada. Gli edifici sono fatiscenti con la vernice bianca trasandata e le strade sono sporche, si respira un'aria esotica. Mi siedo in un modesto bar d'angolo e ordino una spremuta d'arancia. Conosco le due bariste messicane, probabilmente madre e figlia. Dialogo con la madre.

Madre: «Di dove sei?».

Io: «Italiano».

Madre: «Parli bene lo spagnolo».

Io: «È facile perché assomiglia alla mia lingua».

Madre: «Nel tuo paese c'è il Papa! Mi piaceva molto Giovanni Paolo, ma ora c'è un tedesco con la faccia da diavolo».

Io: «Sì signora, a Roma c'è il Vaticano. Siete molto religiosi voi messicani?».

Madre: «Sì, molto. Ti piace il Michoacan (regione di Lazaro Cardenas)?».

Io: «Sono solo di passaggio con una nave, sto andando in Colombia».

Madre: «Bene perché a me non piace proprio questo posto, è una città industriale, non ci sono turisti. Io vengo da una regione centrale più caratteristica».

Dopo il gelo umano della Corea del Sud e più di due settimane di isolamento su una nave, apprezzo parecchio la loquacità messicana. La cittadina è davvero modesta e non offre nulla d'interessante, così dopo qualche oretta a gironzolare, ma soprattutto a osservare le sue dinamiche quotidiane, decido di avviarmi sulla lunga via di ritorno verso il porto sotto una pioggia battente. Entro nell'area portuale sotto gli occhi di un militare, con in mano un altro bel fucile, e proseguo camminando a bordo di una deserta strada da poco asfaltata. Il paesaggio è deprimente, penso ai panorami magici che mi ha regalato il mare, ma riprovo il piacere di una lunga camminata silenziosa e meditativa. La temperatura estiva mi concede di godere pure della pioggia sulla pelle e dei vestiti zuppi. Ormai sono nelle vicinanze della nave, vedo la sagoma e tre marinai rumeni che camminano decisi verso me. Li saluto e mi chiedono com'è la città, hanno le espressioni da bambini monelli che ne stanno per combinare una. Riprendono la camminata e mi risalutano di fretta. Dopo qualche giorno vengo a scoprire che sono stati arrestati perché sono andati a prostitute e non volevano pagarle.

OCEANO PACIFICO

- **1** Pusan
- **2** Manzanillo
- **3** Lazaro Cardenas
- **4** Buenaventura

Colombia

26-06-2012 *Sbarco in Colombia*

Dopo ventidue giorni di traversata dell'oceano Pacifico ecco materializzarsi la costa colombiana davanti ai miei occhi gonfi di gioia. Nei giorni scorsi ho pure avuto occasione di gustare un antipasto messicano in due losche cittadine portuali mentre la nave era impegnata a scaricare i container. Ma ora finalmente, dopo tre settimane di immobilismo, si torna a riassaporare la strada per conoscere una nuova calorosa cultura che con la sua romantica lingua spagnola mi farà sentire a casa. Dopo i limiti linguistici sorti in Cina e Corea del Sud, è meraviglioso poter tornare a comunicare con la gente locale con tanta facilità, mi permette di godere di un contatto culturale più profondo.

Ringrazio il mare per i panorami stupendi con cui mi ha deliziato, ma soprattutto per avermi ricaricato a mille con tutta la sua strabiliante energia, e sbarco nel principale porto della costa pacifica colombiana: Buenaventura. Il nome ideale con cui iniziare l'esperienza sudamericana, anche se ho ricevuto delle informazioni davvero inquietanti dall'equipaggio del mercantile. La città è considerata uno dei luoghi più pericolosi del mondo, con un tasso di criminalità superiore a città come New York, Kabul e Baghdad. Per via della sua favorevole posizione sul Pacifico e della vicinanza alla città di Cali, principale cartello della droga colombiano, è il porto del narcotraffico, da cui partono le barche dirette in Messico, e del traffico d'armi colombiano dove avvengono scontri tra le FARC (Forze Armate Rivoluzionarie Colombiane), i paramilitari, che controllano il porto, e i militari. Inoltre si possono assumere killer per soli 13 euro. Un rassicurante biglietto da visita, ma molte sono solo informazioni provenienti da wikipedia che lasciano il tempo che trovano.

Ho appuntamento di primo mattino con l'agente portuale per sbrigare la questione del visto. Lo vedo arrivare un'ora in ritardo per dirmi che si farà tutto solo dopo pranzo, ma se voglio posso uscire con un permesso provvisorio per rientrare tra qualche ora. Naturalmente decido di andare in città alla ricerca di un ostello dove alloggiare stanotte. Esco dalla nave e mi trovo a camminare spaesato tra colossali gru meccaniche che muovono grossi container sopra la mia testa. Chiedo a un operaio dove si trova l'uscita e mi indica una strada su cui proseguire dove trovare un autobus che fa il giro del porto. Conosco altri due operai sul mezzo interessati ai miei tatuaggi, uno mi racconta di essere un tatuatore come secondo lavoro. Arrivato a destinazione, scendo e affronto i controlli per l'uscita.

Esco e vengo travolto, un impatto molto forte che aumenta il mio spaesamento. Provato dal calore torrido della città, situata a soli 4 gradi sopra l'equatore, osservo il caos attorno a me. Sopra la mia testa si sviluppa una ragnatela di cavi elettrici cadenti. Le strade sono sporche e piene di buche, trafficate da pulmini che fanno da taxi collettivi. I marciapiedi sono sgretolati, occupati da commercianti con bancarelle di legno con una lamiera ondulata che li protegge dal sole. Gli edifici sono fatiscenti, con i muri scuri e trasandati. Infine i colombiani: uomini grossi e forti di origini miste tra ispanici e africani e donne formose, alcune bellissime. Viaggiare via terra in Asia mi evitava impatti del genere perché mi spostavo tra paesi confinanti molto simili tra loro. Ora il passaggio è dall'Asia al Sudamerica, dalla Corea alla Colombia, dalla popolazione coreana chiusa, minuta, silenziosa e precisa, a quella colombiana aperta, robusta, caotica e disordinata. Da un opposto all'altro, e dopo tre settimane immerso nel silenzio del mare e della mia cabina devo adattarmi a questa nuova realtà. Buenaventura sembra all'altezza della sua losca fama.

Immerso in tutti questi pensieri, mi ritrovo affiancato da un omone colombiano calvo sulla quarantina con la faccia grassa e allegra, di nome Omar, che ha deciso di accompagnarmi alla ricerca di un posto dove dormire. Non ho altra scelta che seguirlo perché in ogni caso sono senza guida e senza un indirizzo dove andare, e lui mi pare solo alla ricerca di una mancia. Se voglio viaggiare da solo in questo paese mi devo liberare della diffidenza che il 90% della gente, che mi ha parlato della Colombia, ha cercato di trasmettermi. Omar mi racconta che ha vissuto dodici anni a New York e che era il responsabile della raccolta rifiuti di Brooklyn. Grazie a lui riesco a prelevare pesos, a trovare un ostello ma niente da fare per una sim colombiana perché il mio modesto cellulare non funziona. Fortunatamente la stazione dei pullman è vicina, così mi informo sulle rotte verso nord. Sono diretto a Santa Marta dove ho un contatto locale, tramite un'amica di origini colombiane, che sicuramente mi può dare due utili dritte sul suo paese. Dista due giorni di viaggio, così sto pensando a uno stop intermedio e il più probabile sembra Medellin.

28-06-2012 *Medellin*

Sono reduce da dieci ore notturne di viaggio in pullman per strade tortuose, quindi praticamente insonni. È l'alba e dovei arrivare a Medellin a momenti. Guardo un cartello stradale che indica 17 chilometri alla destinazione e all'improvviso il mezzo si ferma. Dal mio finestrino appannato riesco a scrutare una lunga fila di mezzi completamente immobili. Aspettiamo alcuni minuti, non ci muoviamo di un metro, sembra che ci sia qualcosa di sconosciuto che ostacoli il traffico. Trascorrono le ore e siamo sempre fermi nello stesso punto, ma con un sole rovente che picchia sul pullman. Come spesso capita in questi momenti di sconforto tra i passeggeri si crea uno spirito di solidarietà, anche con me che sono l'unico straniero. Conosco un gruppo di giovani ragazze colombiane simpatiche, incuriosite da me. Nello stesso tempo sbucano dal nulla venditori ambulanti da ogni lato della strada, vendono patatine, arachidi, ananas, bibite e gelati. Siamo rimasti fermi per quasi otto ore e qualcuno oggi ha fatto un gran business a rifornire tutte le macchine ferme sulla statale. Riguardo al motivo del blocco non saprei dire, l'unica cosa che ho visto era un gruppo di una trentina di poliziotti delle forze speciali colombiane in divisa antisommossa. Ho chiesto durante il giorno a colombiani se avevano sentito delle notizie ma niente, nessuno sa cosa sia successo.

Lentamente procediamo fino a entrare nel fondo valle dove, circondata a 360 gradi da colline, è situata la città di Medellin. I semafori si riempiono di vita tra giocolieri, mimi e venditori ambulanti. Noto fabbriche, allevamenti, autorimesse e case con coperture in amianto – purtroppo questa è una problematica largamente diffusa nel paese. Gli edifici sono in muratura con i mattoni rossi ben visibili senza rifinitura di calce. Il centro città ha un'aria culturale con le sue piazze circondate da musei e grasse sculture di Botero, anche se i palazzi attorno sono cupi e trasandati. Le strade del centro sono affollate e nelle aree pedonali capita di essere approcciati da individui sballati. Uno mi prende per il braccio, lo spingo e non insiste. I poliziotti ausiliari con la pettorina gialla perquisiscono costantemente ragazzi sospetti. Mentre ero sotto una palma concentrato ad ascoltare un gruppo di signori colombiani a cantare canzoni sulla tristezza nella vita, armati di chitarra e tanta passione, ho visto qualche bizzarro elemento essere portato via con le buone. Come contorno, varie chiese coloniali bianche gremite di fedeli in preghiera o impegnati nella confessione. Da non perdere la collina Nutivara, sulla cui cima si trova una piccola ma caratteristica piazza in cui sembra che il tempo si sia fermato e dove le tradizioni locali si sono ben mantenute. Inoltre si può godere di uno spettacolare panorama a 360 gradi.

01-07-2012 *Arrivo a Santa Marta*
No, le luci no. Ero appena entrato in un sonno profondo, cercato per ore, e l'autista ha deciso di svegliarci tutti accedendo le luci del corridoio. Nel pieno della notte controllo della polizia colombiana, in uniforme dalle sembianze militari. Ci fanno scendere a uno a uno dal pullman per perquisirci e vengo colto in flagrante armato di coltello, modello svizzero ma con una lama più grande e tagliente della norma. Era finito nella mia tasca per caso perché, poco prima, avevo cenato sul mezzo preparandomi un panino con formaggio. Il poliziotto insospettito mi fa alcune domande generali su cosa sto facendo nel suo paese e mi avvisa che è vietato portare coltelli sui trasporti locali. In ogni caso mi crede riguardo al formaggio.

Dopo sedici ore di viaggio l'autista, convinto che fossi in un gruppo di altri ragazzi, mi scarica a 30 chilometri oltre la mia destinazione. Si scusa dispiaciuto e mi offre un caffè. Alle 6 del mattino mi trovo perso su una statale a fare l'autostop. Noto solo tir scorrere lentamente e senza posti a sedere, ma entusiasta trovo un pullman sgangherato sonorizzato da allegra musica locale, con i sedili marci e due rosari di Gesù appesi allo specchio retrovisore centrale – in India era il posto di Shiva, in Sri Lanka o Thailandia di Budda e in questa parte di mondo di Gesù. Ci impieghiamo un'ora per raggiungere Santa Marta e l'assistente dell'autista, un minorenne con la faccia poco furba, mi scarica in periferia sulla strada sbagliata confondendo calle 16 con carrera 16. Attorno a me lo scenario è fatto di strade deserte e tanta spazzatura abbandonata ai lati. A un angolo noto due tizi, vado loro incontro e chiedo a un venditore ambulante delle indicazioni. Mi suggerisce di seguire il suo socio che, dopo aver ascoltato la mia richiesta, prende posto su una vecchia moto da cinquanta cilindri e mi invita a salirci su. Monto sul catorcio con zaino e zainetto un po' in difficoltà. Arriviamo a un angolo e si scambia con un altro tizio al volante, che mi riporta indietro e finalmente capisce dove voglio andare.

Entriamo nel centro città che ha un aspetto decisamente più confortante con le sue case e chiese bianche e le strade tenute bene. Sul lungomare, ombreggiato dalle palme, finisce la benzina. Non importa, ormai ci sono quasi e proseguo a piedi verso l'ostello del contatto che ho ricevuto da un'amica. Arrivo un po' provato e trovo una comoda sistemazione centrale. Provo a stendermi sul letto qualche minuto ma non prendo sonno e decido di andare a fare un bagno sulla prima spiaggia più vicina, e meno pulita della zona, situata tra il porto turistico e il porto commerciale, dove ritrovo dei container familiari. Mi tuffo e mi trovo davanti a un mio robusto coetaneo colombiano completamente stordito da una notte di festa senza sonno. Con le due parole che conosce cerca di parlarmi in inglese insistendo che vuole che gli insegni qualcosa. Indicando una bottiglia, che ha lasciato sulla riva, mi chiede se voglio dell'aguardiente, un potente distillato locale di canna da zucchero aromatizzato con anice. Lo ringrazio, ma rifiuto alle 9 del mattino sotto il sole in spiaggia non ci penso proprio. Proseguiamo discorsi senza filo logico e mi rendo conto di quanto sia completamente andato e fastidioso. Cerco di non essere sgarbato ma dopo un quarto d'ora vado a stendermi sul telo al sole. Mi segue, si siede accanto a me e mi offre un regalo colombiano, a detta sua. In mezzo a famiglie e bambini che giocano tira fuori una bustina di cocaina, me la mette in mano. Io rifiuto anche questa, senza pensarci due volte. Allora se ne mette un po' sull'unghia e se la sniffa tutta. Gli chiedo se non è preoccupato dai poliziotti che sorvegliano la spiaggia a pochi metri di distanza e lui mi dice che quelli sono l'ultimo dei suoi problemi. Torna a fare il bagno. Finalmente relax!

Ma non è finita qui perché verso sera, dopo aver ammirato un favoloso spettacolo di un acrobata e giocoliere sulla passeggiata vicino alla spiaggia, mi siedo su un muretto a osservare dei musicisti anziani. Pochi minuti e arriva una donna sulla trentina con i capelli ricci, la faccia magra e un bel fisico. Inizia a chiacchierare con me, solito principio di dialogo: «Di dove sei? Da quanto sei qui? Dove vai dopo?» e bla bla bla. Poi piano a piano inizia a confidarmi che sono giorni che dorme per strada perché fa troppo caldo negli alberghi e non vuole pagare per non dormire. Mi racconta che vive in Ecuador ma che a volte torna nel suo paese e che si mantiene facendo l'artigiana di bigiotteria. Mi dice che si è ammalata, che ha la febbre e in questi giorni non si sente bene. Insiste perché ci appartiamo in spiaggia, all'inizio rifiuto facendole capire che voglio ascoltare la musica del gruppo. Poi quando smettono di suonare ci spostiamo verso la spiaggia. Neanche il tempo di finire un nuovo discorso che la trovo vicinissima a me mentre prova a massaggiarmi le parti intime. Le sposto il braccio e le spiego che non mi interessa. Insiste fastidiosamente e quando cerco di andarmene mi tira per il braccio, mi libero aumentando il passo verso una zona più affollata. Sulla via del ritorno a casa, incontro un trans e un gruppo di tossici mal ridotti che fumano crack.

07-07-2012 *Alla scoperta della città perduta*
Sbarcato in Colombia mi sono subito messo alla ricerca di qualche avventura nella natura selvaggia di questo continente. Tutti i suggerimenti mi hanno indirizzato verso il trekking per la città perduta tra le montagne del massiccio costiero più alto del mondo, Sierra Nevada de Santa Marta (5000 metri). Questo cammino non è percorribile in solitaria ma solo attraverso agenzie locali che hanno i permessi dalle organizzazioni del governo, degli indigeni e degli abitanti della zona. Quindi mi sono aggregato a un gruppo di escursionisti internazionali e devo ammettere che dopo tutto questo tempo in solitaria ho apprezzato un po' di compagnia. In ogni caso durante il tragitto ognuno manteneva il suo ritmo personale e per la maggior parte l'ho percorso in solitaria godendomi il silenzio e i rumori della natura. Cinque giorni di cammino per raggiungere la città perduta e tornare, percorrendo in tutto quasi 50 chilometri.

La prima giornata non ha regalato particolari sensazioni, si iniziano ad attraversare i primi quieti ruscelli e si sale attraverso colline che mostrano la ricca vegetazione del parco naturale. Un gran calore e tanto sudore dovuti al clima umido della foresta che è caratterizzato da mattinate soleggiate e pomeriggi piovosi. La notte è chiara per la luna piena, nonostante le nubi cerchino di oscurare il suo splendore, e, quando gli altri si rintanano nell'amaca a dormire, io mi godo un'oretta a osservare la foresta illuminata, affascinato dal suo richiamo.

Il giorno seguente risveglio all'alba e un compagno colombiano mi mostra un particolare fiore bianco che cresce capovolto. Si chiama borrachero, meglio noto come stramonio o pianta del diavolo, contiene la scopolamina, e se fatto seccare e bevuto in una tisana si trasforma in una droga potentissima che porta a stati di delirio e allucinazioni forti, arrivando a generare amnesia. Può anche diventare mortale se utilizzato in dosi eccessive. In Colombia e in altri paesi viene pure utilizzato per compiere rapine, lo si introduce nel bicchiere della vittima causandole un'alterazione di coscienza che la porta a compiere atti incontrollati come essere convinta di consegnare denaro proprio, carte di credito e codici vari.

Dopo la lezione sul fiore magico si torna in cammino tra sali e scendi finché ci fermiamo nei pressi di un villaggio indigeno, Mutanyi, recintato con il filo spinato e in cui è proibito l'ingresso. Le case rotonde hanno un pavimento in terra battuta, le pareti sono di legno e il tetto di paglia. Si notano diverse piante di coca che gli indigeni masticano da millenni per alleviare la fame e la stanchezza, mischiano le sue foglie con calce, o conchiglie marine bruciate, per separare l'alcaloide attivo dalla foglia, attraverso uno strumento di legno a forma di pera chiamato poporo. Gli indigeni, raggiunti i diciotto anni, trascorrono quattro giorni senza dormire con il mamo (sciamano) con cui si confessano. Il mamo, per sapere se dicono la verità, prepara una bacinella d'acqua ponendo all'interno del quarzo che creerà delle bollicine. In base al verso in cui girano le bollicine sa se il giovane sta mentendo o no, se girano a destra sta dicendo la verità, altrimenti sta mentendo e prosegue la confessione. Al termine riceve il poporo e una donna a scelta del mamo. Nel villaggio gli indigeni non si mostrano facilmente, solo i bambini ci corrono incontro curiosi. Tuttavia lungo il percorso si ha modo di incontrarli più volte armati di machete per la legna o fucile per la caccia. Sono caratterialmente schivi e riservati, raramente si lasciano fotografare. Il loro viso è un misto di etnie sudamericane e asiatiche. Hanno vestiti di stoffa lunghi e bianchi e stivali. Hanno una lingua personale e alcuni conoscono lo spagnolo anche per via della collaborazione con gli accampamenti per turisti nell'area.

Poco prima di arrivare al secondo accampamento ci godiamo una pausa con un bagno in un delizioso e fresco torrente e mi accorgo che durante l'ultimo bagno in un ruscello le mie caviglie sono state divorate da un gruppo di sandfly – ho contato una cinquantina di punture per caviglia e nei giorni seguenti erano entrambe gonfie per via di una reazione infiammatoria. Una volta a destinazione, notiamo un gruppo di militari che ha terminato il turno di guardia di tre mesi alla città perduta e sta tornando verso il centro abitato. Sono armati fino ai denti tanto da essere inquietanti, ma poi si lasciano andare e socializzano con noi. Ci raccontano che fino a dieci anni fa questa era un'area del narcotraffico e si era sviluppato il narcoturismo. Gli accampamenti dove abbiamo dormito erano per turisti che venivano a imparare a preparare la cocaina. Ma con l'intervento militare il parco è stato ripulito e si è sviluppato l'ecoturismo.

La terza giornata rappresenta l'ingresso nella vera giungla selvaggia, come mai l'avevo incontrata, è verdissima per via della sua umidità. Mentre la percorro fra tratti di fanghiglia e scivolose pietre umide avverto un'energia così straordinaria che la camminata aumenta di ritmo senza più farmi avvertire la fatica. L'ultimo tratto, risalendo un torrente, regala uno scenario favolosamente grezzo. Si attraversano immensi tronchi, che sbarrano la via tra le rocce in cui si infrangono graziose cascate. Ed ecco quello stato d'animo che solo madre natura sa donarmi quando mostra la sua profonda essenza e bellezza. Pace interiore e serenità assoluta, come se non ci fosse bisogno di null'altro per vivere. Sentirsi al tempo stesso all'origine e alla fine del misterioso viaggio chiamato "vita".

Ed ecco il quarto e grande giorno, la città perduta dista solo un chilometro. Si prosegue lungo il torrente e inizia una lunga scalinata scivolosa di circa 1300 scalini. Le prime rovine sono le basi rotonde di alcune case, formate da pietre tagliate da un tipo di roccia chiamato "metamorfosi". Continuano gli scalini finché si raggiunge la cima della città collocata su una montagna al centro di una valle con un panorama favoloso. Il popolo Tayrona ha abitato questo luogo per un millennio fino al 1600. Per la guerra con gli spagnoli, che non raggiunsero mai la città, e a causa di malattie, si estinsero abbandonando un'immensa ricchezza d'oro e di quarzo fino al 1974, quando un cacciatore colombiano scoprì per caso il tesoro per cui poi venne assassinato. Si trattava di una popolazione indigena che seguiva gli insegnamenti di uno sciamano, gli dei venivano rappresentati tramite rappresentazioni di animali e i vestiti creati con pellicce animali.

Terminata la visita, intraprendo la via lunga via del ritorno. Due giorni di cammino, 23 chilometri, affrontando una fitta pioggia e momenti di estremo calore solare. Galvanizzato dall'atmosfera della giungla, percorro tutto il cammino in solitaria a un ritmo elevato, godendo di altri bagni nei torrenti ma soprattutto di un'infinità di energia naturale. Incontro un gruppo di bambini indigeni che mi osservano da lontano, curiosi ma allo stesso tempo timidi. All'improvviso li sorprendo raggiungendoli di corsa e anche loro, divertiti, iniziano a correre. La fatica era qualcosa che apparteneva a un altro mondo, in quel momento c'era la giungla, io e gli indigeni. Uno si arrende dopo un breve tratto, ma il suo compagno continua a correre sorridente con me per un po'. Quando rallentiamo riprendendo la camminata si apre e iniziamo una conversazione con le poche parole che lui conosce di spagnolo. Si chiamava Besinte, ha nove anni e sta raggiungendo un accampamento per ricevere il suo primo machete.

Verso sera torno alla civiltà, do un'occhiata ai quotidiani italiani concentrati su temi come il PIL, l'IMU, l'eurogruppo, un'unione bancaria e lo scudo antispread. Oltre ad avvertire una forte nausea, mi convinco sempre di più di quanto l'uomo sia regredito. Le popolazioni indigene vanno protette perché rappresentano la specie umana più evoluta.

Riflessione di questi giorni: potete deforestare immensi e selvaggi boschi. Ammazzare crudelmente popolazioni indigene sopravvissute per secoli. Avvelenare i corsi d'acqua delle vostre città. Inquinare l'aria che respirate. Ma c'è una cosa sola, esseri umani, che non potrete mai fermare, la vostra estinzione. Madre natura proseguirà il suo corso come avviene da miliardi di anni e la terra rimarrà nient'altro che uno straordinario e stupendo cimitero.

09-07-2012 *Cartagena*

Cartagena è un gioiello coloniale di rara bellezza. Traboccante di storia e arte vi lascerà incantati mentre passeggerete nelle sue romantiche vie. Trasmette allegria con le sue case dai colori vivaci e pace con le terrazze verdi e i parchi ombreggiati. La parte antica nei pressi del lungomare è sicuramente il fulcro del suo fascino, ma anche il castello San Felipe attrae molti stranieri. Si tratta di un'impetuosa fortezza costruita dagli spagnoli nel 1536 che fecero di Cartagena il principale porto d'accesso al continente. Inoltre è la città più tranquilla e sicura del paese in cui risiedono molti stranieri.

Difficile da visitare di giorno per il gran calore e il sole violento che in poche ore mi ha carbonizzato le spalle, nel tardo pomeriggio, poco prima del tramonto, assume un'atmosfera favolosa e si possono percorrere le mura circostanti la parte antica per osservare il mare e la vista sulla città moderna ricca di alti palazzi bianchi. Naturalmente i prezzi sono più cari che in altre zone del paese, ma dormendo e cucinando negli ostelli della gioventù si riesce a rimediare agli alti costi della città. Inoltre ieri sera ho potuto approfittare di lezioni gratuite di ballo latino americano, iniziando un'esperienza che vorrei approfondire nei prossimi giorni e mesi di viaggio in Sudamerica.

11-07-2012 *La chiva*

Torno all'ostello in prima serata e incontro due compagne di camerata cilene e una danese che stanno organizzando una serata con la chiva, un grande bus aperto con un mega impianto stereo in cui sparano ad alto volume musica latinoamericana e servono rum a volontà mentre si fa il giro della città. Mi chiedono se voglio aggregarmi e dopo tutto questo periodo da eremita mi convinco che una serata diversa dal solito ci può stare e accetto.

Si aggregano altre due compagne di stanza cilene e un colombiano, saliamo in gruppo su due taxi e raggiungiamo il punto di partenza della chiva. Al nostro arrivo c'è una fila di tre mezzi a bordo strada e gli organizzatori dei mezzi ci chiamano da una parte e dall'altra, in competizione tra loro. I pullman sono allegramente colorati con varie file a sedere e senza finestre. Ognuno sonorizzato dalla sua banda composta da una chitarra, uno djembe e le maracas. Al prezzo di circa 10 euro a testa si ha diritto a bottiglie di rum, coca cola e ghiaccio per tutto il percorso cittadino che comprende due stop. Uno nella parte antica a ballare sulle sue mura di fronte al mare e l'altra, meno gradita, in una discoteca.

La musica latina è allegra e frizzante, la gente colombiana è traboccante di energia e io mi sento ancora troppo europeo nel mio ballo per competere con loro, ma non demordo. Nei prossimi mesi cercherò di fare entrare un po' di ritmo latinoamericano nelle mie gambe.

13-07-2012 *Bogotà*

Ed eccomi nella capitale colombiana, Bogotà. Città dalla doppia faccia: da un lato il fascino del quartiere vecchio, la Candelaria, l'arte e la storia dei suoi musei tra cui quello dell'oro e quello di Botero, dall'altro i palazzi cupi e le strade caotiche e molto inquinate per non parlare delle baraccopoli dove le vittime di questa società crescono tra droga, violenza e amianto. La città è situata a 2635 metri di altezza sopra il livello del mare e abitata da otto milioni di abitanti tra cui molti stranieri. La vita dei suoi cittadini è condizionata dalle frequenti piogge che la tormentano per tutto l'anno, con temperature che si mantengono su una media di 15 gradi.

Di primo mattino visito il museo del noto pittore colombiano Botero dove oltre alle sue grasse opere si può godere gratuitamente di quadri di Picasso, Mirò, Monet. Il museo dell'oro è uno dei musei più interessanti visitati in questi mesi. Narra la storia delle popolazioni indigene precolombiane, in una terra ricca di oro e altre pietre preziose.

Dopo un po' di cultura ho camminato attraversando buona parte di città per raggiungere un teatro dove c'era una convention di tatuaggi. Ho appuntamento con Maria, una giovane colombiana amica di un ragazzo conosciuto in Australia sei anni fa. Ho contattato lei perché ero alla ricerca di consigli su buoni tatuatori locali e lei si è da poco tatuata. La convention era piuttosto semplice con pochi tatuatori che seguono bene o male uno stile oscuro, un po' metal, che va di moda nella città. In ogni caso qualche tatuatore in gamba si trova da queste parti e nei prossimi giorni potrei approfittarne.

Conosco Maria, l'ennesima insegnante di inglese, che gentilmente si offre di accompagnarmi a Montserrat, una montagna alle spalle della città da cui godere di una vista eccezionale. Essendo già tardo pomeriggio, possiamo solo raggiungerla con la funivia, ma in altri momenti della giornata si può anche camminare. A 3100 metri domina la scena una bianca chiesa cattolica circondata da un breve percorso di bancarelle di artigianato e alcuni ristoranti. Le nubi non permettono di godere del panorama, così Maria mi suggerisce di provare un canelazo, bevanda calda a base di aguardiente, zucchero di canna, cannella e limone. L'ideale per scaldarsi un po' dall'aria fresca di queste quote e anche per alcune chiacchiere in compagnia. Apprezzo la bevanda e mi concedo il bis finché il cielo si scurisce per l'arrivo della sera e decidiamo di scendere. Prima di raggiungere la funivia rimango stupefatto dallo straordinario panorama sull'immensa città che si veste di luci per illuminare le sue folli anime della notte.

I coinquilini di Maria ci aspettano per una pizzata di gruppo, così prima passiamo per il supermercato a rifornirci di birre e ingredienti per la pizza. Una volta a casa conosco un irlandese, uno neozelandese, due americani, un australiano, tutti insegnanti di inglese a Bogotà. Si aggiungono altri amici internazionali e contemporaneamente ne approfitto per preparare due pizze in ricordo dei vecchi tempi, quando lavoravo in una pizzeria in Spagna. Il cuoco della serata è un simpatico californiano che ha lavorato in un ristorante italiano a San Diego. Dopo la cena si aprono le bottiglie di aguardiente per preparare un nuovo canelazo e brindare con chupiti del liquore locale.

Al ritorno a casa trovo uno dei vari ragazzi francesi che lavorano all'ostello (8 euro a letto, colazione e cena) che mi offre una pipa di erba naturale locale. Nulla di che, ma costa solo 2 euro per 5 grammi e questa fumata inaspettata mi permette di dormire come non facevo da tempo.

15-07-2012 *Tipica serata colombiana*
Tipico sabato sera colombiano. È iniziato all'ora dell'aperitivo in una vecchia piola di Bogotà giocando a tejo, uno sport tradizionale colombiano di origine indigena. Si deve colpire un bersaglio contenente polvere da sparo con un disco metallico, lanciandolo da circa 20 metri di distanza. Fuori c'è una cassa di birra Poker, oltre a un irlandese, due americani, un australiano e un francese, tutti coinquilini di Maria. Si aggrega a giocare con noi un basso e magro colombiano sulla cinquantina che indossa la maglietta di una squadra di tejo. In uno spagnolo incomprensibile ci dà due dritte su come lanciare il disco. In ogni caso su una decina di lanci solo una volta sono riuscito a fare esplodere il bersaglio. Attorno a noi gruppi di famiglie o amici che occupano tutti i campi disponibili.

Dopodiché cena a casa di Maria a base di spaghetti e aguardiente, il distillato locale di canna da zucchero al gusto di anice – dopo praticamente nove mesi di astinenza dai super alcolici decido di lasciarmi andare per una sera. Appena terminata la cena di corsa a ballare in una discoteca di quattro piani. In Colombia le serate iniziano presto perché la maggior parte dei locali ha obbligo di chiusura entro le 3. La discoteca è un ristorante con la pista da ballo, i prezzi sono cari così proseguiamo nel bere bottiglie di aguardiente liscio, la soluzione più economica. Maria mi dà alcune lezioni di ballo per imparare la salsa e il vallenato, le due danze tipiche locali. Evviva i balli di coppia, inoltre le donne colombiane sono sensuali e sorridenti, è un vero piacere condividere questa loro tradizione. Evviva la Colombia!

Al ritorno mi rendo conto di essere parecchio sbronzo e decido di prendere un taxi che mi porta direttamente all'ostello. Davanti al portone incontro di nuovo Laurent, il ragazzo francese con cui ho condiviso una pipa di marijuana la prima sera. Sta facendo il turno di notte, così inizio a fargli uno di quei discorsi che solo da ubriaco riesci a fare. Lui per farmi stare zitto mi fa fumare un'altra pipa che mi mette definitivamente ko. Buenas noches, Bogotà!

17-07-2012 *La doppia faccia della Colombia*

Secondo le statistiche la Colombia ha una media di tre cellulari rubati ogni minuto. Le autorità riportano che ogni mese avvengono 140 000 furti di questo genere. Ma ciò che impressiona maggiormente è che il furto, troppo frequentemente, si conclude in omicidio, se si oppone resistenza. Una cruda violenza cittadina che spaventa la gente del posto che chiede maggiore attenzione per la sicurezza e l'educazione al proprio governo. La maggior parte del denaro pubblico è utilizzata per l'esercito a discapito di molti altri settori, tra cui l'istruzione, che potrebbe rivelarsi la carta adatta a salvare i giovani colombiani dalla malavita. Bogotà è il fulcro di questa criminalità organizzata da bande di ragazzini provenienti dalle baraccopoli ai margini della città. Di primo mattino una gentile signora colombiana, che si è interessata alla mia esperienza fornendomi utili informazioni sul suo paese, mi ha informato che pochi giorni fa suo cugino è stato assassinato durante il furto del suo smartphone.

Pensieroso riguardo alle violente traversie colombiane, decido di passeggiare per le strade di Bogotà, sotto la solita pioggerella giornaliera, percorrendo a caso le vie con una profonda lente di osservazione alla ricerca di qualcosa che mi possa sorprendere. Passo dopo passo mi convinco sempre più della somiglianza con Berlino per i suoi cupi palazzi abbandonati e fatiscenti o i numerosi graffiti che cercano di rivitalizzare, attraverso la vivacità dei colori, le sue grigie vie. In questa città si sta sviluppando una vera e grezza cultura underground che non ha niente a che vedere con quella modaiola che si è sviluppata in Europa. Nel bel mezzo del cammino passo di fronte a un giornalaio e noto, in primo piano su un quotidiano locale, un'immagine di un soldato armato di fronte a un gruppo di indigeni con il titolo "Tensione nel Cauca". Curioso della vicenda compro il quotidiano e mi fermo in una caffetteria, a gustare il buonissimo caffè colombiano, e a leggere.

Il Cauca è una regione montuosa della Colombia meridionale di difficile accesso. Povera e sottosviluppata per la negligenza dello Stato, proprio per questo si è rivelata una località adatta allo sviluppo del narcotraffico e al controllo dei guerriglieri delle FARC. Il governo ha deciso ultimamente di aumentare il contingente militare nella regione, ma le popolazioni indigene si sono ribellate. La scorsa settimana hanno smantellato un'intera base militare passando dalle parole all'azione. Loro vogliono la pace nella loro terra e chiedono ai militari e ai guerriglieri di andarsene. Il governo si trova in una posizione scomoda perché non ha nessuna intenzione di evacuare la regione, ma d'altro canto dopo tutti questi anni di disinteresse nei confronti delle problematiche del Cauca non ha la situazione sotto controllo. Per convincere le popolazioni locali ha presentato un progetto di sviluppo di attività commerciali per creare nuovi posti di lavoro, ma non gode della loro fiducia e questo per ora non basta.

Purtroppo questo paese è fortemente condizionato da problematiche legate al narcotraffico, alle FARC, alla microcriminalità e alla negligenza del governo. I media si interessano quotidianamente di questi temi e naturalmente nel mondo arrivano solo messaggi negativi legati all'immagine della Colombia. Io voglio parlavi anche di qualcos'altro, di una faccia della medaglia che sto scoprendo giorno dopo giorno grazie alla sua gente e alle sue meraviglie naturalistiche. La Colombia è un paradiso terrestre, ha paesaggi di una bellezza impressionante. È così ricca di verde tra le alte montagne, di parchi naturali e di foreste fluviali che ci vorrebbe almeno un anno per scoprirli tutti. Bagnata dal mare Caraibico a nord e dall'oceano Pacifico a ovest, gode di centinaia di chilometri di costa di cui la maggior parte deserica per le difficoltà di accesso. Può vantare un'affascinante storia indigena precolombiana, con il mito di El Dorado e i ricchi tesori ereditati dai suoi popoli. C'è inoltre la rara bellezza del quartiere coloniale di Cartagena, una delle più suggestive città visitate in questi nove mesi. E poi ancora l'arte contemporanea con le sculture di Botero e la sua calorosa cultura, che grazie ai suoi allegri balli di coppia vi scalderà il cuore. Questo paese è un gioiello da scoprire, si tratta solo di superare i troppi pregiudizi e affrontarlo evitando zone più pericolose di altre. Soprattutto le città sono particolarmente pericolose, al di fuori di esse ci sono regioni che vivono in pace e armonia. Dopo tutto, quante volte a noi italiani capita di incontrare stranieri in viaggio che appena sentono nominare la nostra amata terra pensano a pizza, spaghetti e mafia. Sappiamo benissimo che il nostro paese è ben altro e più conosco il mondo più mi rendo conto della straordinaria bellezza paesaggistica della madrepatria Italia.

19-07-2012 *Altra notte di Bogotà*

Un'altra notte colombiana alle porte. Appuntamento con Suli, un'altra bella insegnante di inglese di Bogotà conosciuta nel trekking alla città perduta. Ritrovo alla Candelaria, l'antico quartiere che ha dato origine alla città. Ceniamo in un economico e semplice bar che cucina arepas, crêpe di mais ripiene di varie pietanze tra cui funghi o formaggio. Stappo la prima di una lunga serie di birre Club Colombia. Dopodiché facciamo tappa nel primo locale della serata, una vecchia e tradizionale bettola, denominata Dona Ceci, dove vengono i giovani colombiani a trascorrere le serate bevendo fiumi di birra e aguardiente a prezzi stracciati. Mi osservo attorno e c'è un'aria alternativa, un insieme di ragazzi e ragazze rockettari, gay o vecchi alcolizzati. In ogni caso apprezzo molto di essere in un vero e tipico locale della città.

Seconda tappa al Viejo almacen, un tradizionale locale di tango con luci soffuse e un'atmosfera particolarmente bohémienne, ideale da godere con un buon bicchiere di vino rosso. Un giovane colombiano sulla trentina suona dal vivo con il piano. Ho modo di conoscere e ascoltare per la prima volta questo profondo e passionale genere musicale. Rimango fortemente affascinato dalla sua melodia romantica e mi faccio trasportare, perdendomi in soavi pensieri. Suli quasi si offende perché mi ammutolisco, concentrato sulla musica. Osservo sui muri diverse immagini di Carlos Gardel, il principale cantante della storia del tango. Mi prometto che alla prima occasione proverò alcune lezioni di questo meraviglioso ballo.

Si è fatta quasi mezzanotte e siccome i locali chiudono alle 3, tranne quelli clandestini, ci avviamo verso il locale che propone la serata più calda del mercoledì sera, la Cabra nigra. Sinceramente rimango deluso dal posto perché incontro più stranieri che colombiani e la musica è reggaeton. Speravo in qualcosa di più tipico con salsa e vallenato, ma non voglio essere scortese con Suli e ballo per circa due ore nonostante ieri mi sia pure tatuato. Ho tre bellissimi nuovi marchi sulla pelle, storia di una vita favolosa. Sulle spalle due rose dei venti simmetriche, simbolo di questo viaggio da sogno. Sul pettorale destro il disegno elaborato dell'occhio di Ra, il dio del sole egiziano e mio unico dio.

24-07-2012 *I taita e il yagè*

Ennesima notte insonne in pullman, in Colombia sono rare le autostrade perché ci si ritrova spesso ad attraversare montagne su statali con una moltitudine di curve. I mezzi sono comodi, ma tra le curve o fermate notturne improvvise non si riesce mai a riposare come si deve. Alle 6 del mattino arrivo nel polveroso piazzale dei bus di Mocoa, capoluogo della regione del Putumayo considerata parte dell'Amazzonia colombiana. Assieme a una simpatica infermiera colombiana, conosciuta durante il trekking alla città perduta, sto raggiungendo la casa di due taita (sciamani) locali, in una zona fuori dagli itinerari turistici, per partecipare ad antiche cerimonie tradizionali della cultura indigena. In Sudamerica si sono sviluppati centri per turisti dove provare questa esperienza con finti sciamani a costi elevati, per cui bisogna cercare con cura i posti autentici facendosi aiutare da contatti locali.

La città è circondata dalla foresta pluviale e attraversata da diversi fiumi in piena perché nei giorni scorsi ha piovuto parecchio. La casa dei taita è una grande baracca ombreggiata da alcuni alberi con pavimento in terra battuta, mura di legno e tetto in lamiera ondulata, situata su una collina al fondo di una strada sterrata che si estende dall'ultimo ponte di Mocoa. All'arrivo incontriamo la moglie di uno di loro, una sorridente contadina sulla cinquantina segnata fisicamente da una vita di duro lavoro, e le sue figlie a cui consegniamo del cibo come offerta. Gentilmente ci indicano la stanza degli ospiti, che poi si rivelerà anche quella per le cerimonie, dove si trovano alcune comodissime amache. In attesa che arrivino gli uomini di casa, le figlie ci accompagnano a un largo e selvaggio torrente dove ci possiamo bagnare con un'acqua fresca e rigenerante.

Poco dopo pranzo, mentre passeggio attorno alla baracca tra galline e cani, noto due bassi e carismatici anziani mulatti venirmi incontro. Uno di loro porta le stampelle. Mi salutano amichevolmente e si presentano come taita Juan e taita Amable, sono i due fratelli curatori e sciamani locali. Ci conosciamo e intraprendiamo i primi lunghi discorsi di preparazione per la cerimonia di questa notte. Consiste nel bere un farmaco a base di erbe, solitamente chiamato "yagè" o "ayahuasca", ma da loro "ambihuasca" perché ritengono "ambi" (rimedio o cura) più rispettoso di "aya" (amaro). Questa bevanda ha un potere straordinario, utilizzato da millenni per curare lo spirito e il corpo delle persone. Considerato un potente allucinogeno dalla scienza moderna, per i nativi colombiani è una finestra su un'altra dimensione che dona una nuova prospettiva su se stessi e sulla vita o anche un contatto diretto con dio. Dicono che ti porta anche a raggiungere i meandri del tuo inconscio o ad affrontare gli spiriti maligni che ti tormentano, per cui potrebbe rivelarsi un viaggio piacevole o meno in base alla purezza dello spirito della persona. È utilizzato anche come purga per ripulire il colon da gas o altre sostanze nocive accumulate nel tempo.

Nelle lunghe ore pomeridiane di attesa, osservo i due curatori prestare servizi a vari abitanti del villaggio, che vengono in questa casa per cercare rimedi alternativi alla medicina moderna. Una signora ha un occhio gonfio e non ci vede più bene da un mese, prova a farsi curare secondo un rito a base di erbe. Un muratore, di una cittadina vicina, viene a chiedere aiuto per sua figlia di sedici anni che ha dei bruschi squilibri comportamentali. Altri si aggiungono per la cerimonia di yagè. Tra una cura e l'altra taita Juan suona la chitarra e canta alcune melodie indigene che ci seguiranno durante la cerimonia per guidarci positivamente. Si ascoltano alcune esperienze, tra cui il racconto della prima volta in cui i taita hanno bevuto questa sostanza a cinque anni, tramite i genitori. Queste persone bevono la bevanda da più di sessant'anni e mostrano un'integrità mentale impressionante. Intanto il gruppo raggiunge la decina di persone, sono tutti colombiani tranne me, soprannominato "el extranjero" (lo straniero). Li diverte avere uno straniero tra loro, sono rari gli europei che sono passati da questa casa (4 in 20 anni) e la loro curiosità mi mette spesso al centro dell'attenzione. In ogni caso si avverte una contagiosa allegria nel gruppo in attesa della grande esperienza. Io sono eccitatissimo, sono sette anni che aspetto questo evento, da quando venni a sapere per la prima volta della cerimonia tramite un amico. Feci alcune ricerche e dai racconti strabilianti dei giornalisti che la provarono mi promisi che prima o poi l'avrei fatto anch'io, avvertendo una forte attrazione che mi avrebbe guidato negli anni fin qui. Ora i casi sono due, o si rivelerà un'enorme bufala o sarà un'esperienza straordinaria.

Finalmente si fa notte, il corpo riposa e quindi lo spirito può iniziare a giocare. Inoltre il buio alimenta gli spiriti maligni e ci permetterà più facilmente di incontrarli e affrontarli. Taita Juan, dopo aver indossato corona a piume e un vestito bianco, inizia il rito che precede la cerimonia. Poi apre una tanica di benzina con all'interno un liquido violaceo già preparato, il yagè.

Tocca prima agli uomini, così uno a uno beviamo in una tazzina da caffè, naturalmente io inizio per primo. Per mandare giù il liquido senza vomitarlo ci aiutiamo con una fetta d'arancia dopo aver bevuto. Il sapore è disgustoso e sento già lo stomaco che si contorce, ma l'arancia mi salva in tempo. Beviamo tutti, si accendono alcune candele e dopo un quarto d'ora si spegne la luce. Ancora qualche minuto di attesa e concentrazione poi la bevanda miracolosa inizia ad agire. Inizio piano piano a sentirmi stordito e a vedere le ombre delle persone sempre più offuscate, come fossero infuocate. Mentre cerco di gestire la nausea, chiudo gli occhi, inizio a vedere alcune forme geometriche colorate che si alternano in movimenti a scatti sempre più veloci. Qualcuno inizia a vomitare creandomi fastidio, un altro parla, poi si sdraia per terra e anche lui mi innervosisce. Cerco di allontanarmi dalle persone per concentrarmi sulla mia esperienza. Inizio a rendermi conto di aver raggiunto uno stato mentale quasi ingestibile e mi faccio prendere da qualche pensiero di diffidenza. Nonostante le difficoltà, mi alzo e vado a recuperare il mio portafoglio nello zaino per tornare tranquillo su una sedia. Continuo a osservare le visioni dentro ai miei occhi finché all'improvviso prendo un secchiello vicino ai miei piedi e vomito bruscamente. Quando termino entro in uno stato di piacere immenso, raggiungo una felicità e un'allegria estreme. Decido di rifugiarmi nell'amaca mentre i taita si alternano a suonare e cantare. Quando c'è la musica, volo verso confini umani inimmaginabili, travolto da questa sensazione di misticismo e allegria e avverto una travolgente voglia di danzare, ma mi limito a farlo con le mani. Quando la musica si ferma mi sento smarrito, ma il taita, avvertendo il mio stato d'animo, non mi lascia troppo tempo senza musica. In ogni caso il canto del gallo, l'abbaiare dei cani e il rimbombo della violenta pioggia sul tetto a lamiera rendono l'atmosfera di questa stanza energica e travolgente.

Poi nuovamente all'improvviso fitte di mal di pancia e corsa in bagno. Torno nella stanza e trovo la luce accesa. Tutto ciò mi spiazza completamente e mentre alcuni cercano di parlarmi io sorrido, ma in questo momento non sono nella loro dimensione e non posso comunicare, anche se capisco cosa mi stanno dicendo. Mi rintano nell'amaca e molto lentamente ritorno alla realtà. Si rispegne la luce e inizio un lungo e insonne dialogo con il taita che mi deliziava con la sua musica. Tra una risata e l'altra si parla dell'esperienza che ho avuto. La diffidenza iniziale era dovuta a quanto mi stava per accadere in Cambogia con la mafia filippina e in Cina con la truffa del tè, oltre ai racconti di violenza e criminalità sulla Colombia che mi erano stati fatti. L'estrema allegria deriva dal fatto che, in questo momento della mia vita, godo di una pura felicità e questo sottolinea quanto sia positiva l'esperienza di viaggio che ho intrapreso.

Fortunatamente, tornando alla realtà, anche il mio corpo si riprende velocemente. Il gruppo si è riunito con un'allegria contagiosa e racconta le sue esperienze senza vergogna o disinibizioni, ma con delle grasse e sane risate. Che dire, l'esperienza più intensa della mia vita, straordinaria, di quelle che davvero ti cambiano il punto di vista di tante cose.

Riposo il secondo giorno ascoltando i tanti racconti interessanti dei taita, imparando sempre più sulla loro particolare cultura e assistendo al via vai dei pazienti del villaggio. Con una saggezza e semplicità disarmanti, mi trasmettono la loro sapienza formata nell'unica università in cui tutti dovremmo studiare, l'università della foresta.

Intanto, riprendendomi completamente dalla prima cerimonia, decido di partecipare a un'altra nel terzo giorno perché si dice che con l'esperienza si raggiungano livelli più alti. Nel tardo pomeriggio partecipo a una piccola cerimonia che dovrebbe servire per aiutarmi a vivere un'esperienza positiva. Purtroppo, contaminato dalla società scientifica in cui sono cresciuto, ho messo in dubbio questa cerimonia ritenendola superflua. Sicuro di me, mi appresto a bere di nuovo per primo in un altro gruppo di cinque persone. Il gusto è nuovamente disgustoso, mi siedo su una sedia e aspetto la nuova esperienza. Stavolta ci mette un po' di più ad agire, ma la nottata parte subito con il piede sbagliato. La mia vicina scoppia in un riso continuo che, anche se all'inizio era divertente, a un certo punto trovo insopportabile. In quel momento vengo proiettato brutalmente in un'altra dimensione con visioni potentissime a colori frizzanti ma troppo rapidi, e vengo travolto da quell'energia. Vedo il vomito esplodere in mille colori, poi le mani sciogliersi sgocciolando per terra e aprendo buchi nel terreno in cui cado per ritrovarmi in cima a una montagna e ricadere in una cascata. A tratti è anche piacevole, ma è tutto talmente veloce che mi sento come sulle montagne russe, ansimo e cado dalla sedia, poi il vuoto. Dopo probabilmente qualche ora, a detta dei compagni di stanza, inizio a tornare nel mondo reale trovandomi sdraiato per terra con polvere dappertutto. All'alba del quarto giorno, molto lentamente, mi riprendo sempre meglio e scoppio in una felicità improvvisa come fossi uscito da un tunnel. Vengo a sapere dagli altri che mi sono dimenato nella terra lottando contro qualcosa, calci e pugni. Ho lanciato una sedia e a quel punto si sono tutti allontanati lasciandomi al mio delirio. Sono sorpreso, ma comunque sorrido, perché i racconti sono conditi da grasse risate. In ogni caso questa si rivela l'ultima esperienza, fisicamente è stata devastante e mentalmente sconvolgente. Secondo gli sciamani ho affrontato degli spiriti maligni, quindi dovrei aver risolto dei malesseri inconsci.

Verso sera accompagno la mia amica al terminal dei pullman diretta verso

Bogotà e scopriamo, come si temeva, che la strada è completamente bloccata per le proteste degli indigeni nella valle del Cauca. Rimango pure io momentaneamente senza possibilità di scelta perché anche la strada principale verso l'Ecuador è chiusa. Tornato a casa dei taita, vengo a sapere che esiste una frontiera secondaria che si può raggiungere attraverso una strada sterrata nella foresta.

25-07-2012 *Colombia, il fantasma dell'amianto mi insegue (pubblicato su Greenews.info)*

Nuovo continente, stessa contaminazione. Poco più di un mese fa avevo lasciato l'Asia, afflitta da un intenso consumo di amianto nel settore edile, preoccupato per le tragiche previsioni di morti future. Ma quando sono sbarcato in Sudamerica, nel porto colombiano di Buenaventura, la prima cosa che ho incontrato è stata un'immensa distesa di tettoie in eternit. L'intero paese è sommerso da queste coperture, in tutte le grandi città come Bogotà, Medellin, Cartagena, Barranquilla, Santa Marta e Buenaventura sono facilmente visibili enormi superfici grigie di amianto. Essendo il materiale più economico in commercio, viene utilizzato soprattutto da chi non si può permettere un'altra copertura o è costretto a raccattare resti malandati per strada per utilizzarli nella sua baracca.

Più ci si allontana dai centri città verso le periferie povere e più aumenta il consumo di questo materiale dalle conseguenze mortali. Mentre i produttori si difendono sostenendo di aver preso tutte le precauzioni necessarie per la salute dei lavoratori in fase di produzione, non hanno nulla da dire riguardo al rischio di tutte quelle famiglie che vivono a contatto diretto con la polvere delle lastre vecchie o rotte e che, inconsapevoli degli effetti collaterali, le utilizzano nelle case o per far giocare i bambini. Non esiste nessun piano di smaltimento dell'eternit usurato che, anche qui, viene scaricato nei fiumi, nelle strade o ammassato nei cortili, rimanendo spesso a contatto diretto con la popolazione, che ne respira le polveri letali.

In Colombia il gruppo Eternit possiede ben tre fabbriche che producono asbesto-cemento: una sul Pacifico, un'altra sul mar dei Caraibi e l'ultima nella capitale. Realizzano mediamente quasi 200 000 tonnellate all'anno di cemento-amianto impiegando circa 1800 lavoratori. Da oltre quarant'anni producono principalmente materiali per il settore delle costruzioni tra cui pensiline e coperture, accessori per fognature, fosse settiche e pozzi, tubi di scarico, elettrici e telefonici. Utilizzano un materiale composto dal crisotilo, al 10% circa, e dal cemento, al 90%. Il crisotilo è un minerale appartenente alla classe dei silicati, uno dei minerali del gruppo dell'amianto, di gran lunga il più estratto. Molto ricercato per via delle sue proprietà fibrose, di incombustibilità e di bassa conducibilità termica, ha però gravi conseguenze sull'organismo umano proprio per via della sua natura fibrosa. In Italia se ne conoscono, con evidenza, gli effetti anche a seguito della condanna a sedici anni dei due principali azionisti dell'azienda, ma nonostante ciò il gruppo Eternit continua a negare, nel resto del mondo, la cruda verità: l'amianto non solo provoca il mesotelioma pleurico, un terribile tumore mortale, ma molte altre malattie non immediatamente relazionabili con la respirazione delle polveri aerodisperse, come ad esempio la fibrosi polmonare, che spesso viene correlata al fumo.

Ho intervistato, anche qui, architetti, avvocati, insegnanti e semplici proprietari di case con coperture in eternit: nessuno aveva un'idea delle conseguenze dell'utilizzo del crisotilo, detto anche "amianto bianco". Un'altra realtà di disinformazione che, a queste latitudini, stupisce ancor di più che nelle realtà asiatiche. Per un europeo è una situazione surreale, ma sembra che l'Eternit sia riuscita a rassicurare la popolazione locale e i propri lavoratori, che credono così, per la maggior parte, che gli effetti negativi dell'amianto siano una leggenda metropolitana.

La Colombia, peraltro, esporta soprattutto in Europa, dove è proibito l'utilizzo di asbesto. Mi chiedo come sia possibile che né i media colombiani né quelli europei si pongano domande su questa "incongruenza". Quali interessi ci sono dietro a questa ignoranza indotta? Quante altre persone devono morire per dimostrare che l'amianto è letale? In altri paesi del continente sudamericano, tra cui Cile, Argentina, Uruguay e Brasile, sono state intraprese iniziative governative per contrastare il consumo di questa sostanza assassina, fino a proibirla totalmente. La Colombia vive invece all'oscuro. Probabilmente è troppo concentrata sulle questioni del narcotraffico e della guerriglia alle FARC per assorbire altre priorità.

PAGELLINO COLOMBIA

- ▶ Trasporti pubblici: **7,5**
- ▶ Cucina locale: **6,5**
- ▶ Ospitalità della gente: **7,5**
- ▶ Costo della vita per uno straniero: **6**
- ▶ Sicurezza donne: **6,5**
- ▶ MEDIA Colombia: **6,8**

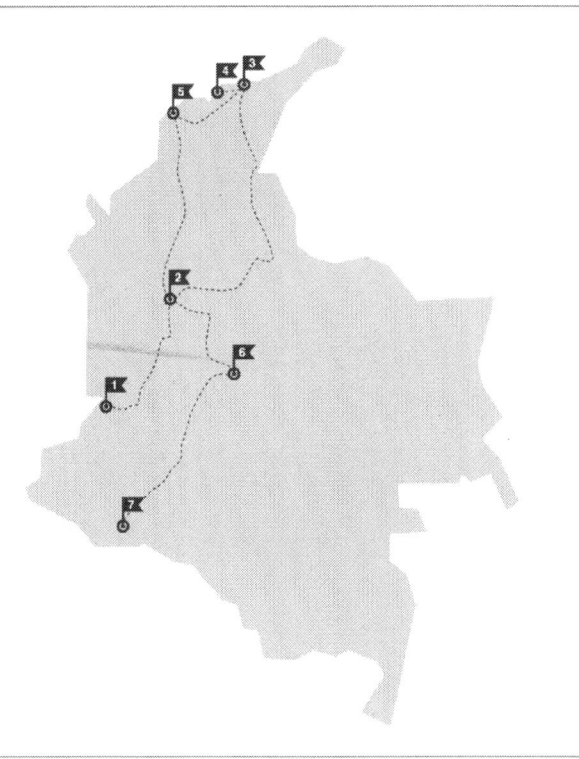

COLOMBIA

1. Buenaventura
2. Medellín
3. Santa Marta
4. Ciudad Pérdida
5. Santa Marta
6. Cartagena
7. Bogotá
8. Mocoa

Ecuador

26-07-2012 *Quito*

Dopo ventiquatt'ore di viaggio iniziato su una strada sterrata nella foresta del Putumayo per raggiungere la frontiera secondaria con l'Ecuador, ho timbrato il dodicesimo delizioso tatuaggio sul mio passaporto e sono arrivato nella cittadina di Lago Agrio, dove ho aspettato per sei ore il pullman che la scorsa notte mi ha trasportato nella capitale ecuadoriana, Quito. Di primo mattino raggiungo finalmente un ostello per tornare a dormire in un letto normale, dopo una settimana tra amaca e pullman. Proseguo la mia esperienza negli ostelli, evitando opportunità come couchsurfing, perché mi trovo benissimo in queste seconde case così economiche e pratiche per un viaggiatore. Ad esempio, qui a Quito spendo 6 dollari per un letto in una camerata di otto persone, ma sono tre mesi che non dormo in stanze singole e sono abituato. Inoltre ho la colazione inclusa, Internet e una bella cucina in condivisione dove posso pranzare e cenare cucinandomi specialità vegetariane a base di pasta, verdure e soprattutto di gustosissimi fagioli sudamericani. L'Ecuador si mostra subito piacevolmente economico e tranquillo. Quito confronto a Bogotà si rivela meno caotica, più sicura e più soleggiata.

Ne approfitto per una prima passeggiata nella città per raggiungere il quartiere vecchio ricco di case e chiese coloniali. Belle e ampie piazze con esposizioni di foto sulla cultura locale. I mezzi di trasporto sono ben forniti e semplici da prendere. Sul bus ho conosciuto un simpatico signore membro del partito comunista che mi ha raccontato la sua interessantissima vita trascorsa a studiare il comunismo in giro per il mondo tra Russia, Bulgaria, Siria, Libano e altri paesi africani. Gli ecuadoriani sembrano solari e pacati. Trovo interessante la loro cultura indigena. I loro vestiti colorati e la loro musica serena mi attraggono particolarmente. Questo paese mi ha dato una piacevole prima impressione e ho avuto modo di iniziare a conoscerlo grazie ad alcuni libri trovati nell'ostello. Una terra ricca di vulcani e trekking spettacolari, non vedo l'ora di iniziare a esplorarla!

28-07-2012 *Vulcano Pichincha*

Stamattina passeggiavo per le strade di Quito osservando le montagne a nord della città. Tramite una funivia si può raggiungere una delle sue vette a 4000 metri, così mi sono convinto ad andare senza un minimo di organizzazione, indossando pantaloncini corti e maglietta a maniche corte. Mi sono incamminato per arrivare alla partenza del mezzo a fondo montagna, attraversando la città perpendicolarmente da sud a nord. Arrivato in vetta ho subito avvertito l'aria gelida e il cambio di altitudine ma allo stesso tempo, quando ho notato la vetta più alta rappresentata dal vulcano Pichincha a 4600 metri, ho sentito un'energia attrattiva fortissima. Non ci ho pensato neanche un secondo e ho iniziato a camminare. Nel cammino incontravo trekker stranieri attrezzati di giacche vento e pantaloni termici che mi osservavano stupiti per il mio abbigliamento leggero. Alle mie spalle la città di Quito mi deliziava con dei panorami impressionanti, che si accompagnavano con la vista della cima innevata del vulcano Cotopaxi, la seconda vetta più alta del paese (6000 metri).

Dopo circa tre ore di cammino, là dove osano le aquile e contro le forze della natura, affrontando il gelo e l'altitudine, ho raggiunto la vetta entrando in uno stato di euforia e felicità straordinarie, tanto che continuavo a sorridere come un ebete osservando la meraviglia attorno a me. Mi siedo sulla roccia ed ecco che un grande volatile con il becco arancione e il piumaggio bianco e nero atterra a due passi da me con una quiete stupefacente. Non aveva la minima paura di me e mi osservava, forse anche lui stupito dal mio abbigliamento. È stata la ciliegina sulla torta. Osservando il Cotopaxi, sulle ali dell'entusiasmo me lo sono prefissato come prossimo obiettivo da raggiungere per continuare a godere di un panorama vulcanico stupendo. Il Sudamerica, con i suoi paesaggi spettacolari, mi ha già completamente conquistato, a differenza dell'Asia che, per quanto mi abbia dato tanto sotto l'aspetto spirituale, mi ha offerto meno sotto quello paesaggistico.

30-07-2012 *L'attesa*

Giorni di attesa, perché sono alla ricerca di un gruppo per la scalata del vulcano Cotopaxi. Non posso affrontare questa nuova sfida da solo, per via delle sue difficoltà e della neve. Essendo ad alta quota (6000 metri), presenta una buona parte innevata che richiede equipaggiamento tecnico e una guida. Ne approfitto per riposare a Quito, tra film e letture nell'ostello, dove conosco nuovi viaggiatori tutti i giorni.

01-08-2012 *Vulcano Cotopaxi*

Poche ore di sonno prima della grande sfida e non riesco a chiudere occhio neanche cinque minuti. Inoltre ho difficoltà respiratorie, nausea e mal di testa. No, non mi sono bevuto una bottiglia di grappa, ma mi trovo in un rifugio a 4800 metri. Ieri assieme alla guida ecuadoriana e a una robusta fisioterapista olandese sui trentacinque anni, di nome Melanie, abbiamo raggiunto la base di partenza della nostra futura scalata con una breve camminata, per un dislivello di 300 metri. Questa volta si fa sul serio, l'obiettivo è il terzo vulcano attivo più alto al mondo: il Cotopaxi.

Verso mezzanotte si prepara l'equipaggio, la maggior parte della scalata sarà su neve e ghiaccio quindi questa volta ho dovuto attrezzarmi con corda, piccozza e ramponi. La nausea è forte, ma a queste altitudini è normale avvertire i sintomi del mal di montagna, bisogna solo essere in grado di riconoscere il limite oltre il quale non bisogna andare, perché a volte si rivela una malattia mortale. Passo lento per non stimolare malesseri d'alta quota con il vento gelido a darci subito il benvenuto. Il primo tratto di due ore è vario, si passa dalla grigia cenere vulcanica a una rossa terra sabbiosa per arrivare al ghiacciaio.

Calziamo i ramponi, ci armiamo di piccozza e leghiamo la corda alle nostre imbragature. Mi trovo particolarmente bene a camminare sui ramponi, mi danno stabilità, ma alcuni pendenti dislivelli del ghiaccio mi causano altre difficoltà respiratorie. Manca l'ossigeno a 5000 metri, però con le opportune pause si riesce a proseguire. Improvvisamente il cammino si trasforma in uno scenario da brividi che non avevo immaginato. Un'infinità di crepacci stretti o larghi da superare, montagne di neve e ghiaccio da circumnavigare attraversando percorsi strettissimi con profondi dirupi a lato. Situazioni del genere le avevo viste solo al cinema e rimango inizialmente impressionato, anche perché l'oscurità della notte e il vento gelido non aiutano.

Nel bel mezzo di questi ostacoli la mia compagna cade in un crepaccio, la corda si tende e, piazzando la piccozza nella neve, riesco a immobilizzarmi per trattenerla mentre la guida la solleva. Attimi di brividi, se non fosse stato per la corda non oso immaginare come sarebbe finita. Fortunatamente sta bene e decide di proseguire. Il percorso migliora e si ritrovano alcuni sentieri. Incontriamo una ragazza, che faceva parte dell'altro gruppo, che torna indietro perché si sente male. A quota 5500 metri mi sento stranamente meglio, a parte la nausea, inoltre sta per arrivare il sole a scaldarci e a illuminare la nostra via. Inizio finalmente a crederci, mancano circa 500 metri di dislivello.

Alcune soste improvvise per la stanchezza di Melanie, abbattuta dalla bufera antecedente l'alba. Ed ecco che a quota 5700, quando ormai avvertivo l'energia della vetta sempre più vicina, la guida e Melanie iniziano una conversazione più lunga del solito. Io, a distanza per la corda da mantenere in tensione, mi avvicino per capire cosa succede. Appena vedo le loro facce sconsolate, avverto un brutto presentimento che si rivelerà tale. Lei non sta bene e non riesce a proseguire. Per la pericolosità della scalata, che necessita almeno di un compagno per la corda, sono costretto a tornare indietro con entrambi. Naturalmente rimango inizialmente deluso –non mi era mai capitato ma poi al ritorno non c'è spazio per la delusione, ma solo per un'immensa meraviglia creata da panorami spettacolari. Sopra i 5000 metri e sopra le nuvole sembra di essere in un paradiso. Ho scelto questo giorno per quest'avventura perché oggi è l'anniversario della morte di mia madre, e mi sembrava questo il miglior modo per avvicinarmi a lei. Entusiasta per la straordinaria ed estrema esperienza vissuta, torno a Quito con un sonno devastante e sognando già la prossima tappa: vulcano Quilotoa (4000 metri). Ma questa volta ci vado da solo!

La vita è come la scalata di una montagna. Puoi decidere di affrontare ostacoli come la nausea, il mal di testa e le difficoltà respiratorie accettando alcuni rischi per arrivare in cima e scoprire panorami straordinari che mai avresti immaginato. Oppure puoi farti sopraffare dalle paure e rimanere a fondo montagna, limitando il tuo panorama all'ostacolo di fronte.

03-08-2012 *Vulcano Quilotoa*

Arrivando al piccolissimo villaggio di Quilotoa, che nella lingua locale significa "dente della principessa", immaginavo di trovarmi di fronte il vulcano da scalare per ammirare dalla vetta il suggestivo lago che ospita il suo cratere, ma dopo essere sceso dal pullman e aver attraversato il comune a piedi noto una stradina sterrata che mi porta direttamente sul bordo del favoloso cratere con vista sul lago. Questo povero villaggio di indigeni contadini, chiamati Kirutwa e di origine quechua, si è sviluppato nei pressi del cratere. Le principali attività turistiche sono gestite in comunità e gli abitanti si alternano nelle loro varie mansioni. La vita locale prosegue a ritmo lento ed è ancora autentica, grazie alla semplicità della sua popolazione, ma si presume che il turismo, in continuo sviluppo, cambierà fortemente l'immagine di Quilotoa nei prossimi anni.

Stamattina un sole straordinario mi ha dato il benvenuto al mio risveglio e dopo una breve colazione ho intrapreso un trekking con una coppia di viaggiatori belgi che risiede nella mia stessa spartana dimora a gestione familiare. Lui è un biologo che ha vissuto un anno in Ruanda studiandone la biodiversità, lei è un'ex studentessa che ha appena terminato gli studi. Hanno da poco iniziato un lungo viaggio, di circa sei mesi, in Sudamerica. Al nostro gruppo si è aggregata anche una coppia francese conosciuta ieri durante una birra davanti alla stufa. Siamo diretti verso Chingchuan, un villaggio che dista circa 10 chilometri da qui. Ci incamminiamo lungo il cratere incantati dai panorami spettacolari sul lago e sulla valle attorno. I sentieri si diramano in altri, complicandoci la via da seguire. Ci affidiamo alla bussola, consapevoli di dover andare verso nord. Incontriamo contadini indigeni che vivono in semplici baracche, con tetto di lamiera ondulata o di paglia, e con alcuni animali tra cui vacche, pecore, maiali o bizzarri lama, e questa è la prima volta che li incontro dal vivo. Chiediamo indicazioni a loro ma ci indicano sentieri lontani, dall'altra parte della valle.

Dopo alcune ore iniziamo a credere di esserci persi perché sembra di stare in un labirinto, ogni sentiero finisce in un campo di patate o in una fattoria. Inoltre la superficie, in forte dislivello tra sali e scendi, è segnata dal canyon che attraversa la valle, e ci complica ulteriormente il cammino. Io e il ragazzo francese saremmo scesi a fondo valle per proseguire lungo il fiume, ma il percorso sarebbe stato improvvisato e pericoloso per le sue forti pendenze, inoltre gli altri non ne erano convinti. Così dopo vari sentieri sbagliati, abbiamo deciso di tornare verso il cratere affrontando una salita mozzafiato per via dell'altitudine e della superficie sabbiosa.

Quasi cinque ore di cammino per tornare al villaggio separati. Affamatissimo mi sono fermato in un semplice chiosco di legno dove una coppia di abitanti locali vendeva pannocchie di mais e patate con formaggio. Un pranzo ideale per una spesa totale di due dollari. A stomaco pieno decido di scendere a fondo cratere in solitaria per raggiungere il lago. Una ripida discesa sabbiosa ed eccomi in una piccola, e quasi deserta, spiaggetta a bordo lago. La temperatura dell'aria e dell'acqua è sui 10 gradi, ma io, amante dei bagni nei torrenti e nei laghi, senza pensarci due volte decido di tuffarmi in questo meraviglioso e verde lago-cratere, in uno scenario montano da favola, a 4000 metri. Il panorama esterno mi distrae e mi fa avvertire il freddo in misura minore. Mentre cerco di asciugarmi con i vestiti, conosco una simpatica signora kirutwa vestita con il cappello tradizionale, una coperta di lana rosa avvolta sulle spalle e un lungo gonnellino di lana verde. Si presenta, si chiama Maria. Dopo aver provato a vendermi dei braccialetti mi racconta di lei. Vive a mezz'ora dal villaggio e quando è il suo turno di lavoro viene al cratere a vendere bigiotteria o ad aiutare nella gestione comunitaria dell'ostello sul lago-cratere. Ha quarantaquattro anni ed è madre di cinque figli che vivono e lavorano in altre zone turistiche del paese, tra cui Banos, un villaggio immerso nella natura tra cascate, sorgenti termali e un altro meraviglioso vulcano da scalare. La mia prossima tappa.

Ho trascorso alcuni giorni in questa povera regione montana ecuadoriana condividendo con la popolazione indigena viaggi su pullman sgangherati o su cassoni di furgoni. Ho mangiato le specialità locali nelle loro spartane baracche. Per l'ennesima volta, sono stato accolto con gentilezza, semplicità e allegria. Più ho modo di conoscerli e apprezzarli, più mi sento vicino a loro anziché alla società in cui sono nato. Le popolazioni indigene rappresentano la ricchezza dell'umanità e vanno protette perché preservano tradizioni culturali centenarie. Possono rivelarsi l'univa via di salvezza da una feroce modernizzazione che sta rendendo i continenti sempre più simili e insignificanti.

05-08-2012 *Banos*

Banos è una tranquilla cittadina ecuadoriana situata ai piedi di un vulcano di 5000 metri e bagnata da un imponente torrente che si estende per tutta la valle formando un canyon. È un'ideale località vacanziera in cui si è sviluppato da tempo un turismo di tipo internazionale. Molte le attività turistiche sportive, tra cui rafting, bungee jumping, escursioni in bici o a cavallo e canyoning. Ma se non vi fate intimidire dalla sua apparenza, scoprirete un piacevolissimo paradiso terrestre dove trascorrere alcuni giorni per godere delle meraviglie della natura e osservare i ritmi blandi dell'anziana gente indigena che passeggia per la città.

Io, una ragazza svizzera e due irlandesi siamo decisi a esplorare la valle in bici e dopo due giornate di pioggia la sorte ci fa un bel regalo con un caloroso sole. Dopo aver trovato delle bici adatte a downhill, siamo saliti su un furgone con cassone scoperto che ci ha accompagnati in cima alla collina sopra la città e davanti al vulcano. Lì abbiamo osservato il vulcano che in questi ultimi giorni si è attivato. Ieri quattro esplosioni e oggi una, per ora. Abbiamo intrapreso la discesa di alcuni chilometri tra strade sterrate, pavé e asfalto per tornare a fondo valle. Io e i due irlandesi abbiamo proseguito sulla statale che collega la città di Banos con Puyo. Un percorso straordinario perché lungo il canyon, che costeggiavamo, si incontrano numerose spettacolari cascate, soprattutto nella zona di Rio Verde. In particolare, ci fermiamo davanti a una potente e violenta cascata, che si può raggiungere e osservare con un percorso a piedi che porta a pochi metri dal punto di caduta. Un'energia impressionante che mi ha incantato per un'oretta.

Dopodiché abbiamo proseguito la pedalata continuando ad ammirare i verdi paesaggi attorno alla valle. Decisi di arrivare a Puyo, percorrendo i 55 chilometri che separano le due città, abbiamo aumentato il ritmo tra sali e scendi e pendenze a nostro leggero favore. Al termine di una lunga discesa di alcuni chilometri, intrapresa a tutta velocità, uno degli irlandesi si è perso. Abbiamo aspettato quindici minuti, ma non vedendolo arrivare io e Brian siamo tornati indietro affrontando una salita devastante. Non lo abbiamo trovato, così abbiamo chiesto a un motociclista se aveva notato il nostro amico. Lui ci ha riferito di aver visto un ciclista che tornava indietro, abbiamo pensato fosse il nostro compagno. Esausti per la salita e al trentesimo chilometro ci siamo fermati a bordo strada con il pollice alzato in attesa di essere caricati. Fortunatamente dopo pochi minuti è passato un pullman che per un dollaro ci ha riaccompagnati in città, per svenire in una delle diverse piscine termali.

07-08-2012 *Riposo dopo l'improvvisa popolarità*
Sono travolto da un'onda di messaggi stupendi da parte di tanta gente che segue la mia esperienza di viaggio. Pochi giorni fa "La Stampa" ha

pubblicato un articolo cartaceo e web sulla mia storia e improvvisamente il mio blog e la mia pagina facebook hanno avuto un'esagerata impennata di visualizzazioni e commenti. Sono felicissimo di poter condividere con sempre più appassionati questo speciale momento della mia vita. Soprattutto ricevo mail di altri viaggiatori che vorrebbero fare una scelta come la mia e mi dicono che gli manca il coraggio. Spero proprio attraverso i miei racconti di stimolare la voce della loro coscienza per portarli sulla strada amica. Per il resto è difficile rispondere a tutti e mi dispiace se a volte do risposte affrettate, ma vorrei dedicare anche tempo a me e a ciò che sto vivendo.

Dopo scalate, escursioni e biciclettate, oggi mi dedico una giornata di meritato riposo. Banos è la città adatta per rilassarsi. Una buona colazione e poi un bollente bagno in una piscina termale sotto una cascata assieme a un'ingegnere donna ambientalista italo-svizzera. Erano quasi tre mesi che non incontravo qualcuno che parlasse italiano e mi fa strano. Ormai sono abituato a parlare spagnolo e inglese, a volte mi permetto pure di fare da traduttore per viaggiatori che parlano solo inglese e che sono in difficoltà nell'ostello. Le terme sono affollatissime da famiglie ecuadoriane, soprattutto anziani e bambini buffi che provano a nuotare in una piscina piena di gente. Molti sono gli indigeni, minuti e pacati, che trasmettono tenerezza. Ho chiacchierato con alcuni abitanti di Banos che mi hanno raccontato di essere soddisfatti del governo di sinistra ecuadoriano. Il primo ministro, che probabilmente verrà rieletto alle prossime imminenti elezioni, si sta opponendo all'estrazione del petrolio nella foresta amazzonica per preservare l'ambiente. In questo paese inoltre, come in Colombia, tengono banco gli episodi legati al narcotraffico. Pochi giorni fa, in prima pagina sul giornale, c'era la foto di un camion pieno di cocaina che si è arenato sulla spiaggia durante un trasporto. Non sono stati in grado di spostarlo e la polizia li ha colti in fragrante.

La sera io e Ana abbiamo cucinato un bel piatto di pasta per altri viaggiatori tedeschi e irlandesi. Cipolla, aglio, capperi e pomodoro fresco. I deliziosi sapori mediterranei di casa e alcune buone bottiglie di vino rosso cileno. Cosa mi manca dell'Italia? Il cibo, in particolare i formaggi, ma soprattutto il vino rosso!

Trecento giorni di viaggio, 45 435 km percorsi senza aerei e voglio dedicare questo pensiero a chi mi vuole bene: la serenità è uno stato mentale che richiede sacrifici e determinazione. Fa' sempre le tue scelte, giuste o sbagliate che siano, ma decidi con la tua testa. Dopo prenditi le tue responsabilità e accetta le tue sconfitte con intelligenza, cercando di imparare da esse. Segui sempre il tuo cuore a costo di andare contro tutti o tutto, compresa la tua cultura. Non permettere a nessuno di dirti come vivere la tua vita, ma ascolta tante storie di vita per trovare ispirazione. Se c'è qualcosa che ti tormenta, affrontala fino a vomitarla completamente fuori della tua anima. Non scappare da nulla o da nessuno perché neanche nell'altra parte del mondo sfuggi alla tua coscienza. Impara ad ascoltare il tuo corpo e la tua mente, rendendoli amici e curandoli secondo i loro suggerimenti. Una volta che trovi la tua felice strada, dedica la tua energia positiva alle persone che ti vogliono bene. Non permettere mai a nessuna stupida e superficiale barriera chiamata gelosia, invidia o orgoglio di allontanarti da chi ami. Perché non esiste nulla di più genuino e puro dell'amore per i propri amici o familiari. Amici, fratelli e sorelle vi dedico questo pensiero perché vi amo e vi penso ogni giorno di questa meravigliosa esperienza, e so che sarà stupendo potervi riabbracciare dopo il coronamento del più grande sogno della mia vita.

PAGELLINO ECUADOR
- ▶ Trasporti pubblici: **7**
- ▶ Cucina locale: **6**
- ▶ Ospitalità della gente: **7 , 5**
- ▶ Costo della vita per uno straniero: **7 , 5**
- ▶ Sicurezza donne: **8**
- ▶ MEDIA Ecuador: **7 , 2**

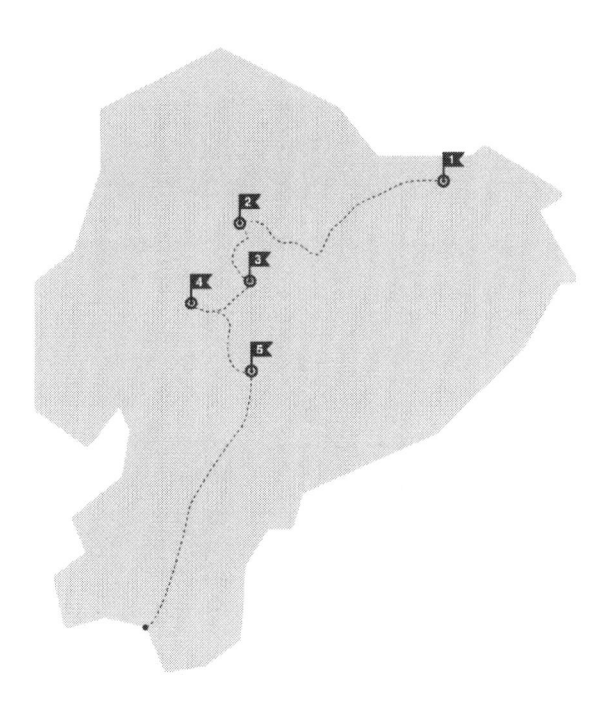

ECUADOR

1. Lago Agrio
2. Quito
3. Cotopaxi
4. Quito
5. Quilotoa
6. Banos

Perù

09-08-2012 *Confine del Perù*

Sono nella mia macchina a Torino talmente ubriaco che siedo nel posto passeggero. Alla guida c'è Ana, che dopo aver attraversato il ponte di corso Vittorio Emanuele, svolta a destra in corso Moncalieri, ma entra nella corsia sbagliata e cerco di avvisarla che è contromano. Non riesco a parlare e cerco di sforzarmi a dirglielo, al tempo stesso noto dei poliziotti. All'improvviso ci puntano addosso delle luci fortissime che entrano nell'auto e ci illuminano. Riesco finalmente a dire ad Ana che siamo contromano. Lei mi tira alcuni spintoni per riprendermi, ma non basta. Insiste sempre di più finché mi sveglio, apro gli occhi con difficoltà e mi trovo nel pullman in Ecuador diretto verso il confine con il Perù. Era la mia vicina a spintonarmi e le luci erano del pullman. Sono le 4 del mattino e siamo arrivati alla stazione di Loja. Devo fare il terzo cambio pullman e prendere il diretto per Piura, cittadina peruviana.

Saluto l'Ecuador, un'altra piacevolissima sorpresa. Impressionanti paesaggi vulcanici e numerosi parchi naturali verdissimi. Mi sono sentito decisamente più tranquillo che in Colombia. La gente è pacata e sorridente. Ho immaginato in un futuro di poter vivere per un periodo in questo paese. Complimenti!

Come è successo in Ecuador, entro in Perù da un confine secondario che si rivela tranquillo e deserto. In pochi minuti compilo moduli e sbrigo le pratiche. Prima il timbro delle immigrazioni, poi quello della polizia peruviana che mi fa alcune domande sul viaggio. Tutto semplice e rapido. Anche in Perù si entra da un ponte a fondo valle raggiunto dopo ore di strade sterrate tortuose sulla cima di colline ecuadoriane. Il paesaggio cambia notevolmente superato il confine. Si fa sempre più arido e polveroso. L'erba è secca, in alcuni tratti il terreno è sabbioso, ma almeno gli alberi rimangono verdi. Al primo impatto questo tredicesimo paese mi ricorda molto l'Asia, purtroppo anche in alcuni aspetti negativi. Ritrovo da un lato i motorisciò come mezzo di trasporto, ma dall'altro anche una montagna di rifiuti a bordo strada. Discariche improvvisate in vari terreni abbandonati. Tanti poveri villaggi con baracche o case in muratura, paglia o terra battuta con tetti in lamiera ondulata o eternit. Le strade sono polverose con la sabbia ai lati. Un notevole cambamento rispetto all'Ecuador.

Dopo ben venticinque ore di viaggio su quattro mezzi diversi, entro nella prima grande cittadina del Perù dopo il confine, Piura. Potrei proseguire verso Trujillo, la mia prossima destinazione, ma sono stanchissimo per i bruschi risvegli notturni, e affamatissimo per la solita dieta del viaggio. Trovo una stanza spartana senza bagno, le lenzuola sporche e i muri che cadono a pezzi, ma economica. Per le lenzuola basta stendere un telo sopra. Cammino per la cittadina che ha un centro ben curato con un viale alberato e diverse attività commerciali affollate. Attivare la nuova sim sembra un'impresa: mi accompagnano in numerosi sportelli per dialogare con varie persone, ognuna delle quali ha un compito diverso. Ciò che normalmente da noi viene fatto da un addetto, qui lo fanno in cinque. Riesco ad attivare la sim e superaffamato trovo un locale che fa dei buoni burrito messicani, dopo aver guardato invano i menù di alcuni bar peruviani tutti carnivori. Oggi sono troppo affamato per cercare qualcosa del posto.

11-08-2012 *Trujillo*

Come al solito di buon'ora, sono il primo a svegliarmi nel fatiscente ostello in cui risiedo. Ho trovato una stanza in uno dei più economici della città. Ma con la convenienza ho ritrovato alcune caratteristiche asiatiche, come gli scarafaggi e le ragnatele in camera, i cessi comuni davvero terribili e stamattina mi sono trovato senz'acqua nei rubinetti dei bagni. Tuttavia l'atmosfera spartana gestita da un vecchio magro un po' stordito dall'alcol mi ha convinto. Esco dall'ostello e incontro i primi turisti nella città oltre a me, una coppia di svizzeri. Mi trovo a Trujillo, capoluogo della regione settentrionale De La Libertad. Situata nel bel mezzo della costa desertica peruviana, questa cittadina ha ereditato diverse rovine archeologiche da importanti culture precolombiane. Nonostante sia un'area deserta, è ricca di corsi d'acqua perché si trova tra la costa e la catena delle Ande.

La prima tappa, l'area archeologica della città di Chan Chan, si trova lungo la statale che collega Trujillo con una località balneare chiamata Huanchaco. Prendo il primo pullman lì diretto e salto giù davanti all'entrata di Chan Chan. Alle 8 del mattino mi trovo davanti al deserto in cui si estende la città e attorno a me non c'è anima viva. Armato delle solite banane e di acqua, decido di avventurarmi camminando verso le rovine, senza avere la minima idea di ciò che mi aspetta. Fortunatamente dopo uno o due chilometri incontro un cartello che indica una biglietteria nei pressi di alcune imponenti mura, che probabilmente delimitano una parte della cittadella. Finalmente incontro un essere umano davanti alla biglietteria e mi comunica che si apre tra un'ora. Essendo il primo a essere arrivato, mi godo la visita a un palazzo reale Nikan, costruito in adobe, in completa solitudine. L'area è grande ma, oltre a qualche raffigurazione di pesci o uccelli sui muri, di resti ce ne sono davvero pochi. Questa città è stata la più grande dell'America meridionale in epoca precolombiana. Fu abitata dal popolo Chimù, per circa 600 anni, che ne fece la capitale del proprio territorio fino al 1470 d.C., quando gli Inca la conquistarono. La visita termina, dopo il piccolo museo archeologico, in un tempio verso Trujillo che raggiungo facendo autostop.

La seconda tappa, che raggiungo nuovamente in autostop e pullman, è rappresentata dai templi della Luna e del Sole lasciati in eredità dagli abitanti della città di Moche, che sviluppò tra il 200 e l'850 d.C. nell'area tra i due templi. All'ingresso del tempio della Luna si incontra subito la fossa dei sacrifici umani, che la dice lunga sulle credenze e i miti di questo popolo. Anche questo costruito in adobe e utilizzato per cerimonie, presenta diverse decorazioni in rilievo, sia all'interno sia all'esterno, di cui poche sono sopravvissute integre, ma evidenziano comunque quanto fosse decorato ai tempi della costruzione. I motivi sono legati agli dei della montagna, e questo spiega la decisione di costruire il tempio ai piedi di una montagna. È a forma piramidale come il tempio del Sole, utilizzato a scopi politici, ben visibile dall'altro lato.

Verso sera, mentre passeggio per la città di Trujillo, avverto una mano aperta sopra la tasca dove tengo il cellulare. Mi fermo e anche il tizio lo fa. Lo guardo e lo imbarazzo, così mi saluta e se ne va. Peccato per lui che giro sempre con le cerniere delle tasche chiuse. Poco dopo all'ostello, nella zona bar dove si ritrovano alcolisti locali per bere birra tutto il giorno, vengo invitato a bere al tavolo di alcuni signori peruviani, ma visto il loro stato confusionale rifiuto gentilmente. Pure il vecchio della reception mi ha detto sottovoce di non bere con loro, perché vogliono ubriacarmi per rubarmi il portafoglio. Però una birra in un altro tavolo me la sono bevuta in attesa del pullman notturno diretto a Huaraz, cittadina sulla Cordillera Blanca, da cui ammirare questa imponente catena montuosa, la seconda più alta dopo l'Himalaya.

13-08-2012 *Laguna Churup*

Finalmente un'altra meravigliosa giornata di trekking è alle porte. Stavolta lo scenario è secondo al mondo solo all'Himalaya. Si tratta della Cordillera Blanca, un'imponente catena montuosa situata al centro del Perù e sulle Ande, con sedici vette oltre i 6000 metri e altre diciassette oltre i 5500. Da Huaraz, cittadina ai piedi delle montagne, mi sono incamminato alla ricerca di un bus collettivo assieme a una coppia, lui inglese e lei ungherese, e a due gemelle inglesi incontrati nell'ostello. Siamo diretti a Llupa, villaggio indigeno situato a 3700 metri d'altitudine, da cui iniziare il trekking verso la laguna di Churup.

Arrivati a destinazione, incontriamo gli abitanti indigeni, come al solito sorridenti. Nel primo tratto, non particolarmente difficile, gli altri rimangono indietro così, dopo varie attese, li informo che proseguo in solitaria, anche perché più avanti il tragitto sarà particolarmente in dislivello. Parto deciso, il paesaggio appare arido, ma non mancano i corsi d'acqua provenienti dalle montagne. Si incontrano pastori e contadini, semplici abitazioni e piccole fattorie con vacche, pecore, asini, maiali e galline. Raggiungo l'entrata del parco nazionale Huascaran, osservando le varie vette innevate come sfondo. Inizia il tratto più difficile su un sentiero roccioso, l'altitudine inizia a farsi sentire perché si superano i 4000 metri.

Dopo qualche ora arrivo in un campo piano, riparato dal vento, dove incontro alcune vacche. Nelle vicinanze scorre un ruscello su una parete rocciosa decisamente pendente. Perdo il sentiero e decido di scalare la parete improvvisando un'arrampicata libera – forse in questo momento un compagno sarebbe stato adeguato. Continuo a salire, eccitato dal percorso, e avverto la laguna vicina. Così dopo quasi quattro ore ecco questa meravigliosa e trasparente laguna ai piedi della vetta dell'omonimo monte innevato, Churup (5400 metri). Osservo l'area e cerco la roccia migliore per godermi questo spettacolare panorama di fronte alla vetta. Mi arrampico ancora qualche metro ed ecco la roccia perfetta su cui sedersi e godere per un'ora e mezza di questo dono della natura. Sono incantato da tanta bellezza e non ho parole per descrivere come mi sento. Prima di riprendere la camminata, decido di ascoltare la canzone che mi accompagna in quasi tutte le vette raggiunte, "Starway to Heaven" dei Led

Zeppelin. La ciliegina sulla torta che mi fa esplodere di gioia, talmente tanta che scorre qualche lacrima sul mio viso sorridente. Ho così tanti ricordi straordinari di questi dieci mesi che non trovo più limite alla mia felicità e gratitudine per ciò che sto vivendo. La terra è il vero paradiso a cui i fedeli di diverse religioni ambiscono, la gente se ne deve rendere conto e soprattutto deve rispettarla.

Ora inizia la discesa, qualche minuto ed ecco la coppia che sta arrivando al traguardo. Li saluto in lontananza e quando dico da quanto tempo sono là sopra mi dicono che sono pazzo. Intanto mi accorgo che le gemelle si sono arrese da tempo e sono tornate a valle. Per affrontare la ripida parete rocciosa trovo un'altra via e, stavolta, anche delle corde d'acciaio con cui scendere in sicurezza. Volo letteralmente sulle ali dell'entusiasmo, trasportato dal mio mp3, ballando e cantando mentre saltello tra una roccia e l'altra, sentendomi leggero come una piuma. Arrivo all'ingresso del parco e lì si trovano vari mezzi, ma sono troppo euforico per fermarmi così mi viene un'altra delle mie geniali idee: tornare direttamente a piedi a Huaraz. Ho voglia di godere di qualche altro caloroso sorriso indigeno e di osservare il lento scorrere della loro vita quotidiana. Incontro molti anziani con uno sguardo da incorniciare, il loro sorriso sdentato vale più di ogni altro sorriso occidentale falso con i denti perfetti. Proseguo salutando chiunque incontro e sono sempre ricambiato. Poi arrivo all'asfalto, al traffico e allo smog, ma non sarà di certo questo a fermarmi e cammino fino a raggiungere l'ostello dopo ben 40 chilometri percorsi in otto ore, con i piedi devastati ma immensamente felice. Grazie madre natura.

15-08-2012 *Huaraz*

Sarebbe potuta essere un'altra meravigliosa giornata di trekking, ma il mio corpo mi chiede un po' di riposo per via di un raffreddore e voglio accontentarlo. La Cordillera Blanca riserva un'infinità di scelte per escursioni di ogni tipo, tra vette innevate e limpide lagune. Il Perù è meno caro del Nepal e più facilmente esplorabile in solitaria, credo proprio che tornerò tra queste massicce montagne per stare un lungo periodo, acclimatandomi bene per puntare alle vette più impegnative.

Oggi quindi riposo all'ostello, ma non mancano le sorprese anche qui. Incontro un signore inglese sulla quarantina, biondo, ben pettinato e ben vestito, con una camicia a maniche lunghe, insomma con un aspetto serio.

Dopo qualche chiacchiera mi invita a raggiungerlo sulla terrazza per una sorpresa, e quando arrivo vedo che mi aspetta con un bel cannone d'erba appena rollato. Naturalmente accetto la fumata e parliamo per ore osservando la città di Huaraz dall'alto. Vive da anni tra Guatemala, Perù e Bolivia e si guadagna da vivere come libero professionista creando siti web turistici. S'incuriosisce dei miei tatuaggi e mi mostra i suoi ben nascosti. A 35 anni gli è venuta voglia di iniziare, così in poco tempo si è tatuato mezza gamba, dal ginocchio alla caviglia e tutto il braccio destro. Fuma marijuana intensamente tutti i giorni e mi dice che utilizza un look serio con tatuaggi coperti per non attirare l'attenzione della polizia peruviana, che in passato l'ha colto in flagrante già due volte. Stava fumando erba ma ha risolto tutto con la baksheesh, ovvero la mazzetta come si dice in India. Curioso personaggio con doppia personalità, da un lato preciso e ordinato, dall'altro punk.

Nel pomeriggio lavo i vestiti a mano e mi preparo per un lungo viaggio. Sono diretto a Cusco, ma prima mi attendono otto ore di pullman verso Lima e un'attesa di sei ore per un altro mezzo diretto alla mia destinazione, che ne impiegherà altre ventuno di viaggio. In tutto bene o male saranno 35 ore per percorrere circa 1500 chilometri. Uno dei miei più cari amici sta terminando il suo viaggio di vacanze in Perù, così voglio salutarlo prima che riparta per Torino. Felicissimo di rivedere una faccia conosciuta dopo tutti questi mesi.

17-08-2012 *Arrivo a Cusco*

Quaranta ore di viaggio tra due pullman e una lunga attesa in stazione a Lima. Più di 1500 chilometri percorsi dalla costa desertica peruviana all'altopiano della valle di Cusco, a 3500 metri d'altitudine. Ho lasciato Huaraz due giorni fa, incontrando la maggior parte della popolazione cittadina per le strade per via di un'esercitazione di prevenzione per terremoti. Da lì, dormendo nel pullman, ho raggiunto Lima all'alba. In attesa del mezzo più economico per Cusco, che costava il 40% in meno degli altri, mi sono addormentato in stazione, poi ho fatto due passi per il quartiere a osservare le dinamiche quotidiane della gente locale nelle ore che avevo disposizione. Lima si è mostrata grigia, caotica, inquinata e sporca. Era in corso uno sciopero generale dei trasporti che ha letteralmente paralizzato la città, già conosciuta per il suo eccessivo traffico. Alla stazione ho guardato il telegiornale mattutino ed è stato disgustoso. Solo notizie legate alla cronaca nera o di disperazione. Scene crude di morti, violenza o famiglie sfrattate per strada con bambini in lacrime. Un medico accusato perché ha amputato la gamba sbagliata a un povero anziano e si notano le immagini di lui con i suoi amici che fuori dal tribunale cercano di pestare la povera figlia di quest'uomo. Mi era già capitato una mattina di vedere questo telegiornale e anche in quell'occasione l'avevo trovato così crudo. Il Perù ha un lato oscuro pronunciato, anche al cinema la scorsa settimana a Piura proiettavano solo film dell'orrore.

Esausto sono arrivato a Cusco, storica capitale inca. Il più grande impero americano precolombiano, che ha lasciato in eredità diverse meraviglie, che esplorerò con calma nei prossimi giorni. Sono rimasto subito colpito dalle sue bellissime piazze colme di turisti. Le vie circostanti pullulano di procacciatori di turisti per gite di ogni genere, oltre che di spacciatori di marijuana o di pr per serate di musica elettronica in discoteche a due piani. Un lato turistico un po' troppo sviluppato, ma nonostante tutto questa città resta magica. Me ne sono accorto quando ho iniziato ad ammirarla dall'alto arrivando con il pullman. Sono intenzionato a stare un lungo periodo per esplorare i dintorni di Cusco e per conoscere profondamente quest'affascinante cultura quechua.

19-08-2012 *La magica domenica di Cusco*

In pochi giorni questa città mi ha rapito il cuore. Il suo fascino mistico, la sua storia, le sue tradizioni, la sua gente mi hanno meravigliato in varie occasioni. Basta ammirarla in uno dei tanti punti panoramici ai piedi delle montagne che la circondano. Da ovest si può godere della vista sulla suggestiva Plaza Armas con alle spalle la montagna di Viva el Perù. Mai avevo assistito a un'atmosfera domenicale speciale come questa. Stamattina, assieme a un mio caro amico in vacanza da queste parti, mi sono incamminato per le strade di Cusco a osservare le sue affollatissime piazze, ricche di spettacoli culturali e religiosi. I bambini erano incantevoli, indossavano indumenti colorati tradizionali e passeggiavano e ballavano per le vie della città. Erano accompagnati da musicisti di flauto, tamburo e tromba e guidati da un maestro. Una particolare atmosfera di festa che trasmetteva un'immensa allegria. La piazza principale, Plaza

Armas, era il fulcro di questa stupenda giornata dove una banda sonorizzava l'ambiente e vari gruppi religiosi adulti sfilavano vestiti elegantemente con abiti classici. Le birre non mancavano.

Per pranzo tappa al mercado central de San Pedro, il tipico mercato cittadino in cui gli abitanti indigeni vendono indumenti tradizionali, frutta, verdura, formaggi, carne, cioccolata e gelatine multicolori. Vari stand offrono pranzi peruviani molto economici e gustosi succhi di frutta. Anche qui a rendere l'atmosfera speciale era la popolazione locale, con i vestiti tradizionali e una semplicità disarmante. Forti odori tra i profumi delle spezie e la puzza della carne di troppi generi di animali macellati. Uno dei luoghi migliori dove trovare un pranzo buono e semplice o comprare qualcosa da cucinare all'ostello.

Il resto della giornata abbiamo passeggiato tra le vie coloniali tra sali e scendi continui, cortili pittoreschi, piazze artistiche e panorami favolosi. Alla ricerca del ministero della cultura dove comprare il biglietto per l'attrazione turistica più importante del continente sudamericano: Machu Picchu. Poi ritorno all'ostello e, mentre sono concentrato a scrivere sulla giornata, un grasso peruviano sulla quarantina con una faccia completamente fusa si siede sul divano davanti al mio tavolo. Iniziamo a chiacchierare e dopo pochi minuti in cui mi parla della festa notturna della città apre un pacchetto con dentro qualche grammo di cocaina. Insiste per mettermela sulla mano, ma rifiuto e ringrazio. Lui ne sniffa un po' e se ne va, e dopo pochi minuti mi chiama dalla camerata in cui dorme. Mi mostra una borsa piena di marijuana e a quel punto mi faccio dare una decina di grammi per i prossimi giorni in città.

21-08-2012 *Machu Picchu*

Machu Picchu, l'attrazione più turistica di tutto il Sudamerica. Naturalmente attorno a questo sito archeologico inca gira un business enorme e lo si può percepire già arrivando a Cusco. Esistono vari modi per raggiungerlo, il più famoso dei quali è l'inca trail. Peccato che i costi si aggirino sui 400 dollari per quattro giorni di trekking, per una camminata che avrà il suo fascino, ma risulta superturistica e poco autentica. Nei giorni scorsi a Cusco ho cercato di studiare la via più economica: si tratta di fare dieci ore circa tra pullman sgangherati, mezzi collettivi e una decina di chilometri a piedi, seguendo le rotaie del carissimo treno che porta ad Agua Caliente, il villaggio ai piedi della montagna Machu Picchu (montagna vecchia).

Il ponte, da dove inizia la salita, apre alle 5 del mattino. Conviene essere pronti a quell'ora per salire tra i primi e assistere a una magica alba con un panorama divino. Arrivo verso le 6 alla casa del guardiano, punto più alto della cittadella, e rimango incantato davanti a una tale meraviglia avvolta nella nebbia. Un capolavoro straordinario dell'architettura e dell'ingegneria umana in perfetta simbiosi con la natura. Wayna Picchu, la montagna di sfondo, quando sbuca dalla nebbia rende il panorama ancora più magico e, dopo 50 000 km, solo ad Agnkor Wat mi ero sentito così euforico. Foto rituale, ma mai si potrà perfettamente immortalare tale bellezza. Solo gli occhi possono percepire tutto questo.

Dopo ho percorso la parte agricola, formata da terrazze, e quella urbana dove si trovano templi, case, piazze e pietre cerimoniali. I muri trasudano vita ed energia e perdendosi tra le sue vie non è difficile immaginare la vita di allora. Molto probabilmente questo era un palazzo di un imperatore inca o un santuario cerimoniale. Fu abbandonato dai suoi abitanti quando subirono l'invasione degli spagnoli e si rifugiarono nella loro ultima roccaforte: Vilcabamba. Gli invasori non trovarono mai questa meraviglia che venne coperta dalla vegetazione. All'inizio del XX secolo un esploratore americano scoprì le rovine di Machu Picchu grazie alla guida di un pastore peruviano che già le aveva trovate.

Ora migliaia di turisti la visitano ogni giorno, ma vale senz'altro la pena vedere questo capolavoro da brividi. Il territorio non è particolarmente grande e in poche ore lo si può visitare tutto. Si possono scalare le montagne attorno per godere di diversi punti di vista spettacolari. Verso fine mattinata ho dovuto riprendere la via del ritorno perché il mio amico, che ho incontrato da pochi giorni, domani parte, quindi verso sera siamo tornati a Cusco. Stanchi ma decisamente soddisfatti e meravigliati dallo straordinario spettacolo di cui abbiamo goduto.

23-08-2012 *Perù, le minacce alla biodiversità e l'inquinamento atmosferico (pubblicato su Greenews.info)*

Osservando i particolari panorami peruviani, dalla costa desertica alle montagne andine, capiterà spesso di provare un senso di disgusto dovuto all'esagerata quantità di rifiuti sparsi a bordo strada o in terreni utilizzati come discariche improvvisate. Purtroppo il Perù, in quanto ad attenzione per l'ambiente, mi ricorda a volte l'Asia dei primi mesi del mio viaggio.

All'ingresso secondario dall'Ecuador ho notato nuovamente autoriscio in massa, spazzatura abbandonata senza una gestione di raccolta e strade polverose, che riempiono i polmoni dei passeggeri sui pullman. Nelle città l'inquinamento atmosferico è insopportabile, come raramente ho incontrato fino a ora in altri luoghi. Il Perù deve lottare contro la deforestazione, la desertificazione, l'erosione del suolo, l'inquinamento atmosferico nei centri urbani, l'utilizzo di eternit (anche qui, un tormento), la pesca eccessiva, l'inquinamento dei fiumi e delle acque costiere, i rifiuti urbani e la gestione di questi. Sfide impegnative.

Il paese ha però la terza foresta pluviale più estesa al mondo, dopo quelle di Brasile e Congo. Un tipo di foresta che è la più ricca al mondo, sia per biodiversità sia per ricchezza di risorse naturali. Metà del territorio nazionale è foresta, ma secondo la FAO il Perù ha una media di deforestazione annuale dell'1%. Dati migliori, in confronto ai paesi vicini, ma da tenere sotto controllo in considerazione delle minacce legate allo sviluppo sfrenato e irregolare, fatto di disboscamento illegale, agricoltura "commerciale", attività minerarie, petrolifere e del gas e – non ultima – l'imponente costruzione di strade.

Circa il 95% degli alberi è abbattuto illegalmente nei parchi nazionali e nelle riserve naturali. Eppure, fino al 2006, i dati disponibili non evidenziano alcun arresto per questo tipo di criminalità, per via della corruzione che avvelena il paese. Nel 2005, ad esempio, il governo ha stipulato un contratto faraonico con una compagnia petrolifera cinese per lo sfruttamento di una vasta area ecologicamente sensibile, la regione Madre de Dios, in cui si trova il 10% degli esemplari degli uccelli di tutto il mondo.

Un'ulteriore fonte di deforestazione e degrado ambientale nell'Amazzonia peruviana è l'estrazione dell'oro. La terra è infatti ricca di depositi d'oro alluvionali, che vengono sfruttati da gruppi di cercatori che utilizzano pesanti macchinari di estrazione e fanno esplodere le rive dei fiumi, come in un far west fuori tempo massimo. Queste attività causano inoltre contaminazione da mercurio, sedimentazione del fiume e formazione di squallide baraccopoli in queste aree di lavoro. La costruzione, ultimata quest'anno, dell'autostrada transoceanica, che collega la costa atlantica brasiliana con la costa pacifica peruviana, scorrendo nella foresta amazzonica, è la ciliegina sulla torta della devastazione del territorio. È stata inaugurata da pochi mesi e già si prevede un impatto ambientale pesantissimo sulla foresta e sulla sua biodiversità, a fronte di dubbi vantaggi per il business locale.

L'inquinamento atmosferico resta comunque una delle piaghe maggiori, che sta contaminando le città con i gas di scarico di obsoleti veicoli privati e industriali. Lima è la capitale sudamericana con i tassi di inquinamento dell'aria più alti di tutto il continente. Una miscela tossica di biossido di azoto e zolfo, oltre ad altre particelle, che rende l'aria più letale rispetto a quella di tutte le altre capitali, compresa Mexico City. L'80% di questo inquinamento deriva dai veicoli. Il gasolio che viene utilizzato da queste parti nel 60% dei casi contiene il più alto livello di particelle di zolfo e altre tipologie pericolose tra le benzine disponibili. Mentre in tutti gli altri paesi del globo si utilizza un genere di diesel meno nocivo, in Perù si trova il più contaminato al mondo. Un'indagine pubblicata sul quotidiano "El Comercio" sottolinea che le compagnie petrolifere che producono carburante in Perù si rifiutano di rispettare le scadenze fissate dal governo per ammodernare le strutture per la produzione di un carburante più sostenibile. Anche a causa del fatto che l'autorità e i politici locali si dimostrano spesso particolarmente "accomodanti" con le potenti e ricche compagnie petrolifere.

Infine la raccolta dei rifiuti. In alcune città esiste un servizio organizzato (ben lontano dalla nostra "differenziata"), ma nonostante questo i fiumi che le attraversano sono delle vere e proprie discariche a cielo aperto. Appena ci si allontana dai centri urbani si incontrano rifiuti di ogni genere nei campi e a bordo strada. Manca, in definitiva, una sensibilizzazione generale della popolazione, che si mostra totalmente incurante della raccolta dei propri rifiuti. In pratica non ho incontrato nessun raccoglitore per la raccolta differenziata. Alcune iniziative governative sono partite in questi ultimi anni, ma la realtà appare oggi decisamente tragica. Il rapido sviluppo del Perù, se vorrà avere una prospettiva sostenibile, dovrà di certo orientarsi verso nuove tecnologie, per ridurre l'inquinamento atmosferico e per sfruttare energie rinnovabili in sostituzione di quelle fossili, oggi dominanti. Ma dovrà anche tenere sotto controllo la situazione della foresta amazzonica, che rischia di degenerare a causa delle percentuali crescenti di disboscamento illegale, a favore di attività minerarie, petrolifere e della raccolta e vendita di legname sul mercato internazionale.

25-08-2012 *A spasso nella sacra valle inca*

Sveglia alle 7 30, ma come al solito alle 6 sono già sveglio. L'ideale per iniziare una giornata di esplorazione nella sacra valle inca, disorganizzato e armato di voglia di camminare, è uscire per la città ancora piuttosto deserta. Le fredde panchine delle piazze di Cusco sono occupate da senzatetto addormentati, l'aria è già irrespirabile nonostante i pochi veicoli che transitano. In Perù si utilizza il tipo di carburante più nocivo al mondo. Le rare persone che incontro, tutte peruviane, stanno andando a lavoro o sono ancora in giro dopo i bagordi del venerdì notte, facilmente intuibili dalla loro camminata insicura. Sui muri della città osservo alcuni poster di sanguinose corride e di stupidi combattimenti tra galli. Arrivo al terminal degli autobus e salgo al volo su uno in partenza, entro e mi trovo in uno di quei mezzi che adoro, sporco e trasandato ma affollato di indigeni. Le donne, sempre elegantissime, indossano calze e maglia di lana, una gonna e il marrone cappello tradizionale da cui spuntano le lunghe treccine che si annodano sopra al fondoschiena. Si parte!

Dopo una quarantina di chilometri, al costo di 4 soles (1,25 euro), vengo scaricato nell'intersezione da cui parte una strada verso i villaggi di Maras e Moray. Incontro alcuni taxisti che cercano di convincermi a salire sui loro mezzi ma, quando leggo che il primo dista 4 chilometri e il secondo 12, decido di incamminarmi. Un taxista insiste e mi racconta che la strada è pericolosa perché recentemente quattro francesi sono stati rapinati, cerca pure di fare pressione sul fatto che si sta per mettere a piovere. La storia dei francesi mi sembra una farsa e la pioggia non è assolutamente un problema, così lo saluto e proseguo. Mezz'ora e mi trovo a Maras, un povero e pittoresco comune color terra, perché i muri delle case sono tutti in adobe –un impasto di argilla, sabbia e paglia essiccato al sole. Le strade sono affollate da branchi di asini, mandrie di vacche e greggi di pecore, che spesso e volentieri le riempiono di letame. La popolazione è indigena, soprattutto anziani e bambini, e vive la quotidianità a un ritmo così rilassante da essere contagioso. Chiedo indicazioni per Moray a un vecchio sorridente con dei gran baffoni, che gentilmente mi dice di proseguire per la via in cui cammino.

Esco da Maras e ritrovo la valle, da una parte la strada per le macchine e dritto davanti a me una stradina che attraversa i giallissimi campi di mais. Passeggio allegramente osservando i panorami con le montagne e le cime innevate tra i 4000 e i 5000 metri sullo sfondo. Incontro branchi di maiali neri e pecore guidati da bambini e cani. Come cornice al mio sentiero una serie di piante grasse di aloe e alcuni canali per l'acqua proveniente dai monti. Inizia a piovere, indosso la mantellina e proseguo spensierato fino a Moray.

Al mio arrivo smette di piovere, mi invitano a fare il biglietto a 10 soles (3 euro) e mi avvio verso il punto panoramico. Ed ecco una meravigliosa serie di terrazze rotonde e concentriche scavate nel terreno che ricordano i cerchi nel grano. Si tratta di una sperimentazione agricola in cui ogni terrazza gode di un microclima diverso sia per temperatura sia per esposizione solare. Ci sono molti enigmi su questo sito che alcuni definiscono un anfiteatro, ma le strutture sono tipicamente inca e dovrebbero appartenere a loro. Scendo nella terrazza più profonda per godere del silenzio che riporta in vita la magia di questo luogo. Purtroppo, pochi minuti, e arrivano in massa gruppi di turisti chiassosi. Si parlano urlando da una terrazza all'altra oppure direttamente dal punto panoramico a quello in cui mi trovo io ben 50 metri di distanza, spezzando la magia dell'atmosfera del luogo. Così me ne vado lasciando spazio a questi ignoranti.

Ritorno sulla via per Maras riattraversando i campi e i pascoli nuovamente sotto la pioggia. Una volta a destinazione chiedo consigli a dei contadini che mi indicano la strada verso le saline che distano qualche chilometro fuori dal centro. Attraverso la piazza principale che è un cantiere aperto, l'unica zona della città che sta per essere modernizzata per via del turismo in sviluppo. Incontro nuovamente una stradina sterrata che attraversa altri campi e scende verso un piccolo canyon. Cammino e cammino fino a quando noto in lontananza delle bellissime saline bianche formate da una moltitudine di piccole vasche una a fianco all'altra. Pago l'entrata con 7 soles (2,20 euro) e passeggio tra le vasche, che hanno superfici di 4 metri quadri e sono profonde 30 cm circa. Fin dai tempi degli Inca il sale veniva ottenuto dall'evaporazione dell'acqua salata proveniente da una sorgente a monte. L'acqua è accuratamente incanalata in un'ampia rete di canali che la trasportano gradualmente nelle vasche dove, sotto l'azione dei raggi solari, avviene l'evaporazione e quindi la raccolta del sale da parte dei "contadini". Raggiungo l'ultima vasca e, in solitudine, ne approfitto per fare un gustoso spuntino con pane, formaggio e banane.

A stomaco pieno non sono intenzionato a tornare indietro e decido di proseguire a fondo valle senza avere la minima idea di dove sto andando.

Sono sereno e spensierato, sento dalla mia parte due fattori fondamentali per la felicità, il tempo e la libertà. Termino di scendere e arrivo davanti a un grande fiume largo 20 metri, che non può che essere l'Urubamba. L'unico luogo abitato nell'area sembra un villaggio fantasma, tira un forte vento che alza vortici di polvere e sbatte le porte aperte delle case, ma non vedo l'ombra di un essere umano, solo polli e cani randagi. Cammino alla ricerca di un ponte e noto in lontananza una signora indigena, la raggiungo e le chiedo informazioni. Mi consiglia di proseguire e attraversare il prossimo ponte. Finalmente supero il fiume, sull'altra sponda trovo un piccolo centro abitato e vengo guidato su una statale. Senza sapere ancora dove mi trovo, mi sistemo a bordo strada con il pollice alzato. Trascorre mezz'ora e finalmente un uomo sulla quarantina con sua moglie mi carica su una toyota grigia. Mi accompagna per alcuni chilometri verso la città omonima del fiume, Urubamba. Mi scarica davanti al terminal per i pullman diretti a Cusco e salgo sul primo mezzo, nuovamente sgangherato, prendendo posto di fianco a una grassa e sorridente signora indigena. Mi addormento stanco per la trentina di chilometri percorsi e mi risveglio direttamente a destinazione con la signora che mi dà uno spintone.

27-08-2012 *La vita cuschegna*

In questi giorni a Cusco ho trovato un'armonia particolare e per la prima volta mi sento uno del posto. Mi trovo a meraviglia con la coppia che gestisce l'ostello Andrea sulla collina della città. Ho trovato una piccolissima stanza singola spartana senza bagno a soli 5 dollari. Nel salotto comune posso godere di una vista spettacolare sulla mistica Plaza Armas. Le mie giornate sono trascorse in pace tra varie passeggiate nelle pittoresche vie del quartiere di San Blas e nei vivi mercati popolati dagli indigeni. Ho fatto amicizia con una signora che vende succhi di frutta al mercato centrale di San Pedro. Si chiama Maria e per 1,25 dollari mi prepara tre bicchieri di un misto tra ananas, papaya, banana e arancia. Solitamente le altre ne fanno due di porzioni, ma questa gentile signora a volte arriva anche a quattro. I pranzi al mercato sono gustosi, nutrienti ed economici. Più frequento questi posti e più apprezzo l'atmosfera che si crea tra le pacate famiglie indigene.

Quando sono indeciso sul da farsi vado in Plaza Armas, mi siedo su una panchina e osservo la gente che l'attraversa. Sembra un ombelico del mondo, un via vai di stranieri e peruviani. A volte si fa qualche chiacchiera con il compagno di panchina oppure con uno dei tanti procacciatori di turisti che cerca di vendere di tutto, compresi vari tipi di droghe. Anche questa magica piazza più la frequento e più ne rimango incantato. Approfittando di una messa sono riuscito a entrare nella cattedrale. I bambini erano tutti in divisa amaranto con il berrettino e il maglione con lo stemma del gruppo religioso di cui fanno parte. Alcuni issavano delle bandiere e altri facevano la coda per la confessione. Mi ha impressionato la bellezza della cattedrale, numerosi i dipinti e le decorazioni sulle pareti.

Domani sono diretto verso Puno perché voglio imbarcarmi verso le isolette peruviane sul lago Titicaca. Ma poco fa, mentre scrivevo queste righe ed era mezzanotte, Claudio, il gestore dell'ostello, ha ricevuto un'inquietante chiamata al telefono. Una persona, che cercava di imitare suo figlio, piangeva e lo avvertiva che lo avevano rapito. Qualcuno, che sa che lui ha un figlio di vent'anni, ha finto un rapimento per richiedere un riscatto. Quando la chiamata termina, Claudio telefona a suo figlio che gli risponde rassicurandolo che era tutto falso. Subito dopo mi racconta che in Perù capitano spesso scene del genere tra peruviani. Capitano anche rapimenti veri, purtroppo. Non rapiscono stranieri perché è troppo complicato richiedere un riscatto e interviene la polizia internazionale. Inoltre visto che si può prelevare solo un massimale giornaliero piuttosto limitato nelle banche peruviane è meglio rapire qualcuno del posto e richiedere il riscatto alla famiglia benestante.

29-08-2012 *Lago Titicaca*

In un paesaggio da favola, ecco lo spettacolare lago Titicaca, il lago navigabile più alto del mondo a 3800 metri sul livello del mare. Dalla città di Puno se ne vede solo una piccola parte e curioso di scoprirne tutta la bellezza mi sono imbarcato sulla prima imbarcazione trovata al molo. Ho comprato un biglietto valido per una settimana con tragitto sulle flottanti isole di Uros e sulle vere isole di Amantanì e Taquile. Sul mezzo ho incontrato vari altri ragazzi stranieri tra cui italiani, tedeschi e giapponesi.

La prima tappa è stata l'isola galleggiante di Uros. È stata costruita artificialmente con dei giganti blocchi di terra quadrati uniti tra loro da corde e coperti dalla totora, un tipo di pianta che cresce sul fondo del lago e che si trova in abbondanza da queste parti, tanto che tutto il primo tragitto si attraversa percorrendo una via tagliata tra queste piante. Infine un'ultima corda tiene legata questa isola con la terraferma in modo che in caso di vento non si ritrovi in Bolivia. Scendiamo in uno dei piccoli villaggi in cui vivono cinque famiglie indigene in capanne di totora. Ci mostrano come pescano attraverso dei buchi scavati nel terreno e infilando il filo con l'esca. Scopriamo che la totora viene anche utilizzata come cibo. Se si sbuccia, come una banana, la parte bianca al fondo della lunga e stretta pianta la si può mangiare. Ma è più adatta agli abitanti dell'isola che hanno uno stomaco abituato, ci avvertono che potrebbe avere degli effetti lassativi su di noi, ma comunque io ne assaggio una piccola porzione, sa di lattuga. Purtroppo queste isole sembrano state modificate per via del turismo e ciò rende l'esperienza poco autentica. Spesso sembra di essere in un circuito turistico. Dopo un'ora si torna sulla barca e iniziamo il viaggio verso la prossima isola, ma questa volta vera, Amantanì.

All'arrivo incontriamo alcuni indigeni venuti ad accoglierci per ospitarci nelle loro case. Questa isola ha aperto le porte al turismo da poco più di una decina d'anni, ma non ci sono alberghi o ristoranti. Si trovano semplici sistemazioni nelle case dei contadini locali che a un prezzo economico (poco meno di 10 euro) offrono un letto, la colazione, il pranzo e la cena. L'isola è abitata da 5000 abitanti che si suddividono in dieci comunità e altrettanti villaggi. Si alternano le barche di turisti in arrivo da Puno per far in modo che riescano a beneficiarne bene o male tutti. Consiglio di non venire qui attraverso le agenzie, ma di farlo di vostra iniziativa. Basta andare al porto di Puno e salire sulla prima barca. In questo modo risparmierete qualcosa e pagherete direttamente chi vi ospita. Le agenzie pagano in ritardo e si intascano dei profitti.

Vengo assegnato, assieme a un tedesco e un giapponese, a Paulino, un gentile contadino peruviano sulla sessantina con un sorriso smagliante. La sua dimora è incantevole, una semplice casa con muri in adobe e tetto di lamiera ondulata. Ricca di fiori sparsi per i vialetti che portano all'orticello e il bagno (una latrina) con una vista straordinaria sul lago e sulle Ande boliviane. C'è una piccola cucina in adobe con pavimenti in terra battuta e tetto in paglia dove sua moglie prepara degli squisiti piatti vegetariani a base di quinoa (proteico mais locale), formaggio e patate. Paulino mi mostra due meli, uno dolce e uno salato. Coltiva principalmente alcuni tipi di patate e il mais. La sua semplicità e il suo sorriso sono disarmanti, ne rimango meravigliato.

Nell'isola si trovano due monti che superano di poco i 4000 metri, sulla cima di entrambi si trovano i due santuari: Pachamama (Madre Terra) e Pachatata (Padre Terra). All'ora del tramonto, assieme ai miei due compagni di casa, raggiungo il santuario Pachatata. Da un lato ammiro la luna quasi piena che si innalza dalle vette innevata boliviane, ma dall'altro ecco un sole stupendo sparire tra le montagne peruviane. Il vento soffia forte e freddo, il cambio di stagione dall'inverno alla primavera è alle porte. I paesaggi attorno sono eccezionali per via della straordinaria luce e limpidezza dell'aria.

Dopo il tramonto, andiamo di corsa alla casa di Paulino che in poco tempo diventa buio e senza illuminazione diventa complicato trovare la strada giusta. Arriviamo e ceniamo a lume di candela nella cucina assieme ai due coniugi con una deliziosa zuppa di quinoa e verdure, uova e patate accompagnate da una profumata tisana di kirwa, il più diffuso fiore isolano. Il padrone di casa è curioso e spesso fa domande sui nostri paesi di origine. A un certo punto si parla di matrimonio e lui ci annuncia che è sposato da quarant'anni, mi permetto di fare un brindisi complimentandomi con loro. Gli racconto dei tanti divorzi che ormai condizionano le nostre relazioni amorose e rimane stupito ma anche divertito. Poi mi chiede di mostrargli alcune foto della mia esperienza e mostro il mondo attraverso i miei occhi a un uomo che non ha mai avuto la possibilità di andare oltre Puno.

31-08-2012 *Paradiso Amantanì*

Se qualcuno mi chiedesse se credo nell'esistenza del paradiso gli risponderei senza esitazione di sì, perché l'ho visto con i miei occhi. Si chiama Amantanì ed è l'incantevole isola peruviana sul lago Titicaca in cui sto trascorrendo gli ultimi tre giorni. Nulla a che vedere con il resto del Perù, qui non esistono veicoli e inquinamento, non si trovano discariche di rifiuti a bordo strada, non utilizzano l'elettricità rare le case con pannelli fotovoltaici e Internet, non esiste la polizia e regna un silenzio universale. L'aria è sanissima e lo stile di vita di queste persone fino a pochi anni fa permetteva loro di vivere fino a 120 anni, si nutrivano solo di mais, verdure e frutta naturale della loro terra. Oggi, con l'inevitabile arrivo di cibi e prodotti dalla terraferma, vivono fino a un massimo di 90 anni, ma in ogni caso resistono conservando le loro tradizioni e soprattutto il loro benessere fisico e mentale.

Sono ospite di un gentile contadino dalla semplicità e dolcezza disarmanti. Nell'umile dimora di Paulino ho trovato un'armonia e una pace uniche. Nella sua ospitalità, nella gentilezza di sua moglie e nel sorriso degli abitanti dell'isola ho trovato serenità e benessere. Le giornate trascorrono tra lunghe passeggiate solitarie verso tutti i punti cardinali dell'isola, e osservando gli straordinari panorami dai due antichi santuari inca in varie ore della giornata, sempre accompagnato dal solo rumore del vento o dal cinguettio di alcuni passeri. Osservo il quieto ritmo quotidiano degli abitanti delle varie comunità tra mercati sulle spiagge del lago e greggi di pecore sparsi per l'isola.

Di giorno il sole e la sua intensissima luce dominano la scena senza l'ombra di una nuvola, illuminando straordinari paesaggi andini e isolani. Di notte l'ultima luna piena di inverno regna smagliante nel cosmo splendendo sopra la terra. Panorami favolosi e un contatto con le forze della natura che trasmettono una vibrante energia mistica. Ho avuto l'immenso onore di mostrare a Paulino e Juliana il mondo attraverso le mie foto e i miei occhi durante le lunghe serate trascorse nella loro spartana cucina, illuminati da una sola candela.

Proseguo la conoscenza di popoli indigeni, poverissimi e sottosviluppati ma con una ricchezza d'animo straordinaria. Un altro contatto con una società opposta a quella materialista in cui sono cresciuto e da cui sono stato inevitabilmente contaminato. Proprio in questa realtà così diversa trovo il segreto della felicità e del benessere dell'essere umano. Quei valori terreni che noi occidentali abbiamo trascurato fino a quasi dimenticarcene del tutto. La modernizzazione e lo sviluppo sfrenato ci stanno rendendo sempre più superficiali e avidi. C'è tanto bisogno di umanità nella nostra società.

02-09-2012 *Sillustani*

Sillustani è un complesso archeologico situato su una penisola del lago Umayo. Fu utilizzato come necropoli in epoche ben anteriori ai Colla e agli Inca. Le rovine evidenziano una prima occupazione nei tempi dei Pukara (800 a.C.-500 d.C.), poi dei Colla (1100-1450) per finire con gli

Inca (1450-1532). A oggi sono ancora ben visibili alcune torri, denominate Chullpa, nelle quali venivano inseriti i cadaveri di famiglie probabilmente nobili. La maggior parte delle torri è stata devastata o da ladri, che ne hanno prelevato immense ricchezze sottoforma di gioielli in oro e argento, o dall'erosione del vento e della pioggia. Questi popoli avevano la comune abitudine di seppellire i defunti con le loro ricchezze e con offerte di cibo e acqua per assisterli nell'aldilà. La porta d'entrata nelle Chullpa è sempre posizionata a est per la comunicazione tra il defunto e il dio sole.

Questo silenzioso e pacifico luogo è stata la mia tappa mattutina dopo che ho raggiunto il bivio verso Sillustani sulla statale Puno-Juliaca con un supereconomico pullman locale. Da lì ho trovato un taxi collettivo che mi ha caricato nel baule per il restante percorso di quindici chilometri – per fortuna non c'erano buche. Viaggiare in Perù è veramente semplice, basta sapersi adattare alle varie possibilità che si incontrano. Essendo in questo paese il possesso di una macchina un lusso, i peruviani sono ben organizzati con diversi mezzi a tutti i bivi o luoghi di interesse pubblico. Certo, i mezzi non sono comodi o puliti ma se si supera questo ostacolo iniziale si scoprirà il piacere di viaggiare con la gente locale soprattutto indigena. Si possono facilmente evitare i tour organizzati, muovendosi per proprio conto e si impiegherà quasi lo stesso tempo spendendo in pratica nulla. Oggi ho percorso 70 chilometri con quattro mezzi diversi e ho speso 3 euro. Ora invece mi aspetta l'ennesimo viaggio notturno, nella speranza di chiudere occhio per poche ore, verso Arequipa.

04-09-2012 *Vulcano Misti*

Notte difficile, ma d'altronde quando si dorme ad alta quota va sempre a finire così. È solo l'una del mattino ma è giunta l'ora di prepararsi alla grande sfida: raggiungere il cratere del maestoso strato-vulcano peruviano Misti (5822 metri). Ieri ho iniziato l'avvicinamento alla vetta assieme a un gruppo di quattro giovani escursionisti e a una guida locale. Siamo partiti dall'ingresso del parco nazionale (3300 metri) per accamparci dove abbiamo trascorso qualche ora notturna prima di affrontare la parte più ripida e ardua della salita. Sei ore di riscaldamento per l'avventura di oggi e abbiamo montato le tende a 4500 metri preparando una semplice cena di zuppa e spaghetti ed evitando attacchi di vari affamati ratti di montagna. Purtroppo un tedesco ha avvertito i sintomi del mal di montagna diventando pallido e vomitando parecchio. Invece un francese, partito troppo veloce, ha avuto difficoltà negli ultimi metri. Al tramonto il panorama è stato favoloso, di fronte al vulcano si estende una valle formata da canyon e dalla città di Arequipa, la seconda più grande del Perù.

In queste poche ore di riposo non ho dormito neanche cinque minuti, oltre alle difficoltà legate all'altitudine mi sono trovato in una piccolissima tenda, progettata per le stature peruviane, assieme a un alto polacco che russava bruscamente. Naturalmente mi è capitato l'unica sera che ho dimenticato i tappi per le orecchie. Nonostante ciò devo ammettere che mi sento decisamente bene e non avverto nessun sintomo del mal di montagna. In piena notte e con una splendente luna, pochi giorni fa piena, inizia la lunga camminata verso la nostra meta. Alcuni minuti e già qualcuno si arrende, il tedesco e il francese non si sono ripresi e tornano all'accampamento. Io, il polacco e una sportiva ragazza francese, che pratica gare di podismo, proseguiamo assieme alla guida. Le prime difficoltà, oltre alla particolare pendenza del percorso, derivano dalla superficie sabbiosa dovuta alle ceneri depositate dal vulcano attivo. In diversi passi il piede d'appoggio retrocede perdendo terreno e superate certe quote risulta particolarmente faticoso. In ogni caso non fa particolarmente freddo perché non c'è vento, anche se le ultime ore prima dell'alba erano attorno agli zero gradi. Il mancato sonno si fa sentire spesso durante la camminata notturna e, nelle rare pause, appena mi fermo qualche secondo in piedi mi sento addormentato e debole.

Attorno a quota 5000 ecco il sole lentamente illuminare, scaldare e baciare il nostro cammino. All'improvviso avverto nuove straordinarie energie e con la luce del giorno è un'altra situazione. Stiamo tutti bene, anche se il respiro inizia a essere difficoltoso, ma con una quieta andatura riusciamo a proseguire assaporando un forte odore di zolfo proveniente dai gas del vulcano. Dopo sette ore di faticosa camminata ci troviamo a 5700 metri e il panorama è straordinario. Si vede la vetta con un'alta croce ben fissata e da là sarà visibile il gigantesco cratere. I miei due compagni decidono di fermarsi qui, lei vuole risparmiare forze per la lunga discesa e lui sembra indeciso o preoccupato dall'ultima pendente salita sulla neve ghiacciata. Io non ci penso due volte e li saluto partendo da solo con la piccozza in mano e tanto entusiasmo.

Ovviamente il cuore batte a mille sia per l'euforia sia per l'altitudine, ma il solo poter vedere quella sognata vetta mi dà una forza immensa. Così dopo due giorni di cammino, un dislivello di 2500 metri e senza neanche una notte di sonno in corpo eccomi in solitaria in cima a questo meraviglioso vulcano. Il panorama è grandioso, a 360 gradi: un enorme cratere fumante, le Ande peruviane, Arequipa e tutti i canyon della vallata. Una delle emozioni più intense della mia vita, il mio record assoluto di altitudine raggiunta, cado in ginocchio in un fiume di lacrime di gioia. Mi sento talmente in simbiosi con il vulcano che ho un'eruzione di felicità e mi rimane stampato un delizioso sorriso sulla faccia per tutti i trenta chilometri di discesa al punto di partenza. La montagna è una pura scuola di vita, ti insegna a soffrire in silenzio, a stringere i denti e a non mollare mai anche quando la vetta sembra irraggiungibile, e quando la raggiungi provi una sensazione unica.

06-09-2012 *Sciopero generale*

Nella piazza principale di Arequipa sono accampati da ieri sera alcuni contadini peruviani che vivono nel distretto di Maca. Protestano praticando lo sciopero della fame contro il governo regionale. Dal 1979 il loro distretto soffre perché è una superficie di faglia e come conseguenza la loro terra, le case, le scuole, le strade si stanno frantumando rendendo le condizioni di vita impossibili. Da molto tempo hanno richiesto al governo un nuovo luogo dove potersi trasferire, tutelati da una legge sul reinserimento della popolazione che vive in zone ad alto rischio. Hanno trovato una nuova terra, la Joya, che è di proprietà del ministero della difesa. Il consiglio regionale ha approvato all'umanità ed emesso un'ordinanza regionale per trasferire questa gente. Purtroppo il burocrate, che ha il potere decisionale finale, nega la firma di questa ordinanza obbligando il popolo di Mata a mobilitarsi con una lotta per arrivare a un accordo.

Questa è solo una delle tante proteste che infiammano il Perù. Il paese ha dato l'impressione di essere nel caos generale. In poche settimane ho assistito allo sciopero dei trasporti (35 000 mezzi pubblici fermi solo a Lima), dei medici e dell'istruzione. Gli insegnanti protestano massivamente da tre giorni nella Plaza de Armas di Arequipa contro un nuovo disegno di legge che, a quanto pare, peggiora le loro condizioni di lavoro. Il sindacato principale, denominato Sutep, conferma che a questi giorni di protesta sta partecipando almeno l'85% di tutti gli insegnanti del Perù. Inoltre ci sono le popolazioni indigene che, in passato e spesso ancora a oggi, vengono ignorate dal governo e rivendicano giustizia per le loro difficili condizioni di vita. I peruviani si mostrano combattenti e quando c'è da mobilitarsi non perdono tempo, scendono in piazza con cartelli e manifesti, cantano e a volte gli animi si scaldano troppo, arrivando fino alla violenza. Il governo dorme, mentre il paese è paralizzato.

Nella regione settentrionale Cajamarca è in corso un'accesa protesta contro la realizzazione di quella che si rivelerebbe la più grande miniera d'oro peruviana. Gli abitanti del luogo si sono mobilitati perché il progetto, per l'estrazione di più di 200 tonnellate d'oro, distruggerà quattro laghi di montagna, da cui loro prendono l'acqua. Il consorzio americano, a capo del progetto, promette che costruirà altrettante riserve d'acqua per rimpiazzare i laghi, ma i locali non ne sono convinti. Vivono soprattutto di agricoltura e per loro questo rappresenta un rischio vitale. Le proteste negli ultimi giorni sono sfociate nel sangue con l'uccisione di cinque manifestanti da parte della polizia.

08-09-2012 *Ritorno a casa a Cusco*

Rieccomi a Cusco, il pullman mi scarica all'alba alla stazione. Evito i taxisti pronti a truffare qualche straniero davanti all'ingresso e mi dileguo per le vie della città. Un po' dopo fermo un taxi che mi porta all'ostello Andrea per 1 euro soltanto – regola numero 1 per risparmiare sui taxi: conviene sempre prenderli lontani dalle stazioni o far finta di non essere appena arrivati in città. Oggi compio undici mesi di viaggio e mi sembra di tornare a casa perché Cusco è uno dei luoghi in cui ho trascorso più tempo in questi 336 giorni. La gentile coppia che gestisce l'ostello è sempre solare e sorridente.

Dopo essermi sistemato nella mia piccolissima ma accogliente ed economica stanzetta bunker, decido di fare due passi per quegli angoli di città che preferisco. Naturalmente la prima tappa è Plaza de armas, dove al mio arrivo trovo in corso una messa all'aperto con tanti bambini che ballano e cantano "Oh Gesù, yo soy acqui". Splende un sole meraviglioso e su una delle tante panchine noto seduto Antonio, il cameriere peruviano sulla quarantina conosciuto i primi giorni. Lo saluto mentre è impegnato a leggere la notizia del Perù che ha vinto contro il Venezuela la prima partita di qualificazione ai mondiali del 2014 in Brasile. Ha la faccia un po' scavata e mi confessa che ieri sera ha bevuto rum e tirato qualche striscia di coca. Mi dice che ha conosciuto un americano ex militare in Afghanistan che ha soldi e voglia di divertirsi. Lui lo accompagna in giro e si fa pagare la festa. Mi consiglia di andare a buttare un occhio a un mercato vicino a quello centrale di San Pedro. Quando arriva il suo socio americano li saluto e mi dirigo verso il mercato.

Trovo il mercato secondario, aperto solo il sabato, e lo attraverso nel suo labirinto, qua e là attratto da forti e buoni odori, ma anche allontanato da cattivi odori di carne macellata. Qui non si incontra un turista e i prezzi sono poco più economici di San Pedro. Ma in ogni caso raramente ho sentito degli odori così intensi. Decido di tornare all'altro mercato per pranzare e lì ritrovo la signora Claudia che mi prepara un bel piatto di riso e fagioli (80 cent). Sono felice di essere tornato a Cusco perché è uno dei rari posti in cui è facile trovare cibo vegetariano. Fuori da questa città, ogni giorno è un serio problema mangiare, tutti consumano solo carne a non finire. Ringrazio e saluto la signora e dopo pochi metri ne incontro un'altra in difficoltà con due pesanti secchi d'acqua nelle mani, mi offro di aiutarla e ne trasporto uno fino a destinazione. Lei si stampa un sorriso smagliante in faccia e quasi la ringrazio per il piacere di averne ricevuto uno simile, mentre anche le sue amiche sorridono divertite dalla scena. Poi arriva il turno della signora Maria che mi prepara i soliti tre gustosi succhi di arancia, papaya e banana al prezzo di uno, ovvero a 1,25 euro. Casa dolce casa!

PAGELLINO PERÙ

- ▶ Trasporti pubblici: **7,5**
- ▶ Cucina locale: **6,5**
- ▶ Ospitalità della gente: **8**
- ▶ Costo della vita per uno straniero: **8**
- ▶ Sicurezza donne: **7**
- ▶ MEDIA Perù: **7,4**

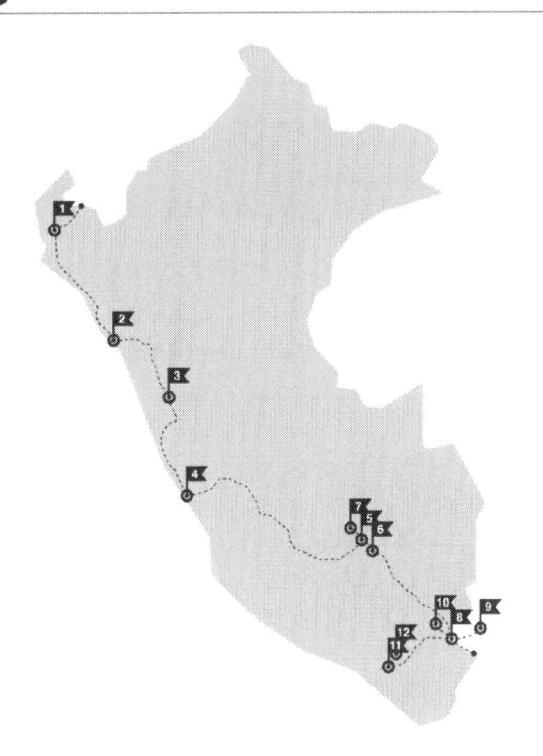

PERÙ

1 Piura	9 Amantani
2 Trujillo	8 Puno
3 Huaraz	10 Sillustani
4 Lima	8 Puno
5 Cuzco	11 Arequipa
6 Machu Picchu	12 Misti
5 Cuzco	11 Arequipa
7 Moray	5 Cuzco
5 Cuzco	8 Puno
8 Puno	

Bolivia

11-09-2012 *Ingresso in Bolivia*

Sono diretto verso la Bolivia, nuova tappa a Puno. Alle 5 30 del mattino raggiungiamo la stazione e veniamo improvvisamente svegliati dalle luci interne del mezzo. Attesa di due ore nella fredda stazione in cui solo con l'arrivo dell'alba proviamo un po' di calore. Come vi sarete accorti sto parlando al plurale perché si è aggregata una coppia: lui è torinese e faceva il magazziniere nella stessa ditta in cui lavoravo io in Italia; la sua fidanzata è belga, ma vive anche lei a Torino da diversi anni. Sono in viaggio da maggio e hanno attraversato Messico, Belize, Guatemala, Honduras, Nicaragua, Costa Rica e Panama. Ora condivideranno con me una parte del viaggio in Bolivia perché siamo tutti e tre diretti a un festival di musica psytrance sull'isola del Sol sul lago Titicaca, sponda boliviana.

Verso le 11 arriviamo al confine e scendiamo dal mezzo per farci subito timbrare l'uscita dall'ufficio immigrazione peruviano. L'operazione avviene in due momenti tra polizia giudiziale e immigrazione, e infine l'ufficio boliviano ci concede solo trenta giorni di entrata al contrario dei novanta degli altri paesi. Il poliziotto boliviano mi osserva stranito dalla foto del passaporto, mi fa segno che sono dimagrito – e ha ragione – poi mi sbircia i tatuaggi ma alla fine gentilmente mi lascia andare. Quattordicesimo timbro!

La Bolivia si mostra subito decisamente diversa dal Perù. Per percorrere gli otto chilometri dalla frontiera a Copacabana ci impieghiamo quasi mezz'ora su una strada sterrata in cui il pullman procede lentamente e con difficoltà. Arrivati a destinazione scendiamo dal mezzo al centro della strada perché non si vedono altri veicoli in corsa. Fa impressione perché le strade sono deserte e frequentate solo da pedoni, altro che il caotico Perù! I boliviani sono poverissimi e sono rare le persone che si possono permettere un'auto, così quasi tutti sfruttano i mezzi collettivi o gli autobus. Copacabana è un villaggio portuale frequentato da fricchettoni sudamericani e da qualche turista diretto verso l'isola della Luna e del Sol. L'unica eredità coloniale di un certo spessore è l'immensa cattedrale nella piazza principale. I prezzi sono esageratamente bassi, troviamo da dormire a poco più di 2 euro a testa in un bell'ostello con giardino presso una graziosa famiglia boliviana, che ha un'allegra bimba di cinque anni. Andiamo a mangiare nella mensa pubblica una zuppa di verdure, patate bianche e nere, riso e insalata. Si gode di una pace contagiosa e gli abitanti hanno ritmi blandi. Spesso i negozi sono vuoti e se aspetti qualche minuto non arriva comunque nessuno. Il paese sta affrontando una grave ondata di siccità. Possiamo fare le docce soltanto durante due ore della mattina perché poi manca l'acqua. Nell'area orientale del paese vacche e galline sono morte per disidratazione.

16-09-2012 *Andean Spirits Festival*

Scenario da favola, si torna nell'atmosfera unica del lago navigabile più alto del mondo, il Titicaca, anche se ora mi trovo sulla costa boliviana. Da Copacabana, primo porto a pochi chilometri dalla frontiera, partono le imbarcazioni dirette alla sacra isola del Sol degli Inca. Un'organizzazione boliviana di feste psytrance, denominata Andean Tribe, ha organizzato per la quarta volta sull'isola il festival Andean Spirits. Quattro giorni di festa nella comunità Japapi in un'insenatura di campi agricoli ben protetta dai promontori, che termina in una spiaggia di pietre bagnata dal gelido lago. Essendo inverno i campi sono secchi e inutilizzati, quindi ci permettono di accamparci e di creare delle aree da ballo o per altre attività tra cui yoga, meditazione e massaggi. La comunità è formata soltanto dagli abitanti di tre casette sparse sul lato ovest della spiaggia. I deliziosi indigeni collaborano preparando alcune spartane aree di ristoro e i bambini giocano entusiasti vicini alla pista da ballo con aquiloni e pistole ad acqua. L'atmosfera è davvero armoniosa sia per la bellezza naturale del posto sia per la presenza allegra degli abitanti. Ogni tanto spunta un gregge di pecore o un branco di asini che sonorizzano l'area con i loro versi.

Sono sbarcato sull'isola con la coppia di amici con cui condivido una parte di viaggio in Bolivia, il torinese e la belga. Abbiamo piazzato la tenda che abbiamo affittato da una gentile famiglia di Copacabana e il primo giorno abbiamo passeggiato sulle colline dell'isola per osservare i suoi incantevoli panorami. Nei giorni successivi ho conosciuto ragazzi provenienti da una quindicina di nazioni diverse: Bolivia, Perù, Cile, Argentina, Brasile, Guadalupe, Ecuador, Colombia, Australia, Francia, Germania, Spagna, Olanda e Portogallo. Mi sono creato dei nuovi simpatici amici da aggiungere alla lunga lista di nuovi contatti che mi sono lasciato alle spalle. Sono viaggiatori in giro per il mondo come me, quindi il feeling che si crea in queste occasioni è davvero particolare perché si condividono emozioni simili. Tra le droghe circola soprattutto mescalina del catcus San Pedro, l'ideale per un paesaggio del genere.

Si vive il giorno perché la notte è gelida, con temperature vicine allo zero. All'alba irrompe un sole caldo che a quelle altitudini carbonizza letteralmente il naso nonostante le creme. La luce è intensa per via dell'assenza di inquinamento (non ci sono macchine sull'isola). Quasi tutti i giorni mi bagno nel lago per lavarmi anche se pochi hanno la stessa idea per via del freddo. Prima dell'ultima notte è sceso lo sciamano dell'isola per fare un'offerta alla Pachamama (madre terra) e augurarci buona fortuna per i nostri viaggi e anche per avvisarci che siccome era la notte di luna nuova stava arrivando la pioggia. Terminata la cerimonia, ecco un prepotente temporale che ci travolge. Molti corrono a salvare le tende che volano o si riempiono d'acqua, altri trovano ripari più sicuri. Poche ore e smette di nevischiare, si riaccende la musica e riparte la festa. Il cielo è il più incantevole che abbia mai visto, le stelle sembrano parte della terra stessa e non ci fanno sentire soli. Poi finalmente arriva un sole strabiliante a scaldarci l'anima e illuminare le ultime ore di ballo e i saluti. Si ritorna alla terraferma, con tanti nuovi amici e l'entusiasmo di aver vissuto questo festival.

18-09-2012 *I minatori a La Paz*

Giornata di forti tensioni a La Paz, è andata in scena un'accesa protesta degli operai delle cooperative dei minatori boliviani. I minatori delle cooperative reclamano che il governo di Morales rispetti il decreto che concederebbe loro in affitto il 70% di una ricca miniera di stagno della località di Colquiri, decreto al quale si oppongono i lavoratori delle miniere dello Stato che richiedono la nazionalizzazione del 100% della stessa. In 17 000 hanno marciato per le strade della città creando disordini davanti al sindacato dei minatori dello Stato, alla presenza di un grosso contingente di poliziotti in assetto antisommossa che cercava di dividere le due fazioni. Esplosioni e violenze hanno paralizzato la città, nella mattinata il governo ha sospeso le lezioni scolastiche alimentando l'ira dei genitori che si aspettavano una decisione simile per il giorno prima. I bambini erano per le strade e hanno assistito ai disordini rischiando di essere feriti. Il bilancio è di un morto e sette feriti tra i minatori, oltre a due arresti per possesso di dinamite. A fine marcia, le cooperative si sono riunite in Plaza San Francisco per annunciare che seguiranno altre mobilitazioni.

Per il resto la città si mostra estremamente inquinata e caotica. Le strade sono trafficatissime tra pullman e minibus collettivi, che rappresentano il 90% dei veicoli. Le code sui marciapiedi per prendere i mezzi sembrano interminabili. In molti incroci lavorano dei vigili oppure dei poveretti travestiti da zebra a indicare i passaggi pedonali, definiti "paseo de la zebra". Le attrazioni turistiche sono rappresentate da chiese coloniali, piazze storiche, musei artistici e dai mercati delle streghe, dove si trovano amuleti o teli dedicati alla Pachamama. L'ostello è spartano, la mia stanza non ha uno spazio bianco sui muri, tutti disegnati o scritti dai vari viaggiatori passati negli anni. Costa solo 3 euro e nel salotto comune ci sono alcuni stranieri, soprattutto rasta, che fumano dei gran cannoni di marijuana. La Bolivia mi ricorda l'India per i prezzi, per la libertà di fumare e per la povertà.

20-09-2012 *Funerale e posta*

La missione di oggi è inviare un pacco di teli e vestiti andini in Italia, così ne approfitto per fare un giro al mercato delle streghe di La Paz e comprare anche una bandiera boliviana e inca. A ogni acquisto lotto per contrattare i prezzi e cercare di abbassarli, visto che qui, confronto al resto della Bolivia, sono leggermente più alti, ma comunque bassissimi per i nostri standard. Trovo anche due piccole bamboline di stoffa per le mie nipotine, dopodiché mi avvio verso la posta. Scendo al piano terra ed entro nell'ufficio di imballaggio scatole dove mi accolgono due simpatiche funzionarie sulla quarantina, oltre a una cubana, anche lei impegnata a spedire pacchi. Compilo i moduli e inizio una simpatica conversazione.

Funzionaria: «Inserisci il tuo numero di telefono qui».
Io: «Non ho nessun numero di telefono attualmente».
F: «Come fai a chiamare la tua fidanzata?».
I: «Non ho neanche la fidanzata, signora».
F: «Io se vuoi sono single, che ne dici?».
I: «Perfetto, usciamo!».
F: «Visto cubana? Preferisce le boliviane alle cubane».

I: «In verità credo che le cubane siano le migliori al mondo!».
F: «Come? Solo per il sesso e il kamasutra?».
I: «Per tutto, sono allegre, amano ballare e sono sexy».
Cubana: «Grande, dammi il cinque!».

La conversazione termina tra grasse risate, saluti e invio del pacco. Mentre torno verso Plaza San Francisco noto un esagerato numero di militari e poliziotti schierati su un senso di marcia della strada, tutti rigorosamente in assetto antisommossa con fucili per i lacrimogeni. Sento delle urla e mi accorgo che sta arrivando una folla imbestialita. Mi sistemo proprio nel mezzo della strada per fare un video e osservo la marcia dei minatori dello Stato che trasportano la bara del loro compagno defunto negli scontri dei giorni scorsi. Manifesti con la faccia di Che Guevara invitano alla nazionalizzazione della miniera di Colquiri. Urlano "assassini" ai minatori delle cooperative. Gli animi sono caldi e fa impressione vedere tutta quella polizia schierata. Mentre filmo nel bel mezzo del corteo sento un poliziotto che mi prende per un braccio e mi spiega che non posso stare lì perché è pericoloso. Eccitato dal momento, non mi rendevo conto di cosa stessi facendo e mi sono spostato.

22-09-2012 *Parco Machia*

Ieri sono arrivato in un piccolo e piovoso villaggio della giungla dell'Amazzonia boliviana. Mentre passeggiavo tra le strade di Villa Tunari, avvolta nella umida nebbia, mi rendevo conto di essere l'unico straniero tra i suoi abitanti di origine indigena. Il mio ostello è deserto, abitato solo da stranissimi insetti mai visti. Ho provato a raggiungere il punto turistico informativo ma era indicato in un edificio in costruzione dove non si vedeva l'ombra di un essere umano. Quindi stamattina non ho avuto altra possibilità che scegliere uno dei vari parchi nazionali nelle vicinanze e dirigermi verso l'ingresso.

Ho scelto il Parco Machia, dove lavora una comunità di volontari che riabilita animali maltrattati. Prima di entrare mi obbligano a lasciare lo zaino al guardaroba, permettendomi di tenere solo la fotocamera, da tenere rigorosamente in mano, e una bottiglia d'acqua. Le scimmie potrebbero attaccare in caso notassero cibo o rubare lo zaino e altri oggetti esposti. Mi consigliano, in caso di disputa, di non opporre resistenza perché si rischia di essere morsi o graffiati come è capitato ieri a un ragazzo. Questi animali sono stati tenuti in cattività e si stanno riadattando alla vita libera nella giungla. Alcuni di loro sono stati brutalmente maltrattati e hanno dei disturbi psicologici, per cui possono diventare aggressivi in caso di pericolo. Parto leggermente preoccupato, ma piano piano mi lascio trasportare dall'armoniosa atmosfera.

Incontro un tenerissimo orso vittima di un cacciatore che, dopo aver ammazzato la sua famiglia, l'ha scambiato per una vacca con un tizio che voleva venderlo a un circo. Mi imbatto in una femmina puma incinta, che passeggia tranquilla legata a una corda con una ragazza americana. Diverse scimmie ragno si fanno accarezzare mentre i loro cuccioli cercano buffamente di arrampicarsi sulla mia spalla. Queste povere scimmie sono state vittime del mercato illegale di animali selvaggi, cinici esserei umani le tenevano in casa in gabbia come passatempo prima di essere denunciati.

L'ultima parte di cammino la percorro con un simpatico agricoltore boliviano, sulla cinquantina, che si chiama Fernando. Mi racconta che anche lui è vegetariano e ha un pappagallo che lascia libero nei suoi terreni e che gli regala tanta allegria ogni giorno. La specialità dell'uccello è dire parolacce e cantare canzoni tradizionali in lingua quechua. Dà la sveglia al mattino e quando bussano dà il benvenuto ai nuovi arrivati. Fernando è orgoglioso del suo pappagallo ed è alla ricerca di una femmina che faccia coppia con il suo amico. Mentre racconta arriviamo alla fine del percorso e lo saluto. Mi dirigo verso l'ufficio della comunità per studiare la loro storia: quando hanno aperto, nel 1996, avevano solo 2 o 3 esemplari di animali. Oggi ne contano 700, con venti specie diverse. Complimenti alla comunità Inti Wara Yassi per il suo ammirevole lavoro.

24-09-2012 *Divertenti incontri sul bus*

In Bolivia ogni spostamento sui pullman è un piacere perché rappresenta il più intenso e vivo contatto culturale. I boliviani sono aperti e socievoli, i viaggi in questo paese si trasformano in piacevoli conversazioni con possibilità di particolari raffronti culturali. La maggioranza di questa gente è indigena e si mostra simpaticamente curiosa verso lo straniero. Non mi sento mai solo e mi diverto a rispondere alle domande dei compagni di viaggio. I pullman locali sono sporchi e sgangherati ma, come già ho sottolineato, questo tipo di mezzo è ricco di umanità e vitalità.

Pochi giorni fa su un pullman ho conosciuto Rosalia, un'estroversa venditrice di foglie di coca sulla cinquantina. Curiosa dei miei tatuaggi non si è limitata a farsi condizionare dai pregiudizi, come capita a molte persone nel mio paese, e mi ha domandato il perché della mia scelta. È nato un lungo dialogo di diverse ore in cui le spiegavo le mie abitudini quotidiane e lei mi raccontava della sua famiglia. Non concepiva il fatto che non mangiassi carne, ma allo stesso tempo la divertiva molto, era sorpresa che non fossi ancora sposato ma le ho spiegato la differenza tra la mia società e la sua. Rosalia vive a Cochabamba, capoluogo della seconda regione maggior produttrice di foglie di coca, tanto che in passato lì ci furono sanguinosi scontri tra le forze armate antidroga e i narcotrafficanti. Solo pochi giorni fa, in uno scontro armato, la polizia ha ucciso un ragazzo innocente, alimentando la protesta degli abitanti della regione che da giorni bloccano il traffico sulla statale che collega Cochabamba con la città di Santa Cruz. Il lavoro di Rosalia è il più diffuso nell'area, spesso è costretta a spostarsi verso La Paz per riuscire a guadagnare il minimo indispensabile per mantenere i suoi tre figli. Poco prima di scendere a fine viaggio mi ha offerto da mangiare e poi mi ha abbracciato calorosamente, augurandomi buona fortuna per la mia esperienza di viaggio.

L'ultimo mio compagno di viaggio è stato un anziano contadino dell'Amazzonia boliviana che con difficoltà parlava qualche parola di spagnolo. La sua lingua è il quechua e ormai si limita a parlare solo quella. Le sue mani gonfie e consumate mi hanno spiegato più di quanto lui stesso potesse raccontarmi. È riuscito a dirmi che si chiama Reinaldo e, tra un colpo di tosse e l'altro, masticava continuamente foglie di coca. La sua mano destra è stata, per tutte le quattro ore di viaggio, infilata nel sacchetto e immersa tra le foglie. A tratti si addormentava e la mano era sempre ferma nella stessa posizione, la sua bocca spalancata lasciava intravedere alcune foglie masticate che lasciava lì per ore. Mi ha spiegato che sono anni che consuma coca ogni giorno, la utilizza per curarsi da tutti i malesseri che si porta dietro per la sua avanzata età e il duro lavoro di una vita. Mi ha offerto qualche foglia che ho accettato per non offenderlo. Spesso mi raccontava qualcosa di incomprensibile nella sua lingua, sembrava contento di parlare con uno straniero e io non potevo fare altro che annuire per assecondare la sua felicità.

Oltretutto la Bolivia è il più economico dei paesi sudamericani che ho attraversato, negli spostamenti da tre a sette ore non ho mai speso più di 2 euro. Per dormire nelle camerate condivise degli ostelli spendo tra i 2 e i 3 euro. Per mangiare si arriva a una spesa che oscilla da 1 a 4 euro. Insomma, mi sembra di essere tornato alla convenientissima India, dove si può vivere con 10 euro al giorno. Inoltre la sua gente è gentile e socievole, proprio come gli indiani che nei lunghi viaggi in treno spesso mi facevano sentire parte della loro famiglia. Senza dimenticare che in questo piccolo paese si trovano le altissime Ande, il favoloso lago Titicaca, numerosi parchi naturali dell'Amazzonia e deserti di sale. State programmando un viaggio in Sudamerica? Non pensateci due volte, venite in Bolivia!

26-09-2012 *Bolivia, un ambiente spaccato tra regione andina e amazzonica (pubblicato su Greenews.info)*

Per comprendere meglio la situazione ambientale della Bolivia bisogna prima conoscere la doppia faccia del suo settore economico. Il paese è in pratica diviso in due parti, la regione andina poverissima e la regione amazzonica orientale in forte sviluppo. In termini di attività e produzione economica, Santa Cruz è la regione più importante del paese. I suoi principali proventi derivano dalla produzione di petrolio, gas naturale, canna da zucchero, cotone e legna, oltre che dalla coltivazione di soia, riso e mais. Un considerevole mercato industriale arricchisce il capoluogo, Santa Cruz de la Sierra, legato alla lavorazione dello zucchero, del petrolio e all'agroindustria della soia. Le fertili regioni orientali del paese sovrastano quelle occidentali, aride e montuose. Tanto da richiedere l'autonomia per non farsi carico dell'estrema povertà dei concittadini meno fortunati.

Questa differenza divide in due il paese anche sotto il profilo ambientale, perché se nell'area occidentale la situazione è piuttosto regredita, a Santa Cruz si stanno sviluppando, invece, pratiche sostenibili a difesa dell'ambiente. In questa provincia è stato creato un organo competente che si occupa della conservazione dell'area. I suoi obiettivi sono preservare le risorse naturali, informare e educare i cittadini a una maggiore sensibilità comune verso la protezione dell'ambiente. Purtroppo, e inevitabilmente, l'area di La Paz non segue questo corso virtuoso, dovendo ancora confrontarsi con troppe problematiche economiche e sociali.

Con una larga porzione di foresta amazzonica sul proprio territorio, anche la Bolivia deve far fronte alla rapida deforestazione, all'erosione del suolo, alla riduzione della biodiversità e, non ultimo, all'inquinamento industriale delle risorse idriche. Il mercato della legna e l'intensa agricoltura sono le principali cause della deforestazione, che porta alla perdita di biodiversità e anche all'erosione del suolo, per via di metodi rudimentali e poco sostenibili per preparare i campi, bruciando le aree interessate. Esistono alcuni parchi nazionali protetti come il Parco Madidi, a nord del paese, considerato uno dei parchi con la maggiore biodiversità al mondo, che conta circa milleottocento specie di vertebrati grazie alle sue variazioni di altitudine: si estende dai duecento metri sopra il livello del mare ai quasi seimila, e permette la diffusione di esemplari estremamente diversi tra loro.

L'inquinamento delle risorse idriche e la scarsa disponibilità di acqua sono alcuni dei problemi ai quali lavora direttamente il presidente Evo Morales, primo indigeno alla guida del paese. Nella cittadina di Copacabana, che si affaccia sul lago Titicaca, esistono restrizioni per l'utilizzo dell'acqua per usi comuni e gli animali, tra cui vacche e galline, muoiono disidratati. Nelle città i corsi d'acqua sono spesso inquinati dall'attività umana, in particolare dai rifiuti urbani e dalle miniere. La cura nella lavorazione dell'acqua potabile è dunque fondamentale da queste parti, dove più di altrove si comprende che cosa significa l'espressione "oro blu". E questo soprattutto nelle regioni di andine, dove l'acqua deve essere bollita almeno quindici minuti per eliminare i batteri che spesso causano diarrea e altre malattie. La povertà di questi popoli peggiora la situazione perché il gas è costoso e le madri devono alimentare famiglie con un largo numero di figli in case senz'acqua, senza elettricità né riscaldamento. Il risultato inevitabile è un impressionante tasso di mortalità infantile e gravi conseguenze per la salute dell'intera popolazione, soprattutto dei più poveri, privi di un'adeguata educazione per difendersi dall'inquinamento idrico.

La più povera nazione del Sudamerica ha comunque deciso di investire nell'eolico, con l'ambizione di installare 700 MW nei prossimi dieci anni. Come prima tappa si installeranno circa 50 MW nelle regioni andine, dove si raggiungono la più intense raffiche di vento, per poi estendere il progetto anche nell'area di Santa Cruz. Una nota sicuramente positiva, anche se il presidente Morales – se vorrà preservare le risorse naturali, unica ricchezza del paese – dovrà ancora concentrarsi per diffondere cambiamenti drastici nei metodi di coltivazione, utilizzando pratiche più moderne e sostenibili, e per trovare il modo di tenere sotto controllo l'inquinamento idrico, attraverso la sensibilizzazione e l'educazione della popolazione andina.

28-09-2012 *La vera tomba di Che Guevara*

Raggiungere La Higuera è stata un'impresa. Dopo aver ritrovato la coppia di amici a Cochabamba, siamo partiti per Valle Grande in un lungo viaggio notturno di circa dieci ore. Ci hanno scaricati nel pieno della notte verso le 3 30 del mattino in un gelo micidiale. Dopo pochi minuti suonavamo il campanello a un economico ostello nella speranza che qualcuno ci aprisse. Fortunatamente ci lavorava un ragazzino che ci ha mostrato i letti dove svenire rifugiandoci nei nostri sacchi a pelo.

Il mattino seguente non abbiano avuto neanche il tempo di ragionare che scopriamo che l'unica via per arrivare a La Higuera, l'ultimo luogo di vita di Ernesto Guevara dove venne assassinato il 9 ottobre 1967, è il taxi. Conosciamo Adelfio, un simpatico e grassoccio boliviano con il cappellino del Che, che si occupa di trasportarci nel suo villaggio natale. Solo cinquanta chilometri dividono Valle Grande dalla nostra destinazione, ma ci impieghiamo almeno due ore e mezza per percorrerli. La strada sterrata ha troppe pietre che rischiano di bucare le gomme, così con una lenta marcia non prendiamo rischi ma tanta polvere. Poco prima di arrivare e seguendo i cartelli della ruta del Che, avvistiamo un piccolissimo villaggio che si rivela essere La Higuera, immerso nel paesaggio desertico dei monti boliviani della regione.

Con solo un'ottantina di abitanti, il comune vive della sua storia e quasi tutti i giorni alcuni turisti determinati riescono a raggiungere questo luogo particolare. Nella piazzetta principale si trova una statua del Che in piedi con il sigaro tra le mani e una roccia con sopra ben fissa una croce, accanto a un'altra statua della testa del defunto. Pochi metri più in là c'è la famosa scuola dove avvenne l'esecuzione da parte di un soldato boliviano per ordine della CIA. Tantissimi i messaggi di affetto lasciati da gente proveniente da tutto il mondo. Un valoroso uomo morto per via del suo eccessivo altruismo e per il tradimento del partito comunista boliviano. Lascio una dedica e si torna da Adelfio.

Ora vorremo proseguire verso Sucre, ma i casi sono due: o tornare indietro e percorrere una lunga strada che dopo una parte iniziale sterrata diventerà asfaltata o proseguire su questa disastrosa strada sterrata cercando un pullman a Pucara per raggiungere Villa Serrano che dista cinque ore.

Scegliamo di farci lasciare da Adelfio a Pucara e aspettare un mezzo in questo poverissimo villaggio di contadini in mezzo al nulla di questi monti. Fortunatamente dopo mezz'ora passa un pullman che ha ancora qualche posto, saliamo e inizia un lungo e scomodo viaggio, buona parte del quale trascorsa nel buio assoluto in quest'area di deserto verde.

Arriviamo a destinazione alle dieci di sera e iniziamo la ricerca di un ostello dove dormire. Purtroppo tutte le sistemazioni per turisti sono occupate da una folla di medici giunti in questa cittadina per una conferenza. Esausti e affamati proponiamo ai gestori degli ostelli di dormire per terra, ma nessuno ci accoglie, troviamo inaspettatamente un po' di indifferenza. Siccome fa particolarmente freddo per dormire sulle panchine e non esiste una stazione in cui rifugiarsi, tentiamo l'ultima carta approfittando della chiesa casualmente aperta per dei lavori in corso. Chiediamo ai ragazzi se possiamo dormire lì, raccontando la nostra situazione. All'inizio pure loro non sanno cosa dire, ma noi insistiamo e così un ragazzo volenteroso corre a svegliare e avvisare il parroco. Poco dopo torna avvertendoci che possiamo andare a dormire in un collegio che si trova poco distante, presso il quale avevamo già provato due volte a chiedere ospitalità, ma il cui custode aveva rifiutato sostenendo di essere al completo e di non avere spazio. Proviamo ad andare con i ragazzi e stavolta l'uomo si arrende all'ordine del parroco e ci invita in una larga stanza per dormire al suolo. Sistemo il mio sacco a pelo e con un sorriso smagliante finalmente mi addormento.

30-09-2012/01-10-2012 *La strada del paradiso*

Ci siamo, finalmente si parte! Sto per iniziare un'esperienza che si preannuncia a dir poco grandiosa, almeno dalle foto che ho visto in questi ultimi anni. Un tragitto dal deserto di sale più vasto del mondo, Uyuni, a San Pedro de Atacama. Cinquecento straordinari chilometri caratterizzati da differenti e incantevoli paesaggi. Arrivato a Uyuni mi sono affidato a un'agenzia perché non esistono altre possibilità per percorrere questo deserto. L'unica alternativa è farlo in bici con tenda e cibo al seguito, come ha fatto un folle ma grandioso francese che ho poi incontrato sulla strada. In ogni caso ho pagato 70 euro tutto incluso per tre giorni, davvero spesi bene, non potevo desiderare un'esperienza migliore. Assieme alla coppia di amici, un inglese, una francese e una brasiliana mi sono affidato a Zacaria, un buffo e basso boliviano masticatore incallito di foglie di coca.

La prima giornata, dopo una breve tappa al cimitero degli storici treni a carbone di cent'anni fa, è dedicata alla paradisiaca salina con panorami stupendi e una luce intensissima nel bianco più bianco del deserto. I mucchi di sale sono creati apposta per seccare l'acqua e rendere il sale più leggero da trasportare, sale che poi verrà pulito e nuovamente seccato per essere messo in commercio. Come sfondo montagne e un vulcano, ma così in lontananza da sembrare in miniatura.

Nel bel mezzo di quello che una volta era un mare che si estendeva fino al lago Titicaca, ecco spuntare delle meravigliose isolette colme di catcus lunghi fino a dieci metri. Noi abbiamo raggiunto quella di Incahuasi. Con una breve camminata sulla sua cima abbiamo goduto dello straordinario panorama a 360 gradi a una quota che si avvicina ai 4000 metri. Il sole era devastante tanto che mi sono letteralmente bruciato – anche perché da stupido principiante ho messo la crema un po' troppo tardi. Dopodiché, tutti entusiasti, abbiamo trascorso la notte in un hotel di sale. Pavimento, muri, sedie e tavolini di sale su una collina tra i cactus, che gode di un bellissimo panorama sul deserto. Nella nostra sala ci sono altri gruppi di ragazzi ma è la nostra allegria a scaldare l'ambiente senza riscaldamento. In tutto beviamo cinque bottiglie di vino, soprattutto io e i miei due amici. Le risate sono intrattenibili, siamo in paradiso e ci si lascia andare. Verso le 11 spengono le luci e rimaniamo solo io e il mio compatriota ad ammirare una straordinaria luna piena, ascoltando Aretha Franklin dal suo mp3.

Sveglia alle 5 e naturalmente chi ha bevuto ieri ha la faccia un po' sconvolta, ma non importa, si parte per un'altra giornata da sogno. Incontriamo una serie di lagune sensazionali con colorazioni differenti tra cui bianco, verde, blu e per finire rosso. Inoltre dominano la scena immensi gruppi di fenicotteri, migrati in quest'ultimo periodo, che rendono il paesaggio ancora più incantevole. Devono ancora inventare le parole per descrivere tanta bellezza e io sono percosso da continui brividi di gioia e stupore. Attraversando aree desertiche siamo arrivati fino alla laguna colorata per concludere la stupenda giornata. Quest'ultima tappa ci mostra questa incredibile laguna che cambia colore in base al sole e alla temperatura. Al mattino è bianca e durante il giorno diventa rossa per via di alghe microscopiche circondate da ghiacciate isole bianche ricche di aragonite, solfiti, calcite e borates. Siamo a 4300 metri di altitudine, il vento è fortissimo e i miei compagni avvertono i primi sintomi del mal di montagna. Alcune ore di riposo e si riprendono tutti, tranne la francese che rimane a letto con la nausea. La notte è particolarmente fredda senza riscaldamento.

Anche l'ultima giornata inizia alle 5 per raggiungere subito la fumante area che ospita alcuni spettacolari geyser dove dei crateri sputano letteralmente lava bollente. Il sole dell'alba e il fumo dei geyser rendono il paesaggio marziano. Attorno a noi il deserto di un rosso che ho visto solo nelle immagini di Marte. Poi eccoci davanti a delle incantevoli pozze termali ma, siccome sono affollate, decido di isolarmi e camminare lungo la laguna ghiacciata nelle vicinanze. Trovo un posticino niente male davanti al sole, mi siedo una decina di minuti per meditare e godere appieno di tutta quella travolgente energia. Attraversiamo il deserto di Dalì, dove osserviamo alcune formazioni rocciose erose dal vento, per arrivare infine alla laguna verde situata davanti all'ennesimo vulcano. Zacaria mi accompagna al confine che dista pochi chilometri da lì e saluto tutti i miei compagni di viaggio per dirigermi, nuovamente in solitaria, verso la quindicesima frontiera del giro del mondo senza aerei. Timbro l'uscita e salgo su un pullman che mi trasporterà a San Pedro de Atacama. Impressionante il passaggio dalla Bolivia al Cile. Mi ritrovo su una strada ben asfaltata che ha addirittura i guard rail. Purtroppo i prezzi si alzano notevolmente, ma dentro di me rimane solo tanto entusiasmo per alcuni dei giorni più belli della mia vita sulla strada del paradiso.

PAGELLINO BOLIVIA

▶ Trasporti pubblici: 6
▶ Cucina locale: 6
▶ Ospitalità della gente: 8,5
▶ Costo della vita per uno straniero: 9
▶ Sicurezza donne: 7,5
▶ MEDIA Bolivia: 7,4

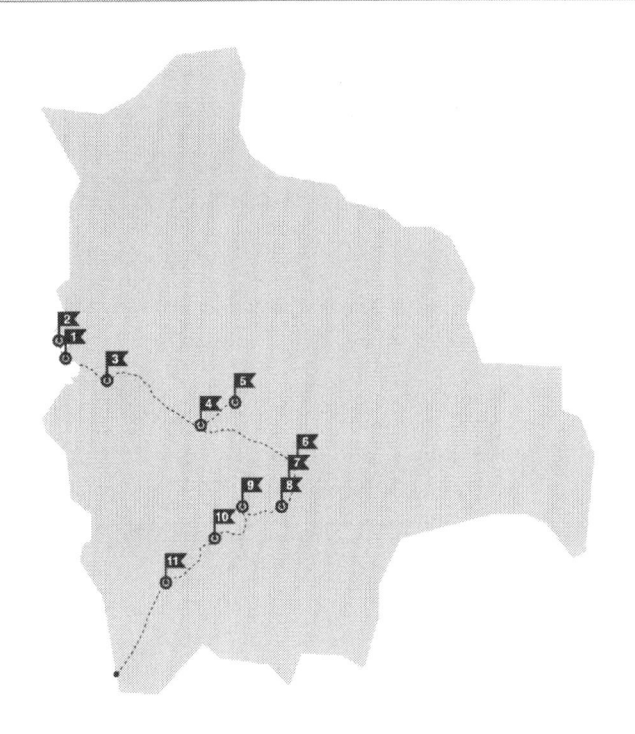

BOLIVIA

1. Copacabana
2. Isla del Sol
1. Copacabana
3. La paz
4. Cochabamba
5. Villa Tunari
4. Cochabamba
6. Valle Grande
7. La Higuera
8. Villa Serano
9. Sucre
10. Potosi
11. Uyuni

Cile (1)

04-10-2012 *In bici nel deserto più arido del mondo*

In pochi giorni ho attraversato vari paesaggi straordinari mai visti prima. Dalla salina di Uyuni a San Pedro de Atacama si incontrano sul tragitto colorate lagune, immensi vulcani, fumanti geyser, alberi di pietra e aridi deserti. Oggi mi trovo nel deserto più secco del mondo, con una piovosità media di 0,08 mm annui: il deserto di Atacama. Questa distesa presenta paesaggi lunari che sono stati utilizzati per esperimenti simili alle missioni su Marte con i veicoli spaziali Viking 1 e 2 allo scopo di individuare forme di vita (senza successo). A quanto pare prima del 1971 questo luogo potrebbe non aver conosciuto nessuna significativa caduta di pioggia per un periodo di ben quattrocento anni. La corrente di Humboldt, una fredda corrente marina che scorre sulle coste pacifiche di Perù e Cile, raffredda l'aria rendendo quasi impossibile la formazione di nuvole.

Poco dopo pranzo sono partito in bici in direzione Valle della Luna accompagnato da Sophie, una viaggiatrice francese che sta percorrendo in solitaria il Sudamerica e si è aggregata a me all'arrivo a San Pedro de Atacama. Su una strada ben asfaltata abbiamo percorso i primi chilometri fino all'ingresso della valle godendo di panorami desertici impressionanti appena usciti dal centro abitato di San Pedro. Le temperature massime si avvicinano ai trenta gradi, ma l'assenza di umidità rende l'impatto meno pesante. La strada diventa sterrata, a volte sabbiosa o seminata di buche. La prima tappa è una caverna che si sviluppa nei pressi di un canyon. Sophie, quando si accorge che la grotta si abbassa notevolmente costringendoci a camminare piegati sulle ginocchia, decide di tornare indietro perché non se la sente di proseguire con la sola luce del cellulare. Io continuo e mi godo il silenzio e la pace nel pieno dell'oscurità. Un centinaio di metri ed ecco una crepa attraverso la quale trovo un'uscita, mi arrampico sulle rocce e torno indietro.

Montiamo in bici e attraversiamo nuovi paesaggi tra cui dune o montagne di sale. Dopo oltre una decina di chilometri arriviamo a fine percorso dove si trovano i Guardiani delle Tre Marie. Si tratta di formazioni rocciose, composte di ghiaia, argilla, sale e quarzo, che hanno circa un milione di anni e che, subendo un intenso processo di erosione, sembrano alberi di pietra. Avventurandoci fuori del tragitto, su una strada particolarmente difficoltosa da percorrere in bici per via dello spigoloso terreno arido, raggiungiamo una profonda miniera di enormi cristalli di sale generati dall'alta pressione e dall'ambiente senza umidità. All'improvviso camminando su una superficie delicata si aprono delle crepe sotto ai miei piedi, così spaventato saltello sulle punte allontanandomi il prima possibile da quel fragile terreno.

Al ritorno decidiamo di fermarci in un punto panoramico per osservare il tramonto, purtroppo però arrivano alcuni pullman di scuole cilene in gita e i ragazzi rumorosi si sistemano su un'affascinante duna. Siamo costretti a camminare lungo una parte delle montagne di sale per trovare un luogo silenzioso e godere di uno straordinario spettacolo a 360 gradi, con le Ande e i suoi rossicci vulcani da una parte e la Cordigliera della costa dall'altra. Con il calare del sole le rocce cambiano colore e la luce intensa di questo deserto regala particolari sensazioni.

I pensieri volano all'ormai imminente traguardo del mio primo anno di viaggio consecutivo e quasi mi commuovo. Poi di fretta pedalo lungo la strada del ritorno, con una forte escursione termica e senza illuminazione ma, come sempre, accompagnato da un travolgente entusiasmo dopo una trentina di chilometri percorsi nel deserto più arido del mondo.

06-10-2012 *Santiago*
1630 chilometri da San Pedro de Atacama a Santiago del Cile, praticamente tutti con paesaggi desertici. Ventitré ore di pullman per arrivare di primo mattino nella capitale, che subito si presenta come una città sviluppata e moderna da un lato e con un suo volto underground dall'altro. Percorro la principale via di scorrimento e osservo tutti i muri e le serrande dei negozi dipinti con graffiti, non sono risparmiate neanche le chiese. Purtroppo diluvia ma non mi faccio intimidire, come il resto dei ragazzi dell'ostello che sono rimasti sotto le coperte. Decido di uscire comunque passeggiando a caso per le vie della città. Raggiungo Plaza Armas dove trovo la cattedrale e un fiume di gente a passeggio, è sabato pomeriggio. Camminando verso l'ostello noto sorpreso un pub irlandese e dopo tanti mesi decido di concedermi una buona Guiness. Entro ma ce l'hanno solo in bottiglia e appena il barista mi dice il prezzo (8 euro) ripiego su una bionda alla spina da 3 euro. A volte mi manca il pub,

soprattutto nelle giornate grigie. Poi faccio un salto veloce a un supermercato perché in Cile i prezzi sono alti come in Colombia, così mi tocca cucinare in ostello per spendere poco. Non che mi dispiaccia mettermi ai fornelli. Compro anche una buona bottiglia di vino rosso cileno El Casillero del Diablo della cantina Concha y Toro, l'ideale per scaldarsi tra una passeggiata e l'altra sotto la pioggia. Intanto sviluppo tanti pensieri e scrivo perché sono particolarmente ispirato grazie al vino.

Cucino in solitaria una pasta con cipolle, capperi, olive e pomodoro fresco, godendo del buon vino. Invito un coreano a mangiare con me ma ha già mangiato, in ogni caso accetta una piccola porzione per rimanerne deliziato. Dopo qualche bicchiere di troppo conosco un uomo sulla quarantina della Repubblica Ceca e iniziamo un lungo discorso sulla sua vita lavorativa particolarmente stressante da cui si è preso una vacanza di tre settimane. Mi sento di consigliargli nuovi posti in cui andare a vivere dove può trovare una migliore qualità di vita che in Europa, ma la sua età sembra bloccarlo molto. Allora cerco di convincerlo che conta poco l'età e che comunque può ancora dare una svolta alla sua vita, di non arrendersi perché ha ancora tanto tempo da vivere ed è importante farlo nel migliore dei modi. Lui si apre parecchio e mi spiega cosa non va, ma continuo a rendermi conto che il suo problema è l'età. Ha paura di cambiare ora e forse non ha più quello spirito di adattamento che si ha da ragazzi. Per questo è molto importante fare le scelte giuste al momento giusto perché poi potrebbe essere troppo tardi per tornare indietro. Quindi tra i venti e i trent'anni abbiate il coraggio di cambiare la vostra vita se non siete sereni.

Concludo con uno dei pensieri giornalieri stimolati dal vino: le nostre abitudini quotidiane ci danno certezze. Le certezze finiscono con il renderci prigionieri delle stesse. Non osiamo più provare nuove situazioni perché stiamo così comodi e sicuri, coccolati da una vita che conosciamo a memoria dal mattino alla notte. Sempre nello stesso ufficio, con gli stessi amici, con lo stesso mezzo, per la stessa strada o piazza e nello stesso bar. La verità è che la routine, se la si osserva in superficie, ci dà garanzie e conforto, ma se si va oltre queste apparenze si scopre che la monotonia uccide lentamente la nostra anima, facendola appassire senza permetterle di provare particolari emozioni assolutamente vitali. Siate curiosi di conoscere gli stranieri, di ascoltare chi la pensa in maniera diversa dalla vostra, aperti a nuovi luoghi o esperienze, ma soprattutto siate liberi di andare oltre i vostri pregiudizi o le vostre abitudini. Forse voi pensate di non avere bisogno di tutto ciò, ma la vostra anima sì.

08-10-2012 *Un anno da favola*

8 ottobre 2011, comincia il grande sogno.

Stamattina, appena ho aperto gli occhi e realizzato che è trascorso un anno dalla mia partenza, ho ripercorso le tappe salienti di questa straordinaria esperienza. Ho provato intensi brividi e immensa gioia, mi sono commosso perché nessun essere umano potrebbe trattenere un'emozione simile ed è proprio bello lasciarsi andare. In questo anno mi sono arricchito di umanità e conoscenza. Ho imparato e sono cresciuto più in questo periodo che negli ultimi dieci anni. Ma soprattutto ho trovato quello che cercavo, semplicemente perché ho trovato me stesso per la prima volta nella mia vita. Mi sono spogliato da vari condizionamenti sociali che non mi appartenevano e ho acquisito il controllo di me stesso. Dietro a ogni mia azione ora si trova una forte consapevolezza e conosco a fondo i miei pregi ma soprattutto le mie debolezze. So cosa è giusto o sbagliato per me, so cosa desidero dalla vita, che non ho mai amato così profondamente, come amo ciecamente la madre terra. Per questo non finirò mai di provare gratitudine nei suoi confronti e di rispettarla come una madre, perché la terra è la nostra madre assoluta, la nostra origine. Oltre a tutto questo, è anche l'unico straordinario paradiso.

Ho percorso 55 711 chilometri senza aerei e attraversato quindici paesi (Nepal, India, Sri Lanka, Malesia, Thailandia, Laos, Cambogia, Vietnam, Cina, Corea del Sud, Colombia, Ecuador, Perù, Bolivia, Cile). Il grande sogno continua, dopo una breve tappa a Valparaiso, il prossimo meraviglioso obiettivo è la città più meridionale del mondo, Ushuaia. Da raggiungere in pullman partendo da Santiago, attraversando parte della Patagonia cilena e argentina sulla remota ruta 40, tra ghiacciai, laghi e isole, come la Tierra de Fuego, risalendo fino a Buenos Aires. Per uno che è cresciuto leggendo Chatwin potete immaginare come mi senta.

Giornata dalla "doppia faccia". Mattinata al museo della memoria dedicato al golpe militare dell'11 settembre 1973 in cui il generale Pinochet prese il comando del paese dopo aver attaccato il palazzo presidenziale, causando il suicidio del presidente Allende. Racconta tutto l'angosciante periodo del regime attraverso notizie di quotidiani e testimonianze delle famiglie delle centinaia dei desaparecidos, oltre alle torture utilizzate tra cui specialmente quella della scossa elettrica. Attimi di commozione osservando le immagini della festa della democrazia nel 1989 a Santiago dopo il referendum. Pomeriggio, invece, più allegro, dedicato a festeggiare questo grandioso giorno alle cantine Concha y Toro, che realizzano vini tra i migliori del Cile. Visita all'impressionante dimora del fondatore e poi alle cantine del primo vino cileno esportato, nonché a un'azienda che è la seconda al mondo per esportazione, considerando anche le vigne che si trovano in Argentina e negli Stati Uniti. Assaggio per la prima volta in vita mia il Carmenere, un tipo di vino che non veniva più prodotto nel mondo ma che in Cile è sopravvissuto per un puro caso: lo avevano confuso con il Merlot, così per anni lo mischiarono. Quando se ne sono accorti, perché esportavano un Merlot diverso, hanno deciso di proseguire la coltivazione dividendo il Carmenere. Il Cile, inoltre, è il quinto paese esportatore di vino al mondo. Buon vino grazie al clima mediterraneo di questa zona e grazie anche all'utilizzo di uve francesi trasportate in quest'area all'inizio dello scorso secolo, complimenti e salute!

10-10-2012 *Valparaiso*
Dopo le grigie giornate di Santiago ecco uno splendente sole a scaldare la cittadina marittima di Valparaiso. Entusiasta per le condizioni atmosferiche favorevoli, di primo mattino intraprendo una lunga passeggiata per le colorate vie della città. Tra le sue colline si trovano affascinanti case coloniali con i muri di vari colori a rallegrare l'atmosfera. Inoltre l'energia primaverile si sprigiona nei profumati fiori che crescono in piccoli giardini o su piante rampicanti che coprono alcuni spettacolari graffiti. Amo l'arte sudamericana che si esprime sui muri della città, ognuno è libero di dipingere la propria casa esternamente a proprio piacere e così alcuni si affidano ad artisti che trovano dei meravigliosi compromessi armonizzando piante e dipinti. Pure i nostri muri così grigi ne avrebbero tanto bisogno!

Decido di raggiungere a piedi la casa museo di Pablo Neruda che si trova sulla cima della collina, dove c'è una vista spettacolare. Attraverso vicoli e scalinate per osservare il mare e il porto dei mercantili da quassù. Esteticamente un porto mercantile non è certo affascinante, ma i ricordi della traversata del Pacifico lo rendono tale. Alcuni cileni corrono lungo la passeggiata panoramica, mentre altri anziani chiacchierano sulle panchine godendo del sole primaverile. Arrivo alla Sebastiana e inizio la visita tra i gruppi di scolari cileni. La casa è un gioiello di arte e poesia, nulla è lasciato al caso e i cinque piani sono uno più bello dell'altro. Grandi vetrate permettono l'entrata di un'intensa luce, il panorama sulla città e il mare sono stati di grande ispirazione al poeta, console e ambasciatore. In ogni angolo traspare il genio di Neruda o i doni delle sue numerose conoscenze artistiche. Consiglio vivamente a chi passa da queste parti una visita alla Sebastiana. Uscendo ne approfitto per comprare un piccolo opuscolo con venti poemi d'amore del poeta da leggere in viaggio.

Il resto della giornata lo trascorro a camminare per ore e ore tra le piazze della città, tra cui Sotomayor, dove si trovano l'imponente palazzo della marina militare e un grande monumento dedicato ai soldati caduti in guerra. Valparaiso si rivela in assoluto una delle mie città sudamericane preferite, adoro il suo aspetto bohémien e le sue verdi colline, soprattutto in questa meravigliosa stagione primaverile. Un luogo che vorrei vivere e conoscere più a fondo, chissà magari ci tornerò dopo questa esperienza di viaggio.

12-10-2012 *Castro*

Altri 1100 chilometri per svegliarmi a Puerto Montt, cittadina portuale cilena dalla quale raggiungerò l'isola Chiloè. Inizia la mia avventura in Patagonia, dalla parte cilena, tramite un traghetto che trasporta il mio pullman sull'isola. L'aria è fresca, il mare grigio come il cielo, ma il clima favorisce il verde intenso della vegetazione e dopo mesi di deserti o paesaggi semiaridi andini sono felice di godermi questa nuova faccia della natura sudamericana. Sbarco in un piccolo villaggio di pescatori, dopo pochi chilometri attraverso la cittadina di Ancud e mi dirigo in pullman verso Castro, il capoluogo della regione situato in posizione strategica per esplorare i remoti angoli dell'isola. È subito evidente l'architettura, quasi tutte le case hanno i muri di legno e il tetto in lamiera ondulata. Alcune sono verniciate con colori pallidi, altre bianche, e rare sono quelle con i muri in lamiera, oltre al tetto. Lunghe distese di prati verdi ospitano allevamenti soprattutto di pecore e vacche. La fresca primavera dipinge con fiori gialli le sfumature di verde, con qualche pennellata di rosso e viola.

Castro è una città un po' più movimentata del resto dell'isola di Chiloè, si trovano banche, supermercati e ristoranti. Scendo dal pullman e chiedo indicazioni per il centro a un passante. La stazione è centrale, così a pochi passi trovo la piazza principale con una vecchia chiesa in ristrutturazione.

Al centro della piazza si trova l'ufficio di informazione turistica, ma prima di entrarci vengo sorpreso dal verso di un uccello su un albero sopra di me. Guardo curioso e noto uno strano esemplare di volatile mai visto in vita mia, con il becco rossiccio stretto e lungo, le piume a macchie bianche e nere. Trovo le informazioni per un ostello supereconomico e mi dirigo nel luogo a due isolati dalla piazza, situato nei pressi del mare. I muri della casa sono dipinti con dei graffiti colorati che troverò anche all'interno dell'ostello. Incontro il proprietario, un simpatico punk cileno sulla trentina con cresta e orecchini di nome Marcelo. Il locale è molto alternativo con un'atmosfera bohémienne, costa poco e mi sistemo nella camerata vuota, dato che sono l'unico cliente in questa stagione poco turistica. Marcelo mi chiede se fumo marijuana perché dopo si fa un po' di festa. Gli stampo un gran sorriso.

Esco a comprare una bottiglia di vino e torno per vedere la partita Cile-Ecuador, valida per la qualificazione per i mondiali in Brasile, particolarmente sentiti dai sudamericani. Alcuni amici di Marcelo sono attenti davanti al televisore, io tra una chiacchiera e l'altra in un'ora mi finisco la bottiglia da solo. Esco a fare due passi e ammiro ancora la luce solare alle nove di sera, continuando a scendere verso l'Antartico le giornate si allungano. Ho fame e trovo un ristorantino sul mare, decido di assaggiare un pisco sour, bevanda alcolica locale. Non è male ma mi rendo conto di aver bevuto un po' troppo, mangio il mio pasto vegetariano con avocado, pomodori e lenticchie, poi torno all'ostello stanchissimo e ciucco, così crollo nel sonno. Trascorro una notte infernale con un bel mal di testa che non provavo da un anno, più che il vino ho sentito il pisco sour.

14-10-2012 *L'isola di Chiloè*

Di primo mattino mi alzo e, cercando di non far rumore, provo a uscire dall'ostello. La stanza di Marcelo è aperta e lo si sente russare di gran gusto. In questi giorni sta lavorando molto perché riceve gli ospiti del salone del libro cittadino. Soffia un venticello gelido a quest'ora ma il sole già si fa spazio tra le grigie nuvole. Le strade sono ancora deserte e si sente solo il verso di strani uccelli locali, nascosti tra gli alberi, che fanno lo stesso chiassoso suono delle papere. Arrivo alla stazione e salgo sul primo pullman diretto verso il lago di Cucao e l'ingresso del parco nazionale.

Da pochi giorni è iniziata la mia esperienza nella Patagonia cilena. Mi trovo sull'isola di Chiloè in esplorazione tra i suoi silenziosi villaggi di pescatori e la sua lussureggiante vegetazione. Il clima e il paesaggio sono cambiati radicalmente da quelli incontrati negli ultimi mesi di viaggio. Siamo in primavera e i fiori gialli si confondono con le sfumature di verde, ma nonostante ciò quando il cielo si ingrigisce la natura appare inquieta come il blu cupo dell'oceano Pacifico. Al parco nazionale ho occasione di tornare a passeggiare in un bosco dopo le calde foreste dell'Amazzonia e le aride montagne andine. L'umidità caratteristica di quest'isola ha permesso la crescita di alcuni particolari tipi di piante e, mentre mi godo il silenzio di una passeggiata meditativa, rimango deluso scoprendo che in un'ora ho già percorso tutta la superficie disponibile del parco pazienza, nelle prossime tappe patagoniche ne avrò da camminare. Trovo una strada che porta alla spiaggia, il cielo continua ad alternare uno sole splendente a nuvoloni inquieti. Incontro alcune vacche e dei cavalli, dalla vegetazione si passa alla sabbia. Una lunga distesa di conchiglie, simili a cozze bianche, si estende lungo la riva. La brezza marina soffia decisa e fresca come sulle spiagge inglesi. Il mare è mosso, la corrente antartica di Humboldt lo rende ancora più ostile. Gruppi di gabbiani volano sfruttando il vento e sono completamente solo in una lunga spiaggia deserta intensa sensazione di libertà!

Al ritorno cammino lungo la strada che attraversa il tranquillissimo villaggio di pescatori di Cucao, fiancheggiando il lago e ammirandone le caratteristiche costruzioni di legno. Osservo lunghe distese di prati verdi con allevamenti di pecore. Non si vede l'ombra di un mezzo così mi posiziono nei pressi dell'incrocio principale e dopo un quarto d'ora vengo caricato da un allevatore che torna a casa dopo aver riempito il suo furgone di legna. Mi scarica a una trentina di chilometri da Cucao, sul bordo di una strada sulla quale trovo un pullman che mi trasporta sulla piccola isola di Achao. Su consiglio di un cileno conosciuto a Valparaiso inizio a camminare per le sue pacifiche e semideserte vie incontrando un supermercato dove comprare del pane, un avocado, dei cipollotti e del formaggio per andare in spiaggia a prepararmi un bel pranzetto. Trovo riparo dal vento in un portico di legno che conduce a una passerella sulla sabbia. Osservo un gruppo di cani randagi, i pescherecci che tornano in porto e alcune coppie di innamorati che passeggiano sulla riva. Proseguo la mia passeggiata lungo il mare incontrando tre uomini sulla cinquantina completamente ubriachi. Cercano di dialogare con me e mi invitano a bere il loro vino. Rifiuto il vino ma prendo una birra dal mio zaino, così posso brindare alla loro salute. Sono troppo sbronzi e se speravo di rimediare due chiacchiere mi devo arrendere e salutarli. Raggiungo la piazza principale dove mi tengono compagnia solo altri cani randagi, noto l'affascinante chiesa di legno, entro e la osservo stupito. Una signora cilena, divertita dalla mia curiosità, mi chiede se mi piace. Le rispondo di sì, sottolineando che mai ne avevo vista una così grande tutta di legno – e in quest'ultimo anno ne ho viste parecchie.

Trovo un altro pullman e ritorno verso Castro. Mentre passeggio nell'ultimo isolato, incontro un signore a una bancarella sulla quale vende una pianta erbacea commestibile, tipica di questa zona e appartenente alla famiglia delle gunneracee, che si chiama nalca. La assaggio, ha un gusto leggermente amaro come l'aceto, ma lo trovo gradevole. Vedo Marcelo davanti all'ingresso, mi saluta stanco ma mi propone di bere una bottiglia di buon vino rosso con lui e poi di andare alla fiera del libro ad ascoltare la presentazione di una sua amica sociologa che racconta le problematiche legate alla violenza femminile presente sull'isola. Verrò a sapere che l'isola di Chiloè presenta il più alto tasso di violenza sulle donne di tutto il paese, soprattutto nelle aree rurali dove il maschilismo tipico del paese, e del continente, si manifesta nelle forme più aggressive.

15-10-2012 *Cile, il nuovo eden delle energie rinnovabili sudamericane (pubblicato su Greenews.info)*

Il contrasto che si può osservare alla frontiera tra Cile e Bolivia è impressionante. Due paesi con un'economia totalmente differente, il primo gode di un PIL annuo in continua crescita, con un ultimo rialzo del 5%, il secondo è lo Stato più povero del Sudamerica. Dalle strade sterrate boliviane – senza segnaletica stradale – ci si ritrova su una statale ben asfaltata e dotata di numerose indicazioni, protetta da guard rail nelle curve più pericolose (qui non è banale). Dopo tanta miseria incontro una nazione ricca e sviluppata, che da subito mostra un'attenzione particolare verso le energie rinnovabili. Il Cile gode di un clima molto differente da nord e sud, e questo gli offre il vantaggio di poter sfruttare al meglio le diverse condizioni climatiche.

La parte settentrionale è coperta dal deserto più arido del mondo, con uno dei livelli di irraggiamento solare più elevati in assoluto. Non a caso l'illuminazione stradale, utilizzata negli incroci delle statali, è alimentata da pannelli fotovoltaici. Per questo il Cile è diventato l'obiettivo di molti investitori stranieri e locali, grazie alle sue alte potenzialità e ai nuovi generosi incentivi statali, varati da pochi mesi. Se nel 2009 è stato approvato un solo progetto fotovoltaico di rilevanza nazionale, nel 2012 sono stati installati almeno ventidue impianti di enormi dimensioni. Lo scorso luglio la CORFO (il centro cileno per le energie rinnovabili) ha stimato l'approvazione dell'installazione di una potenza di circa 694 MW per progetti solari, più altri trentasette progetti – in corso di approvazione – per un totale di 2.47 GW. Tutto ciò riguardo alla sola fonte fotovoltaica, ma, nello stesso report, la CORFO ha segnalato anche l'utilizzo crescente di altre energie rinnovabili come l'idroelettrica, la eolica, le biomasse e la geotermica. Il Cile ha approvato 2.8 GW di progetti eolici e altri 1.67 GW sono in corso di approvazione.

La regione meridionale cilena è la meravigliosa Patagonia, che presenta uno degli ambienti più fragili e unici del mondo. Soffre direttamente per le variazioni climatiche dovute al riscaldamento globale, con i suoi numerosi ghiacciai a rischio, oltre alla scomparsa di laghi creati proprio dai ghiacciai. E intanto dilaga la polemica politica sul progetto HydroAisen, che prevede la costruzione di dighe che hanno scatenato opposizioni locali e internazionali – tanto che è nata una vera e propria organizzazione per contrastare l'obiettivo della compagnia energetica spagnola Endesa e di chi, nel governo, spinge per la realizzazione del piano. Un progetto che coinvolge 6000 ettari, che riguarda cinque dighe su due fiumi che raggiungono il Pacifico e che ha visto, per ora, violenti proteste e vari appelli di organizzazioni ambientaliste alla corte cilena – senza successo. Inevitabilmente – questa l'accusa – i progetti cambieranno il paesaggio di una regione di straordinaria bellezza, soprattutto per i suoi laghi. Il paragone è immediato: Amazzonia e Patagonia, due regioni così diverse e stupende che affrontano le stesse problematiche causate dalla sete umana di energia e di business. Non poteva poi mancare, anche qui, lo sfruttamento delle miniere, che in questa regione sono particolarmente ricche di oro, tanto che alcune mining companies americane hanno già messo le mani su ambiziosi progetti che rischiano di avere drastiche conseguenze sull'ambiente.

Nonostante questo clima da corsa all'oro, bisogna tuttavia ammettere che i parchi nazionali cileni sono ben protetti da regole ferree per la conservazione, con una buona raccolta differenziata dei rifiuti, il divieto di accendere fuochi e l'utilizzo di energie rinnovabili eoliche e solari. Più della metà della biodiversità cilena, del resto, non si trova da nessun'altra parte nel mondo.

Il Cile ricorda dunque, ancora una volta, il Brasile: una forza economica sudamericana assetata di sviluppo, che deve ancora trovare il giusto bilanciamento tra crescita economica e tutela delle risorse naturali, ovvero la sostenibilità della propria crescita. La via percorribile più promettente per il paese sembra essere, oggi, quella delle fonti rinnovabili, di cui potrebbe diventare una sorta di hub sudamericano, con la tranquillità di raggiungere agevolmente il target del protocollo di Kyoto al 2020. Ma anche in questo caso il Cile dovrà fare attenzione a evitare le degenerazioni delle rinnovabili, già ben note in Europa.

Argentina (1)

16-10-2012 *Argentina!*

Dopo due settimane parto e saluto il Cile, che potrei rivedere a sud verso la Tierra del Fuego. Lascio la solita grigia Puerto Montt e salgo su un pullman diretto prima al confine e poi a San Carlos de Bariloche. Ci si allontana brevemente dalla costa per tornare verso le Ande, che questa volta si mostrano con un aspetto del tutto differente da quello che conosco, cioè particolarmente aride per le loro altitudini. La vegetazione è fitta e si estende per immensi boschi simili a quelli in cui sono cresciuto. Ritrovo il mio habitat naturale con le vette innevate e numerosi laghi con un'acqua così limpida che stimola la voglia di nuotarci.

Al confine con il Cile è tutto tranquillo, passo senza problemi e torno sul mezzo per raggiungere l'Argentina che dista una decina di chilometri, oltre un passo in cui si trova una distesa di alberi. La frontiera argentina è a bassa quota, c'è tanto verde. Ed ecco il delizioso suono del timbro impresso sul mio passaporto, che scatena il mio sorriso. Sedicesima frontiera, vamos! Osservo incuriosito l'affascinante paesaggio attorno, arriviamo nei pressi di un grande lago con le montagne sullo sfondo. Poi ecco Bariloche dall'altra parte, situata in una posizione incantevole, tra il lago e le montagne, che nel periodo invernale vengono sfruttate per sciare. Costeggiamo tutto il lago, entriamo nella storica e famosa statale 40. Mi godo un assaggio di questa semplice strada che mi porterà verso la Tierra del Fuego.

Arrivo alla stazione, cerco un bancomat per prelevare pesos argentini ma non ne trovo. Non so come raggiungere il centro perché sono poco fuori città e non ho moneta locale per pagare un pullman. Chiedo in giro e scopro che il tabaccaio fa servizio di cambio, così ne approfitto per liberarmi degli ultimi pesos cileni. Trovo un mezzo diretto in centro, dove scendo e mi faccio dare una mappa al punto informativo turistico. Cammino per la cittadina e mi sembra di essere nella Svizzera italiana. Grandi negozi di cioccolata e numerosi ristoranti italiani, un ristorante si chiama Fonduè. Le strade e le case sono ben curate, i negozi vendono vestiti di marca, alcune scolaresche camminano a bordo strada, probabilmente in gita. Sicuramente questo è il posto più familiare che abbia visto nell'ultimo anno. San Carlos de Bariloche, balzato alle cronache come rifugio di Priebke e, secondo alcuni, anche di Adolf Hitler dopo la "falsa" morte.

18-10-2012 *San Carlos de Bariloche*
Due notti in Argentina e due volte che mi sveglio con qualcuno nel letto, peccato che sia solo il gatto dell'ostello che, a quanto pare, utilizzava il mio letto come cuccia prima del mio arrivo. In compenso con gli argentini mi trovo benissimo, ho già fatto amicizia con il ragazzo che gestisce l'ostello e i suoi amici. Abbiamo visto l'Argentina giocare a calcio per la qualificazione mondiale contro il Cile e fumato dei gran purini di maria proveniente dal Paraguay. Oggi ho voglia di iniziare a esplorare l'area boschiva attorno alla cittadina di Bariloche. Dopo tanti mesi ritrovo il mio habitat naturale, quello in cui sono cresciuto, perché nelle vicinanze di Torino si trovano boschi, torrenti, laghi e montagne. Inizio la mia lunga passeggiata percorrendo un circuito chiamato "chico" pensato per gli amanti della bicicletta, ma io comunque decido di farlo a piedi. Quasi una trentina di chilometri tra parchi nazionali con boschi e meravigliosi laghi. Dopo poche centinaia di metri trovo un sentiero nel silenzio totale del bosco e mi incammino tra alti alberi dai tronchi consistenti che donano ombra a tutte le creature sottostanti. Ritrovo i profumi che sentivo sulle mie montagne. La temperatura è perfetta perché siamo nella prima primavera e fa fresco, ma oggi c'è un bel sole che scalda. A volte esco dal sentiero per avventurarmi in percorsi più autentici ed è un piacere immenso, le forme degli alberi e i giochi di luce che attraversano i loro rami rendono l'atmosfera fatata mentre regna il silenzio e la pace, quasi mi piazzerei qui con una tenda per viverci. Alcuni chilometri e mi trovo su una riva del lago Moreno, il panorama dà su una bella montagna che regna sullo sfondo. È stupendo, sento il bisogno di immergermi in questa natura armoniosa e mi prendo talmente sulla parola che dopo pochi minuti sono immerso nel gelido lago, in un periodo dell'anno in cui l'acqua si è appena sciolta dalle nevi dell'inverno. Un paradiso perfetto, ma ritorno sulla via boschiva. Arrivo su una piccola strada asfaltata dove non passano tanti mezzi e mi incammino sul bordo. Noto delle indicazioni per un altro lago ma vedo due famiglie dirette proprio lì, così rinuncio per preservare la mia pace interiore. Mi allontano e noto il lago in basso in direzione est. Sono tentato di raggiungerlo lo stesso, quindi mi allontano ancora e cerco una

via alternativa che mi permetta di arrivarci. Non la trovo, così, impaziente, scelgo di rotolare giù tra gli alberi di una ripida discesa di sabbia. Al fondo ecco un ponticello di legno che dà sul lago, e anche qui non c'è anima viva, straordinario!

Proseguo camminando e curiosando per laghi e torrenti per tutta la giornata, nel silenzio totale, ma come al solito accompagnato dai miei instancabili pensieri, e questo è il riassunto di tutto: pensate all'idea che avete di normalità. Bene, scordatevela! Non esiste la normalità perché non esiste un giudizio universale per essa. Ognuno di noi può avere un'idea diversa e quindi, se non esiste nessuno che può definirla, non esiste. Si tratta solo di un'illusione. Le società cercano di influenzare la gente insegnandole cosa è "normale" mangiare, vestire o pensare. Spogliatevi di questi blocchi sociali e seguite ciò che vi attrae spontaneamente. Fidatevi del vostro istinto e non permettete ai pregiudizi sociali di limitare la vostra sete di conoscenza o curiosità. Pensateci bene, quante cose conoscete realmente? Quante delle vostre conoscenze sono frutto della vostra sola esperienza? Spesso crediamo di sapere perché abbiamo sentito dire, o perché si sa che è così. Sbagliato! Non accontentatevi del parere di altre persone perché non sono voi, e magari provando la stessa esperienza potrete vedere angolature e sfumature diverse. Aprite la vostra mente verso nuovi orizzonti che altri esseri umani non hanno raggiunto, seguite sempre quella vocina interiore che vi spinge verso qualcosa che nessun altro oserebbe.

20-10-2012 *Verso sud*

La Patagonia è una regione immensa, misura un milione di chilometri quadrati. Da nord a sud è ben più lunga del nostro paese. Inoltre i mezzi ancora non trafficano tutte le strade, così per scendere dalla ruta 40 sono stato costretto ad allungare per la costa e ritornare verso El Calafate, vicino al confine con il Cile. Dovevo percorrere millequattrocento km invece ne sto percorrendo millenovecento. Da ventitré ore sto viaggiando verso sud e me ne mancano ancora parecchie per arrivare a destinazione. Al punto informativo di Bariloche ho ricevuto l'errata informazione che i pullman che partono dalla città non percorrono tutta la ruta 40 fino alla mia prossima tappa, così ho allungato verso Comodoro e Rio Gallegos. Nel cambio pullman a Comodoro ho scoperto una compagnia che invece percorre quel tratto, amen, anche perché questa compagnia è più costosa delle altre.

La parte di viaggio diurna sulla ruta 40 è spettacolare perché la strada si snoda tra le Ande con le bianche vette innevate. Sono impressionanti perché si innalzano improvvisamente in queste verdi vallate scure tra le nuvole del cielo australe che lascia filtrare alcuni raggi di sole, creando una luce primordiale. Sembra di assistere alla creazione della terra con queste placche montuose che si scontrano tra di loro. Purtroppo incontriamo un tir accartocciato che si è rovesciato giù da una collina dopo aver distrutto il guard rail. Poi arrivano la notte e una simpatica vicina di posto, una signora sulla quarantina che vive nella regione. Oltre a raccontarmi la storia del suo villaggio mi vizia affettuosamente facendomi assaggiare cioccolata e nocciole che utilizzerà per la decorazione della torta che vuole preparare per l'imminente festa della mamma, che inoltre coincide con il suo compleanno mi ha fatto davvero piacere incontrare una persona così aperta e gentile, ogni tanto, a noi viaggiatori solitari, riscalda l'animo.

Con il nuovo giorno, ecco un nuovo scenario perché passiamo sulla costa della Patagonia e per centinaia di chilometri osservo una monotona, arida e desolata pianura dalla quale si nota l'orizzonte come fosse un mare di terra e sabbia. Fiumi e lagune create dallo scioglimento dei ghiacci modificano il paesaggio abitato da fenicotteri rosa, ma alcuni villaggi sembrano preconfezionati con la maggior parte delle case nuove e ordinate come se ci fosse stata una riqualificazione di quartiere di periferia a Torino. Mentre il paesaggio scorre davanti ai miei occhi, i pensieri seguono il loro corso e ne approfitto per leggere il nuovo libro in spagnolo che ho comprato prima di partire, *Viaggio nella terra dello Tehuelche*. Racconta le interessanti ricerche scientifiche e geografiche effettuate da uno dei primi esploratori che si avventurò nella regione nel 1878, il naturalista Ramon Lista. Inoltre, come si può capire dal titolo, narra del suo incontro positivo con gli indigeni che popolano la remota regione.

22-10-2012 *Perito Moreno*
El Calafate è una cittadina nata non più di un secolo fa e molto probabilmente costruita dal governo argentino per favorire la crescita

demografica in quest'area. Nel pieno del deserto patagonico è bagnata dal favoloso lago Argentino, e oggi è un centro turistico per la sua vicinanza al parco nazionale dei ghiacciai dov'è possibile fare varie escursioni per ammirare le bellezze di ghiacciai e laghi. L'attrazione principale è il Perito Moreno, una gigantesca massa di ghiaccio che per 14 km si estende dalle Ande fino alla penisola Magallanes. Largo quattro chilometri e alto sessanta metri circa fa impressione, ma allo stesso tempo è particolarmente affascinante proprio grazie allo sfondo delle vette andine (ho percorso le Ande dal principio, in Colombia, fino alla coda finale situata poco a sud da qui).

Dopo aver raggiunto il terminal dei pullman sono salito su un mezzo assieme a Ulf, un neolaureato ingegnere di aereonautica con cui condivido il viaggio da due giorni. Siamo l'esatto opposto e vederci uno vicino all'altro evidenzia il contrasto non solo caratteriale. Lui preciso e serio con i capelli ben pettinati e il pizzetto curato, io con i capelli arruffati e la lunga barba incolta. La strada di ottanta chilometri che ci ha portati a destinazione si estende per una valle con praterie utilizzate per allevamenti di mucche e non si contano gli esemplari di volatili che vivono nella regione. Una volta raggiunta la penisola di Magallanes, il percorso si fa più boschivo e numerose lepri ci tagliano la strada rischiando di essere fatte a pezzi. Attorno a noi ci sono i canali che si formano dal lago Argentino, l'acqua è di un celeste spento, quasi grigio, per via del suo particolare freddo. Poi avanzando notiamo frammenti di ghiaccio sparsi nel lago che aumentano fino a quando ci appare lo spettacolare Perito Moreno in tutta la sua maestosa bellezza.

Arrivati a destinazione, io e Ulf ci incamminiamo per la passerella creata sulla penisola per osservare il ghiacciaio da diverse angolazioni. Si sviluppa attorno a un bosco incantato che per il suo aspetto selvaggio tra alberi spezzati e forme particolari sembra il bosco del *Signore degli Anelli*. Arrivati nella parte inferiore sono tentato di scavalcare e di avvicinarmi ulteriormente al mostro di ghiaccio. Ma in questo periodo primaverile, con il calore del sole, si stanno staccando vari frammenti e non voglio rischiare. Tra il 1968 e il 1988, infatti, frammenti del genere hanno ucciso una trentina di persone proprio perché una volta caduti possono essere "sparati" per una distanza di decine di metri. Decido quindi di fare il bravo ragazzo, una volta avrei scavalcato. Abbiamo trascorso circa sei ore soltanto a osservare il panorama straordinario dei ghiacci e delle Ande, oltre il lago.

Spettacolari le cadute dei blocchi ghiacciati, soprattutto di uno enorme che ha causato un piccolo tsunami. Ho toccato l'acqua tentato da un bagno, ma per questa volta meglio lasciar perdere.

Mail di Ulf dopo qualche mese: «Ciao Carlo, ci siamo incontrati in Patagonia e siamo andati al Perito Moreno assieme. Da quando ci siamo incontrati sono stato un appassionato seguace del tuo blog e ho letto anche la maggior parte dei tuoi vecchi scritti. La mia strada mi ha portato dritto al nord attraverso Cile, Bolivia e Perù. Dopo quasi quattro mesi in Sudamerica per me è arrivata l'ora di tornare in Germania e trovare un lavoro. Volevo solo farti sapere che seguire il tuo blog mi ha reso un viaggiatore migliore. Ho scoperto che spendendo meno e stando più con la gente del posto sono riuscito a rendere più intensa la mia esperienza. Volevo ringraziarti per questo. Goditi il Brasile e tutto quello che verrà dopo di quello.

Ti auguro il meglio. Ulf».

Cile (2)

25-10-2012 *Nelle estreme terre della Patagonia cilena*
Un'altra straordinaria avventura di montagna in questo meraviglioso mondo, stavolta tocca allo scenario delle estreme terre della Patagonia cilena, parco nazionale Torres del Paine. L'inizio è stato disastroso, non potevo ricevere accoglienza peggiore dalle condizioni atmosferiche. Ieri ha piovuto a dirotto tutto il giorno e il vento gelido soffiava prepotente fino a fondo vallata. Scendo dal mezzo senza parole e sinceramente senza neanche una particolare organizzazione. So solo che voglio vedere le impetuose montagne della regione a forma di torre. Così dopo essermi impossessato di una mappa intraprendo la mia camminata solitaria nella scura valle tra nuvoloni grigi, una fitta pioggia e la parte visibile delle montagne innevate come sfondo. Devo subito rimediare ai jeans freddi e bagnati, così indosso sopra dei leggeri pantaloni sintetici impermeabili. Nei pressi della partenza noto un hotel abbastanza lussuoso, entro e domando se posso cambiarmi velocemente i pantaloni perché sono già bagnato fradicio. Alla reception mi rispondo che i servizi sono solo per chi alloggia nell'hotel e di cercare un camping situato a qualche chilometro da lì. Davanti a una risposta del genere, mi volto ed esco fermandomi davanti all'entrata principale, dove mi spoglio sotto gli occhi attoniti dei clienti – pallido, barbuto e magro non devo essere stato un bello spettacolo. Riprendo il cammino con dei vestiti più adeguati, ma con un peso consistente dovuto alla tenda, al sacco a pelo, a un materassino, ai vestiti pesanti e al cibo per due giorni. La prima parte del percorso attraversa un torrente a fondo valle e risale dalla base di una montagna. In due ore affronto un dislivello di quattrocento metri circa, travolto da pioggia e vento che mettono a dura prova la mia determinazione. Fortunatamente trovo un accogliente rifugio che è l'accampamento cileno. Per via delle avverse condizioni atmosferiche, decido che per oggi è meglio fermarsi, così monto velocemente la tenda sotto alcuni alberi notando di essere l'unico che ha scelto questo tipo di sistemazione. Torno ad asciugare i vestiti davanti alla stufa del rifugio in cui conosco altri simpatici e malcapitati escursionisti di varie nazionalità che alloggiano nelle camerate in attesa che il tempo cambi.

Decido di andare a dormire presto per alzarmi nella notte e provare in ogni caso a raggiungere le torri del Paine. Quando arrivo alla gelida tenda, che ho affittato all'ostello di Puerto Natales, ricevo una brutta sorpresa, il fondo è completamente bagnato e l'umidità è insopportabile, con temperature sotto lo zero. Ma in fondo amo le esperienze estreme e spesso le cerco proprio perché mi temprano l'animo e mi aiutano ad apprezzare di più le comodità quotidiane di cui godo. Fortunatamente il lettino mi crea una protezione dal fondo e ci distendo sopra il mio sacco a pelo termico, adatto a temperature fino allo zero. Entusiasta di essere immerso nelle forze selvagge della natura, ma impegnato a non patire il freddo, mi addormento ascoltando il rumore del torrente nelle vicinanze e della pioggia che cade sulla tenda. Mi sveglio molte volte per via dell'umidità che ha ricoperto la superficie del sacco, congelandolo al tatto. I ricordi mi riportano indietro di quasi sette anni, quando vivevo in Pakistan e per due mesi ho dormito in una tenda singola nelle complesse condizioni atmosferiche dell'inverno della montuosa regione del Kashmir. Con la pioggia o con la neve, mi rifugiavo in un resistente sacco a pelo adatto a temperature inferiori ai meno venti gradi.

Alle quattro del mattino il freddo arriva a livelli estremi e comunque è l'ora ideale per provare a raggiungere le montagne interessate. Non sento più la pioggia, esco e trovo l'ennesima sorpresa, una fitta nevicata ha imbiancato la mia tenda e tutta la valle attorno. Mi rendo subito conto che è pericoloso avventurarmi da solo nell'oscurità della notte, con il sentiero ricoperto di neve fresca e privo di visibilità. Ma anche stavolta decido di andare, sento quell'energia che mia attrae verso questo incantevole e selvaggio bosco innevato. Non trovo l'inizio del sentiero, ma ricordo che dall'altra parte del torrente c'è una mappa, così decido di attraversare un lungo e scivoloso ponte di legno che per un tratto non ha barriere di protezione. Lo percorro lentamente e sto attento a non cadere, attorno a me è tutto estremamente buio e mi devo aiutare con la torcia ben fissata sulla testa. Trovo la mappa che mi indica la direzione opposta,così attraverso nuovamente il ponte e inizio a camminare cercando dei paletti fissati sul sentiero. Dopo poco ecco che il karma si ricorda di me e incontro una coppia di ragazzi austriaci che hanno avuto la mia stessa idea, così mi aggrego a loro. Si attraversano boschi primitivi e selvaggi con vari tronchi spezzati a terra che aiutano a immaginare come fosse una volta questo pineta. I ruscelli si susseguono, i tanti scivolosi ponticelli di legno da attraversare e la difficoltà di trovare il sentiero per la neve fresca rallentano la nostra escursione, ma lo scenario completamente innevato è straordinario. Con le prime luci dell'alba ci rendiamo conto di essere in un paradiso e la fitta nevicata passa in secondo piano, anzi diventa particolarmente piacevole perché ci ha creato questo paradiso. Gli alberi, la valle e le montagne attorno sono incantevoli, raramente ho visto qualcosa del genere e sono al settimo cielo. Più si sale e più la neve fresca è alta, tanto che mi trovo a camminare con le mie comode e fedeli scarpe da ginnastica in goretex con la neve fino alle ginocchia, quindi scivolo spesso sulle rocce umide. Poi ecco la formidabile ciliegina sulla torta a premiare la tenacia che ci ha accompagnati in questa esperienza, la luce del sole che cerca di dissolvere le nubi per illuminare il nostro cammino. Con tutto quello che ho passato ieri e al risveglio stamattina con la fitta nevicata non credo ai miei occhi, mi commuovo perché sto vivendo un'altra meravigliosa emozione. Le montagne rimangono coperte dai nuvoloni ma proseguiamo la salita con qualche dolorosa caduta sulle ginocchia e la neve sempre più alta. Infine eccoci arrivati davanti al lago e alle torri del Paine, il sole cerca di placare la bufera di neve e dopo una mezz'oretta di attesa e speranza ci riesce, regalandoci la vista delle vette. Urliamo dalla gioia, l'entusiasmo è davvero immenso.

Al ritorno mi attende una lunga camminata di sei ore con continue variazioni delle condizioni atmosferiche, ma con dei panorami stupendi. Volando sulle ali dell'euforia ascolto Eddie Vedder e a tratti mi fermo per respirare a fondo quella sana aria della Patagonia cilena. A fondo valle, dove la vegetazione ritrova il suo verde naturale, incontro vari esemplari di volatili della regione oltre a un gruppo di lama, liberi nel parco. Osservo un incantevole lago color celeste pallido e lo sfondo sempre bianco delle montagne cilene. Dopo tutto quello che ho visto in quest'anno ho ancora la capacità di sapermi emozionare come un bambino davanti alla bellezza semplice della natura e degli animali, felice di essere ciò che sono perché non esiste nulla di peggio di un essere umano che non è in grado di provare emozioni vitali.

PAGELLINO CILE

- Trasporti pubblici: **9**
- Cucina locale: **6,5**
- Ospitalità della gente: **7**
- Costo della vita per uno straniero: **6**
- Sicurezza donne: **8**
- MEDIA Cile: **7,3**

CILE

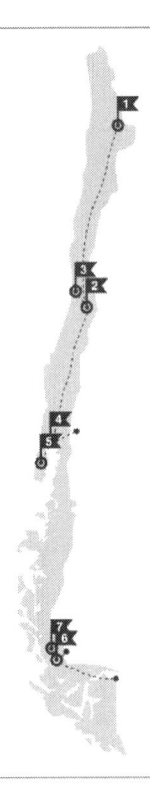

1. San Pedro de Atacama
2. Santiago del Cile
3. Valparaíso
4. Santiago del Cile
5. Puerto Montt
6. Castro
7. Puerto Montt
8. Puerto Natales
9. Torres del Paine
10. Puerto Natales

Argentina (2)

27-10-2012 *Arrivo a Ushuaia*

Questo è un giorno che non dimenticherò mai in tutta la mia vita. Un altro sogno che si avvera ed è proprio il modo in cui l'ho raggiunto che lo rende ancora più speciale. Sì, perché quattro mesi fa ero nel punto più settentrionale del Sudamerica e oggi, dopo oltre 20 000 km in pullman, ho raggiunto il punto più a sud, la Tierra del Fuego e Ushuaia, la favolosa cittadina che conobbi attraverso i racconti di Chatwin quando ero adolescente. Quando ho visto il cartello che segnalava la fine del mondo mi sono commosso un'altra volta ed ero saltellante dall'euforia, tanto che ho iniziato a urlare, incurante dei passanti.

Di primo mattino ho lasciato la gelida e ventosa Puerto Natales, dove sono stato costretto a riposare un giorno dopo l'esperienza di trekking perché non c'erano più mezzi disponibili verso la mia destinazione. Mai ero stato in una località balneare così fredda, il vento che arriva dalle montagne innevate attorno era talmente insopportabile che mi sono rifugiato nello spartano ostello. Sembrava un container perché era tutto in lamiera, in ogni caso la signora che lo gestiva era simpatica e accogliente. Così sono salito su uno dei vari bus. Primo cambio all'incrocio con la strada che arriva da Punta Arenas, poi ho attraversato lo spettacolare Stretto di Magellano dove il mare agitato manifestava tutta la sua immensa energia. Sono sbarcato sull'affascinante Tierra del Fuego, altro sogno di una vita. All'inizio il paesaggio era monotono, come la steppa che caratterizza buona parte della Patagonia. Ho attraversato l'ennesima frontiera tra Cile e Argentina ed ecco improvvisamente un'infinità di pecore e vacche sparse nelle immense praterie. Cartelli sottolineano la sovranità argentina sulle isole Malvine, che sarebbero le inglesi Falkland. Alcuni piccoli giacimenti petroliferi, poi il nuovo cambio pullman a Rio Grande, cittadina settentrionale della regione situata sull'Atlantico.

Ultimo viaggio verso il sogno Ushuaia. A circa 150 km dalla meta si iniziano a vedere alberi secchi e senza foglie, dalle forme "stregate". Al suolo un cimitero di alberi che proseguirà fino a destinazione, a evidenziare la primitività di quest'area. Poi arrivano i boschi e gli alberi mostrano anche un po' di vivo verde. Laghi immensi, corsi d'acqua ghiacciati e impetuose montagne come sfondo. Attraversiamo l'innevato passo di Garibaldi per poi riscendere verso la costa. Ma ormai siamo circondati da stupende montagne e selvaggi boschi. Poi eccola, la fine del mondo. Una cittadina portuale con una grande area commerciale per container e diverse costosissime imbarcazioni turistiche che navigano la zona fino all'Antartide. Le montagne sono alle spalle e il cielo è grigio e scuro perché sono le nove di sera, ma ancora non è notte. La luna piena è bassa da sembrare parte della nostra terra, illumina i sogni di noi viaggiatori e approfitta di una piccolissima parte di cielo non ancora contaminata dalle nuvole. Che sensazione di libertà, ragazzi.

29-10-2012 *Parco Nazionale Terra del Fuoco*
Obiettivo: la fine della statale 3 argentina nella fine del mondo. Voglio raggiungere la fine della strada che percorre tutta la costa argentina fino al parco nazionale della Tierra del Fuego. Così eccomi qui nel parco davanti al principio del sentiero che in una ventina di chilometri dovrebbe portarmi al mio traguardo. Il cielo è grigio e cade una leggera pioggerellina, purtroppo ha piovuto tutta la notte scorsa e infatti la prima parte del sentiero, 8 km che si estendono tra costa e bosco, sono quasi impraticabili. Ci sono varie pozze d'acqua e un'infinita distesa di fango mischiato a radici e tronchi spezzati e umidi. È facilissimo scivolare soprattutto nei tratti in discesa, così mi trovo con il sedere a terra per ben due volte. La seconda volta è stato terribile, sono caduto con tutto il peso del corpo sulla rotula contro un grande tronco in una pozza fangosa. Un bel misto di distrazione e sfortuna che mi hanno fatto avvertire un dolore estremo, che non provavo da tantissimo tempo. Subito ho avuto paura di essermi fatto male, rendendomi conto di essere a metà percorso e quindi a ben quattro chilometri dalla strada. Attorno a me nel bosco non vedevo anima viva da quando ero partito. Mi alzo e zoppico vistosamente siccome non riesco a piegare la gamba, ma provo a stringere i denti e a proseguire sia perché non ho altra scelta sia perché voglio tenere il ginocchio caldo per riuscire a muoverlo più facilmente. Da quel momento inizia un tratto davvero difficile perché con il ginocchio infortunato è ancora più complicato camminare su quella fanghiglia. Il bosco mantiene comunque il suo fascino primitivo, anche qui vari tronchi spezzati o interi alberi crollati con ancora la radice alla base gli donano un aspetto affascinante e la costa mostra alcune silenziose e pacifiche spiagge di pietra con caratteristici uccelli

acquatici patagonici.

Arrivo al termine del bosco e trovo una strada piana dove riesco a camminare con meno difficoltà. Il ginocchio è caldo e a tratti riesco a sopportare meglio il dolore, non sarà questo a fermarmi dal raggiungere la fine della statale 3. Attraverso una parte di arcipelago tra piccole isole, fiumi e lagune sempre in compagnia di vari volatili. Incontro due conigli neri e mentre cammino assorto nei miei pensieri ecco un animale a due metri da me, lo osservo ed è una volpe. Rimango impressionato perché non ne avevo mai vista una così da vicino, sta mangiando qualcosa incurante della mia presenza. Sono animali protetti che vivono in sintonia con l'uomo. Proseguo attraverso il bosco e arrivo a un fiume che ha cambiato il suo corso per la presenza dei castori che hanno creato una diga con i rami degli alberi per raccogliere cibo. Furono introdotti una cinquantina di anni fa e in poco tempo si sono diffusi nell'area avendo un grosso impatto sull'ecosistema.

Dopo 20 km circa, zoppicante, ecco che arrivo alla fine della strada! Una soddisfazione particolare vedere il cartello che simboleggia il mio ennesimo traguardo raggiunto. Incontro un altro viaggiatore solitario proveniente dagli Stati Uniti. Ha vissuto in Alaska tre mesi e ne approfitto per informarmi bene su uno dei miei prossimi sogni. In ogni caso ci ritroviamo nuovamente verso sera in un pub irlandese assieme a un mio compagno di camerata argentino a brindare alla fine del mondo.

31-10-2012 *Argentina, la forza eolica travolgente della Patagonia (pubblicato su Greenews.info)*

Proseguendo il mio giro del mondo senza aerei ho raggiunto recentemente l'Argentina. Con il mezzo più "sostenibile" che esista qui, il pullman, ho viaggiato per l'immensa e remota regione patagonica rimanendo travolto dalla sua straordinaria forza eolica. I mezzi hanno difficoltà a circolare su lunghe e strette statali nel mezzo della steppa, con continue impressionati raffiche di vento che destabilizzano anche i camion. La costanza e potenza di questa risorsa rinnovabile ha concentrato l'attenzione di investitori locali e stranieri per realizzare enormi parchi eolici. La Patagonia è una meravigliosa regione che gode di panorami favolosi nell'area andina, ma tra una meta e l'altra della costa vi sono centinaia di chilometri di nulla. Distese di prati secchi e nient'altro, i lunghi viaggi sono di una noia mortale.

Il governo argentino ha deciso di sfruttare quest'area per sviluppare progetti eolici a lungo termine. Quest'anno è stato terminato l'ampliamento del parco di Rawson che ha raggiunto una potenza di 80 MW. Con un investimento di 174 milioni di dollari, in cinque mesi di lavoro a piena potenza ha portato al sistema energetico nazionale 100 000 megawattora creando un risparmio da importazione di combustibili di 25 milioni di dollari e una riduzione di 48 000 tonnellate di emissioni di diossido di carbonio nell'atmosfera. A dieci chilometri da Madryn stanno iniziando i lavori per un nuovo progetto di dimensioni maggiori di quasi tre volte, con una potenza di 220 MW e composto di 119 generatori, che diventerà uno dei più vasti del Sudamerica.

Il clima del centro-nord argentino gode di lunghe giornate solari e rare giornate di pioggia, non a caso si produce dell'ottimo vino soprattutto nei dintorni della città di Mendoza. A poche centinaia di chilometri a nord, nei pressi di San Juan, è stato installato il primo parco fotovoltaico nazionale, denominato Canada Honda, con una potenza di 5 MW a partire dall'aprile scorso, ma che dovrebbe raggiungere i 20 MW nel 2013 convertendosi nel parco solare più grande dell'America Latina. Ma rispetto ai loro vicini cileni, gli argentini possono e devono fare molto di più per sfruttare questa immensa risorsa. La diffusione delle energie rinnovabili ha avuto un'accelerazione nel paese negli ultimi tre anni, grazie agli incentivi statali denominati GENREN. Nel luglio del 2010 sono stati realizzati trentadue progetti suddivisi tra dodici compagnie per un totale di 895 MW, di cui 750 di energia eolica. Ma i finanziamenti per le energie rinnovabili hanno incontrato difficoltà derivanti ancora dalla crisi economica del 2001. Oggi l'Argentina si trova infatti in una nuova e difficile situazione economica e il governo non è ancora del tutto convinto di prorogare gli incentivi statali. Una titubanza (nota a noi Italiani) che ha un inevitabile e drastico effetto sugli investitori.

D'altro canto il paese deve risolvere differenti problemi ambientali tra cui i principali sono legati alla sfrenata deforestazione e alla gestione dei rifiuti. Nel 1914 sono stati registrati 105 milioni di ettari di foresta argentina, mentre oggi si è scesi a una stima che si aggira tra i 30 e i 45 milioni. La principale causa pare sia la stessa che sta distruggendo una buona parte dell'Amazzonia, ovvero la sfrenata coltivazione di soia per sfamare immensi allevamenti intensivi. Per quanto riguarda la gestione dei rifiuti, invece, Buenos Aires ad esempio è stata recentemente invasa dalla propria spazzatura per una settimana, per via di uno sciopero dovuto alle tensioni tra il governo e il sindacato delle compagnie che si incaricano della raccolta rifiuti. Pare sia necessario aumentare la capacità delle aree di raccolta perché le 6000 tonnellate quotidiane di rifiuti prodotti nella capitale hanno raggiunto il massimo della copertura. Inoltre la maggior parte dei cittadini non pratica la raccolta differenziata, limitandosi a scaricare la spazzatura per strada e lasciando il compito ai cartoneros. Un fenomeno che si è sviluppato in seguito alla crisi economica, che ha lasciato troppe persone senza lavoro e in condizioni di estrema povertà. I cartoneros, come i catadores brasiliani, si occupano di rovistare tra i rifiuti alla ricerca di materiale da riciclare che consegneranno, ricevendo una modesta ricompensa, a cooperative specializzate.

Nonostante sia un paese sviluppato, l'Argentina dà l'impressione di essere nel caos, per via della sua complessa situazione economica, politica e sociale. Una situazione che non aiuta a garantire alla sostenibilità ambientale l'attenzione che meriterebbe. Il governo difficilmente sosterrà a lungo i progetti delle energie rinnovabili, nonostante l'indipendenza energetica possa essere decisiva per l'economia del paese.

02-11-2012 *Viaggi e pensieri*
Negli ultimi quattro giorni ho percorso più di 3000 chilometri con una sola sosta notturna a Rio Gallegos, squallida e triste cittadina portuale nel sud della Patagonia. Poi da lì quarantadue ore di viaggio in pullman, due notti e quasi tre giorni. Il momento saliente è stato la tappa di un'ora nella stazione di Trelew in cui c'è stata la sostituzione del mezzo e ho conosciuto due loquaci sessantenni argentini incuriositi dalle bandiere sul mio zaino. Prendevano il mio stesso mezzo, e uno di loro, che era sulla sedia a rotelle, mi ha chiesto di portarlo in braccio al suo sedile. Mi sono sentito grato di aver avuto la possibilità di aiutarlo. Continuava a ridere mentre lo trasportavo. Per il resto del viaggio, ho osservato il paesaggio, riflettuto su questi mesi e sulla mia "missione". Questo è il pensiero che ho maturato poco prima di raggiungere la capitale federale argentina, Buenos Aires: un saluto a tutti voi che mi seguite e un ringraziamento speciale per tutti i meravigliosi messaggi che mi avete scritto fino a ora. Ci tenevo a scrivere due parole per spiegarvi i reali motivi che mi hanno spinto ad aprire il mio blog e questa pagina. Non ho mai preso come un lavoro ma come un profondo piacere la condivisione

della mia più grande passione. Ciò a cui ho dedicato ben quattro anni e mezzo della mia vita e non so ancora quanti ne dedicherò, perché la mia vera esperienza di viaggio è iniziata diversi anni fa. Ho fatto questa scelta che ha comportato tante rinunce, molti di voi vedono solo la superficie di tutto ciò, ovvero le foto e la mia immensa felicità, ma una vita del genere ti porta lontano da ciò che ami di più come la famiglia e gli amici, ti porta a essere spesso solo e non sempre è facile gestire certe situazioni. Ma in ogni caso ci si abitua e quando si è felici tutto diventa possibile. Ho deciso di condividere questa mia esperienza e ho cercato di attirare l'attenzione su di essa perché dopo vari anni di viaggi mi rendevo conto che nel mio paese c'è tanta gente che, anche se ne ha le possibilità, ha paura di uscire di casa. Ha paura del mondo che c'è qui fuori perché non lo conosce e purtroppo i quotidiani o i telegiornali si limitano a raccontare fatti di cronaca nera o di criminalità sui paesi esteri perché alla fine sono quelli che attirano di più l'attenzione. Inevitabilmente ci si fa un'idea negativa che non rappresenta la vera realtà di queste nazioni. In ogni paese del mondo purtroppo esistono persone violente, soprattutto a casa nostra, ma se ci si sa comportare si può godere solo del lato positivo della gente locale. Attraverso i miei scritti e le mie foto vorrei farvi rendere conto che qui fuori ci sono luoghi di una bellezza straordinaria ma soprattutto gente meravigliosa. Esseri umani prima di ogni bandiera, che se vengono trattati con rispetto e amore vi consegneranno il loro cuore. Ho voluto creare un'informazione alternativa a riviste e giornali per mandare un messaggio positivo, perché davvero credo che ce ne sia tanto bisogno. Viaggiare è una delle migliori esperienze che un essere umano possa affrontare perché ti apre la mente verso orizzonti sconosciuti e ti fa capire quanto sia piccola la tua città confronto al mondo intero. Il mio vero obiettivo è che molti di voi possano trovare ispirazione per fare una scelta simile o semplicemente per non limitarsi ai pregiudizi negativi sullo straniero e sui continenti sconosciuti. Le persone malvagie che hanno potere sui popoli cercano di dividerci attraverso fazioni politiche, religiose o razziste. Un popolo diviso è più facile da controllare, noi dobbiamo unirci dimenticando tutto ciò, coltivando una profonda tolleranza sulla quale si può costruire una base solida per un futuro migliore. Spero di essere riuscito nel mio intento, in ogni caso continuerò su questa strada. Infinitamente grazie ancora a tutti quelli che mi seguono e sostengono.

04-11-2012 *La domenica di Buenos Aires*

Nel pieno della primavera, a Buenos Aires, è scoppiata l'estate. Le temperature si aggirano sui trenta gradi e un caldo sole trasmette una carica frizzante. Approfittando delle condizioni atmosferiche favorevoli, decido di scoprire la domenica passeggiando tra le vie della capitale argentina. Prima tappa è la famosa piazza 25 Mayo, fulcro di varie attività musicali e di manifestazioni quotidiane. Risalgo la scalinata della metro e non ho neanche il tempo di terminarla che sento della musica provenire dalla piazza. È il primo di una lunga serie di eventi sparsi per la città per celebrare gruppi residenziali di Buenos Aires. Ci sono ballerini con vestiti tradizionali che ballano allegramente su un palco nel bel mezzo di una strada. Noto un accampamento su un prato della piazza, mi avvicino curioso e mi accorgo che è in corso lo sciopero della fame di alcuni soldati che sostengono di essere reduci dalla guerra nelle Falkland (Malvinas per gli argentini). Chiedono al governo di essere riconosciuti come eroi di guerra, anche se non hanno partecipato alle battaglie vere e proprie. Questa inutile guerra persa ha lasciato un'immensa ferita aperta in Argentina, vari sono i monumenti dedicati a manifestare la sovranità sulle isole nonostante siano considerate inglesi dalla maggior parte della comunità internazionale. Dopo aver scatenato la decisa e violenta reazione militare inglese, spinta dal primo ministro di allora Margaret Thatcher, ora cercano di cambiare l'opinione internazionale per conquistare le isole.

Mi dirigo verso l'affascinante quartiere San Telmo, passeggio in una lunga e piccola via traboccante di bancarelle di artigiani e artisti. Tra la folla domenicale cerco di districarmi fermandomi a ogni angolo in cui una banda musicale intrattiene la gente. Argentini e brasiliani scaldano l'atmosfera sonorizzandola con balli passionali, un'allegra onda di energia sudamericana invade quest'area della città. Arrivo in piazza Dorrego e ho la fortuna di assistere alla feria che ogni domenica, dal 1970, anno in cui un architetto la fondò, ravviva la piazza con quasi trecento stand che si animano tra costumi e maschere, quasi fosse un teatro. Tutti i proprietari degli stand sono truccati, chi da uomo ragno, chi da marinaio, o con caratteristici vestiti tradizionali di mezzo secolo fa. Alcuni vendono oggetti di antiquariato, altri chiedono mance a chi voglia far loro una foto o apprezzi il loro lavoro. Mi lascio trasportare dalle scene che osservo curioso, e quasi mi sembra di essere in un'altra epoca, poi mi fermo davanti ad alcuni ballerini di tango per rimanerne incantato alcuni minuti. Quanta passione e dedizione in questo ballo, a giorni andrò a provarlo in un esclusivo locale della città.

Prossima tappa: il quartiere La Boca, che raggiungo proseguendo sulla stessa via che ho imboccato dalla piazza 25 Mayo. Noto lo stadio della Bombonera in lontananza, locali e case dei tifosi del Boca Juniors dipinti di giallo e blu. Attraverso alcune strade semideserte dove incontro solo poche famiglie sedute su delle sedie sul marciapiede che trascorrono la domenica in compagnia a bere mate, un'infusione preparata con le foglie dell'omonima pianta sudamericana. Scopro una faccia più povera e trasandata della città, ammiro i numerosi graffiti poi un gruppo di uomini, che brindano a torso nudo tra fiumi di birra locale Quilmes, si accorge della mia presenza e da lontano mi dice qualcosa. Non capisco che cosa mi stanno dicendo, ma non hanno un aspetto amichevole, così proseguo facendo finta di nulla e fortunatamente non mi seguono. Finalmente trovo la parte più suggestiva del quartiere e dopo aver attraversato una strada riqualificata artisticamente con bizzarri graffiti arrivo in una chiassosa via di locali con numerosi ballerini di tango e nuovamente la folla domenicale. Anche qui vari artisti di strada ravvivano l'atmosfera e non si contano le immagini di Diego Armando Maradona.

Al ritorno decido di camminare lungo una via più grande e passo sotto alcuni portici incontrando persone che vivono per strada con improvvisate "case", fatte di carrelli pieni di oggetti e materassi. Il più curioso è un senzatetto sdraiato sul materasso con un sorriso smagliante e la compagnia di una decina di cani. Ritrovo il quartiere di San Telmo e decido di godere di un altro tuffo tra le bancarelle della via Defensa. Sono alla ricerca di un libro e trovo ispirazione con Paulo Coelho, con un racconto intitolato *Il pellegrino*.

06-11-2012 *Ambasciata e tango*

Dopo i devastanti e interminabili spostamenti nell'immensa Patagonia, in cui ho percorso 7000 chilometri sul pullman in poco più di due settimane, Buenos Aires mi sta coccolando e rigenerando tra il calore della sua gente, le lezioni quotidiane di tango, la compagnia e l'ospitalità di amici. Per la prima volta in 400 giorni non mi sento uno straniero e per le sue strade, che alternano atmosfere sudamericane ed europee, avverto una particolare familiarità. Sono quasi spaesato a rivedere amici e a stare in una casa con una stanza tutta per me. Ritrovando una realtà simile a quella che ho lasciato in Italia, mi sto rendendo conto di quanto sono cambiato da quando sono partito. Sto ricaricando le pile per affrontare al meglio i prossimi e ultimi mesi di questa straordinaria esperienza. Mi rendo conto che ho assorbito una valanga di esperienze e ho bisogno di fermarmi per un po' a metabolizzare tutto quello che ho vissuto scrivendo un libro, per poi tornare a viaggiare più assetato di prima.

In questi giorni ho avuto a che fare con il consolato italiano per la richiesta di un nuovo passaporto. Dopo un primo, frustrante e vano tentativo con il servizio telefonico e telematico, sono rimasto piacevolmente sorpreso dall'organizzazione e dalla gentilezza dei funzionari italiani. Ora dipendo dalla questura di Torino che deve fare una delega per permettermi di ricevere il nuovo passaporto. La tempistica è indefinita, dovrò aspettare qualche giorno o forse un mese, non si sa, in ogni caso ho sottolineato la richiesta d'urgenza per motivi di viaggio. Per il resto sto scoprendo una nuova passione per il ballo latinoamericano e dopo aver provato la salsa in Colombia sto prendendo lezioni intensive di tango. Sono particolarmente attratto dalla sua passionalità e mi piace il ballo di coppia. Ho trovato una sala da ballo dove danno economiche lezioni di gruppo, siamo più o meno una cinquantina tra uomini e donne, ben assortiti per il ballo di coppia. Inoltre mi sto interessando alla situazione politica del paese e fra due giorni è prevista una grande manifestazione di protesta contro il governo di Cristina Kirchner. Protesta di carattere sociale legata soprattutto alla sicurezza che i cittadini argentini richiedono a gran voce, continuamente scossi dai troppi episodi di violenza e criminalità.

Oggi ho deciso di isolarmi dal caos e dallo smog del traffico cittadino e passeggio tra i numerosi parchi, scoprendo così un profumato e incantevole paradiso chiamato Rosedal. Un curatissimo giardino con varie aiuole di vari esemplari di rose coloratissime. Nonostante l'eccessivo calore di questa improvvisa estate, 33 gradi e 70% umidità, incontro tanta gente che corre o pratica attività sportive.

Riflessione: scrivere, ballare, suonare, dipingere o fare l'amore sono arti che richiedono una buona base di esperienza, ma vi porteranno al sublime solo se praticate da un'anima in grado di spegnere la mente per esaltare il cuore. Un'anima che sappia spezzare le sottili e invisibili catene che la mente produce, attraverso i limiti creati dalla paura e dall'abitudine, per tuffarsi verso l'ignoto, guidata soltanto dall'intuizione e dalla passione.

08-11-2012 *Manifestazione 8N*
8 novembre. Impressionante manifestazione in tutte le principali piazze argentine contro il governo dell'attuale presidente Cristina Kirchner. L'onda del dissenso si è propagata anche in paesi esteri dove risiedono argentini. Una forma di protesta, chiamata cacerolazo, che si manifesta con il rumore causato da pentole, padelle o altri utensili domestici. Nella piazza dell'Obelisco a Buenos Aires e nelle vie limitrofe, un fiume immenso di manifestanti ha invaso la città protestando contro la possibilità di una riforma costituzionale che permetta alla Kirchner un terzo mandato consecutivo. Altri temi di critica sono l'insicurezza, l'inflazione e la corruzione che dilaga tra i politici del governo. Il movimento di massa è stato denominato 8N e rimarrà nella storia dell'Argentina come una delle manifestazioni più impressionanti di sempre. Il paese è sempre più diviso in due, perché dall'altra parte i sostenitori della Kirchner affermano che è stata appositamente creata una cattiva propaganda nei confronti di Cristina proprio perché avrebbe pestato i piedi ai poteri alti del FMI. In ogni caso, complimenti agli argentini perché sanno passare dalle parole all'azione, sicuramente un esempio per noi italiani.

10-11-2012 *Il richiamo dello zaino*
Dati alla mano, negli ultimi 400 giorni ho percorso 64 000 chilometri, una media di 160 al giorno. Inevitabilmente tanti spostamenti portano via energie e a volte si avverte la necessità di fermarsi alcuni giorni di più in un luogo. Si sente che è arrivato il momento di prendersi una pausa, di riposare e rilassarsi. Ma poi, dopo neanche una settimana, osservi lo zaino messo da parte, ti appare triste e sconsolato, così senti la mancanza dei pullman e degli incontri inaspettati, e la tua anima torna ad avere fame di cultura e umanità. Non credo sia possibile vivere troppo a lungo in continuo spostamento, ma so che è nella natura dell'uomo fin dai tempi primitivi percorrere larghe distanze. Forse solo per motivi di caccia o per cercare un clima migliore, ma esiste per certo una relazione tra il movimento e la psicologia umana. Perché questa necessità di camminare tra le foreste o le montagne? Perché l'esigenza di correre dietro a una palla

o in un parco? Il movimento cura l'anima, la sfama e sazia. Non siamo stati creati per stare rinchiusi intere giornate nello stesso ufficio, bar o fabbrica. La natura dell'uomo è sempre stata quella di essere in movimento negli spazi aperti, ma la nostra società ha altre priorità. L'unico suo obiettivo è lo spietato sviluppo che non guarda in faccia nessuno. Ci fanno credere che sia indispensabile per avere una vita migliore e più confortevole, ma la verità è che lo sviluppo porta solo malessere e depressione perché non mira realmente alla salute degli esseri umani. È un meccanismo senza freni che non troverà mai un limite o un appagamento, noi saremo sempre più schiavi di tutto ciò. Quando arrivo in un paese sviluppato e osservo la sua gente noto solo persone stressate e insoddisfatte che vanno sempre di fretta. Non hanno tempo per stare con i loro figli, con gli amici, o per dedicarsi alle proprie passioni tra cui il ballo, il canto o la musica. Ma se non si ha tempo per questi fondamentali piaceri, che senso ha il sistema sociale in cui viviamo? Perché nei paesi del terzo mondo ho incontrato sorrisi smaglianti che mai avevo visto nelle espressioni delle persone con cui sono cresciuto? Certo mi direte che ognuno ha le sue problematiche, in quei paesi muoiono anche di fame o non hanno cure per alcune malattie. Noi almeno da mangiare ce l'abbiamo e i farmaci ci sono, ma non vi siete mai chiesti qual è la principale causa di diverse malattie tumorali o cardiovascolari? La nostra alimentazione. Le industrie alimentari e farmaceutiche stanno avvelenando l'umanità.

12-11-2012 *Si riparte*
Finalmente si torna sulla strada, l'unico luogo che sa darmi un'armonia divina. Ho visto una Buenos Aires completamente nel caos, che in parte mi ricorda l'Italia. In poco più di una settimana si è passati da un'improvvisa estate con temperature attorno ai 35 gradi e con l'80 % di umidità alla fresca primavera con una media di 18 gradi. Il cambio è arrivato con una tormenta che ha paralizzato la città per alcune ore, tra allagamenti e corti circuiti. E poi il caos dell'impressionante manifestazione contro la Kirchner, simbolo di una crisi politica che sta condizionando la vita degli argentini. Delicatissimo parlare con loro di politica in questo momento, alcuni matrimoni finiscono per queste ragioni. La sfida tra la presidente e il fondo monetario sta condizionando pesantemente la situazione del paese, vedremo cosa succederà nei prossimi mesi.

Riguardo a me è nata una nuova passione, il tango. È stato un vero piacere iniziare a muovere i primi passi in questa calorosa città. Naturalmente ho terminato le lezioni "innamorandomi" della mia insegnante, una bellissima e sorridente argentina. Sarà la passionalità di questo ballo, ma ho avuto un colpo di fulmine travolgente. Peccato che quando gliel'ho detto non avrei comunque avuto il tempo di conoscerla perché sarei partito dopo due giorni durante i quali lei avrebbe lavorato fino a sera tardi. Mi ha invitato per un caffè, quando tornerò, e se tornerò. Dipende dal passaporto, a una settimana dalla richiesta d'urgenza ancora non ho avuto notizie e non posso più aspettare a lungo. Entro due settimane lascerò il paese diretto in Brasile. Intanto sono da poco risalito su un pullman e dopo quasi dieci giorni di astinenza avevo scordato la sensazione di relax che sa regalarmi. Mi sono subito addormentato per poi risvegliarmi e pensare alle mie nipotine che mi mancano parecchio. Così ho scritto questo pensiero, pensando a loro e a tutti i meravigliosi bimbi che ho incontrato in questo viaggio: non permettete mai a nessuno di opprimere il bimbo che c'è in voi, ma rendetelo vostro compagno per tutta la vita. Coltivate la sua vitale curiosità e proteggete la sua pura innocenza dall'avidità degli adulti. I bambini non hanno bandiera e non fanno distinzioni per il colore della pelle, perché quando guardano un essere umano negli occhi hanno la sensibilità per osservarne l'anima. Per questo assorbono gli stati d'animo dei genitori. Per quanto essi provino a nascondere i loro malumori, i bambini sanno benissimo che cosa sta succedendo. Non meritano le colpe dei grandi, non hanno deciso di nascere. I genitori devono trasmettere loro solo il meglio della vita, abbandonando il proprio ego, e spronandoli a sviluppare ciò che di buono hanno dentro. Hanno dei poteri straordinari perché con la loro fantasia e spontaneità sanno trasformare in un arcobaleno anche la più grigia delle giornate. Noi adulti abbiamo tanto da imparare da loro, ma basterebbe mantenere vivo il nostro bimbo interiore. Nell'adolescenza veniamo travolti dalle problematiche dei grandi, ci viene chiesto di diventare seri e perdiamo quell'energia infantile. La serietà è una delle peggiori malattie degli adulti. Essere uomini non vuol dire essere seri. Rispettateli, proteggeteli e amateli perché i bambini sono il più grande tesoro dell'umanità. Fate in modo di non perdere mai questa ricchezza.

14-11-2012 *Le cantine di Mendoza*

Quinto produttore mondiale, l'Argentina conobbe il vino nel XVI secolo grazie ai preti dei colonizzatori spagnoli, che piantarono i primi vitigni da cui ricavare il vino necessario per celebrare la messa. La vera tradizione e produzione nacquero circa duecento anni fa, quando arrivarono immigrati francesi e italiani che portarono nuove tecniche di coltivazione e nuovi tipi di uve soprattutto francesi, anche se una delle primissime uve utilizzate era l'italiana Bonarda. Il mercato ebbe uno sviluppo particolare nel 1885 con la costruzione della ferrovia che creò una logistica rapida e impeccabile per trasportare il vino negli oltre mille chilometri che separavano Mendoza, l'area di maggiore produzione del paese, con Buenos Aires. I vigneti di maggiore successo e qualità utilizzavano uve Malbec, Cabernet, Pinot, Merlot e Chardonnay. Le condizioni terrene e climatiche nelle vicinanze delle Ande sono ideali, con lunghe ore di sole che non a caso creano vini di alta gradazione alcolica e di qualità.

Approfittando dell'ennesima splendida giornata di sole primaverile, mi dirigo verso la campagna del Maipu, a solo una quindicina di chilometri da Mendoza, in una delle più antiche e migliori regioni produttrici di vino. Su suggerimento del gestore dell'ostello, prendo un pullman che mi trasporta nella cittadina di Coquimbito dove affitto una bici con cui percorrere il tragitto che unisce le innumerevoli cantine della regione. Percorro il primo tratto abbastanza trafficato per poi deviare in una suggestiva stradina che si sviluppa tra verdi vitigni che mi regalano una piacevole sensazione familiare, ricordandomi il mio amato Piemonte, anche se questo paesaggio non è minimamente comparabile alla straordinaria bellezza delle Langhe. Alcuni chilometri e raggiungo la principale cantina nelle vicinanze, la Trapiche. Mi rendo conto che mi ha seguito un austriaco sulla quarantina che ha affittato la bici nel mio stesso posto, sembra simpatico e si aggrega a me. Iniziamo un giro illustrativo delle tecniche di coltivazione e di fermentazione. Prima di entrare nelle cantine osserviamo delle vecchie rotaie ferroviarie che univano direttamente la cantina con la linea diretta alla capitale a dimostrare la perfetta logistica di cui godevano un centinaio di anni fa. Infine ecco il momento migliore, una degustazione di un Sauvignon Blanc, di un Malbec 70% e Cabernet Franc 30%, per finire con un Carbernet Sauvignon 90%, Malbec 7% e Merlot 3%. Sono tutti di gradazioni alcoliche tra i 14 e 15 gradi, ed eleggiamo il secondo come il migliore. Naturalmente da bravo italiano chiedo un secondo giro.

Si torna in sella ma si è fatta l'ora di pranzo, così raggiungiamo un rustico bar immerso nei campi che serve una buona birra artigianale e delle empanada (fagottini di pasta ripieni di carne o verdure). Un pranzo veloce per dirigermi nuovamente verso altre cantine, pedalando tra favolose distese di vitigni e respirando sana aria di campagna a parte la visita a una cantina cilena, è la prima volta che mi trovo in un paesaggio simile alla campagna della regione in cui sono cresciuto. Dopo alcuni chilometri ecco finalmente una serie di cantine una a fianco all'altra che ci permettono rapide degustazioni con assaggi di Malbec, Cabernet Sauvignon, Merlot e Shyraz. I dialoghi tra me e l'austriaco diventano sempre più frizzanti e deliranti, a evidenziare il nostro alto tasso alcolico. Lui ha fatto un corso da sommelier e continua a ripetermi quanto ama l'Italia, sostenendo che il Piemonte è la regione più completa e varia tra vino e cibo. Quasi mi trasmette un po' di nostalgia, ma non posso che dargli ragione sul fatto che il nostro paese sia straordinario per infiniti motivi.

Ormai si sono quasi fatte le sette di sera e sono più di otto ore che beviamo, le cantine sono tutte chiuse così iniziamo una pericolosa gara di ritorno su un percorso di una decina di chilometri tra auto, pullman e lavori in corso. Agli occhi stupiti dei passanti sembravano due pazzi, ma almeno sono riuscito a portare a casa una vittoria alcolica e ciclistica oltre a nuovi odori e profumi. In alto i calici, ragazzi, perché il vino è la medicina dell'anima.

17-11-2012 *Sabato notte a Cordoba*

Prima capitale d'Argentina e attuale seconda città più grande del paese, signore e signori eccomi a Cordoba. Arrivo verso sera dopo dodici ore di viaggio da Mendoza, un po' provato per essermi svegliato alle 5 del mattino, ma l'atmosfera calorosa e accogliente dell'ostello Turning Point mi trasmette subito voglia di fare festa. È sabato sera ed è tanto tempo che non mi diverto un po'. Nell'ostello lavorano ragazzi ecuadoriani, venezuelani, colombiani e argentini. Luis, un colombiano, è l'anima della festa e si occupa di accompagnare chi lo desidera nella notte di Cordoba.

Il preserata si svolge nell'ostello e sono in compagnia di una ragazza olandese e di una bellissima ecuadoriana amica della ragazza, che lavora alla reception. Dopo oltre 400 giorni di astinenza dalla vodka stasera decido di lasciarmi andare, preso dall'energia sudamericana del momento. Con Luis ci scoliamo una bottiglia prima di uscire, e nell'attesa mi dà una lezione di salsa. C'è allegria nel gruppo e usciamo noi quattro diretti al Maria Maria, una discoteca in cui si inizia con un concerto rock dal vivo per poi scatenarsi sulla dancefloor con l'elettronica. Gli spiriti sono bollenti, ballo assieme a Meli e mi piace tantissimo. Nella discoteca mi accorgo che quasi il 90 % delle persone sono ragazze e ne rimango naturalmente entusiasta. In Italia è spesso il contrario, sempre troppi uomini e pochissime donne che vengono molestate. I bicchieri di vodka liscia non si contano, non ero così ubriaco da tanto tempo e mi sto divertendo troppo, anche per la dolce compagnia.

Amo lo spirito sudamericano, amo l'energia della sua gente, ma soprattutto la loro calorosa accoglienza di cui credo di non riuscire più a farne e a meno.

24-11-2012 *Rigenerante stop a Cordoba*

In tutta la mia vita sono sempre stato alla ricerca di esperienze estreme che potessero regalarmi emozioni vitali o che mi permettessero di trovare una via di fuga dalla logorante monotonia. Una leggera, ma onnipresente, forma di irrequietezza, causata dalla società materialista in cui sono cresciuto, non mi permetteva di godere appieno della semplicità e spesso ho intrapreso strade anche buie o rischiose pur di rendere le mie giornate o notti intense con esperienze particolari. Ora quella stessa straordinaria intensità riesco a coglierla anche nelle situazioni semplici e ciò mi crea un'immensa serenità mai provata e neanche immaginata. Arrivato a Cordoba una settimana fa, ho incontrato l'accogliente e allegra atmosfera sudamericana che mi sta cullando da quando sono entrato in questo favoloso continente. Mi sono fermato perché voglio avere il tempo di permettere a questa grandiosa esperienza latinoamericana di entrare nelle mie vene in modo da poterla portare nella mia anima per il resto della vita.

Nell'ostello che mi ospita mi sono subito sentito a casa. Il giorno dopo ho deciso di fermarmi a lavorare in questa piacevole realtà. La città di per sé non è nient'altro che l'ennesima metropoli argentina dove si può osservare il drastico contrasto creato dalla crisi economica del 2001. Da una parte c'è ricchezza, dall'altra numerosi senzatetto che vivono in condizioni estreme sui marciapiedi. Tuttavia Cordoba è un fulcro universitario che trabocca di eventi musicali, culturali e artistici per giovani proveniente da tutto il continente. Luis, il mio collega e amico colombiano, è sempre informato sui migliori eventi e si occupa di accompagnare i viaggiatori stranieri in giro per la città, quando non lavoro mi aggrego volentieri a lui. Mi piace lavorare alla reception dell'ostello e, dopo oltre 400 giorni che dormo negli ostelli di sedici paesi differenti, sono felice di accogliere con il sorriso ragazzi con cui condivido la mia passione più grande, il viaggio. Proprio per la mia esperienza so cosa vuol dire essere accolti bene dopo lunghe e faticose ore in pullman. Inoltre sto cercando di dare idee nuove al proprietario dell'ostello per migliorarne l'attività. Ieri gli ho dato alcuni suggerimenti per la cucina e poi mi sono occupato di montare uno scaffale per creare ulteriore spazio. Una gentile ballerina e amica ecuadoriana mi dà lezioni gratuite di salsa, sto cercando di imparare a suonare l'armonica da autodidatta e do lezioni di kick-boxing a una mia collega, anche lei ecuadoriana. Ho tanta energia da dare e ricevere, questo è il posto giusto e il momento giusto per farlo.

Sono straordinariamente felice proprio grazie a questo vitale e inaspettato piacere nella semplicità che ho sempre desiderato di incontrare. Sono partito con un grande sogno chiamato " giro del mondo senza aerei", ma ora dopo oltre 65 000 chilometri percorsi ho raggiunto uno stato d'animo così favoloso che mi rendo conto di aver trovato molto più di quello di quello che potevo sognare. All'improvviso non sento più nessuna ambizione attrarmi particolarmente perché chiedere alla vita di meglio di ciò che ho in questo momento non credo sia possibile, ma neanche ne sento il bisogno. Mi sento come un veliero che dopo lunghi viaggi ha deciso di ammainare le vele per lasciarsi trasportare dalle onde. Non ho la minima idea di dove sto andando, ma il presente mi sta regalando soddisfazioni umane e pratiche di cui la mia anima aveva tanto bisogno, quasi come ossigeno. Voglio continuare a farmi trasportare dagli eventi concentrandomi solo sul vivere al meglio le mie giornate senza dover sentire il bisogno di cercare esperienze estreme per stare bene, senza essere dipendente da nulla per trovare serenità. Riuscendo a mantenere accesa questa calorosa fiamma di vita che mi sta scaldando l'anima.

Vi aspetto al Turning Point di Cordoba, almeno finché il richiamo dello zaino diventerà irresistibile.

01-12-2012 *Eventi ed esplorazione*
Cordoba è una città che pulsa di energia propria, ricca di eventi di ogni

genere. C'è sempre qualcosa da fare e ogni giornata acquisisce un gusto particolare. In questi giorni ho assistito al Jazz festival, alla Tattoo convention e a spettacoli folkloristici nel parco Sarmiento, dove ogni sera si ritrovano giovani provenienti da tutto il mondo o per praticare attività sportive o per ballare e suonare. Questa città mi sta dando tanto sotto ogni aspetto, anche quello umano per via delle amicizie che sto facendo. Ho pure scoperto che è gemellata con Torino, che ha una fabbrica Fiat e che uno dei piatti tipici è la bagna caoda. Non credo al caso e se mi sono fermato qui è perché devo aver avvertito qualcosa di familiare, dopo tanto tempo lontano da casa.

Per chi volesse trovare un po' di pace dalle sfrenate dinamiche della metropoli ci sono fiumi, laghi e monti a una o più ore di distanza facilmente raggiungibili con i pullman. Pochi giorni fa ho raggiunto in giornata un piccolo eden immerso tra verdi colline e dopo aver camminato qualche chilometro ho trovato una spiaggetta tra le rocce sulle rive di un fresco fiume. Ero accompagnato da due cani randagi incontrati lungo il cammino, ma di essere umani non ho visto neanche l'ombra. Per ore ho nuotato e mi sono rilassato ascoltando il canto degli uccelli. Vivendo in un ostello era tempo che non provavo una piacevole sensazione di solitudine immerso nella natura. Il clima della Sierra di Cordoba è l'ideale perché presenta giornate calde e notti fresche, l'aria era limpida perché la strada era distante da quel paradiso. Arrivato a Cuesta Blanca ero alla ricerca di una spiaggia che chiamano Playa de los hippies, ma sinceramente ho preferito trovare uno spazio tutto per me. Per riflettere e formulare profondi pensieri sulla vita come questo: la più immensa ricchezza di un uomo non deriva dal denaro ma dall'esperienza. Gli ostacoli della vita e il viaggio sono poderosi strumenti per sviluppare questa eccezionale dote. Beati quelli che hanno conosciuto e superato le più dolorose pene della vita perché sono in grado di riconoscere l'assoluto valore della felicità. Beati quelli che possono viaggiare perché valicano gli apparenti confini delle loro case per cogliere lo straordinario significato della vita.

05-12-2012 *Viaggiare in economia*

Molti di voi sono interessati alla questione economica sollevata dall'affrontare un viaggio come il mio. Capisco che questo sia un limite reale, perciò vi do alcune dritte o informazioni nella speranza che qualcuno in un modo o nell'altro possa trovare una via per partire. Se venite in continenti come l'Asia o il Sudamerica per avere la camera singola con l'aria condizionata, la televisione satellitare e la doccia calda come a casa vostra, per viaggiare solo su pullman turistici o aerei con l'aria condizionata e tutte le comodità necessarie, per esplorare alcune meraviglie della natura esclusivamente con guide o tour organizzati oppure per mangiare cibi europei in ristoranti turistici posso assicurarvi che avete bisogno di un bel po' di grana per un viaggio del genere. Tutte comodità che possono capitare durante un viaggio ma che non per forza devono essere la normalità.

Viaggiare può voler dire anche alzare il pollice a bordo strada e trovare un passaggio gratuito, prendere un mezzo pubblico scomodissimo come fanno tutti i giorni le persone locali, dormire nei pullman, nelle stazioni o nelle spartane guesthouse cinesi con il bagno comune con la doccia fredda, mangiare nei chioschi a bordo strada assaggiando il gustosissimo cibo asiatico o sudamericano per 1 euro. Inoltre viaggiare non significa non lavorare, ci sono diversi paesi in Asia e in Sudamerica che offrono lavoro agli stranieri soprattutto negli ostelli e nei ristoranti degli itinerari turistici o in barche che cercano giovani ragazzi volenterosi che lavorino come mozzi. Per non parlare dell'Australia, un paese dove è facilissimo per uno straniero (possibilmente sotto i trentuno anni) trovare lavoro pure sotto contratto per almeno un anno – e si guadagna parecchio.

È scontato dire che partire con un buon conto in banca aiuta, ma non limitatevi a pensare che sia l'unica possibilità, ho conosciuto tanti ragazzi che viaggiano nel modo più economico possibile e non hanno un soldo da parte. Per darvi dei dati, in otto mesi di Asia ho speso circa 4000 euro che rappresentano, bene o male, la liquidazione dei miei tre anni di lavoro in ufficio. Non mi sembra una cifra assurda e se non volete lavorare viaggiando allora lavorate per un po' di anni stando a casa della vostra famiglia d'origine, evitando un affitto da pagare, rinunciando alla macchina, alla moto o a mettere su famiglia. Oltre a una questione economica, si tratta anche di una questione di scelte. Se veramente amate viaggiare una soluzione si può trovare, non bisogna per forza andare dall'altra parte del mondo pagando viaggi aerei costosissimi, si può iniziare dalla vicina Europa trovando uno di quei lavori che la gente del posto non ha più voglia di fare ma che vi permetterà di mettere due soldi da parte, imparare una nuova lingua e fare nuovi progetti di viaggio. A vent'anni non avevo un soldo da parte, sono partito per Tarifa, nel sud della Spagna, alla ricerca di lavoro senza esperienze e senza sapere la lingua spagnola. L'unica soluzione è stata iniziare a lavorare in una pizzeria dodici ore al giorno in due turni, senza un giorno libero alla settimana, per la misera paga di 3 euro all'ora. Poi da cosa nasce cosa, e sono riuscito a trovare di meglio.

In questo viaggio ho trovato due fonti di guadagno, una è legata al lavoro per Greenews su cui scrivo articoli, l'altra al lavoro di cui mi occupavo in Italia, ovvero il fotovoltaico, che sono riuscito a convertire grazie a vari programmi su Internet. Esistono lavori che si possono gestire da liberi professionisti in viaggio, oppure si trova lavoro strada facendo. Ma certo che una base di risparmi, liquidazione o altro aiuta. In bocca al lupo!

07-12-2012 *Vivere in un ostello*

Vivere in un ostello significa condividere molte situazioni quotidiane con gente di ogni paese. Dalla camera alla cucina, dalla televisione a una birra, per finire con la storia della propria vita. Consapevoli di essere solo di passaggio, i viaggiatori si aprono come raramente fanno a casa loro e sono più spontanei e naturali. Personaggi stravaganti di tutte le età ti arricchiscono di esperienze uniche da cui trovare ispirazione o semplicemente da cui imparare a conoscere meglio l'essenza dell'essere umano. Confrontarti ogni giorno con persone diverse ti aiuta a sviluppare riflessioni o pensieri sulla tua vita. Questi sono tutti lati positivi che si vivono di giorno, e a volte anche di notte, perché si sa che le persone mostrano i loro lati più oscuri dopo il tramonto.

Per ragioni di sicurezza la maggior parte dei turni che faccio sono da mezzanotte alle otto del mattino. Apro la porta e controllo chi entra, servo da bere ai clienti verificando sempre che il tasso alcolico non porti a degenerare più di tanto, e se capita devo intervenire. Fino a ora le situazioni più curiose le ho vissute in questo turno. Potrei raccontarvi di un'anziana sonnambula argentina che alle 5 del mattino, quando faccio fatica a tenere gli occhi aperti e cerco di approfittare del divano vuoto, si presenta da me con alcuni fogli su cui ha appuntato una cinquantina di nazioni diverse di cui vuole avere indicazioni di viaggio.

Oppure di una ragazza argentina e musulmana che in questi giorni è stata cliente dell'ostello in attesa di andare in Egitto e poi negli Emirati Arabi, per la prima volta dalla sua famiglia di origine. Di giorno entrava con il velo, a volte accompagnata dal padre, e di notte si lasciava andare a fiumi di birra e feste nelle discoteche di Cordoba. Una delle sue ultime notti è arrivata completamente sbronza e vagava per l'ostello indossando solamente reggiseno e tanga, mettendomi spesso in situazioni complesse. Anche perché faceva un eccessivo rumore e dovevo riprenderla per permettere agli altri clienti di dormire. Quando vivevo in Pakistan ero abituato a non poter neanche parlare con una donna musulmana, chissà come se la passerà negli Emirati Arabi.

Poi ci sono gli israeliani che in questi mesi mi hanno sorpreso soprattutto per due motivi. Il primo è che sono il popolo che viaggia di più in assoluto, nonostante siano solo in otto milioni di abitanti sono quelli che ho incontrato di più in viaggio. In Israele è obbligatorio il servizio militare che dura tre lunghi anni, così dopo questo duro periodo la maggior parte dei giovani parte per il mondo alla ricerca di emozioni forti. Il secondo motivo è la festa eccessiva che fanno alcuni, soprattutto chiassosa e condita da sostanze stupefacenti. Ma non bisogna generalizzare perché ho incontrato molti altri israeliani interessati più alla cultura che visitavano che alla festa e con cui ho condiviso piacevolmente il viaggio. La scorsa notte a un gruppo di sei ho dato da bere fino alle cinque del mattino mentre sonorizzavano il salotto con musica trance. Tre volte ho dovuto spiegare loro che per parlarsi a un metro di distanza possono anche non urlare, poi se ne sono resi conto.

Infine ecco la storia di un bizzarro argentino con un cognome per niente casuale, il signor Malizia. Entra nell'ostello con una donna e mi chiede un letto in una camerata con sei persone. Lo accompagno alla stanza e quando nota che ci sono anche delle ragazze mi chiede se abbiamo una camerata con solo uomini. Inizio a insospettirmi e gli dico che le camerate sono tutte miste. Quando la situazione appare più chiara gli spiego che forse una stanza privata fa al caso suo e lo convinco a spendere qualcosa di più.

Sto attraversando una fase di viaggio ben diversa dalla solita. Ora sono gli altri quelli che se ne vanno, ma mi fa piacere fermarmi per un periodo e rimanere comunque in contatto quotidianamente con stranieri in movimento. È come se stessi comunque viaggiando. Oltre ai viaggiatori sto legando con i miei colleghi sudamericani e stiamo creando una temporanea famiglia. Ma tranquilli che, anche se mi sono tatuato due nuove ancore, il richiamo dello zaino si fa sempre sentire. D'altronde la mia casa potrebbe essere ancora per molto la strada, questa tappa me ne sta dando un'ulteriore conferma perché mi trovo in una situazione in cui mi sento particolarmente bene ma dopo aver vissuto l'ultimo anno a una certa intensità so che il mondo ha ancora tanto da offrirmi.

12-12-2012 *Buenos Aires, passaporto e ingiustizia*
Ed eccomi nuovamente nella capitale per l'ultimo e vincente round per l'ottenimento del nuovo passaporto. Alla fine la delega della questura di Torino è stata concessa dopo una decina di giorni dalla mia richiesta. Il consolato italiano di Buenos Aires ha pensato di non contattarmi telefonicamente e neanche alla mail che avevo lasciato. Ho ricevuto un invito a prendere appuntamento per il ritiro del passaporto sulla seconda mail che per altre pratiche avevo comunicato mesi fa in Colombia. Così ho chiamato e mi hanno consigliato di presentarmi di primo mattino in ambasciata. Per settimane avevo chiamato il numero telefonico del funzionario che mi aveva ricevuto al primo appuntamento, ma mai si è degnato di rispondere nonostante fosse stato lui a darmi il suo numero e a invitarmi a chiamarlo. Ma tutto è bene quel che finisce bene, così oggi sono riuscito a ottenere il nuovo passaporto, il terzo di una vita straordinaria!

Tornato a Buenos Aires dopo averla lasciata nel caos di inizio novembre per le problematiche legate alla sua situazione socio-politico-economica, la ritrovo in una triste giornata di "ingiustizia". I giudici della corte federale hanno assolto dalle accuse tutti gli imputati del caso di Marita Veron. La ragazza era scomparsa dieci anni fa, rapita da persone che lavorano nel traffico di donne obbligate alla prostituzione. In tutti questi anni la madre non si è mai data per vinta e ha avviato indagini sulle tracce della figlia, infiltrandosi anche in quel mercato e salvando centinaia di vittime della tratta delle prostitute, grazie alla sua fondazione creata nel 2007. Oggi era la giornata della sentenza: dei giudici corrotti, nonostante le prove schiaccianti derivanti dalla testimonianza di altre ragazze che si prostituivano con la figlia, hanno assolto i tredici imputati lasciando nello scalpore il paese e la povera madre che ancora non si dà per vinta. In tutto questo la ragazza, in un primo momento, era stata ritrovata dalla polizia su una strada in abiti succinti e mandata a casa con un pullman, ma non ha mai raggiunto la sua abitazione. Probabilmente è stata riportata dai rapitori da poliziotti corrotti.

L'Argentina chiede giustizia e sicurezza, questa storia non è nient'altro che l'ennesimo scandalo. Oggi ci sarà una manifestazione nelle strade di Buenos Aires e in altre piazze di città argentine.

15-12-2012 *Essere di passaggio*
Viaggiare mi trasmette uno straordinario contatto con la vita. In questi mesi ho imparato davvero cosa vuol dire "essere di passaggio". Arrivare, conoscere e legare con qualcuno per poi salutarlo forse per sempre o forse in vista di un secondo incontro. Chi lo può sapere? Che cosa ci sarà dopo o cosa ci succederà? Così è anche la vita. Nasciamo e creiamo intensi rapporti umani per poi salutarci per sempre o forse per ritrovarci da qualche altra parte, sotto un'altra forma o dimensione. Dobbiamo sempre ricordarci che siamo di passaggio, che nessun istante è eterno. Vivere i rapporti umani importanti o i momenti speciali al massimo dell'intensità senza permettere a orgoglio, gelosia e invidia di contaminare ciò che è vitale per noi. Così di conseguenza non permetteremo a rimpianti e rancore di bussare alla nostra porta. Ma soprattutto dobbiamo abituarci a salutare persone care senza avere la certezza di ritrovarle, perché per quanto sia doloroso questo è lo straordinario viaggio chiamato vita. Reso ancora più ardente proprio grazie a queste incertezze. L'essere umano è in grado di adattarsi a tutto, si tratta solo di sfruttare il superbo potere della forza di volontà.

20-12-2012 *Evadere dalla routine*
Approfittando di alcuni giorni liberi dal lavoro ho deciso di esplorare l'area della Sierra attorno a Cordoba. Per evadere dall'inquinamento e dal caos della città ho raggiunto un piccolo e tranquillo villaggio immerso nel verde tra monti e fiumi, armato di un'armonica e di un libro. San Marcos Sierras è un paradiso dove vivono in armonia comunità hippy di artisti e artigiani con gli abitanti locali. La purezza dell'aria e il clima ideale attirano sempre più argentini e stranieri a trasferirsi qui nonostante l'area sia ancora poco abitata. Questo pacifico villaggio raccoglie solo poco più di un migliaio di abitanti, ma l'attrattiva turistica sono i due fiumi che scorrono nelle vicinanze.

Io e Luis, il cuoco colombiano dell'ostello in cui lavoro, siamo partiti con tenda e costume per trasferirci sulle rive del fiume omonimo che attraversa il villaggio. Lo abbiamo risalito camminando qualche chilometro, scoprendo pozze paradisiache dove nuotare e rinfrescarci dal gran caldo diurno. Le notti sono fresche, perfette per deliziose grigliate di verdure sotto un meraviglioso cielo stellato, finché non arrivano i temporali – puntualissimi in questi giorni. Ci hanno colto di sorpresa perché la tenda di Luis non ha il secondo strato di protezione dalla pioggia, così ci siamo un po' arrangiati ma quando si cerca avventura va bene tutto. Per via dell'abbondante acqua caduta nelle notti il fiume ogni giorno si innalza di quasi un metro e ieri, oltre a essere in piena, in alcuni tratti straripava. Per risalirlo, abbiamo camminato sulla superficie di un tunnel di cemento armato che trasporta una parte di acqua direttamente al villaggio. Purtroppo una volta costruito non ha ricevuto un servizio di manutenzione e in alcuni tratti il cemento si è frantumato creando pericolosissimi buchi con le barre di acciaio sporgenti. Ieri eravamo accompagnati da una coppia argentina e dalla figlia della donna che ha solo cinque anni. Arrivati a un tratto il cui l'acqua fangosa del fiume che era straripata non permetteva la visuale sul percorso, mi sono fatto avanti perché la coppia era timorosa per la bimba. Pochi metri e sento il vuoto sotto i miei piedi, casco in un buco dalle dimensioni di quasi un metro quadro, i miei piedi non sentono il fondo e rischio di fluire con l'acqua nel tunnel, rimanendoci intrappolato. Fortunatamente e istintivamente durante caduta ho allargato le braccia e così, con l'acqua alle spalle, mi sono aggrappato ai bordi. Uscendo dal buco mi sono accorto di avere una gamba ricoperta di sangue a causa di una ferita sullo stinco tatuato. Oltretutto ho preso un brutto colpo sul costato sinistro. Perdo molto sangue e sono lontanissimo da una strada o una clinica. Lego una maglietta attorno alla ferita e inizia il lungo e faticoso cammino verso l'unica piccola clinica del villaggio. La gentile infermiera mi cuce il taglio con tre punti mentre con gli altri ragazzi ci si rende conto che nel male è andata parecchio bene. Sia perché potevo fluire con l'acqua in quel tunnel senza via d'uscita e sia perché, se capitava alla bimba, probabilmente sarebbe finita peggio.

Stamattina all'alba mi sono incamminato verso la piazza principale accompagnato da un tenero cane randagio, che mi ha seguito ovunque per due giorni, e ho preso il primo pullman diretto a Cordoba. Torno per lavorare gli ultimi giorni perché è tempo di riassaporare la strada. Uno stop che è stato utilissimo per vari motivi. Questa giovane e viva città mi ha trasmesso tanto grazie ai suoi numerosi eventi culturali e musicali, ma anche sotto il piano umano grazie alla sua calorosa e ospitale gente. Tuttavia, come capita ovunque, dopo un certo periodo inevitabilmente ci si ritrova in una routine che in questo caso è stata enfatizzata dal gran caldo di questi giorni che non permetteva di fare particolari attività diurne. Siccome dovevo ricaricare le batterie, dopo continui e lunghi spostamenti, era proprio quello che cercavo per ritrovare lo stesso grande appetito di viaggio che avevo all'inizio di questa esperienza. La routine si sa che può essere letale perché porta a una vita malsana, il viaggio uccide la routine. Ho avuto un'ulteriore conferma che non esiste un paradiso in cui vorrei fermarmi a vivere, a meno che non ci sia una motivazione sentimentale. Ogni piccolo o grande paradiso ha qualcosa da offrirti, ma poi dopo il primo periodo di scoperta subentra la routine e arriva l'ora di cambiare aria. Mi sento sempre più vicino al pensiero dei nomadi che sentono questo bisogno di spostamento continuo perché il viaggio è uno straordinario stato mentale, non una meta.

23-12-2012 *Adios Cordoba*

Ultimo turno di lavoro terminato. Anche se ho lavorato solo poco più di un mese è sempre un piacere sapere che è l'ultimo giorno di lavoro. Non che non lavori più, ma il lavoro per Greenews e quello sul fotovoltaico mi rubano talmente poco tempo che quasi non li considero come degli impegni. Trascorro l'ultima serata con gli amici nel patio della cucina dove tre cantanti e chitarristi si esibiscono uno alla volta tra i nostri applausi, regalandomi vere emozioni. Non potevo immaginare di meglio per concludere quest'esperienza. Una semplice serata tra amici, buona musica, birra, marijuana e soprattutto buona onda. Sono queste le serate migliori, quelle che nascono per caso e senza fare chissà cosa, ci fanno divertire e condividere bei momenti. Con il problema alla gamba, infatti, non ho potuto organizzare nulla e così ho detto agli amici di fare un salto in ostello per salutarmi. Il caso ha voluto che fosse sabato, giorno in cui solitamente vengono due amici argentini del proprietario a suonare e cantare un po'. Inoltre un cliente dell'ostello è un simpatico argentino, anche lui con la passione della chitarra, soprattutto dei brani dei Nirvana. Uno più bravo dell'altro e per di più tutti fumatori di erba, l'ultimo inaspettato ingrediente che sognavo da qualche giorno.

Ed eccoci arrivati ai saluti e agli arrivederci, ma ormai ci sono abituato. Non sono diventato freddo, anzi questa vitale esperienza mi rende molto emotivo, mi piace pensare che un giorno rivedrò la meravigliosa gente che ho incontrato fino a ora. In questo momento più che altro nutro un favoloso e rigenerato entusiasmo verso il viaggio, quasi come se fosse il primo giorno. È bastato fermarsi un poco più del solito ed ecco questa sfrenata fame ritornare a viaggiare, vitale più che mai. All'arrivo all'affollatissima stazione dei pullman di Cordoba rimango affascinato nel riassaporare certe sensazioni e mi siedo sul pavimento a osservare la folla attorno a me. Sono felice, stanco per le poche ore di sonno e i fiumi di birra da smaltire, ma che piacere essere di nuovo qui. Mi aspettano ventotto ore di viaggio e duemila chilometri da percorrere e sono entusiasta perché la mia prossima destinazione sono le straordinarie cascate di Iguazù, fino a ora ho potuto ammirarle solo attraverso immagini. A giorni potrò godere della loro grandiosa energia direttamente con i miei occhi.

25-12-2012 *Uno straordinario Natale*
Puerto Iguazù non è nient'altro che l'ennesima cittadina turistica che si è sviluppata grazie al richiamo internazionale per la meraviglia della natura circostante. Mi ricorda Siem Reap perché vive solo di turismo e nelle sue strade non si contano le lunghe file di hotel, ristoranti, negozi e casinò. La città ha un clima quasi insopportabile, perché oltre ai 35 gradi il tasso di umidità supera il 60%, alzando così la percezione termica oltre i 40 gradi. Sceso dal pullman alla stazione, in pochi minuti mi sono ritrovato in una pozza di sudore che mi ha accompagnato per tutta la giornata. Ma tutto questo poco importa se penso al motivo per cui mi trovo in questo particolare luogo al confine con il Brasile. Oggi assisterò allo spettacolo delle 275 cascate del fiume Iguazù. L'altezza massima è di circa 80 metri, per una miriade di cascate che si estendono su una superficie lunga 2,7 chilometri, per finire nella straordinaria Garganta del Diablo (Gola del Diavolo), profonda 150 metri e lunga 700.

Così, con un grande entusiasmo, mi sveglio di prima mattina il giorno di Natale. Sono un po' preoccupato per i punti nella gamba che tirano quando la sforzo e per la decina di chilometri che dovrò affrontare, ma il richiamo delle cascate è irresistibile. Esco dall'ostello, vengo subito travolto dal calore tropicale e salgo sul primo pullman che in quaranta minuti mi porta all'entrata del parco nazionale. La statale è una dritta strada asfaltata costruita nel bel mezzo di una foresta che cresce prepotente ai suoi lati, tentando di riprendersela. I cartelli richiedono attenzione per via del possibile passaggio di animali selvatici, che troppo spesso ci lasciano la vita quando attraversano questa striscia di cemento. Entro nel parco e, felice di incontrare ancora poca gente, mi dirigo al sentiero verde che porta al treno per la Garganta del Diablo. Questo breve sentiero costruito nella foresta è tranquillo e rilassante, faccio i primi incontri con farfalle, volatili e procioni. Durante l'attesa di venti minuti per il treno, purtroppo, la folla cresce e mi rassegno alla compagnia natalizia. Ma non mi sto ancora rendendo conto di cosa mi aspetta e quando arrivo alla cascata più alta del fiume vengo travolto da brividi ed euforia. La prima sensazione è quella di urlare perché il mio corpo non è in grado di trattenere una tale straordinaria energia. Rimango affascinato e spaventato davanti all'immensa bellezza di tutte le cascate che compongono la Garganta del Diablo. Scoppio in lacrime di gioia per essere in sintonia con tutta l'acqua che vedo scorrere. Credo che un'emozione del genere la si possa comprendere solo con gli occhi, non con le parole.

Torno indietro percorrendo altri sentieri, fa un caldo estremo e la gamba infastidisce la mia camminata sulle ali dell'entusiasmo. Raggiungo un'isola che si affaccia su entrambe le sponde principali delle cascate. Mi sento così privilegiato per assistere alla cruda bellezza di madre natura che mi sembra di avere fatto l'amore con lei, oggi. Il Natale più emozionante della mia vita, che non scorderò mai, ma soprattutto tutta questa energia mi accompagnerà per il resto della mia esistenza perché chi ha visto Iguazù sa che il suo solo pensiero può sprigionare un sorriso smagliante.

PAGELLINO ARGENTINA

- ▶ Trasporti pubblici: 9
- ▶ Cucina locale: 7,5
- ▶ Ospitalità della gente: 7,5
- ▶ Costo della vita per uno straniero: 5,5
- ▶ Sicurezza donne: 7,5
- ▶ MEDIA Argentina: 7,4

ARGENTINA

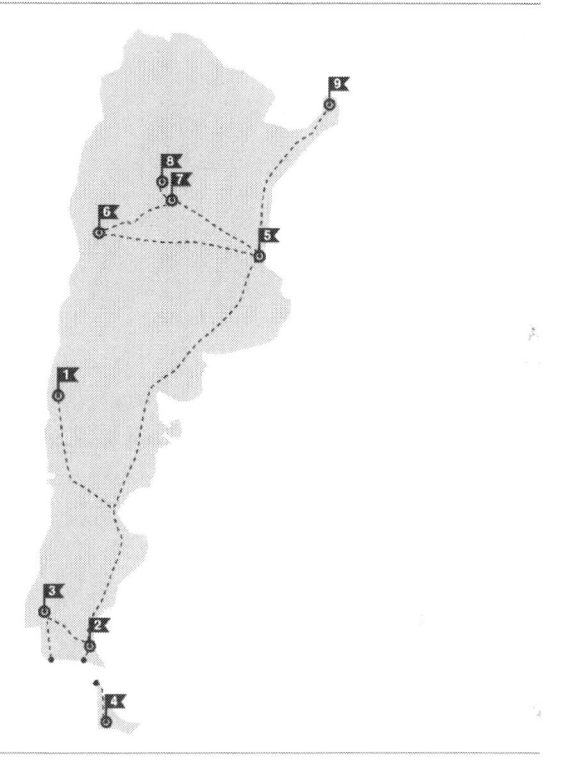

- 1. Bariloche
- 2. Rio Gallegos
- 3. El Calafate
- 4. Ushuaia
- 5. Buenos Aires
- 6. Mendoza
- 7. Cordoba
- 5. Buenos Aires
- 7. Cordoba
- 8. San Marcos
- 7. Cordoba
- 5. Buenos Aires
- 9. Iguazu

Brasile

27-12-2012 *Ingresso in Brasile*

Diciassettesima frontiera! Primo timbro sul nuovo e terzo passaporto! Finalmente eccomi in Brasile!

Alla frontiera l'ingresso nel paese è stato piuttosto veloce e semplice, da lì sono arrivato a Foz do Iguazù dove sono salito sul primo pullman diretto a San Paolo. Arrivo all'alba a destinazione dopo una nottata di poco sonno, durante la quale l'autista mi ha bruscamente svegliato alle 3 del mattino per chiedermi se c'era qualcuno nel posto accanto a me. Parlava un portoghese fluido e non solo non ho capito niente ma non ho avuto neanche il tempo di dirgli che poteva andare a quel paese per avermi svegliato per un motivo del genere. Osservo il groviglio di strade che si articola in questa caotica e inquinata città. Il traffico è impressionante, ma d'altronde tutta la metropoli conta circa venti milioni di abitanti, è la più grande città brasiliana. Uno dei centri economici del paese dove vive un misto di popolazioni internazionali, tra cui una significativa comunità giapponese. Ma anche noi italiani abbiamo una buona presenza qui e infatti si dice che la pizza di San Paolo è la più buona di tutto il Sudamerica. Noto un cartello che indica probabilmente un quartiere o una via chiamata "Ayrton Senna", che qui è venerato come un dio, dopo la sua morte gli hanno dedicato una parte della città in cui è nato. Sinceramente la prima sensazione che mi ha dato il Brasile è la voglia di evadere da qui, ma si sa che il meglio di questo paese non è certo in questa città.

Inizia la ricerca dell'ostello, che incontra un po' di difficoltà a causa dell'alta stagione. Vado avanti e indietro con la ben organizzata metro rendendomi sempre più conto delle immense dimensioni di San Paolo. Osservo gente di ogni tipo di carnagione, sembra davvero il centro del mondo. Fortunatamente dopo due ore di ricerca trovo una sistemazione, mi dicono di lasciare i bagagli e tornare dopo le due del pomeriggio. Incontro una coppia spagnola della Galizia che si trova nella mia stessa situazione, così iniziamo a conoscere la città assieme e ne approfitto per farmi dare da loro alcuni consigli sul Brasile, siccome vivono a Florianopolis. Visitiamo l'immensa cattedrale, e rimaniamo sbalorditi nell'incontrare all'interno un negozio che vende souvenir. È la prima volta che mi capita di vedere qualcosa di simile all'interno di un luogo di culto religioso, e lo trovo di cattivo gusto. Un signore con la tuta da meccanico lercia mi chiede di scattargli una foto con dietro le statue di due frati che hanno contribuito alla costruzione dell'edificio.

Ci indirizziamo verso il mercato municipale, mentre continuo ad avere conferma che questa città non mi piace proprio. Sporca, caotica e inquinata, con un'architettura grigia e trasandata. Attraverso una strada e assisto alla scena di un tizio che dal nulla si gira e sputa con gusto addosso a un vecchio che lo guarda perplesso. Le piazze sono colme di senzatetto, si avverte una forte povertà che sicuramente si sviluppa nelle aeree periferiche. Il mercato è una delusione perché speravo di trovare prodotti tipici brasiliani, mentre la maggior parte è di origine straniera, soprattutto italiana e spagnola. Sembra più che altro creato per i turisti e i prezzi sono salatissimi, del resto scopro che questa è la norma nel paese per frutta, cibo esportato e alcol. Inoltre è moderno e ordinato, sembra più un supermercato. Sicuramente ci sarà da qualche altra parte un vero mercato tipico, sporco di terra e traboccante di odori di Brasile, si tratta solo di scovarlo.

29-12-12 *Consigli di viaggio*

Ricevo quotidianamente meravigliosi messaggi da tanti di voi che mi seguono. Vi ringrazio calorosamente perché mi riempiono di gioia e mi danno un grande sostegno nella favola che sto vivendo. Altri mi scrivono per le loro curiosità di carattere generale intorno viaggio e mi scuso se a volte le mie riposte sono frettolose o poco esaurienti, ma cercate di comprendere che se dovessi rispondere accuratamente a tutti voi vivrei meno l'esperienza di viaggio. Inoltre, le domande che mi rivolgete sono talvolta di carattere personale ed è difficile rispondere in maniera chiara su Internet, e gli aggiornamenti del blog e della pagina facebook mi richiedono già parecchio tempo. In ogni caso sappiate che tutte le vostre curiosità sono fonte di ispirazione per il libro che sto scrivendo e posso assicurarvi che, se lo leggerete, troverete tutte le risposte di cui avete bisogno. Per il momento vi auguro un 2013 straordinario, come il 2012 che ho appena vissuto io, e mi limito a condividere con voi dieci consigli di viaggio frutto di tutte le meravigliose esperienze vissute lontano da casa. Spero che vi possano accompagnare nei vostri viaggi e regalare particolari emozioni.

Consigli di viaggio:

1. Armatevi del vostro miglior sorriso e donatelo a chiunque incontrate, anche a chi vi osserva diffidente. Scoprirete che superati i pregiudizi tutti hanno un cuore. Ma soprattutto siate sempre rispettosi con i popoli che vi ospitano e cercate il più possibile di parlare la loro lingua. Apprezzeranno tanto.

2. Non passate troppo tempo in musei e in giro per monumenti, ma condividete più tempo possibile con la gente locale cercando anche di viaggiare sui mezzi economici in cui viaggiano loro e di praticare le attività tradizionali che praticano giovani e vecchi. Andate nei bar, anche quelli fatiscenti dove si ritrovano i vecchi ubriaconi che hanno sempre qualcosa di interessante da raccontare. Oppure nei mercati, lì c'è molta più cultura e vita di quello che potete immaginare.

3. Nei lunghi viaggi ogni tanto un ristorante turistico può capitare, ma cercate di mangiare il più possibile nei ristoranti tipici del posto, senza farvi intimidire dalle condizioni di pulizia o dall'ambiente. Gli unici mal di pancia che ho avuto finora sono stati causati da ristoranti turistici in cui al cuoco viene richiesto di cucinare piatti stranieri a lui sconosciuti. Meglio chiedere cosa sanno cucinare sia per provare le specialità locali e sia perché sanno quali ingredienti usare. Attenti ai piatti troppo speziati anche se sono gustosissimi e assicuratevi sempre che l'acqua sia potabile. Per i vegetariani è molto dura, specialmente in Sudamerica.

4. Al di là del tempo che avete a disposizione, cercate di non programmare troppo e lasciare sempre uno spiraglio aperto per il fattore sorpresa o per il cambiamento di programma. Lasciatevi guidare dagli eventi e seguite i consigli della gente locale.

5. Non utilizzate la guida. Lo so che su una guida ci sono anche informazioni interessanti, ma potete trovarle su Internet. Per sapere della storia di un luogo o se avete bisogno del nome di un ostello esistono vari siti web dove trovate tutto quello di cui avete bisogno e che vi offrono suggerimenti di altri viaggiatori. Chiedete il più possibile alla gente del posto. La guida vi indica un circuito chiuso poco autentico e battuto da tutti i turisti, e soprattutto vi trasmetterà una serie di stupide paranoie che limiteranno la vostra esperienza. Certo che la guida facilita il viaggio ma a

volte è proprio bello trovarsi nell'imprevisto e imparare ad arrangiarsi. Inoltre la guida uccide l'effetto a sorpresa. Esistono comunque casi di paesi così differenti dal nostro, la cui grafia è indecifrabile, e posso capire che in questi frangenti la guida può essere ancora più utile. Se proprio non riuscite a farne a meno, utilizzatela con moderazione.

6. Il viaggio è da soli, poi lungo il cammino si incontrano altri viaggiatori con cui condividere alcuni giorni per poi tornare soli. Il viaggio non è solo la conoscenza di una cultura nuova, ma soprattutto è la conoscenza di noi stessi con altri occhi, lontani da casa e da tutti i condizionamenti sociali con cui siamo cresciuti. Tutte le difficoltà di viaggio permetteranno alla vostra anima di crescere e imparare in brevissimo tempo più di quello che avrete imparato in anni. Dovete mettervi alla prova ogni giorno con situazioni nuove e diverse, che svilupperanno il vostro senso di adattamento permettendovi di affrontare la vita con una corazza più resistente quando tornerete a casa.

7. Siate aperti con gli sconosciuti, ma comunque sempre attenti al metodo di approccio che hanno nei vostri confronti, soprattutto nei luoghi più turistici come le piazze principali delle grandi città. Una delle meraviglie di un viaggio è la conoscenza di gentilissime persone straniere, ma notandovi soli anche i malintenzionati saranno attratti da voi. Attenti a non permettere alla diffidenza di rovinarvi la possibilità di conoscere gente straordinaria, perché vi posso assicurare che ne ho incontrata davvero tanta.

8. Fate per conto vostro tutto quello che è possibile fare senza gruppi organizzati. Oltre a risparmiare, l'avventura di raggiungere un luogo arrangiandovi enfatizzerà l'entusiasmo quando avrete raggiunto il vostro obiettivo.

9. Muovetevi il più possibile con mezzi di fortuna, quelli che capitano sulla vostra strada a pagamento o anche no. I ricordi più belli di tutti questi spostamenti sono stati anche i più scomodi. Quando ti ritrovi a essere l'unico straniero nel cassone di un furgone ammassato con tanta gente locale scoprirai cosa vuol dire veramente essere accettato come uno di loro, e non visto soltanto come un turista da spennare.

10. Mantenete sempre alto l'entusiasmo soprattutto nelle complicazioni; quando non trovate un posto per dormire non fatevi problemi a stendere il vostro sacco a pelo su una panchina o in un prato. Quando c'è un guasto al pullman, scendete e partecipate all'intervento, potreste divertirvi. Ogni

difficoltà che vi si presenta accoglietela come qualcosa che doveva capitare e che vi porterà su una strada migliore. La legge dell'attrazione funziona soprattutto nel viaggio, siate dunque sempre positivi!

29-12-2012/03-01-2013 *Aho Festival*
Ormai siamo agli sgoccioli, questo stupendo 2012 sta volgendo al termine. È arrivata l'ora di concentrarsi esclusivamente sulla festa con cui celebrare l'ingresso a un altro anno di vita, il 2013. Raggiungo l'aeroporto dove è in arrivo Lorenzo, un mio amico dj conosciuto un anno fa a Goa in India, che sta venendo a lavorare a un festival psytrance su un'isola a sud di San Paolo. Mi ha invitato ad accompagnarlo regalandomi un'entrata gratuita. Giusto il tempo di incontrarlo e trovare l'autista incaricato di trasportarci al festival e siamo sulla strada. La macchina è una Fiat Vivace trasandata e l'autista è un basso, grasso e calvo brasiliano sulla quarantina che non dorme da giorni e si sforza di fare avanti e indietro tra aeroporto e festival. Dopo poco tira fuori un pacchetto di cocaina per giustificare le notti senza sonno.

Dopo varie ore arriviamo all'isola, il clima è umido e tropicale, mi ricorda l'Asia. Sull'isola c'è una fitta vegetazione e alcune strade sterrate ma per arrivare al festival si passa per l'unica strada che attraversa l'isola per intero, la spiaggia. Incredulo mi trovo a sfrecciare sulla sabbia tra altri mezzi come pullman e camion. Il cielo grigio minaccia pioggia e l'alta marea minaccia le auto che in alcuni punti devono attraversare dei corsi d'acqua creati dal mare. Circa sette chilometri e arriviamo a destinazione. La sistemazione per i dj dista due chilometri dal festival e consiste in piccolissime camerate da dieci mq con circa sei letti ciascuna, che quasi non permettono di muoversi considerando i bagagli. L'umidità è al limite del sopportabile e il bagno è lercio, ma va bene, io ormai sono abituato. Però Lorenzo che è venuto qui a lavorare e si porta dietro il computer per suonare avrebbe preferito una sistemazione migliore e privata. Senza rete telefonica né Internet ci troviamo "in trappola" per una settimana, dipendendo dall'unico ristorante dell'ostello. Almeno al mio arrivo trovo subito da fumare charas indiana e hashish marocchino, in queste feste c'è sempre gente che viaggia e la qualità non manca. Celebriamo il nostro arrivo con un cilone di charas, dopo ormai un anno senza!

Nei giorni seguenti ci si dedica alla festa e a conoscere tanti giovani provenienti da mezzo mondo. I brasiliani sono solari e sorridenti, mi trovo da subito in sintonia con loro. Conosco un altro simpatico dj italiano di nome Dario e anche lui viaggia continuamente per lavoro. Purtroppo la pioggia ci mette parecchio in difficoltà creando gigantesche pozze fangose a cui si cerca di rimediare con ruspe e camion per trasportare sabbia. Il 31 sera inizia con serie difficoltà perché la pioggia si trasforma in bufera proprio quando è in corso una pausa dalla musica e dobbiamo tornare al nostro ostello. I dj trovano un passaggio per non bagnare i computer, io assieme ad altri torno correndo sulla spiaggia bagnato fradicio, sotto l'effetto di una goccia di lsd che mi ha regalato un bizzarro argentino. Non ci rimane che scaldarci un po' con una bella cena, ma arrivati al ristorante riceviamo una notizia davvero sconfortante: il cibo è finito. Rimaniamo sbalorditi perché momentaneamente non abbiamo altre soluzioni e rimanere senza mangiare non è per niente piacevole.

Inizia una lunga lotta per rimediare qualcosa dalla cucina, la famiglia brasiliana che gestisce il ristorante si è trovata impreparata a tanta gente. Contemporaneamente si brinda con bottiglie di cachaca, un distillato di canna da zucchero locale. Naturalmente le droghe non mancano. Cocaina, lsd e mescalina le più gettonate, come d'altronde in qualsiasi festival. Noi intanto ci rendiamo conto di essere già sbronzi e l'unico cibo che troviamo sono delle ostriche. Da vegetariano faccio uno scarto alla regola perché scemo non sono e devo mangiare. Piano piano dal ristorante, dopo lunghe ore di attesa, arrivano anche riso e fagioli, e cachaca. Arriva la mezzanotte e si brinda alla grande, ci si abbraccia affettuosamente con tutta l'allegra famiglia del ristorante. Si corre in cucina, mica si può tralasciare la signora che ha cucinato per noi. Dal disastro questo capodanno si è trasformato in qualcosa di unico perché sto mangiando riso e fagioli, bevendo cachaca in compagnia di calorosa gente brasiliana, non potevo desiderare un capodanno più tipico in Brasile. Poi ci ritroviamo al tavolo io, Lorenzo, Dario e i due uomini di famiglia, ovvero il nonno e il padre. Tra portoghese e italiano iniziano lunghi, ignorantissimi e divertentissimi discorsi da uomini. Il padre continua a ripetere: «Fratelli per sempre».

Dopodiché si torna al festival, ci accompagnano i nostri amici locali e con grande piacere notiamo il cielo stellato ad accoglierci. La festa come potete immaginare era un epico delirio che non vi sto neanche a spiegare, anche perché non ne sarei capace per via di lsd e alcol. La musica era super per via anche di Lorenzo e Dario che sono molto apprezzati a livello internazionale e di strada ne stanno facendo. La dancefloor tremava ed emanava un'energia straordinaria. Ho conosciuto un'infinità di gente, i brasiliani sono proprio persone solari.

Nei giorni seguenti torna la pioggia e rimaniamo bloccati nell'ostello con le ultime scorte di cibo in attesa di trovare un passaggio verso la terraferma, che trovo l'ultimo giorno. Mi scaricano davanti alla fermata del pullman e inizia la difficile ricerca di un biglietto per uno dei due pullman giornalieri che vanno a San Paolo. La folla che va via dalla festa complica la situazione e dopo varie ore di attesa fortunatamente trovo un biglietto e torno in viaggio verso la mia destinazione. Arriverò nella notte, spero di trovare subito un mezzo per Rio de Janeiro, altrimenti dormirò in stazione. Strada dolce strada, bello riassaporarti.

05-01-2013 *Il ritmo di Rio*

Stravolto da giorni di festa e notte insonne in pullman ne approfitto per riposare un po' nella mia prima giornata nella favolosa Rio de Janeiro. Il fascino di questa città mi attrae particolarmente, ma per goderne al massimo devo ritrovare un po' di forze. All'arrivo in stazione ho conosciuto Juan, un sorridente peruviano ventiseienne che si è preso una vacanza dal suo lavoro come guida a Machu Picchu. Così decido di affrontare il bollente venerdì sera di Rio assieme a lui alla ricerca della samba. Mi sono sistemato nel quartiere di Lapa e senza farlo apposta mi trovo proprio al posto giusto. Mi bastano appena due passi dall'ostello e vengo travolto da un'onda di gente che cammina per le strade in festa. La maggior parte dei locali è sonorizzata da bande che suonano la samba dal vivo e negli angoli delle vie si trovano ballerini scatenati. L'atmosfera emana un'energia straordinaria, così entriamo nel primo locale dove bere alcune birre e osservare la prima banda. Juan mi racconta del cambiamento che ha visto nel suo paese negli ultimi dieci anni: «Una volta ci vestivano con la lana che ricavavamo dai nostri animali, ora i vestiti sono tutti sintetici. I bambini giocavano assieme all'aria aperta con giochi di ogni tipo anche i più semplici, ma grazie alla fantasia si divertivano e tornavano a casa nel tardo pomeriggio. Ora rimangono tutti chiusi in casa da chi ha un computer o dei videogiochi. Ai tempi si comunicava di più ed eravamo tutti più umani, ora c'è solo il cellulare e si comunica via messaggio», mi ricorda qualcosa, maledetto sviluppo.

Dopo vari brindisi e tanta allegria si torna nelle strade sempre più affollate e chiuse al traffico. Le case attorno sono affascinanti perché degradate e ricche di colori o graffiti. La samba rimbomba ovunque e siccome i locali sono piuttosto cari passeggiamo fino all'arco di Lapa, punto di ritrovo di vari chioschetti o venditori ambulanti. La specialità è la caipirinha o tutti gli alcolici a base di cachaca. C'è chi vende sigarette o chi gira con una bottiglia e dei bicchierini di chupito vendendo la bevuta. I promoter delle serate distribuiscono volantini da ogni parte e noi decidiamo di assaggiare una caipirinha al chiosco più illuminato dai neon. Neanche il tempo di terminare la bevanda che un forte rumore di percussioni richiama la nostra attenzione al di là della strada. Raggiungiamo la folla ed ecco una banda di scatenati e giganti tamburi. C'è chi canta e chi balla, l'allegria è travolgente. A un certo punto la banda invita la gente a seguirla nel magazzino che c'è alle sue spalle, che si trasforma così in un locale da ballo. Io e Juan iniziamo a saltare a ritmo di samba senza averla mai ballata. Cerchiamo di seguire i brasiliani davanti a noi ma io sinceramente sono distratto dalle bellissime ragazze intorno, ho sempre avuto un debole per le donne con la carnagione scura.

Evviva Rio, evviva il Brasile! Serata indimenticabile che ha prodotto in me questo pensiero sul ballo: il ballo è uno strumento straordinario per celebrare la vita, per permettere al tuo corpo di vibrare a ritmo di musica che sprigiona una gioia travolgente. Una connessione euforica tra due o più corpi, dove la porta d'accesso si cela dietro a un sorriso che vale più di mille parole. Un potentissimo mezzo di comunicazione che non conosce lingue o bandiere, si tratta solo seguire l'eco del suono nel vostro spirito, ovunque essa vi porti. Il ballo può non solo essere calorosamente condiviso, ma anche trasformarsi in un profondo viaggio introspettivo negli angoli più remoti della propria anima. Allora sprigionate tutta l'energia che c'è in voi, alzatevi e spogliatevi delle barriere dell'apparenza o dell'insicurezza. Ballate e danzate fino alla fine, sempre e comunque.

07-01-2013 *Energia prorompente*

L'esuberante fascino di Rio de Janeiro ti attrae già prima di arrivarci, perché è una delle città più conosciute al mondo. Fin dalla mia adolescenza ho provato a immaginare la spiaggia di Copacabana o il monte Corcovado da cui ammirare la metropoli da un punto panoramico straordinario. La mia idea di Rio si limitava a queste due suggestioni, ma arrivandoci ho scoperto che il suo vero fascino e ben più dirompente di quanto avessi immaginato. In sole poche ore, da quando mi sono ritrovato a ballare la samba per le strade di Lapa, mi ha completamente conquistato. È l'ennesima città sudamericana dai forti contrasti sociali, che si riassumono nelle favelas e nei grattacieli del centro. Ed è la storica capitale coloniale scelta dai portoghesi che ne fecero l'unica capitale europea non in Europa, quando l'esercito napoleonico minacciava il loro regno. Resistette fino al 1960 quando il presidente Kubitschek spostò la capitale nel centro del paese, a Brasilia, e Rio divenne una città stato per una decina di anni. Ora deve affrontare un'impressionante ondata di ricchezza derivante dai prossimi eventi che ospiterà, i mondiali di calcio del 2014 e le Olimpiadi del 2016.

Copacabana e Ipanema sono alcune delle spettacolari spiagge di morbida sabbia bianca che circondano la città. Spesso affollatissime che sembra di essere al centro del mondo per il misto di popoli stranieri e locali che risiedono nell'area metropolitana. Verso sera ballerini e musicisti sonorizzano e rallegrano il lungo mare, ma anche tanti altri quartieri tra cui quello in cui mi sono sistemato, Lapa. Il quartiere bohémien dall'architettura affascinante, perché degradata e al tempo stesso ricca di vivaci colori e graffiti, dove vivono artisti, musicisti e prostitute – soprattutto viados. Numerosi locali per ogni tipo di clientela e ceto sociale sparano musica brasiliana a tutto volume. Nella grande piazza nei pressi dell'arco ci pensano i chioschi, illuminati dai neon, a intrattenere la gente con gustose caipirinha. Le percussioni sono agli angoli delle strade ed è difficile trattenersi dal seguirne il ritmo, scatenandosi in frenetici balli che con il calore e l'umidità della città vi faranno sudare parecchio. Poco importa perché siamo in Brasile e ballare la samba è un dovere, soprattutto quando sorridenti brasiliane si offrono di insegnarvi i passi.

Il centro, oltre a fiumi di persone che si spostano da un ufficio all'altro in alti e moderni palazzi che lo circondano, mostra anche un teatro municipale di una bellezza unica. Senza contare le numerose piazze o le strette vie dove i profumi e i colori dei locali vi attirano. Oggi, mentre mi perdevo tra le sue vie assieme a un'amica, ho notato la statua del Cristo redentore sul monte Corcovado e ho deciso si raggiungerlo. Salito sul primo pullman sono arrivato alla base del monte da cui partono i mezzi per raggiungere la cima. Dopo ore di coda e calore, eccomi finalmente quassù con un panorama da favola a 360 gradi. Si vede anche il parco nazionale del Tijuca, il più vasto in un'area metropolitana: è il polmone verde di Rio, che gode anche del mare e di un lago. La statua del Cristo, alta trentotto metri, è impressionante e attira l'attenzione anche di fedeli di altre religioni. Ma il momento più emozionante della giornata lo vivo quando salgo su un taxi collettivo per scendere in città. L'autista è un simpaticissimo vecchio brasiliano con una voce rauca che guida a tutto gas, scatenando l'entusiasmo dei passeggeri. Decide di farci un regalo, ovvero di uscire dal solito percorso e di tagliare per una stradina che attraversa una favela, dove probabilmente è cresciuto. Si ferma a salutare amici dalla macchina, una serie di individui dalle facce un po' stordite che si scolano litri di birra. Ci salutano amichevolmente perché siamo con il loro amico, ma passassi da solo a piedi da queste parti non so se mi accoglierebbero allo stesso modo. Ci chiedono se vogliamo marijuana. Osservo i muri, tutti imbrattati di graffiti, ci sono montagne di rifiuti e strettissime scalinate dove i bambini giocano tra cavi elettrici pendolanti. Mi ricorda uno dei miei film preferiti, `La Città di Dio`. Un'estrema realtà che pulsa di vita.

09-01-2013 *Arte e filosofia carioca*

Sono giornate straordinarie a Rio e io non ho più parole per definire come mi sento, perché sono travolto da un'onda di euforia e felicità continua che mi regala questa città, ma anche dalla consapevolezza del fatto che sto vivendo una vita meravigliosa. Ho potuto ancora apprezzare altre facce incantevoli di Rio, tra cui il museo d'arte moderna, che nei suoi quadri e nell'arte brasiliana racchiude la passionale storia di questo paese. Ma il luogo che mi ha emozionato di più, arrivando anche a commuovermi, è la escadaria Selaron. Una favolosa scalinata in mosaico dove si racchiudono poesia, filosofia e arte in un mix che sa di vita e di mondo. Chiunque abbia lavorato alla creazione di tutto ciò è un genio e la bellezza della sua opera è qualcosa di "alieno". Sogno di vivere su questa scalinata di Rio, magari in un futuro lontano, quando sarò sazio di viaggi. Divertenti e profonde frasi filosofiche in portoghese, spagnolo, italiano e inglese. Immagini di vari incantevoli luoghi del mondo e di personaggi celebri. Sicuramente una tappa da non perdere in questa meravigliosa metropoli.

Per il resto la città è in trepida preparazione per l'avvicinarsi del carnevale, che si svolgerà tra un mese. Le scuole di samba sono affollate di ballerini e c'è già chi inizia a preparare il proprio bizzarro e allegro costume. Le strade sono spesso sonorizzate dalla musica tradizionale brasiliana e nessuno si lamenta, anzi aprono le finestre per ascoltare o ballare da casa. Esattamente il contrario di ciò che avviene nella mia città, Torino, dove per la protesta dei residenti diversi locali hanno chiuso o affrontano problematiche continue. Sinceramente penso che tutto ciò accada perché da noi, almeno al nord, manca una musica tradizionale profondamente mescolata alla nostra cultura, qualcosa che ci faccia sentire tutti parte di una stessa comunità. La musica che suonano i locali è soprattutto straniera e spesso non ha niente di melodico o allegro, per questo i residenti rifiutano ciò che reputano solo un "rumore". È nella natura della gente ballare o celebrare la vita con la musica, tutto questo non si potrà mai fermare. Tocca alle nostre generazioni a rimediare a questa grave mancanza della nostra cultura perché anche noi siamo latini come i sudamericani. Qui ogni paese ha il suo ballo o la sua musica tradizionale, mentre noi italiani soltanto al sud ce li abbiamo e se esistono non sono abbastanza diffusi o radicati per sonorizzare e rallegrare le nostre strade.

11-01-2013 *Il mio amico Goran*

Affronto un lungo viaggio di venti ore da Rio per arrivare a Porto Seguro, una cittadina marittima nello Stato di Bahia. Principale via di passaggio per raggiungere Arraial d'Ajuda da nord. Dalla stazione dei pullman ne trovo uno di linea che mi conduce al porto, dove partono i traghetti che attraversano un fiume arrivando all'estremo settentrionale della penisola. La vegetazione è tropicale, con frutta esotica gustosissima, c'è una lunga distesa di spiagge con sabbia dorata e morbida e una fauna ricca di volatili e granchi, che donano a questo luogo un aspetto paradisiaco. Molti gli stranieri giunti fin qui per fermarsi per sempre. Il centro del villaggio ha avuto uno sviluppo impressionante nell'ultimo decennio per via del turismo in espansione. Naturalmente sono molti gli italiani che hanno aperto ristoranti e che preparano buoni prodotti tipici del nostro paese, come la mozzarella e la focaccia.

Oggi vi parlo di un mio amico macedone, venuto in Brasile tre anni fa per uno dei festival psytrance più famosi e ambiti al mondo, Universo Parallelo, per poi innamorarsi di una graziosa brasiliana e stabilirsi definitivamente ad Arraial. Goran, dopo alcune difficoltà burocratiche legate al visto, ha sposato la sua compagna anche per risolvere questa situazione. Ora vivono felici in una meravigliosa villa rustica in affitto che era in stato di abbandono e che hanno risistemato. Lei ha un negozietto sulla spiaggia in cui vende artigianato o indumenti che ha comprato in Asia. Lui ha un chiosco nella piazza principale dove cucina panini e piadine preparati con le sue mani. I costi della vita per una persona del posto sono piuttosto bassi, la villa costa poco più di 200 euro al mese e al mercato municipale la frutta e la verdura sono davvero economiche.

Questa tranquilla realtà brasiliana mi attrae parecchio, d'altronde a vent'anni avevo il progetto di venire in un posto del genere e aprire un chiosco sulla spiaggia per vivere tranquillo e con poco. Qui il lavoro si vive in maniera decisamente differente da come lo viviamo in Italia, sicuramente in maniera meno stressante. Si apre il proprio negozietto quando se ne ha voglia o si ha bisogno di lavorare per vivere. In ogni caso non mi ci fermo perché per me non è assolutamente il momento giusto per farlo. Ora devo proseguire e conoscere luoghi e gente nuova, ma chissà in un futuro.

Riflessione del giorno: in viaggio si conoscono persone meravigliose, ma alcuni solitari momenti che condividi con la tua anima sono semplicemente divini.

14-01-2013 *Arraial d'Ajuda*

Arraial d'Ajuda era un villaggio di pescatori scoperto dagli hippy nel 1960, i quali crearono un movimento di stranieri che piano piano trasformarono il posto in una località di turismo internazionale. Una fetta di paradiso che nonostante il rapido sviluppo degli ultimi anni conserva bene le sue meravigliose spiagge. Hanno fermato la costruzione di locali sul lungo mare proprio perché all'improvviso ne hanno aperti troppi, e minacciavano tutta la costa. Alcuni organizzano feste che durano circa ventiquattr'ore, insomma senza sosta. Tuttavia camminando sul lungo mare si incontrano spiagge tranquille e silenziose. In alcuni punti si creano dei laghetti formati dall'intersezione tra fiumi e mare. L'alta marea inonda il lago innalzandone velocemente il livello e creando un meraviglioso scenario dove bagnarsi tra acqua blu e verde. Lagoa Azul è la spiaggia dove si trova il lago più grande e spettacolare. Il panorama non finisce di sorprendere tra le palme, il promontorio di terra rossa e il mare di varie sfumature di blu e celeste. Questo tratto di costa, chiamato "la costa della scoperta", è stato dichiarato patrimonio UNESCO perché è l'area in cui il navigatore portoghese Pedro Cabral sbarcò nel 1500 per conquistare terra per il suo regno. Dopo anni di devastazione la mata atlantica (la foresta di queste parti) conserva ancora uno dei livelli di biodiversità più alti al mondo e quando trascorro le ore nel giardino della casa di Goran ascolto suoni e osservo volatili di ogni genere.

Incuriosito dal movimento di italiani che si sono trasferiti da queste parti, li ho osservati rendendomi conto che molti di loro sono cocainomani. C'è chi suona nei locali, chi spaccia e chi ha il suo ristorante. Persone che dopo vari anni di dipendenza da questa sostanza in Italia hanno deciso di trasferirsi qui. Il motivo non è solo legato alla qualità ed economicità del prodotto, ma anche alla possibilità di vivere in una società dove è più tollerato. In Italia chi ha problemi di tossicodipendenza invece di essere aiutato viene emarginato dalla società e dalla famiglia. Basta sapere che una persona che fa uso di stupefacenti viene spesso catalogata come un criminale. I pregiudizi dilagano e nei casi in cui la persona interessata abbia una personalità fragile rischia di autodistruggersi a causa dell'odio e dell'intolleranza. Qui la tossicodipendenza è più accettata e chi si trova in questa situazione può comunque crearsi una vita più che dignitosa finché la sua dipendenza non va a danneggiare la vita altrui. Il bel clima e le leggi più tolleranti migliorano la qualità della vita, ma soprattutto la gente si interessa meno alle abitudini malsane degli altri. Insomma, ci si fa più gli affari propri – com'è giusto che sia.

16-01-2013 *L'esotica atmosfera di Salvador de Bahia*

Quando una cultura vivace come quella brasiliana, e un'altra ardente come quella africana, si incrociano in tragici eventi, come la tratta degli schiavi, ecco che nasce uno straordinario e passionale capolavoro di umanità trasmesso tramite l'arte e la musica, Salvador de Bahia.

Principale porto per la "tratta dei neri" nei tragici anni della schiavitù africana in Sudamerica, oggi conserva i segni del suo passato nelle abitudini e sui volti dei suoi abitanti. Circa l'80% della popolazione è di origine africana e le più caratteristiche tradizioni di questa affascinante città portuale sono anch'esse state tramandate dagli afrobrasiliani. Quando gli schiavi raggiungevano il nuovo continente, veniva vietato il culto della loro religione ed erano obbligati a seguire il cattolicesimo. Nacque così il candomblè, un misto di rituali africani e culti cristiani. Ai loro dei delle forze della natura associarono santi cattolici per ingannare i propri coloni. C'è poi l'allegra e vibrante musica che caratterizza Salvador, a ogni ora del giorno, chiamata pelourinho, di cui si possono sentire le percussioni sonorizzare questa esotica atmosfera. Agli schiavi era pure proibito praticare ogni tipo di lotta, così nelle piantagioni di zucchero inventarono la capoeira, una sorta di arte marziale mista a un ballo per confondere i coloni quando arrivavano e li osservavano praticarla. Svilupparono una grande abilità nell'uso dei piedi con calci acrobatici perché quando scappavano avevano le mani legate. Naturalmente questa lotta divenne un simbolo per la liberazione degli schiavi e a Salvador ci sono varie scuole. In qualche piazza si può incontrare un'esibizione sonorizzata dal berimbau, uno strumento a forma d'arco. Senza dimenticare la samba che nacque proprio qui nei primi anni del XX secolo, infatti alcuni famosi testi si riferiscono proprio al candomblè.

Stamattina decido di avventurarmi per la città senza avere la minima idea di dove andare, sento solo la voglia di conoscere meglio la quotidianità dei brasiliani. Così attraverso la stupenda Pelourinho osservando l'architettura portoghese del XVII e XVIII secolo tra immense chiese e vecchi palazzi coloniali. Le case colorate e le vie con il pavé regalano un fascino unico a questo luogo. Peccato che concentri tutte le masse di gruppi organizzati di turisti, provenienti anche da navi crociera, facendomi desiderare di evadere da queste vie. Così esco dal centro e mi avventuro a caso verso nuovi quartieri.

Ne attraverso subito uno ben più fatiscente e sporco, così cerco un vecchio bar trasandato dove poter bere un succo con i prezzi più economici della città, tra la gente locale. Ne trovo uno che fa al caso mio, entro attirando l'attenzione dei clienti, per la mia carnagione chiara, e ordino un succo all'ananas. Dopo alcuni minuti il mio sguardo incrocia un magro, baffuto e vecchio signore sulla settantina. Indossa dei pantaloni verdi, una camicia e un cappello nero con sopra degli occhiali da sole, oltre a quelli da vista ben posizionati sul naso. Sulle braccia ha due orologi e dei bracciali in argento, sul petto si intravede una catenina d'oro con l'immagine della Madonna. Gli sorrido e si avvicina a me, pure lui sorridente. Sembra felice e in mano ha due buste con delle foto. Mi racconta che la figlia, che vive in Francia perché sposata con un francese, gli ha mandato delle foto anche della nipote. Poi tira fuori altre foto davvero buffe, perché la figlia posa con un immenso body builder africano. In un'altra invece sembra posare con un transessuale, ma poi scopro che si tratta di una body builder davvero impressionante che deve avere parecchio esagerato con gli ormoni e ormai di femminile le rimane solo il seno rifatto. Partono le risate e mi prende in simpatia, tanto che decide di sedersi con me, vuole brindare, così mi ritrovo con una birra fresca gentilmente offerta. Si aggregano a noi altri due clienti del bar, uno è un grasso uomo sulla quarantina che vende collane e l'altro è un camionista che fa consegne di cibo.

Dopo qualche ora esco mezzo ciucco per cercare di raggiungere altri quartieri della città e salgo su un pullman a caso, non sicuro di dove sto andando. Dopo una difficile chiacchierata con l'autista, mi scarica nel quartiere più meridionale sul lungo mare. Trovo un mercato del pesce e qualche buon ristorante tipico bahiano dove mangiare. Questa parte della città non ha molto da offrire e i 30 gradi con un'umidità dell'80% non stimolano lunghe camminate, così cerco un mezzo per il ritorno. Mi avvio verso l'ostello ma poco prima passo casualmente davanti a un caratteristico barbiere locale che utilizza ancora vecchi seggiolini di legno con la pedana di ferro. I muri di pietra ricordano una cantina e qua e là si notano foto sparse di calciatori brasiliani, tra cui il grande Pelé. Decido di provare questa nuova esperienza, conscio che il risultato sui capelli molto probabilmente non sarà quello immaginato, ma sono curioso di vedere come un tipico parrucchiere brasiliano taglia i capelli e che cos'ha da raccontare agli amici attorno a lui. Lui è un uomo robusto sulla cinquantina, con lo sguardo serio. È molto impegnato a discutere con gli amici di calcio che quasi non mi ascolta, e parte a tagliare qua e là. Cerco di fermarlo ogni tanto prima che gli errori diventino irrimediabili, ma a volte è iracondo per la discussione e non si ferma. Esco da lì con qualche buco in testa, ma comunque soddisfatto dalla mia giornata culturale. Ora, proprio come mi è sempre capitato in questo viaggio, non mi rimane che rimediare da solo con le forbici nel bagno dell'ostello, peccato che il mio bagno sia senza luce.

18-01-2013 *Lavagem do Bonfim*
Oggi tocca svegliarsi all'alba, è una giornata speciale per la gente di questa città, infatti non si lavora. A Salvador si svolge il Lavagem do

Bonfim, una festività tradizionale religiosa che rappresenta il secondo evento più importante nello Stato di Bahia, dopo il carnevale. I fedeli cattolici, ma anche del candomblè e di altre religioni, percorrono otto chilometri di pellegrinaggio da un primo santuario alla chiesa di Bonfim. Le strade si riempiono di gente vestita di bianco, le signore sfoggiano i vestiti tradizionali con turbante, collane e bracciali.

Tra i gruppi religiosi il più esibizionista è uno che mostra l'immagine di Gandhi con stendardi e un carro. Ciò che mi impressiona di più è che siamo a una festa religiosa, però sui lati delle strade si notano fiumi di chioschi che vendono alcol a volontà, compresi cocktail e superalcolici. Fin dalle nove del mattino c'è già gente che brinda con casse di birra e già sparano a tutto volume musica dance commerciale con grandi casse. Tra Europa e Sudamerica si trova un'enorme differenza nella celebrazione di una festività di questo genere. Sono cresciuto frequentando messe e cerimonie serie e contenute, ora mi trovo nel bel mezzo di una festa senza regole che potrebbe essere anche un rave. Persino a pochi di metri dalla chiesa di Bonfim, dove i fedeli terminano il pellegrinaggio, c'è una piazza con dei banconi provvisori che preparano caipirinha a volontà.

Le piazze si animano grazie alla presenza di numerosi gruppi di capoeira che si esibiscono dando possibilità a chiunque voglia di partecipare. Bambini di ogni età prendono parte alla lotta-danza dimostrando già di conoscere alcuni movimenti, ma soprattutto un grande attaccamento alle tradizionali locali. Si avverte orgoglio da parte dei brasiliani, soprattutto per la capoeira proprio perché simbolo della lotta contro la schiavitù. Tutta questa energia tra processione, balli e brindisi scorre per le strade sotto un sole infernale, con 35 gradi e un milione di persone circa. Dopo aver portato a termine anch'io il pellegrinaggio, ho difficoltà a percorrere la via del ritorno per l'impressionante fiume di gente che mi viene in contro. Molta confusione, l'ideale per far lavorare qualche ladruncolo di portafogli, che da quello che ho sentito dire è molto frequente a Salvador. Infatti sento un ragazzo che arrivando da dietro mi spinge venendomi addosso più volte, quasi a distrarmi mentre con la mano cerca di aprire la cerniera che chiude la mia tasca, nella quale ho la fotocamera compatta. D'istinto mi viene da controllare e mi accorgo della cerniera aperta, la richiudo e proseguo stando attento. Dopo poco eccolo di nuovo che spinge, allora mi volto, lo guardo sorridendogli e lo lascio passare senza dire nulla per non creare inutili polemiche, anche perché mi sono accorto che non era solo. Se ne va senza dire nulla, più semplice di quanto potessi immaginare. Ha dovuto affrontare l'arma più micidiale, il sorriso.

21-01-2013 Chapada Diamantina

Ennesima fuga da una città brasiliana, tutte piene di cultura ed energia, ma dopo alcuni giorni diventano stremanti e si può facilmente avvertire la necessità di uno dei tanti paradisi naturalistici di questo paese. Lo Stato di Bahia non smette di sorprendermi, infatti raggiungo e conosco una meravigliosa e tranquillissima oasi verde dopo un viaggio nel deserto che la divide dalla costa. Si tratta dell'altopiano montuoso della Chapada Diamantina. Questa regione ha conosciuto un'esplosione di interesse da parte di gente straniera e locale nel XIX secolo, quando vennero scoperte miniere di diamanti. L'improvvisa ricchezza permise al villaggio di Lencois di crescere, donandole il fascino di cui gode ancora oggi.

Giornate di piacevoli trekking per raggiungere cascate di ogni genere o pozze naturali di ogni misura in cui rinfrescarsi durante la giornata. Serpenti, scorpioni e vari esemplari di volatili, oltre a piante di vari tipi di frutti tropicali, rendono fauna e flora davvero gradevoli, sia nei pressi di Lencois sia più avanti, nei pressi di Vale do Capao. Quest'ultimo è un piccolissimo villaggio di contadini che ormai sono mescolati soprattutto con hippy provenienti da tutto il mondo. C'è una grande colonia di italiani, che non incontravo così numerosi forse dall'India. L'atmosfera è davvero rilassante e piacevole, enfatizzata proprio dalla stupenda e selvaggia natura che circonda questo luogo. La cascata più alta si chiama Fumaça e misura 350 metri, anche se il getto d'acqua è davvero poca cosa. Però da lassù, a 1350 metri, si può godere di un'ampia vista panoramica sulla valle. Sono impressionanti queste pareti rocciose formatesi quasi due miliardi di anni fa. Hanno una composizione morfologica unica e colorata, spesso rosacea.

Ieri, invece, durante la festa di San Sebastiano che si svolgeva a Vale do Capao, ho rincontrato un bizzarro viaggiatore argentino che avevo conosciuto al festival di capodanno. Ogni volta che lo incontro mi regala qualche sostanza buona da fumare, ieri è toccato a un tipo di erba naturale di queste parti. Oggi mi ha caricato sulla sua moto da cross per portarmi a fumare un cilone di charas nell'accampamento di alcuni suoi amici brasiliani hippy. Anche questo luogo mi fa pensare e immaginare un futuro in cui magari deciderò di fermarmi un po', ma tanto sono sempre conscio che ora non ho proprio intenzione di farlo. Devo continuare su questo percorso per cercare di arricchire il più possibile la mia anima di un'esperienza che porterò con me per tutta la mia vita.

Nei mesi seguenti sono venuto a sapere che quel gentile e bizzarro argentino è morto per overdose di cocaina. Riposa in pace, amico.

Pensiero del giorno: lo straordinario misticismo della solitudine tra i monti e le foreste. Chi non lo avverte ha smesso di vivere.

23-01-2013 *Le energie che regolano la nostra vita*

Direzione Joao Pessoa. Un'amica brasiliana, conosciuta in una camerata d'ostello in Bolivia, mi ospiterà alcuni giorni a casa sua. Sono in viaggio da oltre ventuno ore. Ho raggiunto quattro stazioni di pullman diverse, saltando da un mezzo all'altro al volo, senza aver organizzato nulla ma seguendo l'istinto e il caso, dormendo dove capitava. Stamattina mi sono svegliato con un'alba spettacolare sulla spiaggia di Maceio, che dopo pochi minuti si è trasformata in una lunga favela pulsante di vita. Ora ho tre ore di attesa per l'ennesimo pullman e altre otto deliziose ore di viaggio in cui osservare la natura e le città brasiliane scorrere lentamente sotto i miei occhi. Da quasi sedici mesi questa è la mia vita. Stazioni, mezzi, paesaggi e persone, ma soprattutto lasciarsi guidare dagli eventi adattandosi a tutte le pazze situazioni che si incontrano lungo la strada. Credo che esistano molte strade immaginarie già tracciate per ognuno di noi, che potremmo chiamare "pluridestino" o in un altro modo. Abbiamo il potere di seguire l'una o l'altra, di scegliere la migliore o la peggiore. Tutto dipende dalla nostra tenacia e dalla nostra forza di volontà. Abbiamo un potere straordinario e spesso non ce ne rendiamo conto. Quello che so è che quando si trova la propria via tutto viene naturale e si avverte un'energia che ci protegge e sostiene lungo il cammino. Avverto questa forza e più mi lascio guidare da essa più rimango sorpreso dalle emozioni inaspettate che mi regala. Prima di un'esperienza simile non credevo in nulla, ma ora non posso mentire a me stesso. Ho trovato la fede nelle energie che regolano questo mondo e che ci circondano. Oltre alla famosa legge dell'attrazione, secondo la quale in base a come noi ci predisponiamo verso la realtà che ci circonda riceviamo nella stessa misura, credo che ci sia un'armonia cosmica da cui si può trarre giovamento se la rispettiamo nella vita quotidiana.

Bisogna semplicemente rispettare la natura, gli animali e noi umani, perché siamo la manifestazione di questa forza cosmica che arriva dal sole, unico e assoluto dio. Da quando ho smesso di mangiare animali e favorire gli orribili allevamenti intensivi mi sento molto più in armonia con gli animali e con la terra.

26-01-2013 *Relax e pensieri*

Giornate di mare e relax a Joao Pessoa, la terza città più antica del Brasile situata nel punto più orientale delle Americhe. Gode di un affascinante e piccolo centro storico con case e chiese coloniali, ma per il resto si mostra come una città moderna in rapido sviluppo con nuovissimi palazzi che crescono come funghi. Ospite a casa della mia amica biologa, osservo la sua quotidianità e quella della sua coinquilina veterinaria, iniziando a realizzare che sono entrato nella fase finale del mio viaggio. Per quanto la mente mi direbbe di continuare a viaggiare tutta la vita senza sosta, d'altra parte il corpo mi chiede una pausa. Ho perso diversi chili in questi mesi, inevitabile quando si viaggia in questo modo. Inoltre, essendo vegetariano, ho infinite difficoltà giornaliere a trovare del cibo adatto a me, ma soprattutto ad avere una dieta equilibrata. Sento il bisogno di dare una tregua al mio corpo per riprendere un po' di forma. Nei prossimi giorni riposo.

Pensieri del giorno: la strada è una straordinaria scuola di vita. Tutte le esperienze, positive o negative che siano, vissute sul cammino sono occasioni per arricchire l'unico vero bagaglio che portiamo dentro di noi, la nostra anima. Viaggiando diminuisce il peso dello zaino sulle spalle ma aumenta il bagaglio della nostra anima.

La vita è una lunga scalinata fatta a porte. Vince chi ne apre di più.

30-01-2013 *L'ultima sfida marittima*

Questa parte di viaggio è meno intensa ma più rilassante, dedicata alle spiagge del nord del Brasile e a buone amicizie che ho coltivato durante il viaggio. Meravigliose e lunghe spiagge delimitate da palme da cocco e bagnate dalla calda e chiara acqua dell'oceano Atlantico. Inoltre dopo quasi cinquecento giorni ho avuto il primo incontro e confronto familiare, con il mio fratello maggiore. Mi godo le ultime settimane di estate sudamericana prima di affrontare il rigido inverno europeo. Se tutto va bene e il mercantile non cambia rotta negli ultimi giorni, come purtroppo è già capitato, dovrei partire per l'Europa il 9 di febbraio dal porto di Natal. Quindi si avvicina la parte finale di questa straordinaria esperienza perché da quando entrerò in Europa il viaggio potrebbe terminare da un momento all'altro. L'obiettivo è coronare il completo giro del mondo senza aerei raggiungendo la Cina, una tappa attraversata lo scorso maggio 2012. Sinceramente però non so se sarà possibile, nella mia situazione. Per scelta ho deciso di intraprendere un viaggio senza organizzazione per scoprire se fosse possibile attraversare così tanti paesi ottenendo i visti uno alla volta, o alle frontiere o alle ambasciate, ma tutti fuori dal mio paese di origine. Non è stato programmato con studi di fattibilità, ma è stato lasciato un po' al caso o alle sole possibilità che mi si presentano strada facendo.

Una volta sbarcato in Spagna proverò a raggiungere in qualche modo la Germania, da dove mi giocherò le carte per ottenere prima di tutto il visto russo, ed eventualmente anche quello cinese. L'idea sarebbe arrivare a Mosca e prendere il treno transiberiano per attraversare la Mongolia e arrivare a Pechino. La difficoltà potrebbe arrivare dall'ottenimento dei visti, devo capire se li rilasciano anche a uno straniero senza residenza nelle ambasciate in Germania. Ho ricevuto l'informazione che l'ambasciata cinese in Russia non rilascia visti per casi come il mio. Mi vengono diversi dubbi perché fino a ora in Asia sono sempre riuscito a ottenerlo, quindi potrebbe essere l'ennesima informazione errata in circolazione. Non mi rimane che provarci prima in Germania e poi in Russia. La soluzione sicura è passare dall'Italia, dove non avrei nessun problema a ottenere alcun tipo di visto, ma sinceramente così è troppo facile e non mi interessa. Vada come vada sono pronto a tutto, anche a tornare a casa senza aver raggiunto la Cina perché o ci riesco come piace a me o finisce. Prima di tutto vediamo se il mercantile non mi fa brutti scherzi, perché se così fosse rimarrò almeno un altro mese in Brasile in attesa del prossimo. Non che mi dispiaccia così tanto.

31-01-2013
Brasile, un'ossessione chiamata "progresso"
(pubblicato su Greenews.info)
Non tutto ciò che luccica è oro, i brasiliani ormai ne sono coscienti. Il loro

paese è in continua e rapida crescita economica, a parte qualche periodo di pausa tra una ripresa e l'altra. D'altronde qui si trova il polmone del mondo, l'Amazzonia. Le materie prime sono infinite e purtroppo chiunque si sia trovato al governo ha cercato di sfruttarle al massimo – e a tutti i costi. Dopo una sfrenata devastazione forestale, che ha ridotto l'Amazzonia di una porzione delle dimensioni dell'Inghilterra solo negli ultimi dieci anni, la presidente Dilma Rousseff sembra proseguire con la stessa spietata politica dei suoi predecessori.

Sulla bandiera brasiliana si può leggere la parola che è diventata un'ossessione per il paese: "progresso". L'industrializzazione e la costruzione di grandi opere hanno portato allo sviluppo economico che rende il Brasile un esempio, molto più degli stagnanti paesi europei. Dietro a tutto ciò, però, si celano contraddizioni, corruzione e gravi violazioni ambientali e dei diritti umani, soprattutto verso gli indigeni che popolano l'Amazzonia.

Il caso più eclatante della resistenza indigena contro la sete di progresso governativa è rappresentato dalla costruzione della terza diga più vasta del mondo, a Belo Monte e nello Stato settentrionale del Parà. Gli studi progettuali nacquero addirittura nel 1975, durante i duri anni del regime militare. Nel 1989, quando stava prendendo corpo l'idea di costruire una diga a Belo Monte e altre nelle vicinanze, ci fu un primo colloquio con le popolazioni indigene, con un (ovvio) esito negativo, che rimandò solo di qualche anno la minaccia al fiume Xingu e alle loro terre. Fu paradossalmente il presidente Lula il presidente del popolo, "l'amico degli oppressi" – a far ripartire definitivamente il progetto più volte bocciato. Lula presentò un modello economico che pretendeva di finanziare la costruzione della diga e, con il suo secondo mandato, fu introdotto un nuovo programma di investimento nazionale che prevedeva la diga come progetto principale. Da quel momento ha preso avvio un lungo contenzioso nelle aule di giustizia brasiliane, tra il governo brasiliano e le popolazioni indigene, appoggiate dalla comunità internazionale. Nel 2010 un giudice ha sospeso il progetto per via della sua incostituzionalità, dovuta al fatto che, nei casi di estrazione di minerali o opere idroelettriche in territori popolati dagli indigeni, prevale la legge federale. Dopo la firma del contratto con Norte Energia, nel marzo 2011 sono comunque iniziati i lavori preliminari, seguiti da due ulteriori stop. L'ultimo, a fine agosto dello scorso anno, ordinato da un giudice che sosteneva che gli indigeni non erano stati consultati. Ma sono bastate poche settimane di forti pressioni del governo per fare ripartire i lavori.

Con la diga, verrà modificato circa l'80% del corso del fiume Xingu, danneggiando gli abitanti dell'area, che si troveranno senz'acqua. Per costruire l'opera si dovranno scavare due enormi canali larghi cinquecento metri e lunghi settantacinque chilometri, rimuovendo una fetta di terra più grande di quella scavata per la realizzazione del canale di Panama. I due canali inonderanno almeno quattrocento chilometri quadrati di foresta e le case di almeno ventimila abitanti nei comuni di Altamira e Vitoria. Secondo studi dell'INPA (istituto amazzonico nazionale di ricerca) l'inondazione della foresta causerà inoltre la dispersione in atmosfera di enormi quantità di metano, un gas serra che è venticinque volte più dannoso dell'anidride carbonica.

Infine, si prevede che l'impianto da 11200 megawatt, circa l'11% della potenza totale installata nel paese, sarà uno dei meno efficienti della storia brasiliana. Nei mesi di stagione secca dovrebbe raggiungere solo il 10% della sua potenza nominale producendo probabilmente il 40% come media annuale rispetto a quello previsto. Si teme, di conseguenza, che verranno costruite altre dighe, già progettate negli anni passati, per aumentare la portata d'acqua sul fiume Xingu. Il WWF brasiliano ha pubblicato un rapporto, già nel 2007, affermando che il paese potrebbe – più intelligentemente – ridurre la sua domanda prevista di energia elettrica del 40% entro il 2020, investendo in efficienza energetica. L'energia risparmiata sarebbe equivalente a quattordici impianti come quello di Belo Monte e si tradurrebbe in un risparmio di energia elettrica nazionale fino a quattordici miliardi di euro. Ma il governo non sembra deciso a mollare, soprattutto visti gli ingenti finanziamenti economici derivanti dall'organizzazione dei futuri mondiali di calcio e delle Olimpiadi. Non rimane che la tenacia delle popolazioni indigene, che aspirano allo stesso successo dei loro vicini ecuadoriani, i quali, nel 2011, vinsero una causa contro il colosso petrolifero Chevron per aver causato gravi danni alla salute delle popolazioni e distrutto una gran parte della foresta amazzonica. Ora Chevron dovrà pagare una multa di otto miliardi e mezzo di euro. Sempre più, dunque (e per fortuna), inquinare costa.

01-02-2013 *Pensiero del giorno*

Contaminati dalla società occidentale cresciamo convinti che bisogna organizzare qualsiasi evento delle nostre giornate illudendoci spesso di poter controllare la nostra vita e di ridurre le nostre preoccupazioni con un'esistenza schematica. Viaggiando si impara che i timori svaniscono solo quando smetti di organizzare le fasi del tuo viaggio e accetti qualsiasi situazione ti capiti sul cammino sviluppando un forte senso di adattamento. Realizzi che non puoi assolutamente controllare la tua vita, ma anzi che devi essere una barca a vela nell'oceano che si lascia trasportare dal vento, seguendo la sua direzione e cercando di non opporre resistenza.

03-02-2013 *Pensieri del giorno*

L'uomo è nato nomade. Quando ha deciso di andare contro la sua natura si è fermato iniziando una vita sedentaria che gli ha creato un malessere psicofisico. Come conseguenza ha iniziato a devastare la terra per cercare di colmare il vuoto causato dall'assenza di movimento, accecato dallo sviluppo e dalla vita materiale. Ora ha bisogno di tornare nomade per salvare la terra, ma soprattutto se stesso.

L'uomo trascorre la vita cercando di costruire fragili certezze paragonabili a castelli di sabbia che inevitabilmente lungo il cammino verranno spazzate via alla prima tempesta. A volte vive un'intera esistenza convinto di aver capito tutto, per ritrovarsi nella vecchiaia senza più nessuna certezza. Tuttavia la vita è fatta di tante nascite e rinascite, attraverso le quali le nostre idee come il nostro spirito cambieranno, si evolveranno o regrediranno. Quindi non bisogna mai dare per scontato di avere tutto sotto controllo o di aver raggiunto un adeguato stato di saggezza per fronteggiare qualsiasi situazione. Questo è lo straordinario gioco della vita in cui di certo esiste solo una cosa.

A volte è meglio affrontare le tempeste della vita da giovane, perché si ha più energia per imparare a fronteggiarle e superarle. Sviluppando un'esperienza tale che ti fortifica per il resto del cammino. Quando si affronta la prima tempesta troppo tardi, si rischia di annegare senza più forze vitali.

04-02-2013 *Obiettivo mercantile*

Mancano cinque giorni alla probabile data di partenza del mercantile, così devo raggiungere la città di partenza per essere pronto a qualsiasi variazione di programma. Questo tipo di nave non garantisce la partenza o la data di partenza fino all'ultimo giorno. Oltre a non essere sicuro di partire, devo fare pressioni all'agente portuale incaricato per essere informato a ogni variazione. Lascio Pipa dopo una settimana di piacevoli e rilassanti giornate trascorse nelle sue straordinarie spiagge. Praia do Amor, do Madeiro e Baia dos Golfinos sono talmente meravigliose che tutte le volte che le vedevo ne rimanevo impressionato, come la prima volta. I colori e la natura hanno una vitalità intensa, raramente ho visto un mare del genere. Clima perfetto tutto l'anno, onde ideali per i surfisti e possibilità di nuotare in compagnia dei delfini. Un vero e proprio paradiso, che deve preoccuparsi dello sfrenato sviluppo turistico che sta vivendo. Per il resto ho avuto un confronto positivo con mio fratello in cui mi sono reso conto di quanto sono cambiato. O meglio, io sono bene o male sempre la stessa persona, ma con una serenità nuova e positiva. Lui sta attraversando un momento difficile per via di un problema alla schiena che lo affligge da anni e che l'ha portato a chiudere la sua attività di giardinaggio. Sta cercando nuovi stimoli con cui ripartire per un'altra strada e ci stiamo dividendo. Sono felice per lui perché andrà in Amazzonia, lui lavora con le piante da quasi quindici anni e si ritroverà nel polmone verde del mondo.

Così eccomi a Natal, centro nevralgico di traffico navale e aereo con destinazioni internazionali. Ma se passate da queste parti cercate di non dichiarare troppo la vostra nazionalità italiana, perché scoprirete che potremmo essere sgraditi. Fino a pochi anni fa – forse ancora oggi- arrivavano aerei di italiani che sbarcavano apposta per il turismo sessuale. La prostituzione è diffusa e purtroppo dilaga anche quella minorile. Abbiamo la fama di essere i più pedofili dell'Europa. Il governo brasiliano sta cercando di fronteggiare la situazione legata alla pedofilia, ma la prostituzione rimane legale. È solo proibito guadagnare dalla prostituzione altrui. Per il momento mi trovo a Ponta Negra, quartiere turistico situato nella parte meridionale della città. Alle sue spalle, c'è una lunga insenatura di spiaggia con locali e palazzi moderni in continua costruzione. Tra quattro giorni, invece, inizia l'evento più importante dell'anno, il carnevale.

07-02-2013 *Ultimi giorni sudamericani*

Dall'agente portuale continuo a ricevere notizie confortanti e sembra che ormai sia solo questione di due giorni per la partenza dal Sudamerica. In queste ultime ore ho salutato mio fratello e mi sono tatuato un nuovo segno che mi accompagnerà tutta la vita. Sul collo, in una posizione che vedrò sempre davanti a uno specchio, ho deciso di scrivere qualcosa che per me rappresenta la passione più grande, nella lingua più adatta. Ho tatuato "Latcho Drom" che nella lingua romani del popolo rom significa "buon viaggio" o "buona strada". Un augurio a tutti i viaggiatori, conscio che anche la vita è un vero e proprio viaggio. Le giornate trascorrono lente con lunghe passeggiate sul lungomare, e i pensieri fluiscono con le onde dell'oceano. Dopo sette mesi e mezzo di Sudamerica mi sto preparando a salutare questo incantevole continente che mi ha dato davvero tanto. Oltre a meraviglie mozzafiato della natura, qui ho creato dei legami umani che mi porterò dietro tutta la vita. In questa gente calorosa e allegra mi sono riconosciuto più che nella popolazione europea. Sicuramente tornerò presto da queste parti e chissà che prima o poi non mi stabilisca qui. Sinceramente riesco a immaginare un futuro in un continente simile. Sono tanti i luoghi in cui ho immaginato un futuro.

Un altro continente che mi attrae molto, ma più per conoscerlo che per viverci, è l'Africa. Molti mi chiedono perché non ci passo in questo viaggio. L'unica possibilità sarebbe stata sbarcare in Marocco, dove già sono stato due volte. Poi da lì avrei potuto scendere verso la Mauritania, il Senegal o il Mali. Tuttavia il Senegal l'ho già visto e in Mali c'è una guerra in atto. Iniziare un lungo e complicato viaggio via terra solo per vedere la Mauritania non mi interessa. In ogni caso mi piacerebbe dedicare un futuro viaggio solo a questo esotico continente, in questa esperienza ho già visitato diciassette paesi e non mi sembra il caso di aggiungere altri. Rischio di visitare troppe realtà diverse tra loro senza assorbirne il meglio, perché mi sento una spugna zuppa che ha bisogno di fermarsi per metabolizzare.

Natal si è mostrata come un'altra città brasiliana in forte sviluppo, anche qui i grattacieli spuntano come funghi. La città è suddivisa in quartieri particolarmente distanti e sembra viva di giorno, ma sia morta di notte. Sono parecchi gli italiani da queste parti e ho avuto la conferma che molti vengono qui soprattutto per le prostitute. Tra questi ci sono anche anziani, probabilmente in pensione, che cercano di vivere una seconda giovinezza.

La spiaggia di Ponta Negra sembra una sfilata di prostitute e venditori ambulanti, che passano con i loro carrelli a volte sonorizzati con musica ad alto volume. I brasiliani mi impressionano per quanto si devastano con l'alcol, e probabilmente anche con altro, già fin dal primo mattino sotto l'ombrellone. Sembrano già entrati nel clima del carnevale, che inizia domani, anche se è da un mese che li vedo sempre carichi di alcol in spiaggia. Credo sia un'abitudine che si portano dietro tutto l'anno.

09-02-2013 *L'imbarco*

È fatta, ho messo piede sul mercantile! Una stupenda sensazione di leggerezza mi ha travolto appena mi sono imbarcato. Arrivato al porto di prima mattina, sono rimasto sorpreso dalla semplicità con cui ho raggiunto la nave. L'ultima volta in Corea si trattava di un immenso porto dalle dimensioni di una città, e le distanze erano impressionanti. Oggi, in una strada sporca piena di graffiti sui muri, ho trovato due controllori davanti a una sbarra meccanica che hanno controllato il mio passaporto. Dopo una rapida verifica mi hanno detto di andare alla nave a piedi. Io, stupito, li ho avvisati che avevo appuntamento con l'agente portuale che si era incaricato di portarmi a destinazione. Ho aspettato alcuni minuti e un grasso brasiliano di carnagione chiara mi ha fatto cenno di salire sul suo pickup. Abbiamo percorso cento metri e già eravamo di fronte alla nave. Oltre al porto, anche la nave è di dimensioni minori rispetto all'ultima, bene o male sembra la metà. Mentre la crew di ucraini e filippini era impegnata sotto il sole torrido nelle operazioni di carico e scarico container, ho superato un rapido controllo del passaporto e raggiunto la mia sistemazione.

Una volta in camera, ho provato una rigenerante sensazione di pace che non provavo da tempo. Non immaginavo di essere così felice di isolarmi nuovamente nel mare senza Internet e contatti con il mondo. Tanti pensieri sono scomparsi e mi sono steso sul letto sprofondando in un sonno di piombo. Dopo un'oretta mi ha svegliato un giovane ucraino che è stato incaricato di mostrarmi la nave e le regole, che già conosco bene per via del viaggio nel Pacifico. Mi mostra subito la lista degli alcolici con cui posso sbronzarmi a pagamento, sottolineando che il vino è incluso nel prezzo del biglietto. Scopro che non sono l'unico passeggero, ci sono tre vecchi francesi tra cui una coppia che sta per sbarcare. A pranzo ho l'opportunità di conoscerli e sapere un po' delle loro interessanti storie. Il simpatico signore che viaggerà con me è un esperto di viaggi marittimi e da diversi anni sta girando il mondo con questo tipo di navi. Quando in sala pranzo scende il capitano ucraino, la signora della coppia lo avverte scherzosamente che si è imbarcato un pirata annuendo a me. Intanto, preso dai brindisi di benvenuto, mi sono scolato quasi una bottiglia di vino rosso accorgendomi solo dopo che era di 14 gradi e che non avevo neanche fatto colazione. Mezzo ciucco sono già entrato nel mood da marinaio.

In questi giorni ho ricevuto tantissimi messaggi sul web da parte di curiosi con domande relative ai mercantili e alle mie spese di viaggio. Innanzitutto aggiorno la mia spesa dopo sedici mesi a 12000 euro circa. Riguardo ai mercantili non è praticamente possibile trovare lavoro a bordo per viaggiatori occasionali perché sono organizzati con equipaggio specializzato in tutte le mansioni di cui necessitano. Ho saputo che una volta si riusciva a trovare lavoro, ma di questi tempi non è più così. Alcuni mercantili accolgono passeggeri con prezzi che variano in base ai giorni di viaggio. Il prezzo non è paragonabile agli aerei proprio perché si tratta di giorni, settimane o mesi di viaggio con colazione, pranzo e cena inclusi, oltre all'alloggio. Le difficoltà maggiori derivano dalla burocrazia necessaria per viaggiare su questo tipo di navi senza medico a bordo e dall'incertezza della partenza fino agli ultimi giorni.

PAGELLINO BRASILE

- ▶ Trasporti pubblici: 8
- ▶ Cucina locale: 7,5
- ▶ Ospitalità della gente: 8
- ▶ Costo della vita per uno straniero: 6
- ▶ Sicurezza donne: 6,5
- ▶ MEDIA Brasile: 7,2

BRASILE

1. San Paolo
2. Cananèia
3. San Paolo
4. Rio de Janeiro
5. Porto Seguro
6. Salvador
7. Lençóis
8. Vale do Capau
9. Salvador
10. João Pessoa
11. Pipa
12. Natal

Oceano Atlantico

12-02-2013 *Latitudine N 3°35'973 - longitudine W 29°39'175.*
La vita di mare

La sublime pace che si prova nel bel mezzo del mare è davvero rara. All'improvviso il tempo si ferma e i pensieri fluiscono con le onde verso l'infinito. Senza nessun tipo di distrazione come Internet, telefono o televisione. Qui si riesce a pensare alla propria vita con una nitidezza particolare. Quando si è pensato troppo si può leggere, scrivere o guardare film – è importante partire con il PC ben fornito di video. I panorami sono incantevoli, anche se immagino che ci sia un limite oltre il quale tutta questa meraviglia può trasformarsi in una situazione ostile. Per un passeggero trascorrere giorni o settimane può andare bene ed essere un'esperienza unica. Ma ricordo che durante traversata del Pacifico, quando mi stavo avvicinando al mese di viaggio in nave, iniziavo a sentire il bisogno del caos cittadino. Sinceramente sono ancora piuttosto giovane per isolarmi troppo in mezzo alla natura. Sento una forte attrazione per l'isolamento e credo che prima o poi potrei farlo, ma in un futuro ancora lontano perché a quasi 28 anni ho ancora tante cose da imparare e scoprire.

Per chi lavora su queste navi magari le giornate volano, ma rimango impressionato dai marinai filippini che ci restano per periodi di nove mesi. Arnold, il cuoco e cameriere, mi ha raccontato di avere due figli di 12 e 14 anni che solitamente non vede per periodi undici mesi. La nave è la sua casa e si prende una vacanza per andare a trovare la famiglia nelle Filippine per due mesi, tra un turno e l'altro. I francesi e i rumeni dell'altra neve, oltre agli ucraini di questa, fanno dai quattro ai sei mesi di lavoro. I filippini, non so se per scelta loro o per sfruttamento, scelgono periodi così lunghi con rare occasioni per sentire la famiglia, a parte una mail satellitare ogni tanto.

Le mie giornate trascorrono lentamente tra passeggiate nella cabina di controllo e sul ponte. Quando posso chiacchiero con i marinai, senza disturbarli troppo. Naturalmente i filippini si mostrano i più loquaci e simpatici, ho sempre avuto buone relazioni con i filippini incontrati sulla mia strada, tranne quando incontrai la mafia filippina in Cambogia. A pranzo o a cena mi trovo a tavola con Michel, il passeggero francese dell'età di mio padre, in viaggio da più tempo. Ha lavorato tutta la vita come dirigente commerciale per una compagnia aerea volando parecchio, ma ora apprezza viaggiare in mare. Ha viaggiato per mezzo mondo e le nostre conversazioni sono molto interessanti proprio per via delle sue conoscenze. Tuttavia la stragrande maggioranza delle giornate la vivo nella mia stanzetta. Sto entrando nell'ottica di un imminente ritorno e immagino di trovare una base europea per il mio progetto di scrivere e pubblicare il libro. Da una parte penso alla mia città d'origine per famiglia e gli amici, ma dall'altra voglio continuare la mia crescita intellettuale in un luogo che sappia donarmi più idee, stimoli e possibilità come una grande metropoli. Dove possa camminare per strada senza sentirmi un alieno, come spesso capitava a Torino. Dove la gente non ti osserva per come sei vestito. Per ora ho pensato a Berlino, la mia città europea preferita in assoluto. In ogni caso prenderò la mia decisione quando sarà il momento. Stupendo vivere sognando.

15-02-2013 *Latitudine N 22°28'6 - longitudine W 18°10'07.*
Pusher di whisky

Sembrava un'altra delle solite giornate di nave, quando all'improvviso arriva un po' di brio a renderla più divertente del solito. Sono appena salito nella cabina di controllo per osservare a che punto della traversata siamo arrivati e invece della solita coppia trovo un solo marinaio filippino che si occupa di seguire la rotta. Ci scambiamo due parole, mi racconta che nel golfo di Aden, punto di incontro tra il mar Rosso e il mare Arabico, i militari di varie nazioni si offrono di accompagnare a pagamento i mercantili nel tratto dove spesso agiscono i pirati somali. A un certo punto si fa timido e mi chiede: «Potresti farmi un favore e promettermi che resta un segreto tra noi?».

«Sì, certo, non ti preoccupare. Dimmi pure».

«Per favore, non dire niente a nessuno, neanche al capitano».

«Va bene».

«Potresti comprare una bottiglia di whisky per me e i miei amici? Ti rendiamo subito i soldi».

«Sì, certo. Puoi contare su di me».

I filippini, oltre a fare i turni più disumani e lunghi sulla nave, hanno anche il divieto di consumo di ogni genere di bevande alcoliche a bordo. Per periodi compresi tra i nove e i dodici mesi, rinchiusi a lavorare tutti i giorni, non possono neanche avere il piacere di farsi un drink tra di loro la sera. Sull'altra nave era tollerato un responsabile consumo alcolico, ma su questa no. Inoltre le divisioni dei tavoli mensa non avvengono per gradi, come succedeva sull'altra, ma in base al paese di provenienza. Nella sala mensa dove mangio c'è spazio solo per un grande tavolo da almeno una decina di persone, e sono sempre tutti ucraini come il capitano. I filippini vengono isolati da un'altra parte, nonostante ce ne siano alcuni che superano di grado alcuni degli ucraini al tavolo con il capitano. Insomma, mi sembra il minimo fare un favore del genere a questi ragazzi, penso che l'avrei fatto comunque anche se non fossero stati in questa situazione.

Scendo alla ricerca dello scagnozzo del capitano che da diversi giorni non mi propone altro che acquistare whisky, e lo trovo con il capitano seduto a fianco. Gli chiedo una bottiglia da un litro e appena ascolta la mia richiesta mostra una faccia soddisfatta e mi dice: «Lo sapevo che eri da whisky». Scendiamo altri piani per raggiungere lo scompartimento dove si trovano gli alcolici e per una decina di dollari acquisto un blended scotch. Mentre risalgo, incontro pure l'altro passeggero a cui proprio il giorno prima avevo detto che non mi piaceva il whisky. Gli sfugge un sorriso di quelli che sembrano dire "alcolizzato". Poso la bottiglia in camera e torno in sala di controllo. Efrem mi ringrazia e mi dà i dieci dollari, ci diamo appuntamento a cinque minuti dall'inizio dell'ora di pranzo nella lavanderia. Momento propizio in cui molti già saranno seduti a tavola. Lo scambio avviene da veri professionisti, manco ci stessimo scambiando un chilo di cocaina. Tutta la nave ora penserà che sono davvero un alcolizzato, tranne i filippini che mi hanno fatto loro idolo.

OCEANO ATLANTICO

1 Natal
2 Algeciras

Europa

18-02-2013 *Sbarco in Europa. Algeciras, Spagna*

Non sento più il rumore del motore, ma la sveglia purtroppo non tradisce mai. Apro gli occhi, dagli oblò non entra ancora luce. Non sono più abituato a svegliarmi senza la luce solare. In Brasile alle 5 del mattino il sole già splendeva prepotente nel cielo, ora sono le 7 e sembra ancora notte. Mi sa proprio che ho raggiunto l'inverno europeo, dovrò riabituarmi in fretta, anche per il fuso orario. Per avere l'ultima conferma raggiungo l'oblò della mia cabina e così, dopo ben nove giorni di panorami favolosi nell'oceano Atlantico, vedo materializzarsi davanti ai miei occhi la terraferma spagnola, illuminata dalle luci artificiali. È fatta! Anche questa avventura marittima è stata superata. Dopo cinquecento giorni da favola sbarco in Europa. Il mio continente di origine, anche se non mi sono mai sentito così distante dalla società da cui provengo.

Sbarco dal mercantile ritrovandomi nel bel mezzo di quelle desolanti e gigantesche gru che sollevano container sopra la mia testa come fossero foglie. Non trovo una via pedonale per uscire dal porto, così mi incammino sulla strada tra i veicoli cantando a squarciagola sulle ali dell'entusiasmo. Appena esco trovo un mercato dell'illegalità che mi propone di tutto. Di primo mattino spacciatori di hashish e contrabbandieri di tabacco già sono a caccia di clienti. La gente è più di origine africana che europea, proprio perché questa cittadina è la porta d'entrata marittima europea a pochi chilometri di mare dall'Africa. Non potevo sbarcare in un luogo migliore. Algeciras è il porto internazionale più vicino a una delle mie tante case sparse per il mondo, il tratto di terraferma più meridionale d'Europa, Tarifa. Arrivai per la prima volta da queste parti nove anni fa, durante la vacanza post maturità e mi innamorai immediatamente del romanticismo mistico di questa terra. L'anno seguente ritornai, da solo e appena ventenne, alla ricerca di un lavoro per affrontare la mia prima vera esperienza di viaggio lontano da casa. Fu il battesimo alla nuova vita che scelsi per me. All'inizio non fu per niente semplice, ma la desideravo con tutta la mia anima e piano piano iniziò la straordinaria avventura che oggi mi ha portato fin qui. Tornai a Tarifa in altri momenti sia per lavorare sia per salutare le amicizie lasciate. Esplorai la stupenda area circostante rimanendone ancora più incantato, tra le spiagge di Bolonia e Canos de Meca. Magici panorami che evocano sogni di navigatori che una volta consideravano questi luoghi spettacolari la fine del mondo. Fu proprio qui, nei lunghi pomeriggi in cui osservavo le casette bianche sulle colline e le montagne marocchine, che iniziai a coltivare sogni a forma di mappamondo. E che scoprii cosa vuol dire vivere in base alle forze della natura, in questo caso il vento. La vita del suo centro storico e della sua costa dipende dal ponente e dal levante. Il primo è un vento fresco che arriva dal mare e sporca la spiaggia di alghe, ma rilassa la gente. Il secondo, invece, è un vento caldo proveniente dalla terra che pulisce la spiaggia e il mare, ma rende nervosa la gente, soprattutto in spiaggia per i nuvoloni di sabbia che solleva. Se vi capitasse di passare da queste parti, chiedete conferma ad Antonia, l'anziana venditrice di frutta nella caratteristica piazza San Martin, che mi ospitò più volte nei suoi piccoli ed economici appartamenti infestati dagli scarafaggi. Lei è uno dei personaggi stralunati che anima Tarifa.

La mia prima tappa europea è Canos de Meca a casa di un caro amico torinese che rappresenta molto per me. Cesare è stato il mio primo maestro di viaggio, che mi ha davvero trasmesso e insegnato tanto. Fu proprio lui ad assumermi come muratore, per costruire un bar al posto di un garage, quando lavoravo nella cucina di una pizzeria dodici ore al giorno, sette giorni su sette, a soli tre euro all'ora – ma d'altronde un ventenne senza particolari esperienze e conoscenza della lingua spagnola non poteva ambire ad altro per iniziare. Un altro spirito libero che dopo anni di esperienze in giro per il mondo ha incontrato l'amore a Tarifa, con cui ha avuto due meravigliosi figli. Cesare è uno di quegli uomini tuttofare, istruttore di kitesurf, muratore, capitano di barche e gestore di bar. Alterna i suoi vari mestieri in base alle sue esigenze. Ha acquistato un isolato terreno rustico con un pozzo dove con le sue stesse mani ha costruito una casa per la sua famiglia, installando sul tetto un impianto di pannelli fotovoltaici isolato dalla rete. Da poco ha terminato di costruire un'altra casa per ospitare dalla prossima estate i clienti del surf camp che ha progettato. È un immenso piacere condividere una parte di quest'unica esperienza proprio con lui, in attesa di mettermi alla ricerca di un mezzo che mi porti verso Berlino. Tappa strategica durante la quale cercherò di accedere al visto russo e cinese per cercare di raggiungere l'ultima meta del giro del mondo senza aerei.

20-02-2013 *Madrid*

Arrivo a Madrid, fortunatamente ci sono almeno tredici gradi e un sole pallido a darmi il benvenuto, nonostante l'inverno. La stazione degli autobus sembra un'astronave gigantesca, ne approfitto per informarmi per eventuali pullman diretti in Germania. Poi entro nella metro e rimango sorpreso dal groviglio di linee che si estende sotto il suolo madrileno. I musicisti sonorizzano i tunnel rallegrando l'atmosfera ed evocando in me ricordi di Barcellona. Conosco molto bene la realtà spagnola perché ho vissuto nella metropoli catalana e in Andalusia. Per strada non vedo nulla che mi sembri particolarmente nuovo, ma dopo così tanto tempo lontano dalla cultura europea ciò che mi sorprende di più è la gente. Tutti corrono avanti e indietro, hanno fretta. Sembrano tutti vestiti uguali, la stragrande maggioranza dei ragazzi sono modaioli. I contrasti sudamericani sono svaniti e sinceramente, nonostante la crisi economica, l'impressione è che stiano tutti bene. Molti fanno compere per negozi manco fosse Natale, non vedo nessun senzatetto per le strade. Addirittura mi sento un po' spaesato perché le strade sono pulitissime come non mi è mai capitato in tutto il viaggio. Passare dalle città sudamericane a Madrid è davvero un forte contrasto.

Nella mia camerata d'ostello con dieci letti ho conosciuto il mio vicino che è quasi più tatuato di me. Lui li porta anche sulle mani e dopo esserci parlati in inglese e spagnolo ci siamo resi conto di essere connazionali. È un romanaccio che, oltre a essere un surfista professionista e un tatuatore, è proprietario di un ristorante a Bali, in Indonesia. Gli hanno rubato portafoglio e passaporto pochi giorni fa nella metro di Madrid e così ha deciso di rimanere qui e aspettare i tempi lunghi dell'ambasciata. Dopo essersi presentato con la denuncia, gli hanno proposto un viaggio aereo per tornare a Roma a fare i documenti. Ma mi dice che piuttosto che tornare in Italia rimane qui in attesa. Intanto si diverte tutte le sere bevendo fiumi di whisky e andando a sfogarsi a serate rock. Mi propone di andare con lui stasera, ma sinceramente voglio andare a dormire presto per godermi la capitale spagnola domani, con una di quelle lunghe passeggiate di scoperta.

22-02-2013 *L'impatto europeo*

Camminare, camminare e camminare. Tutte le grandi città di questo mondo mi fanno sempre questo effetto. Tanto che trascuro le metropolitane per percorrere decine di chilometri anche sotto la pioggia invernale. È un vero piacere conoscere una nuova realtà godendo appieno del movimento delle gambe. Oltre a favorire un buon esercizio fisico, agisce anche sulla psiche, rilassandola e aiutandola a creare lunghi e profondi discorsi con se stessi. La mia giornata madrilena inizia con una passeggiata nelle sue principali piazze, per poi ritrovarmi a pranzare al mercato di San Miguel assaggiando varie specialità gastronomiche locali e straniere, in piccole razioni che in Spagna chiamano tapas. Proseguo ad ammirare altre meraviglie architettoniche, ma dopo un po' mi stufo di seguire il classico giro turistico. Anche perché le statue non mi trasmettono nulla e decido di avventurarmi in quartieri un po' più bohémien e alternativi nel sud della città, su consiglio di amici madrileni. Ritengo che il mio miglior modo per conoscere una realtà cittadina sia alternare un minimo di itinerari turistici a quartieri più degradati, dove spesso i graffiti evidenziano i malesseri sociali. Inoltre fuori dalle vie del turismo è più semplice osservare la vita quotidiana della gente locale. I mercati più popolari si rivelano spesso degli ottimi luoghi per osservare quest'altra faccia della medaglia. Si tratta solo di osservare e per farlo al meglio è necessario essere soli. Un compagno può distrarti non poco. Questo è uno dei motivi per cui preferisco viaggiare in solitaria.

Non c'è che dire, Madrid ha piazze, monumenti, musei e edifici impressionanti. Per tutto ciò che ha da offrire dal punto di vista culturale, artistico e architettonico è sorprendente. Tuttavia credo che le manchi qualcosa sul piano caratteriale. Arrivando dal Sudamerica la prima capitale europea mi è parsa spenta e poco affascinante. Sicuramente il clima invernale ha effetto sulla mia impressione. Mi mancano le case sudamericane dipinte con colori accesi, i numerosi graffiti sparsi per tutte le città, il sorriso e il calore della gente, i balli e la musica per le strade. In questa cultura occidentale sono impressionato dalla gente che sembra sempre più ragionare come i computer e meno come gli esseri umani. Lo smartphone è superdiffuso e con tutte le sue infinite applicazioni condiziona la psiche di chi lo utilizza. Da quando non utilizzo neanche più il cellulare mi sento più leggero. Posso capirne l'utilità per lavoro, ma dopo aver trascorso ore su Internet per lavorare o per altro non sarebbe meglio passeggiare per la città staccandosi da quegli aggeggi elettronici? La gente sembra cieca, potrebbe esplodere una bomba accanto a loro che pochi se ne accorgerebbero. Bisogna rendersi conto che ciò che semplifica la nostra vita non per forza la migliora. Il cervello è come un muscolo, quindi va allenato per farlo rendere al meglio delle sue possibilità. Attenti perché la pigrizia mentale è un male e le applicazioni dello smartphone, se utilizzate troppo spesso, nocciono gravemente alla salute mentale.

24-02-2013 *Ricordi vitali. Colonia, Germania*
Sono trascorse ventotto ore di viaggio e non sono ancora arrivato alla mia destinazione tedesca. Il pullman ha tardato parecchio anche perché i poliziotti tedeschi hanno fatto un controllo e scoperto una decina di ragazzi del Mali senza documento, probabilmente in fuga dal loro paese in guerra. A Colonia all'ennesimo cambio pullman ho scelto il treno e ne ho trovato uno in pochi minuti diretto a Berlino. Osservo fuori del finestrino il cielo spento, intravedo qualche luce casalinga sfrecciare nel buio invernale della gelida campagna tedesca. L'illuminazione esterna del treno mi permette di seguire le rotaie innevate. Dopo oltre cinquecento giorni sono ancora sulla strada e al solo pensiero i miei occhi si gonfiano di lacrime di gioia e di vita. Alzo lo sguardo verso l'alto nel vagone, quasi a cercare qualcosa. In effetti sto cercando nella mia mente ricordi ed emozioni indelebili. Mi vengono in mente i trekking sull'Himalaya e sui ghiacciati vulcani andini. I panorami degli oceani attraversati sui mercantili. Le notti senza sonno nei karaoke laotiani o a ballare con i miei tanti amici sudamericani. Le esperienze mistiche con un sadhu sulle montagne dell'India, con i monaci buddisti in un monastero thailandese e con lo sciamano nell'Amazzonia colombiana. Lo straordinario deserto di Uyuni e l'impressionante potenza delle cascate di Iguazù. Meravigliosi capolavori dell'ingegneria umana immersi nella selvaggia natura come Angkor Wat e Machu Picchu. Ma anche le diverse difficoltà che si sono presentate lungo il cammino a mettermi a dura prova, come la mafia filippina in Cambogia e la malaria in Laos. Ciò che conta è che oggi sono ancora qui a coltivare il mio grande sogno con la stessa intensità del primo giorno. Domani non so se otterrò anche i prossimi visti senza problemi, non so se il karma sarà sempre dalla mia parte e se riuscirò a conservare questo favoloso stato d'animo. Però oggi so che questa vita, nel bene e nel male, è valsa la pena viverla.

25-02-2013 *La battaglia di Russia. Berlino, Germania*

Fondamentalmente oggi si potrebbe rivelare uno dei giorni più importanti della mia avventura. Devo procurarmi il visto più complicato, quello russo. Dalle informazioni che circolano su Internet sembra piuttosto complesso e in un sito ho anche letto che se sono straniero e non residente in Germania non posso ottenere il visto nell'ambasciata russa di Germania. Ma sono consapevole che non bisogna credere troppo a questi siti perché a volte sono vecchi o fasulli, dato che cercano di rendere tutto più complesso di quello che è in modo che la gente si affidi alle varie agenzie consolari che si occupano di richiedere i visti a prezzi salati.

Di primo mattino mi dirigo verso l'ambasciata russa nei pressi della torre di Brandeburgo che in un'atmosfera grigia e invernale mi dà il buongiorno. Arrivo a destinazione, ma sinceramente non vedo una via d'accesso aperta, non trovo personale russo e non vedo via vai di gente. Dopo pochi secondi mi si avvicinano due poliziotti insospettiti dalle mie curiosità e mi indicano la via d'accesso che si trova nella parte dietro all'edificio. Stavolta riconosco facilmente l'entrata perché noto una coda di una trentina di russi davanti al consolato. Sembra che si conoscano tutti bene o male, chiacchierano tra di loro e raccolgono i passaporti per consegnarli alla guardia incaricata di controllare gli ingressi. L'unico straniero sono io, così cerco di farmi largo tra la folla perché altrimenti nessuno mi degna di uno sguardo. Consegno il passaporto alla guardia e gli parlo in inglese, mi fa passare. All'interno del consolato la folla è aumentata e siccome non è ancora il mio turno mi dirigo direttamente agli sportelli per chiedere i soliti moduli da compilare. Le prime funzionarie mi guardano perplesse, la terza mi spiega che si può solo compilare online.

Doccia fredda, corro cercare un Internet point. Purtroppo in quest'area di ambasciate e banche non ne trovo uno nel raggio di alcuni chilometri, solo dopo un'ora e mezza di cammino al gelo ho successo nella ricerca. Su Internet non si trova null'altro che un modulo da scaricare e compilare a mano. Leggo un sito che mi dice che quello è sufficiente, così lo compilo e torno in ambasciata. Quando mi rivede la stessa funzionaria russa, le mostro il documento. Mi spiega che questo modulo è vecchio e che da pochi mesi si può solo compilare online, stavolta mi dà un sito web. Ennesima doccia fredda, ma non mi do per vinto, così esco alla ricerca di un nuovo Internet point possibilmente più vicino. Incontro un ostello così mi viene l'idea di far finta di essere uno dei clienti e utilizzare i computer a disposizione. Stavolta trovo il modulo online, lo compilo velocemente e lo stampo. Torno per la terza volta esausto all'ambasciata e quando presento il documento capisco che sta arrivando l'ennesima doccia fredda dall'espressione della signora. C'è un dato sbagliato, quello in cui mi chiedono dove presento la richiesta del visto. Ho inserito "Visa Application Center Berlin" perché mi era stato mostrato un documento simile dalla funzionaria con quella dicitura. Lei mi spiega che devo inserire ambasciata russa in Germania. A forza di fare docce gelate mi sto ammalando. Mancano venti minuti alla chiusura del consolato e rischio di perdere un giorno di attesa se non risolvo questa situazione. Naturalmente esco di corsa verso l'ostello, arrivo rosso e senza fiato. Rientro nel programma e cambio il dato, ristampo e parto alla massima velocità. Quando arrivo per la quarta volta in quattro ore allo sportello mi sento svenire e consegno il modulo pregando che sia la volta buona. Finalmente vedo la signora soddisfatta, mi fa pagare 30 euro e mi dice di tornare tra quattro giorni lavorativi.

Per l'ennesima volta sono riuscito a risolvere una situazione che appariva quasi impossibile per via di tutte le false informazioni che circolano su Internet. Ringrazio di essere nato con una testa più dura del marmo perché è proprio grazie a essa che sono riuscito sempre a risolvere le richieste dei visti senza problemi in ben venti paesi diversi. Diffidate di questi ingannevoli siti web, credeteci e provateci sempre.

01-03-2013 *Vittoria*

Signore e signori, vittoria! Mi hanno rilasciato il visto russo!

Ora mi rimangono solo lo scoglio cinese e quello mongolo. È venerdì ed è già mezzogiorno, le ambasciate stanno chiudendo, quindi mi tocca rimandare tutto a lunedì prossimo. Nessun problema, dopo tutto quello che ho atteso per arrivare fin qui posso aspettare due giorni in più. Inoltre a Berlino sto godendo di alcune carissime amicizie che non incontravo da prima della partenza. Oltre a vari torinesi che si sono trasferiti qui da anni, ho un'amica tedesca conosciuta a Ushuaia e altre amiche che sono venute qui apposta per trascorrere un weekend con me. Sto provando emozioni particolari perché confrontandoti con chi ti conosce molto bene ti puoi finalmente rendere conto di quanto realmente sei cambiato. Rivedendo amici dopo tanto tempo realizzi la loro vera importanza dalle emozioni che ti trasmette il fatto di rivederli. Sono andato a prendere all'aeroporto carissime amiche che mi sono venute a trovare, e mentre attendevo che uscissero dal gate ho percepito un'emozione fortissima che quasi svenivo. Buon weekend!

03-03-2013 *Berghain*

Berlino ha un fascino unico e speciale. Non solo nella sua storia o nella meravigliosa arte di strada che si manifesta a ogni angolo. Esiste un movimento giovanile molto frivolo e alternativo. È una città dove puoi camminare per strada conciato come ti pare senza che la gente si interessi di te con sguardi snob. La libertà che si avverte è stimolante. Ma il fascino segreto per i giovani di questa città deriva spesso dalla sua vita notturna. I club berlinesi sono i migliori e più impressionati al mondo. L'atmosfera è travolgente, tanto che arriva anche a essere sconvolgente nel bene e nel male. Mi piacerebbe tanto riuscire a raccontarvi questa faccia berlinese, ma mi rendo conto che solo provandola si può veramente capire di cosa sto parlando. Gli spazi che utilizzano i locali sono immensi e caratteristici grazie proprio al loro fascino decadente. Vecchie centrali elettriche, fabbriche o centri sociali vengono riutilizzati per permettere ai giovani di divertirsi senza limiti o inibizioni. Certi club aprono il venerdì e vanno avanti ininterrottamente fino al lunedì mattina. C'è gente che perde la cognizione del tempo nuotando nello sballo di varie droghe che circolano.

Questo weekend ho festeggiato il compleanno di un mio amico al locale più rinomato della città, il Berghain. Non è la prima volta che ci vado e tutte le volte ne esco impressionato. Un'enorme e scura centrale elettrica su vari piani e infinite stanze labirintiche. Potrei definirlo l'inferno, dove le manie più folli della gente trovano sfogo. Ho sentito parlare di alcune stanze nei sotterranei che si chiamano dark room nelle quali dei sadici si torturano anche a scopo erotico. Molte delle anime che si aggirano nelle sale sembrano perdute e capita che si creino situazioni a volte inquietanti, altre eccitanti. Se si supera l'incerto controllo alla porta dei buttafuori che in base a ragioni sempre diverse decidono chi fare entrare, ci si ritrova catapultati in un'altra realtà. La musica è spesso la migliore techno mondiale. I più bravi dj di tutto il mondo vengono a suonare qui anche gratuitamente perché è un'importante vetrina. Molti si chiederanno chi me lo fa fare di entrare in un posto del genere, ma io ne sono attratto perché rappresenta una faccia dell'umanità che mi aiuta a comprenderla meglio. Continuo a preferire i festival trance in spazi aperti in mezzo alla natura, dove la gente ti trasmette anche onde positive, ma noi umani abbiamo tutti dentro il bene e il male. Per conoscersi meglio, bisogna scoprire entrambe le nostre facce.

05-03-2013 *Il viaggio introspettivo*
Molti sono convinti che viaggiare significhi solo conoscere culture nuove o luoghi sconosciuti. Probabilmente queste persone non hanno mai affrontato la più intensa delle esperienze di viaggio, quella solitaria. Viaggiare è molto di più di quanto citato sopra, perché il vero motivo che mi ha portato sulla strada appena ventenne era legato a una ricerca introspettiva che, nella mia realtà di casa, non aveva successo. Sotto le forti pressioni di condizionamenti sociali e familiari, ero cresciuto perdendo la mia purezza infantile per diventare qualcosa che non ero io. Inevitabilmente sono entrato in uno stato di depressione adolescenziale proprio perché non sapevo chi ero e, anche quando facevo tutto quello che mi era stato insegnato, vivevo con una continua sensazione di irrequietezza. Terminata la scuola, decisi di viaggiare per allontanarmi da società e casa con lo scopo di trovarmi solo di fronte a nuove esperienze che mi avrebbero messo alla prova. Fuori dalla mia vita ordinaria e alle prese con tante nuove situazioni umane, lavorative e culturali intrapresi un profondo viaggio interiore. Trascorrevo lunghe giornate in silenzio con rumorosi dialoghi introspettivi con me stesso. Ero invaso da continue dolorose domande perché la solitudine ti porta a fare i conti con momenti difficili del passato da cui hai cercato di sfuggire inutilmente. In quei momenti la tenacia e la voglia di cambiare possono darti le forze necessarie per non rinunciare a quel percorso fondamentale per trovare un'armonia interiore. Quando superi il primo scalino aprendo la prima porta avverti già una nuova forza che se sfruttata in modo costruttivo ti permetterà di aprirne tante altre.

Otto anni fa iniziò il mio percorso e oggi mi trovo ad affrontare il giro del mondo senza aerei. In quest'ultimo viaggio ho percorso 83 000 km via terra e attraversato venti nazioni diverse in tre continenti. In oltre cinquecento giorni ho affrontato altri lunghi monologhi interiori e condiviso riflessioni generali con gente di ogni cultura. Ho cercato un'esperienza così intensa proprio per spogliarmi il più possibile delle abitudini ereditate inconsapevolmente dalla società occidentale da cui provengo. Ho analizzato ogni mia abitudine o idea chiedendomi realmente se fosse mia o se mi fosse stata trasmessa da qualcun altro, in un momento della mia vita quando non ero ancora in grado di decidere. Ad esempio, mi sono chiesto perché mangiavo carne e se realmente sarei stato in grado di uccidere animali per golosità. È stato facile trovare la risposta, e siccome non ero in grado di farlo, ho deciso di essere coerente con me stesso diventando vegetariano. Mi ha anche facilitato il ritrovamento della fede nella spiritualità e la decisione di vivere in armonia con ogni energia divina che mi circonda, come la natura e gli animali. Da quando ho deciso di essere coerente con ogni mio pensiero ho raggiunto una serenità interiore straordinaria, proprio grazie a questa forte consapevolezza. Ho scritto e analizzato tutta la mia vita passata in modo consapevole, accettando e perdonando le persone che mi hanno ferito. Ma il risultato più importante di questa ricerca è stato scoprire chi sono io e che cosa voglio, da quando ho trovato la mia strada molte paure sono scomparse. Ho scoperto una sicurezza rigenerante e sto cercando di trasmettere questa sensazione a tanti altri ragazzi che coltivano la mia stessa passione per il mondo, l'umanità e la vita stessa. La solitudine spaventa molte persone proprio perché è la soluzione a molte delle nostre preoccupazioni. Il viaggio è il miglior strumento per intraprendere un percorso solitario in cui conoscere se stessi attraverso la più rapida via possibile. Proprio perché spesso ci si trova in situazioni che non dipendono da noi, ci si rende conto che l'unica soluzione è accettare di non avere il controllo sulla nostra vita e lasciarsi andare. Fare quel salto nel buio che ci spaventa tanto, ma se vogliamo proseguire il nostro cammino dobbiamo farlo. La vita stessa è un viaggio da percorrere da soli, incontriamo tante persone che vanno e vengono lungo il nostro cammino ma che sono di passaggio come noi sulla terra. Il viaggio è la migliore metafora della vita.

07-03-2013 *Varsavia, Polonia*

Contro ogni previsione eccomi già in Polonia, stazione di Varsavia. Dopo due giorni trascorsi tra tentativi all'ambasciata cinese e al visa application center di Berlino, ho realizzato che per il visto cinese avrei dovuto aspettare almeno un'altra settimana. Solo per raccogliere tutti i documenti necessari ho avuto delle difficoltà mai registrate prima, anche perché per la prima volta non effettuo la richiesta al consolato ma presso un centro specializzato, dove il funzionario prima mi ha obbligato ad avere la lista degli hotel prenotati e poi mi ha detto che non sarebbe per forza servita. Ho trovato il formulario soltanto in tedesco e cinese, solo sul web è possibile compilarlo in inglese, ma il programma obbliga a compilare ogni sezione. Naturalmente a un certo punto mi chiede il numero di permesso con cui sono entrato in Germania, ma come spiegargli che sono europeo e che non ho bisogno di un visto?! Insomma, grazie a una cara amica che parla bene il tedesco siamo riusciti a compilare il formulario e a farlo controllare con esito positivo, solo che sinceramente mi sono stufato di aspettare e ho deciso di rinunciare al visto cinese per partire. Invece di concludere il viaggio in Cina proverò a raggiungere il fondo della Siberia, Vladivostok.

Esco dal treno e mi sento un po' sperso perché non comprendo le indicazioni in polacco, ma cerco di seguire i simboli. Trovo la biglietteria e cerco il primo biglietto per Kiev. Quando è il momento di pagare mi rendo conto che non si utilizza l'euro come avevo erroneamente letto su Internet. La Polonia avrebbe dovuto entrare nella moneta unica nel 2012, ma vista la situazione ha fatto un intelligente passo indietro così ha mantenuto la sua moneta e una buona situazione economica. Corro a prelevare i soldi necessari per il biglietto e torno di corsa alla biglietteria. Una volta terminato il tutto con successo faccio due passi per la stazione. Una ragazza gentile nota che sono straniero e, attirata dalla mia faccia perplessa, mi chiede in inglese se ho bisogno di qualcosa. Dopo sei ore di viaggio da Berlino a osservare grigi paesaggi invernali, all'ingresso nella nuova realtà polacca quel semplice gesto mi ha scaldato l'animo, così la ringrazio vivamente. Poi riesco a mettermi in contatto con un vecchio amico che lavora all'ambasciata italiana e pranzo con lui, che vive da quasi due anni a Varsavia. Mi racconta la situazione politica del paese e che si trova bene con i polacchi. Quando deve tornare al lavoro, decido di fare due passi nel centro. Rimango impressionato dalla bellezza architettonica del palazzo culturale. Per il resto grattacieli e centri commerciali.

Alcune ore dopo salgo sul treno per Kiev e anche qui nei primi minuti mi sento un po' smarrito perché non capisco quale sia il mio posto. Non funziona l'illuminazione, il controllore non parla inglese e solo alcuni numeri sulla porta combaciano con quelli dei posti all'interno. Il mio numero 24 non si trova, conosco un ragazzo polacco che parla inglese anche lui in difficoltà a capire dove deve sistemarsi. Poi dopo alcuni minuti il controllore ci indica i posti e trova il modo per riattivare l'illuminazione. Io e Paul siamo nella stessa cabina con delle piccole cuccette. Inizia il viaggio e ogni cinque minuti qualcuno apre la porta per controllare all'interno. A volte sono controllori, altre sconosciuti. Continuo a rimanere perplesso.

08-03-2013 *Kiev, Ucraina*
Una notte di sonno profondo con un brusco risveglio a opera della polizia ucraina per un controllo al confine, prima dell'arrivo a Kiev. Approfitto della compagnia di Paul per farmi aiutare con la lingua e fare il prossimo biglietto per Mosca. Poi lo saluto, deve raggiungere suo fratello che vive in un villaggio ucraino al confine russo. Cerco il deposito bagagli per liberarmi di un po' di peso inutile. Noto alcuni senzatetto disperatamente abbracciati ai termosifoni della stazione. Avendo a disposizione circa cinque ore, decido di uscire dalla stazione per conoscere un po' Kiev. La temperatura è di qualche grado sotto lo zero e l'atmosfera è particolarmente grigia. Mi ricorda una parte della Berlino est. I segni del comunismo si vedono soprattutto nell'architettura cupa di inquietanti palazzi sparsi per la città. Noto solo un grattacielo moderno con a fianco delle ciminiere fumanti. Gli uomini sono robusti e hanno uno sguardo duro e freddo. La maggior parte delle persone è vestita di nero. Osservo una chiesa cattolica con una cupola dorata che mi ricorda varie moschee viste in paesi islamici. Il freddo è sgradevole, così mi rifugio in un ristorante self service con buffet e provo alcune specialità locali. È stato uno dei peggiori pranzi del mio viaggio. Mi sono limitato a scegliere cibo vegetariano e ho assaggiato dei ravioli con il formaggio che avevano un gusto agrodolce. Non ho ancora capito se erano un primo o un dolce. Ma erano disgustosi.

Torno in stazione per riprendere lo zaino e dirigermi verso il treno, evitando due alcolizzati che probabilmente mi hanno chiesto qualche moneta. Mi faccio guidare dai gesti dei controllori perché nessuno parla inglese e trovo il mio sedile nell'ultimo vagone, il più economico. Inizia un altro lungo viaggio verso una nuova meta sconosciuta, ne approfitto per scrivere e ascoltare musica, mentre osservo gli innevati e cupi paesaggi ucraini scorrere lentamente.

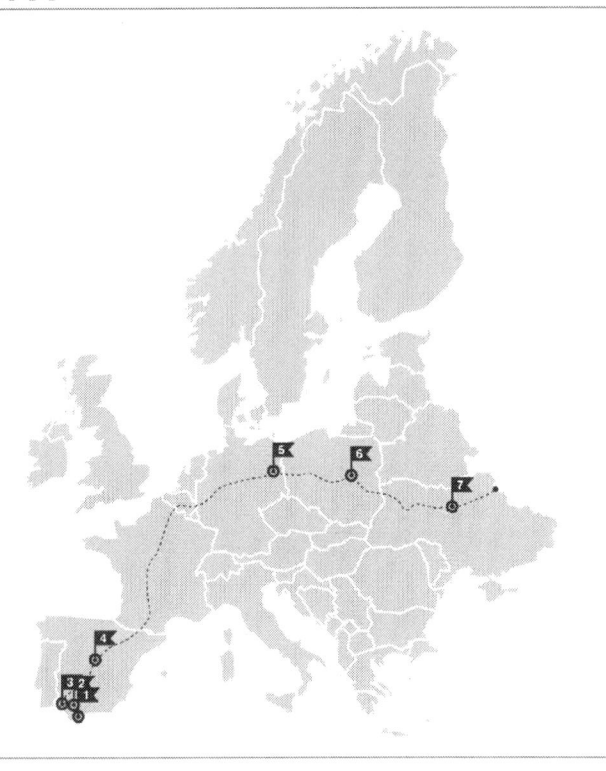

EUROPA

1. Algeciras
2. Los Caños de Meca
3. San Fernando
4. Madrid
5. Berlino
6. Varsavia
7. Kiev

Russia

09-03-2013 *Mosca*

Un brusco risveglio sul treno da Kiev a Mosca, dopo solo tre ore di sonno tra rigidi controlli doganali russi, durante i quali i poliziotti erano particolarmente sorpresi di trovarsi di fronte un italiano su un treno del genere. All'alba delle 6 del mattino Mosca mi accoglie con i suoi -12 gradi nell'aria pungente e inquinata della stazione ferroviaria. Mentre mi incammino verso l'uscita mi fermo a tossire varie volte, c'è qualcosa di irritante nell'aria e non riesco a capire di che si tratti. Esco dalla stazione e rimango meravigliato dalle luci e dagli edifici della città. Scendo negli impressionanti sotterranei della metropolitana. La scala mobile che mi porta alle piattaforme credo sia la più lunga e pendente che abbia mai percorso nella mia vita. Stremato dal poco sonno, provo addirittura le vertigini e mi sento cadere varie volte. Memorizzo la mia fermata in russo e riesco a seguire le connessioni. Una volta nuovamente al gelo in superficie inizia la ricerca dell'ostello con nomi di vie indecifrabili. Chiedo a un passante e fortunatamente mi capisce, anche perché ero già nella via giusta. Poi finalmente ecco l'ostello dove una bellissima fanciulla russa mi accoglie gentilmente. «Sono le ore più gelide» mi dice la fanciulla della reception, ma uno straordinario sole sta risvegliando questa meravigliosa perla russa. Mi affretto per dirigermi nel miglior punto della città per godere dell'alba, la stupenda piazza rossa. Ecco il Cremlino avvolto nel gelo mattutino, ma illuminato da un sole rigenerante. Ma la vera gemma è la favolosa cattedrale di San Basilio. Fu eretta a metà del XVI secolo per volontà di Ivan IV di Russia, detto il Terribile, per celebrare la presa di Kazan e Astrachan. Un'architettura "fiammante", unica, che non rispecchia nessun altro stile russo. E io lì davanti a tanta bellezza, in una piazza vuota per la bassa temperatura, provo una gioia immensa che mi scalda l'anima. Amo la mia vita.

Mancano due giorni ma è ufficialmente iniziato il weekend lungo che mi porterà ai miei ventotto anni. Decido di uscire in solitaria per i tipici locali russi a bere fiumi di vodka, dopo un lungo periodo di astinenza. Ci sarebbero diversi motivi per stare in ostello steso sul divano. Le sole tre ore di sonno dell'ultima notte o il freddo invernale. Ma ho deciso che questa sarà una notte speciale, quindi la vivrò. Dopo un abbondante cena in ostello, e alcune birre, mi sono incamminato per le vie della città alla ricerca di un losco locale dove intraprendere una nuova avventura. Fa decisamente troppo freddo, così non cerco troppo e quando ne noto uno che scende in un sotterraneo provo ad avventurarmi lì dentro. L'atmosfera è perfetta, è un pub russo frequentato da gente del posto. Non vedo stranieri attorno a me, infatti avverto alcuni sguardi curiosi nei miei confronti. Mi siedo su uno sgabello davanti al bancone di metallo e trovo dei comandi di un aereo. La targhetta a fianco spiega qualcosa in russo, capisco solo la data 1950 con la foto dell'aereo. Ordino subito una birra e una vodka. La vodka è eccezionale, infatti va bevuta calda perché quelle buone si bevono così. Bere vodka in Russia è come bere vino rosso in Italia. Poi mi concentro sulla realtà che mi circonda, osservo le persone. Dall'altra parte del bancone noto una bella ragazza bionda al fianco di un uomo brutto. Lei anche mi osserva, iniziamo un gioco di sguardi. A un certo punto un russo con la maglia rossa di Che Guevara mi dice qualcosa nella sua lingua, lo guardo perplesso e gli rispondo in inglese. Una ragazza assieme a lui conosce entrambe le lingue e fa da traduttrice. In poche parole Vladimir mi ha scambiato per il batterista di un gruppo moscovita, ma è simpatico così facciamo conoscenza. È uno dei musicisti che si esibiranno stanotte nel pub. Gli racconto la mia storia e ne rimane affascinato, mi dice che è tipico dei russi viaggiare senza aerei. Poi deve andare e mi chiede i contatti. Ci salutiamo con un brindisi di vodka e un caloroso abbraccio di benvenuto nella sua città.

Torno a osservare quella bellissima bionda e anche lei sembra attratta da me. Mi guarda continuamente, sembra non curarsi dell'uomo che ha accanto. Sono tentato di fare una mossa per andare a parlarle. Poi all'improvviso il mio vicino mi parla in russo. Però fortunatamente conosce l'inglese e capisco che è convinto che io sia uno dei musicisti della serata. Gli spiego che sono solo un viaggiatore solitario e che sono lì per caso. Si interessa alla mia storia di viaggio e mi chiede il blog. Contemporaneamente arriva tra gli applausi un estroverso uomo sulla quarantina con una lunga barba grigia, un cappello da cowboy bianco, una giacca bianca sulla maglietta nera. Il mio vicino mi spiega che è il cantante e quando viene al bancone a prendere da bere gli faccio alcune domande sulla sua musica e facciamo un brindisi assieme. Altro giro di vodka. Mi sono distratto troppo e la bionda non c'è più. Occasione persa. Inizia la musica in una piccola sala scura, mi faccio spazio e ascolto incuriosito. La banda è formata da un dj, una violinista e il cantante. La musica di sottofondo è dei Chemical Brothers, sopra la quale canta il mio nuovo amico. Si esibisce in modo bizzarro e divertente, a tratti diventa un po' sciamanico. I russi sono molto composti, sono l'unico che balla o almeno si muove un po'. Durante i brani successivi finalmente qualcuno si lascia andare, soprattutto le donne. Poi torno al bancone per altri giri di vodka offerti dai baristi che mi hanno preso in simpatia. Sono sbronzo e felice. Ho avuto la notte che volevo. Un'altra volta lo straordinario potere della mente mi ha dimostrato come sia possibile trasformare un momento come lo si desidera. È tutta questione di attitudine, basta crederci.

11-03-2013 *Il compleanno più emozionante della mia vita*

Compiere ventotto anni realizzando il più grande sogno della vita è il massimo che avrei potuto desiderare. Non potevo davvero farmi un regalo migliore, perché ormai è fatta. Tra meno di ventiquattr'ore salirò sulla transiberiana che mi trasporterà per oltre 9000 km fino a Vladivostok. Corea o non Corea sto superando di gran lunga il Nepal da cui iniziò il giro del mondo senza aerei l'8 ottobre 2011. Ho già percorso 86 148 km, più del doppio della lunghezza dell'equatore intero. Sono felicissimo ma stravolto. La prima sensazione che si prova quando si realizza di aver raggiunto il proprio sogno è un'enorme stanchezza. Per tutto il tragitto sono stato concentrato sulla mia missione e questo mi dava una gran forza. Poi quando ci si lascia andare perché si sente di avercela fatta si scarica tutta la fatica accumulata per inseguire la favola.

Oggi mi sono regalato gli ultimi passi in questa straordinaria città, Mosca. Una gemma, dove gli spazi aperti sono impressionanti. Le piazze, le strade, i ponti e gli edifici sono enormi. Questa metropoli è davvero unica, nessuna città è paragonabile a lei. Inoltre il fascino le deriva anche dalla differenza culturale rispetto al resto d'Europa. A parte naturalmente i paesi satelliti dell'Unione Sovietica. Il solo fatto di entrare in un supermercato è stato un salto in una nuova realtà. I prodotti stranieri sono pochi e la lingua russa ha un alfabeto a noi sconosciuto. Inoltre, anche se non so se siano tutti così i supermercati russi, quello che ho visitato io non dava possibilità di accedere direttamente ai prodotti che erano sugli scaffali dietro ai banconi di carne, formaggi, verdura e frutta. Nei locali purtroppo si fuma. Evitate di mangiare nei ristoranti che, oltre a essere cari, cucinano porzioni piuttosto ridotte. In ogni caso sui menù trovate anche le quantità in grammi. Poi mi ha colpito il forte contrasto tra il centro e la periferia. Da una parte una grande ricchezza molto volentieri ostentata, dall'altra la povertà. Anche qui i senzatetto non se la passano bene per via delle condizioni atmosferiche estreme. Ma si possono rifugiare nei labirintici sotterranei. Ho visitato il Cremlino e le sue cattedrali. La cattedrale di San Teodoro è la necropoli dove sono stati sepolti i principi e successivamente i vari zar, tra cui Ivan IV il Terribile. Gli affreschi sulle pareti sono notevoli e i cupolotti dorati danno un fascino speciale a quelle che ritengo le cattedrali più belle viste in questo viaggio.

Poi faccio un salto in ostello dove, dopo il check out, sono accampato con il mio zaino nel salotto per salutare la mia famiglia su Skype. Per leggere una valanga di messaggi di auguri e affetto, non ne ho mai ricevuti così tanti nella mia vita. Sono commosso, sto vivendo tante emozioni intense e sono stravolto. È arrivato il momento di tornare a casa, e fermarmi per un periodo.

15-03-2013 *Viaggiare senza aerei*

Viaggiare senza aerei significa scoprire le distanze e le dimensioni reali del mondo. Si attraversano inevitabilmente luoghi sconosciuti al turismo e losche frontiere. Ma soprattutto permette un contatto forte e autentico con la gente locale. Condividendo viaggi in treno o in pullman si ha l'opportunità di conoscere nel quotidiano alcuni aspetti fondamentali di una cultura, che ormai molti trascurano. Le persone locali, notando che soffri con loro su mezzi di trasporto scomodi o che ti sforzi di parlare la loro lingua, ti riserveranno un rispetto particolare, offrendoti una calorosa accoglienza. Attraversare, uno dopo l'altro, paesi confinanti e conoscerne la storia, ti permette di osservare con la lente di ingrandimento le differenze e le similitudini tra culture, favorendo il prosieguo della conoscenza dei paesi lasciati alle spalle. Viaggiando si osserva la natura e il clima cambiare lentamente in infinite sfumature. E presto il paesaggio sotto i vostri occhi, lo sferragliare di un treno o la musica esotica di un paese sconosciuto vi faranno sentire a casa tanto che vorrete ricominciare a viaggiare per ore e ore, senza più fermare i vostri sogni.

17-03-2013 *La transiberiana*

Il treno transiberiano scorre lento nelle selvagge terre russe. Paesaggi innevati e ghiacciati sono costantemente presenti fuori del finestrino e le temperature raggiungono i -20 gradi. La prima parte del percorso è particolarmente monotona, anche perché in questo periodo dell'anno la neve è alta quindi non permette di vedere altro che le costruzioni o gli alberi in letargo. Attraversiamo una lunga pianura ricoperta di boschi, fiumi e laghi ghiacciati. Immersi nella natura ci sono città e semplici villaggi con casette fatte di assi di legno e tetti di lamiera ondulata, con i soliti colori cupi caratteristici dell'est europeo. È notevole il numero di fabbriche fumanti in piena attività, di centrali elettriche e di cantieri aperti con gigantesche gru. Sembra proprio che da queste parti ci si dia un gran da fare, d'altronde nella Seconda guerra mondiale questo paese trasferì le fabbriche dagli Stati dell'ex Unione Sovietica alla Siberia per ragionevoli motivi di sicurezza. Poi dalle parti dell'immenso lago Baikal spuntano le montagne e iniziano a sciogliersi le nevi, perché la ferrovia transiberiana percorre una discesa verso sud est. I paesaggi diventano più interessanti e più vivi, la natura si sta risvegliando dopo l'ennesimo estremo inverno e l'area pare più abitata. Un'illusione primaverile, perché dopo tornano neve e gelo.

Tuttavia la vera attrazione di questo viaggio non sono i paesaggi, ma la gente che si conosce nel proprio vagone. In questo periodo dell'anno non ci sono stranieri. Nel mio vagone ne ho conosciuto soltanto uno, un tedesco diretto in Mongolia con la transmongolica. I russi parlano raramente l'inglese, ma sono ospitali e hanno voglia di socializzare. Sono rimasto sorpreso da questa cultura che ritenevo più chiusa e fredda. Tra i miei vicini ho conosciuto una coppia che la prima notte mi ha offerto cibo e whisky. Poi una simpatica ragazza russa in viaggio con il marito e il figlio che voleva tanto provare a conversare in inglese. La maggior parte degli uomini decide di sbronzarsi per sentire meno il viaggio, alcuni arrivano davvero a dei livelli estremi. Vodka, whisky e cognac sono le principali bevande alcoliche. Ho conosciuto anche un robusto e rozzo militare che insisteva per offrirmi da bere e parlare in inglese, anche se conosceva davvero solo due parole. Dopo due ore di chiacchiere mi abbracciava felice per aver incontrato uno straniero dopo tanto tempo. Inoltre ho avuto la conferma dell'origine del verbo "russare" dopo aver dormito vicino a una famiglia di russi obesi. Sembravano avere degli orgasmi multipli da quanto ansimavano. Anche loro comunque sono stati gentilissimi a offrirmi cibo a volontà.

Il biglietto mi è costato poco, molto meno di quello che sembrava su Internet. Le cuccette non sono niente male, riesco pure a distendermi del tutto e sono moderne. Fortunatamente il treno, nonostante il richiamo turistico estivo, non ha perso di autenticità. Ad esempio, non esistono scritte in inglese e nessuno che ci lavora conosce una parola di inglese. Questo rende l'avventura più reale, soprattutto per me che viaggio senza guida. Ho cercato di comunicare varie volte con la simpatica e grassa signora responsabile del mio vagone, e con la mimica a volte ci si capisce. È un gioco, e ormai sto diventando esperto. Ho avuto bisogno di comprare del cibo e di prelevare, e per farlo ho dovuto decifrare il programma di viaggio in russo. Gli orari si capiscono abbastanza bene, il problema è essere sicuri di quello che c'è scritto, perché per un cambiamento di fuso orario o di programma si rischia di rimanere senza nulla nel bel mezzo della Siberia ghiacciata. Il primo tentativo è andato male in venti minuti non son riuscito a trovare un bancomat, ma la seconda volta ce l'ho fatta, e mi sono comprato anche un po' di cibo dalle venditrici che si incontrano alle fermate per evitare gli alti prezzi del ristorante. Inoltre ero convinto di arrivare a Vladivostok alle 23 17 del 17 marzo, ma il ragazzo tedesco mi ha avvertito che su tutti i treni e in tutte le stazioni utilizzano l'orario di Mosca. È la prima volta che mi capita, solitamente l'orario di arrivo prevede già il cambio di fuso orario. Quindi arriverò il 18 mattina all'alba con qualche ora di ritardo, perché un treno davanti a noi ha deragliato. E mentre i fusi orari di ben sette ore da Mosca a Vladivostok cambiano durante il percorso, io tengo l'ora di partenza per evitare di avere troppi cambi, visto l'imminente ritorno in Italia. In pratica oggi ho pranzato con il tramonto. Ognuno sul treno segue un'ora diversa, gli orologi elettronici sono pure tutti sbagliati e differenti. Il bar segue il fuso orario.

18-03-2013 *Il sogno si avvera*

Cinquecentoventotto giorni, 95 450 km via terra e ventiquattro paesi attraversati. Con questi ultimi 9000 km di treno transiberiano il giro del mondo senza aerei è stato completato: missione compiuta!

Ho di gran lunga superato longitudinalmente la prima tappa da cui iniziai l'8 ottobre 2011, il Nepal, a cui seguirono India, Sri Lanka, Malesia, Thailandia, Laos, Cambogia, Vietnam, Cina, Corea del Sud, Colombia,

Ecuador, Perù, Bolivia, Cile, Argentina, Brasile, Spagna, Francia, Belgio, Germania, Polonia, Ucraina e Russia.

Ora sono a Vladivostok, nell'estremo oriente russo, vicino alla Corea del Sud, tappa percorsa lo scorso giugno. Per darmi un traguardo, ho sempre immaginato che avrei raggiunto una tappa già percorsa per chiudere questo meraviglioso cerchio. Ma ora che mi ritrovo davanti a quella che dovrebbe essere la conclusione, penso che non voglio chiudere nulla. Non voglio mettere la parola fine a questa favola. Preferisco lasciare uno spiraglio aperto attraverso il quale tutta questa straordinaria esperienza possa trovare una continuità, una via d'uscita per poter proseguire e crescere insieme al resto della mia esistenza. Non voglio traguardi nella mia vita, voglio restare su un percorso senza arrivi. Nel viaggio, come nella vita stessa, ciò che conta è la strada, e non l'obiettivo che ci poniamo. Una volta che si realizza un sogno ci si rende davvero conto dell'importanza che ha avuto il percorso per raggiungerlo. Si smette di dormire perché i ricordi sono diventati così favolosi che pure i sogni perdono di significato al confronto.

Mi sento così pieno di gioia e gratitudine che non so più chi ringraziare. In un'esperienza che, nel bene e nel male, spesso mi ha messo in situazioni estreme, ho avvertito delle forze esterne provenienti dal cosmo, dalla natura e dalla gente che mi hanno sostenuto e guidato. Quando si vivono in modo continuo così tante situazioni differenti, in luoghi diversi e con lingue diverse, l'unico modo per adattarsi è lasciarsi completamente andare. Inevitabilmente ci si trova in mezzo a eventi che vanno al di là del nostro controllo e non sempre si può contare su qualche buon'anima disposta ad aiutarci. Quindi si impara a percepire i messaggi delle stelle per farsi guidare da energie cosmiche, perché in fondo siamo fatti della stessa sostanza. A volte basta scavare dentro di noi e seguire un'illuminante voce interiore che solo dopo lunghe esperienze solitarie si è in grado di ascoltare e distinguere dalle tante altre che cercano di distrarci a me ha rimesso sui binari giusti dopo varie sbandate. A volte invece si possono decifrare messaggi nelle scene che accadono attorno a noi, nei gesti delle persone o nella forza della natura. Il caso non esiste. In un'avventura simile ce ne rendiamo conto perché troppo spesso si trovano connessioni tra un evento e l'altro. La percezione è l'unico strumento che serve per sentire le forze che regolano l'universo. Voglio dire grazie a tutte queste energie che mi hanno accompagnato, e grazie alle stupende persone incontrate sul cammino che mi hanno scaldato l'animo nei periodi di gelo.

Ora torno a Casa. Voglio abbracciare mio padre e il resto della mia famiglia. Voglio trascorrere lunghi pomeriggi a giocare con le mie nipotine e passare serate a sorridere con i miei cari amici, davanti a una buona bottiglia di vino rosso. Sento il bisogno di fermarmi per metabolizzare tutta l'immensa esperienza che ho raccolto in quest'ultimo anno e mezzo in una bozza di libro. Voglio rielaborare ricordi e pensieri con lucidità e tranquillità per estrarne il meglio e poi riscriverli e condividerli con chi ne ha piacere. Arricchirò il contenuto con molti particolari sulla mia storia, non facili da spiegare sul web, e tanti altri argomenti tabù per la nostra società. Ho deciso di mettermi a nudo e raccontare tutto senza ipocrisie o maschere. Successivamente mi metterò alla ricerca di un buon editore con cui pubblicare la mia prima "creatura" (si accettano consigli o contatti), nella speranza che altri sognatori, come me, possano trovare ispirazione per fare una scelta simile. Una volta realizzata questa missione, intendo riprendere a sognare una nuova particolare avventura da poter raccontare. Non riesco a immaginare la mia vita lontano dalla strada, anche se sono aperto e pronto a tutto. A volte è la vita che decide per noi, quindi non bisogna fare troppi progetti a lungo termine, ma lasciarsi trasportare dal suo vento senza opporre un'inutile resistenza.

Un ringraziamento davvero speciale a tutti voi che mi avete sostenuto e seguito in tutto il viaggio, mi avete davvero trasmesso tanta determinazione. Grazie a chi mi conosce e ha creduto in me. Dedico la realizzazione del mio più grande sogno a mia madre che, anche se non c'è più fisicamente, continua a vivere nella mia anima.

RUSSIA

1. Mosca
2. Vladivostok

Printed in Germany
by Amazon Distribution
GmbH, Leipzig